SUPERVISION
AUS SYSTEMISCHER SICHT

SUPERVISION
AUS SYSTEMISCHER SICHT

herausgegeben von
Hannes Brandau

OTTO MÜLLER VERLAG SALZBURG

Illustrationen von Martin Gollowitsch

ISBN 3-7013-0805-5

Lektorat: Claudia Zinnagl
Satz: Verlag politisches Archiv, Landshut
Druck: Druckerei Roser, Salzburg

Inhalt

IV. Fallbezogene Supervision

V. Interviews zu Kriterien effektiver systemischer Supervision

Vorwort

Ziel des Buches ist es, auf der Basis neuester systemisch orientierter Therapiekonzepte eine Fülle von praktischen Anregungen zu geben, wie Supervision in Institutionen, Teams, mit einzelnen und mit sich selbst effektiv gestaltet werden kann. Durch Interviews auf der Basis des NLP soll ein Einblick in die inneren, geistigen, emotionalen Prozesse und Werthaltungen exzellenter Supervisoren vermittelt werden.

Supervision ist eine fachkundige Möglichkeit der Reflexion und Lösung beruflich bedingter Interaktionsprobleme.

Die Interaktion bezieht sich auf die berufliche Rolle im Wechselspiel mit Klient, Arbeitsteam, Institution und Gesellschaft, auf dem Hintergrund des ökologischen ökonomischen, soziokulturellen, ideologischen und spirituellen Kontextes.

Supervision oder „super Vision" aus systemischer Sicht betont die Rolle des kreativen Dialoges bei der Entwicklung flexibler therapeutischer Lösungs-Visionen. Die Rolle des systemischen Supervisors ist weniger die eines wissenden Lehrers, Kontrollanalytikers oder Trainers, sondern die eines anregenden und begleitenden Coach nach dem Motto: „Den wahren Lehrer wirst du nicht finden. Dein wahrer Lehrer ist in Dir selbst!".

Systemische Supervisoren lehnen die Rolle eines Missionars ab, der im Besitz des „wahren Dogmas" oder der „richtigen Theorie" unwissende Ureinwohner bekehren will. Sie werden logisch und rational begründeten Eingriffen und Maßnahmen zur Behebung von „rückständigen Mangelzuständen" und Fehlern äußerst skeptisch gegenüberstehen und erst nach genauer Überprüfung möglicher Nebenwirkungen auf die Ökologie des gesamten Systems behutsame Forschungsversuche beginnen. Dabei treten die systemorientierten „Entwicklungshelfer" der Eigenart und dem „Eigen-Sinn" der Ureinwohner mit Respekt gegenüber. Als neugierig Lernende werden sie die Sprache der Einwohner und ihre Konstruktion der Wirklichkeit genau studieren, die verborgenen Schätze und vergessenen Weisheiten aufspüren und sie dazu inspirieren, all ihre Erfahrungen bei der Lösung der anstehenden Probleme zu aktivieren. Diese Hilfe zur Selbsthilfe wird aber nicht von den Helfern „gemacht", sondern in ständiger Rückkoppelung gemeinsam mit den Betroffenen entwickelt. Veränderungsprozesse geschehen auf diese Weise im Sinne einer Koevolution. Statt sich also in die Rolle eines Kontrollors oder Helfers der Helfer drängen zu lassen, sehen sich systemische Supervisoren in der bescheidenen Rolle eines Impulsgebers, der lediglich Anstöße zur Aktivierung und Nutzung der kreativen Eigendynamik eines in die Sackgasse geratenen Supervisanden gibt. In diesem Verständnis sind „super Visionen" solche Wirklichkeitskonstruktionen, die „der Fliege den Ausweg aus dem Fliegenglas zeigen"

(Wittgenstein), die partnerschaftlich entwickelt werden und sich auf ökologisch sinnvolle Weise im ganzen vernetzten System einfügen. Neue Sichtweisen und flexiblere Handlungsabläufe werden möglich.

Unter dem bereits inflationär verwendeten Begriff „systemisch" wird in diesem Buch eine philosophische und erkenntnistheoretische Position umrissen, die um eine ganzheitlich-vernetzte Sichtweise menschlicher Phänomene bemüht ist und annimmt, daß „soziale Wirklichkeiten" durch Sprache, Wahrnehmungs- und Handlungsgewohnheiten konstruiert und mit „Eigensinn" definiert werden. Die sprach- und wahrnehmungssensiblen Konzepte der Hypnotherapie nach Milton Erickson und des NLP (Neurolinguistisches Programmieren) werden als wesentliche Ergänzungen und Bereicherungen der Systemtherapie betrachtet.

Ich danke all meinen Interviewpartnern, daß sie mich an ihren Visionen und Supervisionsstrategien teilhaben ließen. Insbesondere danke ich Wolfgang Schüers für wertvolle Hilfen und ermutigende Visionen in kritischen Phasen der Fertigstellung des Buches, Silvia Wamser für die Übersetzung der amerikanischen Beiträge, dem Cartoonisten Manfred Gollowitsch für die Illustration meiner „Comix-Visionen" und meiner Familie für die unterstützende Geduld.

Hannes Brandau

I. VON DEN ANTWORTEN DER VERGANGENHEIT ZU DEN FRAGEN DER ZUKUNFT

SUPERVISION ALS KOEVOLUTION ODER SOKRATES ALS SUPERVISOR

Hannes Brandau

Bevor ich die Reise zu den mannigfaltigen Standpunkten der Supervision antrete, möchte ich eine kleine Geschichte erzählen, um meine Ausgangsposition festzulegen.

Eine Gruppe von Menschen, welche die Demut verloren hatte, wurde von einem Zauberer in eine finstere Höhle gesperrt, wo sie alles Nötige zur Verfügung hatte. Nur das Licht fehlte ihnen. Wenn es irgend jemand gelänge, Licht in ihr Dunkel zu bringen, könnten sie diese Höhle wieder verlassen. Nach einigen Jahren des Wehklagens fanden sich die Leute mit ihrem Schicksal fast ab. Von Zeit zu Zeit aber sandten sie Briefe aus, um Hilfe zu erlangen. Ein kühner Recke schickte sich an, die Unglücklichen zu befreien. Mit seiner ganzen Kraft riß er das riesige Felsentor auf und rief: „Sehet, ihr seid frei!“ Doch das grelle Licht des Tages blendete die Gefangenen so sehr, daß sie vor Schmerz schrien, den Recken davonjagten und das Tor wieder schlossen. So unerträglich war ihnen das Licht geworden, daß sie sich bereits im Dunkeln viel wohler fühlten.

Nach einiger Zeit schickte sich ein etwas närrischer Derwisch an, den Leuten zu helfen. Während sie schliefen, schlich er in die Höhle und stellte sich in einem günstigen Augenblick den Leuten vor. Diese aber waren mißtrauisch geworden und fragten ihn vorsichtshalber, wie er denn helfen wolle. Der Derwisch wies die Eingesperrten an, beide Hände vor die Augen zu halten. Dann zündete er eine Kerze an. Die Leute sahen den Schimmer des sanften Lichts und nahmen verwundert die Hände von den Augen. Alle waren begeistert und baten ihn, er möge doch noch bei ihnen bleiben und weitere Kerzen anzünden. Der Derwisch antwortete: „Das Licht einer Kerze ist schon viel, wenn es ganz dunkel ist. Ich werde euch zeigen, wie man weitere Kerzen anzündet und lasse euch das Nötige da. Dann kann jeder auf seine Weise den Ausgang finden und lernen, dem Tageslicht standzuhalten, bis er es genießen kann.“ Die Leute jammerten und fragten, warum er sie schon verlassen wolle. Er antwortete: „Weil der Unterschied in der Erleuchtung der Höhle von Kerze zu Kerze abnimmt, weil ich nur so lange helfe, bis sich andere wieder helfen können und weil ich selbst lieber an der Sonne bin und das Farbenspiel der Welt genieße“.

Schwerlich lassen sich die Höhenflüge und Tauchabenteuer einer Reise in einem Bericht sprachlich so ausdrücken, daß es den Erzähler befriedigt. Deshalb begnüge ich mich mit der Darstellung einer groben „Wegskizze“ zu den oftmals verstreut gelegenen „Standpunkten“ der Supervision. Ich hoffe, daß die unterhaltsamen Abstecher dieser Reise zu einer „Live-Diskussion“ berühmter Mailänder Systemtherapeuten und zu einer Supervision bei Sokrates im alten Griechenland eine willkommene Abwechslung bringen. Ich will es auch Ihnen überlassen, wie Sie mit geistigen Landkarten umgehen wollen. So können Sie entweder die Auffassung vertreten, daß die Landkarte nicht das Gebiet sei oder Sie können sich auch der Meinung anschließen, daß die Landkarte das Gebiet ist.

Erstes Ziel: Die Reise von der Vergangenheit in die Gegenwart

Der angloamerikanische Begriff „Supervisor" stammt ursprünglich aus der Industrie. Dort war der Supervisor der Vorgesetzte, der Untergebenen einen Auftrag erteilt, ihre Arbeit beaufsichtigt und die Produktivität beurteilt. Bald kristallisierte sich die Frage heraus, wie die Produktivität einer Firma durch kluges psychologisches Verhalten des Supervisors erhöht werden könnte. Diese Frage hat nie an Aktualität verloren. Das soziale Konzept der Supervision wurde durch die Entwicklung der Wohlfahrtsarbeit geprägt. So war es Ende des 19. Jahrhunderts die Aufgabe freiwilliger „Fürsorger", zu überprüfen, ob Arme materiell unterstützt werden müßten und welche persönlichen Hilfen angemessen wären. Der Supervisor war derjenige, der diesen freiwilligen Helfern eine systematische Hilfestellung gab, die auch erstmals in Fallberichten dokumentiert wurde. Hier scheint die Geburtsstunde der sozial orientierten Supervision zu liegen (Weigand, 1989). Allmählich wurde Sozialarbeit zunehmend professionalisiert. „Das Defizit einer expliziten Theorie der Sozialarbeit wurde nach dem Motto ‚Lernen durch Tun' ausgeglichen. Die Studenten sollten schon früh unter Anleitung praktisch arbeiten. Freilich verfolgten dabei die großen Wohlfahrtsverbände, die diese Praxis repräsentierten, sehr wohl eigene Interessen. Die angehenden Sozialarbeiter sollten ihre Arbeit im Sinne ihrer Vorstellungen verrichten. Wenn Supervision im negativen Sinne mit Kontrolle und Anpassung in Beziehung gebracht wird, finden sich hier die historischen Gründe" (Pühl & Schmidbauer, 1986, S. 8).

Es lassen sich schwerlich klar umrissene Phasen der Entwicklung von Supervision umreißen. Zu verwoben, spiralförmig und teils parallel verlaufend, zeichnen sich Entwicklungstendenzen ab. Weigand (1989) umreißt die Zeit zwischen 1920 und 1960 als eine Phase der Psychologisierung und Individualisierung, geprägt von der Verbreitung von Psychoanalyse und „Case work". Die helfende Funktion des Supervisors tritt gegenüber der administrativen in den Vordergrund, wobei ein „Obersozialarbeiter" mit Können und Wissen die pädagogische Verantwortung für den Studenten übernimmt. In der Psychoanalyse verbreitete sich immer mehr die „Kontrollanalyse" auf die in einem Beitrag dieses Buches (Schigutt) genauer eingegangen wird. Der Einfluß psychoanalytischer Konzepte wie Übertragung und Gegenübertragung auf Supervision und „Case Work" entwickelte sich über Jahrzehnte zum dominierenden „Standpunkt". Die Auseinandersetzung mit Abwehr- und Konfliktpotentialen der Persönlichkeit des Helfers stand im Vordergrund. Anfang der 60er Jahre entwickelte der englische Arzt Michael Balint sein „Balint-Gruppenmodell". In diesem Ansatz stellen Ärzte ihre Arbeit mit Patienten einer Kollegengruppe vor. Die spontanen Äußerungen der Gruppenteilnehmer werden ebenso wie die entstehenden Gruppenprozesse zum Ausgangspunkt der Analyse. Diese fallzentrierte Arbeit versucht auf dem Hintergrund der Gruppenresonanz die Dynamik von Übertragung und Gegenübertragung bewußt zu machen (Nedelmann & Ferstl, 1989). In der kritischen Aufbruchsphase am Ende der 60er Jahre kamen Leitbegriffe wie Emanzipation, Solidarität, Klassenkampf, Gruppe und „Marsch durch die Institutionen" auf. Die gesellschaftliche Funktion von Sozialarbeit, Psychotherapie und Medizin wurde auf dem Hintergrund marxistischer Modelle kritisiert. Im Boom von emanzipatorischer Gruppendynamik, Selbsthilfegruppen und kollektiven Projekten wurde die politische Funktion von helfender Arbeit und damit auch von Supervision kritisch hinterfragt.

Die ernüchternde Hartnäckigkeit des Kapitalismus, das Auseinanderfallen von Kommunen und Aktionsgruppen und das Abflauen der verbindenden Kampfsolidarität förderte bei den sozial Engagierten eine erwachende Aufmerksamkeit gegenüber dem „subjektiven Faktor". War bisher alles eher unter der Devise „Das Sein bestimmt das Bewußtsein" interpretiert worden, wurde jetzt auch das Motto „Das Bewußtsein bestimmt das Sein" auf die Fahnen geheftet. Die Methoden und Ideen der „Human Potential Bewegung" wurden enthusiastisch aufgenommen.

Die Rückbesinnung auf unmittelbares Körpererleben und Ausdrükken von Gefühlen wurde durch die wachsende Popularität von spirituellen Richtungen mit verschiedenen Mediationspraktiken ergänzt. In Supervisionen wurden vermehrt spielerische und erlebniszentrierte Methoden eingesetzt, längeres sachliches Analysieren wurde mancherorts als „mind-fuck" abqualifiziert. Supervision entgleitete unter diesem Trend allzu oft zu einem reinen Selbsterfahrungsprogramm. Der institutionelle und organisatorische Hintergrund der Arbeit wurde in der Regel, wenn überhaupt, nur am Rande behandelt.

Als Reaktion auf diese Einseitigkeit wurden in den 80er Jahren zunehmend Konzepte der Organisationsberatung und -entwicklung in die supervisorische Arbeit integriert. Begreift man Organisationen als institutionelle Problemlösung, die effektive Teamarbeit verlangt, dann kommt man nicht umhin, Teamsupervision als Möglichkeit der Lösung kontraproduktiver Tendenzen anzubieten. Ohne Berücksichtigung der gesamten Organisationsdynamik bleibt Teamsupervision jedoch im gruppendynamischen Arbeiten stecken. Erschwerend für diese Arbeit kommt hinzu, daß im vergangenen Jahrzehnt ein Sammelsurium von Typologien, Phasenschematas und Theorien über Organisation entstanden ist. In manchen dieser Konzepte wurden wiederum innerorganisatorische Strukturen losgelöst von den dazugehörigen äußeren Bedingungen und systemischen Zusammenhängen analysiert.

Eine Assimilation oder Integration von Organisationsberatung in die Supervision erscheint mir nicht angemessen. Statt die komplexe Arbeit des Organisationsberaters mitzuübernehmen, könnten Formen der Kooperation in Überschneidungsbereichen zielführender sein. So wie ein praktischer Arzt natürlich Kenntnisse der Chirurgie braucht, um im Notfall geeignete Erstmaßnahmen und die richtige Überweisung zu ermöglichen, braucht ein Supervisor im institutionellen Bereich organisationsdynamisches Basiswissen. Dieses ermöglicht erst ein Erkennen der eigenen Grenzen.

Ich möchte nun wieder in die 60er Jahre „zurückreisen", um eine andere Entwicklungsspur der Supervision aufzuspüren; die Entwicklung der systemischen Therapie mit ihren vielfältigen Supervisionsmodellen.

Zweites Ziel: Expedition ins Reich der Systeme

Im Zuge der allmählichen Verbreitung der Familientherapie in den 60er Jahren wurden sich Therapeuten zunehmend der verschiedenen „Sogkräfte" von Familiensystemen bewußt. Begriffe wie Homöostase eines Systems, Rückkoppelung, Paradoxie, Hierarchie, Lösungen 1. und 2. Ordnung, Grenze, Koalition, systemsteuernde Regeln, Spiele usw. beherrschten das „familientherapeutische Kampffeld". Verschiedene

Machttaktiken, Manöver und therapeutische Strategien sollten die Spielregeln der pathologischen Familien durchkreuzen und eine Neukalibrierung des Systems ermöglichen (Selvini-Palazzoli et al., 1978). Parallel dazu entwickelten sich psychoanalytisch orientierte Konzepte von Familientherapie (Boszormenyi-Nagy, 1973), die besonders den generationsübergreifenden Aspekt der Symptomatik akzentuierten. Die persönlich-emotionale Verstrickung des Therapeuten im Sinne von Gegenübertragung und Angstabwehr stand im Vordergrund des supervisorischen Interesses. Man verließ sich auf subjektive Fallberichte des Therapeuten und verwendete allenfalls Tonbandaufzeichnungen zum „Hineinhorchen" und Reflektieren. Mit der endgültigen Etablierung der Kybernetik als erkenntnistheoretisches Fundament der Familientherapie wurde Supervision radikal objektiviert. Die Methode der „Live-Supervision" hinter dem Einwegspiegel und die Verwendung der Videotechnik wurden enthusiastisch aufgenommen (Whiffen et al., 1982).

Der Therapeut hatte sich neutral zu verhalten und der Supervisor überwachte diese Rolle. Die sogenannte Kybernetik 1. Ordnung setzte voraus, daß der Therapeut in seiner Beziehung zum beobachteten System eine gewisse Objektivität besitzt. Die Familie kann die Regeln ihres eigenen Systems nicht wahrnehmen und verhält sich dementsprechend subjektiv. Der Supervisor diskutierte mit dem Supervisanden die „richtige" Intervention, die das System aus den Angeln heben sollte. Manchmal „machte" der Supervisor die Intervention selber, um noch zu retten, was zu retten war.

Mögliche Hypothesen zum Familiensystem wurden eingehendst diskutiert, um schlußendlich die „richtigste" mit einer entsprechenden (manchmal paradoxen) Intervention zu testen. Der Supervisor hatte die Aufgabe des „Über-Blicks" und war auch meist ein erfahrener „Hase", der einfach besser wußte, wo es lang geht. Er lehrte auch die entsprechenden therapeutischen Fertigkeiten und gab „objektive Rückmeldung". Dabei kam der Verwendung des Videofeedback besondere Bedeutung zu. Doch wer annahm, daß damit eine objektive Informationsverarbeitung eigener Fehler und Stärken erfolgte, irrte gewaltig. In einer umfassenden empirischen Studie war ich selbst überrascht, wie subjektiv und verzerrt Videofeedback verarbeitet wurde (Brandau, 1976). Es bedarf einer sorgfältigen Vor- und Nachbereitung, um diese Informationsquelle optimal zu nutzen. Erst wenn der Supervisand die Position eines neugierigen Beobachters einnehmen kann, kann er sich selbst in seinen Interaktionen mit anderen „wahr" nehmen und selbst erkennend die eigenen Grenzen und Möglichkeiten „einsehen".

Jay Haley hebt in seinen „Reflections On Supervision" (Haley, 1988) klar die effizienten Seiten einer handlungsorientierten Supervision hervor. Er kritisiert die Praxis eines langen Herumredens um die „wahre Diagnose" und Reflektierens über persönliche Probleme des Supervisanden, da sie damit Gefahr laufen, diese prägenden Modellerfahrungen in ihrer Arbeit gegenüber den Klienten zu imitieren. Effektive Supervision konzentriert sich auf die Planung therapeutischer Interventionen, auf therapeutische Ziele und auf konkrete Handlungen, statt auf Diagnostizieren, Probleme Wälzen und biographische Analysen. Die „skill supervision“ der direktiv-strategischen Familientherapie zielte auf die Erweiterung und Verbesserung therapeutischer Fertigkeiten. Der Supervisor verhielt sich gegenüber den Supervisanden direktiv und strategisch. Da auf das Gewinnen von Einsicht wenig Wert gelegt wurde, konzentrierte man sich auf positiv formulierte Anweisungen, was der Supervisand mit einer Familie besser oder anders tun könnte. Eine Polarisierung zwischen „Personality Supervision“ nach dem Motto „Als ich den Therapeuten mit der Familie sah, wußte ich, daß sein Problem in der eigenen Familie liegt. Wenn er das checkt, ist alles gelöst“ und der „Skill Supervision“ nach dem Motto „Therapeut, bitte Stop! Laß den Vater mit der Mutter so lange über eine Konsequenz gegenüber dem Kind reden, bis sie sich einig sind“ erscheint mir fragwürdig und künstlich. Je nach dem aktuellen Kontext können beide Formen in der Supervision sinnvoll sein. Minuchin meinte 1989 auf einer Konferenz in Karlsruhe, daß ein Erlernen von therapeutischen Fertigkeiten genauso unverzichtbar ist, wie ein Kind die einzelnen Buchstaben erlernen muß. Dann könne es flexibel und kreativ damit umgehen lernen und seine eigene „Geschichte“ erfinden. Somit ist Therapie eine Kunst, die auf solidem Können beruht. Supervision müsse je nach Entwicklungsstand des Supervisanden flexibel andere Schwerpunkte setzen. Doch wo bleibt die Wissenschaftlichkeit der Therapie? Wo bleibt das wissenschaftlich objektive Fundament, auf das sich ein Supervisor beziehen kann, um seine Interventionen gegenüber dem Supervisanden zu begründen? Der sichere Boden des systemischen Supervisors beginnt langsam zu wanken, wenn kritische Fragen zu seiner Rolle auftauchen. Eine solche Frage stellte Cloe Madanes:

„Should we attempt to be scientific, should we teach as the Zen Master does, or should we offer an entertaining performance?“

Madanes entschied sich für die Rolle des Supervisors als eines Dramadirektors oder Schriftstellers „who has been given the task of entertaining by writing for each family and therapist a script“. Eine mächtige Rolle für den „super Visor“ im therapeutischen Drama, wenn er vor und hinter dem Einwegspiegel sein therapeutisches und „erzieherisches Unterhaltungsprogramm“ kompetent abwickeln muß. Man kann nur hoffen, daß es für alle Seiten unterhaltsam bleibt. Für die weitere Route meiner Reise möchte ich als Proviant einen Hinweis von Jay Haley (1988) mitnehmen:

„The supervisor who wishes to give trainees full autonomy and never directs them will have trainees who never direct clients but instead listen to their dilemmas and commiserate about their misery“

Drittes Ziel: Abenteuer am schmalen Pfad der Wirklichkeit zwischen Illusion und Vision

Ohne Ihnen eine einführende und übersichtliche Karte zur weiteren theoretischen Orientierung zu geben, lade ich Sie ein, an der Tür bekannter Systemtherapeuten zu lauschen. Sie diskutieren gerade verschiedene Aspekte und Probleme der Supervision. Wenn Ihnen alles zu befremdend erscheint, studieren Sie die anschließende theoretische Landkarte zuerst. Luigi Boscolo, Gianfranco Cecchin, Lynn Hoffman und Peggy Penn sind die illustren Teilnehmer der Runde.

Vorerst aber stellt Lynn Hoffman die Arbeitsweise des Mailänder Trainingsinstituts von Boscolo und Cecchin dar.[1]

LYNN HOFFMANN: In ihrem Trainingsinstitut arbeiten Boscolo und Cecchin mit Gruppen von zwölf Personen, die sie aufteilen. Das „T-Team" (therapeutisches Team) besteht aus sechs Personen: eine im Raum, die restlichen fünf hinter der Scheibe. Das „O-Team" (Beobachtungs- bzw. Observationsteam) setzt sich aus den anderen sechs zusammen. Ihre Aufgabe besteht darin, die Beziehung zwischen Therapeut und T-Team zu beobachten und zu kommentieren. Allerdings kann nur das T-Team der Familie Botschaften zukommen lassen. Nach der Sitzung treffen sich beide Gruppen, um Beobachtungen und Hypothesen über die Familie wie auch über das therapeutische Supra-System auszutauschen. Das T-Team kann sich diese Ideen in der nächsten Sitzung zunutze machen. Der Einsatz von Teams hat sich als ausgezeichnete Möglichkeit erwiesen, einer größeren Gruppe Live-Supervision einer laufenden Therapie anzubieten. Vor dem Mailänder Team konnte nur der Therapeut im Raum vom Interview mit der Familie und von den Anmerkungen des Supervisors profitieren – zumindest in einem aktiven Sinne. Mit dem Mailänder Team hat sich die Beteiligung erweitert. In der Folge wurden immer mehr Therapeuten von einem Team hinter der Scheibe ausgebildet und zwar nicht nur im Mailänder Ansatz. Mailand-Teams sind lateral und nicht hierarchisch aufgebaut. Sie experimentieren ständig weiter und legen sich nicht auf eine Methode fest. Häufiges Formen und Umformen ist ein weiteres Kennzeichen. (ebd. S. 41)

Die ständige Weiterentwicklung der sogenannten „Mailänder Methode" nach dem Motto „lernen zu lernen" führte zu einer mehrmaligen Umstrukturierung des Teams. Statt einmal erarbeitete Therapiekonzepte rezeptartig zu etablieren, entwickeln sie ständig neue Ideen des Umgangs mit schwierigen Familiensystemen. Der folgende Diskussionsausschnitt betrifft die Interaktion zwischen Therapeut und Supervisoren hinter dem Einwegspiegel.

HOFFMAN: Was macht ihr mit den Ausbildungskandidaten im Raum?

BOSCOLO: Wir merken oft, daß ein Kandidat zu sehr von den Vorstellungen des Supervisors beeindruckt ist. Eine Methode, mit der wir den Therapeuten lähmen können, besteht darin, ihn zu oft anzurufen. Um das zu vermeiden, halten wir uns 30 Minuten lang heraus. Wir sagen dem Trainee: „Eine halbe Stunde lang kannst du machen, was du willst. Wir rufen dich erst danach an."

CECCHIN: Gelegentlich haben wir einen Trainee herausgerufen und ihm gesagt: „Du mußt aggressiver sein", oder: „Vielleicht solltest du freundlicher sein." Nach unserer Erfahrung versagen solche Verschreibungen. Also sagen wir statt dessen: „Du bist sehr aggressiv. Mal sehen, wie wir deine Aggressivität nutzen können." Oder: „Du bist sehr sanft, du beunruhigst die Familie nicht. Laß' uns das nutzen."

BOSCOLO: Die Ausbildung muß dem isomorph sein, also dem ähnlich, was der Therapeut mit der Familie macht. Wenn du die Trainees kritisierst, konnotierst du sie negativ. Wenn du implizierst, daß sie etwas anderes hätten tun sollen, neigst du dazu, ihnen mitzuteilen, sie sollten so denken wie du. Es ist hilfreicher, die jeweils spezifische Art des Trainees im Umgang mit Familien positiv zu konnotieren.

Aus den vergangenen Gesprächsausschnitten wird deutlich, daß die Besonderheit der „Mailänder Supervision" nicht so sehr die Methode, sondern die Einstellung der Supervisoren ausmacht. Das Wesentliche ist eine nicht-wertende Haltung. Weiters erwarten Boscolo und Cecchin nicht, daß Supervisanden ihre Denk- und Handlungsweisen einfach übernehmen und kopieren. Der gesamte Prozeß der Therapie und Supervision erscheint wie ein organisches Fließen von Feedbackschleifen zwischen Familie, Therapeut, therapeutischen Team in supervisorischer Position und dem Metateam. Interessant ist auch ihre Auffassung des Umganges mit therapeutischen Sackgassen.

CECCHIN: Wenn wir z.B. eine Familie in einigen Sitzungen sehen und Interventionen machen, und die Familie bewegt sich nicht, geraten wir in eine Sackgasse. Unter diesen Umständen geben wir der Familie sehr oft einen Termin in einem halben oder einem Jahr. Wenn wir sie wiedersehen, versuchen wir, sie als eine neue Familie zu betrachten. Wir gucken uns die Videobänder nicht an, lesen die Aufzeichnungen nicht, sondern versuchen, uns von den Konstruktionen zu befreien, die wir im Laufe der Therapie hergestellt haben. Wenn jemand einen Fall vorstellt, achte ich meistens auch nur auf das dargestellte Problem und die therapeutische Beziehung und mache dann meine Ohren zu.

BOSCOLO: Die Familie kommt für gewöhnlich mit einer rigiden Karte, d.h. einer festen Erklärung für das, was passiert. Nimm an, der Therapeut hat auch eine rigide Karte, die auf seinen Kenntnissen über die Familie basiert. Du hast dann zwei Systeme mit rigiden Karten, die kollidieren: „Meine Erklärung ist besser als deine." Therapeutische Teams können sich aber genauso festfahren, wenn sie die gleiche Vorstellung von einer Familie besitzen, mit der dann folgenden therapeutischen Sackgasse (ebd. S. 133).

Jedes Team hat organisatorische Probleme, die eine Familie sofort unbewußt nutzt, um das Team zu lähmen. Das ist homöostatisch und läßt die Situation so, wie sie ist. Deshalb ist es sehr nützlich, wenn du ein Team hast, ein Meta-Team, das die Interaktion beobachtet. Das heißt nicht, man ist desorganisiert oder hat Probleme; es bedeutet, daß die Familie euer Problem offenlegt. Die Familie – als ein System – kalibriert sich an der Information, die das Team in die Sitzung einführt. Es ist ein Problem der Kalibrierung und nicht Absicht der Familie.

PENN: Es ist schon seltsam, wie so etwas passiert, wie sich das Problem der Familie und des Teams gegenseitig spiegeln. (ebd. S. 88)

Bevor ich nun zum theoretischen Hintergrund der hier diskutierten Denkweise gehe, möchte ich auf die veränderte Rolle des Supervisors hinweisen. Er steht nicht mehr auf einem Podest der „objektiven Neutralität", sondern begibt sich auf den Boden partnerschaftlicher Teamarbeit. Er wird angreifbar, lernt selbst ständig aus Fehlern und wird so zu einem Modell von Flexibilität und Kreativität. Insgesamt ergibt sich dadurch ein Prozeß der Koevolution von Therapie und Supervision. Wie entwickelte sich nun diese neue Art von Supervision?

Im Gegensatz zu den mechanistischen Vorstellungen der Kybernetik, die noch stark vom „Modell des Heizthermostaten" beherrscht war, entwickelten sich neuere Modelle in der Systemtheorie, die ihre Aufmerksamkeit auf die Evolution und Koevolution von Systemen lenkten. Besonders Gregory Bateson ist es zu verdanken, daß er die „Ökologie des Geistes" den linearen Mythen von Macht und Kontrolle gegenüberstellte und ökologische Weisheit als Erkennen und Respektieren zirculärer Systemprozesse und verbindender Muster postulierte. Während er aber der These „The map is not the territory" (Korbinszky, 1933) nachhing, vertreten die Konstruktivisten „The map is the territory" (Glasersfeld, 1987, von Foerster, 1985). Ein wichtiger Impuls kam von Ilya Prigogine, einem Nobelpreisträger für Biochemie. Lebende Systeme stellen aufgrund seiner Forschungsergebnisse Organisationskomplexe dar, die sich ferne oder nahe dem Gleichgewicht befinden und die Prigogine „dissipative Strukturen" nennt. Diese Zustände erhalten mit der Umgebung einen endlosen dynamischen Austauschprozeß aufrecht. Einen wichtigen Anteil daran haben Fluktuationen oder Störungen, also plötzliche Veränderungen, die eine Neuentwicklung ermöglichen. Eine einzige Fluktuation, die ihre Wirkung zu anderen addiert, kann stark genug sein, um ein ganzes System nach einem neuen Schema zu ordnen. Diese nicht vorhersagbaren, zufälligen, „stochastischen" Prozesse demonstrieren, daß komplexe, offene Systeme nicht mechanistisch, sondern mit „Spontaneität" und Kreativität funktionieren (Prigogine, 1981). Das neue Bild einer sich ständig wandelnden Welt läßt sich schon aus der Weltdeutung des „Alles fließt" vom griechischen Philosophen Heraklit herleiten. Prigogines Hypothesen bilden ein wichtiges Fundament der expandierenden Chaosforschung. Eine weitere Infragestellung der mechanistischen Kybernetik wurde durch die Forschungsergebnisse des chilenischen Biologen Humberto Maturana geleistet. Seine biologischen Experimente führten ihn zu der Auffassung, daß lebende Systeme als Netzwerke von Prozessen anzusehen sind, die sich selbst ständig erhalten und erneuern. Sie unterliegen als autonome Systeme der eigenen strukturellen Determiniertheit und sind organisatorisch geschlossen. Das ist ein entscheidender neuer Punkt, denn bis dahin ging man davon aus, daß lebende Systeme informationsoffen sind. Maturanas Theorie zwingt dazu, lebende Systeme als informationell abgeschlossen zu sehen. Obwohl sie von Kräften der Umgebung angestoßen, beeinflußt oder gar zerstört werden können, nehmen sie von außen nicht direkt Information auf. Die übliche Auffassung, daß Lebewesen direkt von „außen" informiert und kontrolliert werden können, ist eine mächtige Illusion des Beobachters, die Maturana als „Mythos der instruktiven Interaktion" bezeichnet (Maturana, 1984). Versuche, lebende Systeme von außen zu kontrollieren, zeigen prinzipiell unvorhergesehene Resultate. Für den therapeutischen Prozeß bedeutet dies, daß sich zwei Systeme (z.B. Supervisor-Therapeut) nur so aneinander koppeln können, wie es ihre jeweiligen affektiv-kognitiven Strukturen erlauben. Eine Koppelung ist umso eher möglich, je größer die Plastizität der beteiligten Systeme ist. Ein Verharren des Supervisors innerhalb seines

eigenen Bezugssystems (Weltbildes, Bildes von richtiger Therapie usw.) behindert den Supervisanden in „seinem sich selbst Finden".

Die Theorie Maturanas unterstützte all die philosophischen und wissenschaftstheoretischen Richtungen, die an der „Objektivität eines Beobachters gegenüber dem Beobachteten" zweifelten. Supervisor und Supervisand können demnach nicht über die „objektive Realität eines Systems" sondern nur über ihre Erfahrungen diskutieren. Für Maturana erschafft Sprache die „Dinge", über die wir sprechen, durch den Akt des Unterscheidens. So kann ein Therapeut Macht „sehen" und „versprachlichen", wo lediglich Interaktion existiert. Ähnliche Gedanken hat schon Whorf in seinem berühmten „linguistischen Relativitätsprinzip" formuliert. Ihm zufolge sind die Möglichkeiten des Erkennens und Verstehens der Welt sowie des menschlichen Selbstverständnisses durch die Struktur und Bedeutungsregeln der Sprache bestimmt (Whorf, 1963). Auf den Prozeß der Therapie und Supervision bezogen lautet dann die wesentliche Frage: „Welche Formen der „Versprachlichung" sind am ehesten zur Erweiterung der kreativen Plastizität eines Supervisanden geeignet?"

Will ein Supervisor diese Ansichten teilen, so kann er sich als Impulsgeber eines schöpferischen Dialoges sehen, der aber auf objektive Diagnosen und wirkliches Verstehen verzichten muß. Er ist Experte in kreativitätsfördernder und problem-lösender Kommunikation. Schließt sich der Supervisor auch dem Gedanken der unmöglichen „instruktiven Interaktion" an, dann weiß er, wie er sein Kommunikationsangebot auf die subjektive Lernstruktur des jeweiligen Supervisanden zuschneiden und individualisieren muß, um eine strukturelle Koppelung, bzw. Verstehen, zu ermöglichen. Das tradierte „Input-Output-Modell" eines Schülers, in den man Information hineinstopfen kann, wurde schon von Galilei radikal in Frage gestellt, als er meinte „Du kannst niemanden etwas lehren. Du kannst ihm nur beibringen, es selbst zu entdecken."

Wie relativ und vom jeweiligen Kontext unsere Wahrnehmung abhängig ist, haben schon die alten griechischen Philosophen, die Buddhisten, Hinduisten und viele Vertreter anderer alter Traditionen gewußt.

Die Konstruktion der Realität wurde in zahlreichen Experimenten der Wahrnehmungs-, Entwicklungs- und Sozialpsychologie ergründet, angefangen von Experimenten zu Sinnestäuschungen bis zu den Einflüssen des Konformitätsdrucks einer Gruppe auf die „Realitätsauffassung" einzelner. Daß all diese alten Erkenntnisse erst seit einigen Jahren unter dem Begriff „Konstruktivismus" in der Therapieszene so deutliche Auswirkungen zeigen, ist ein interessantes Phänomen. Die „Konstruktion von Realität" ist von diesem Standpunkt aus gesehen nur kontextspezifisch zu verstehen. Für Beratung und Supervision heißt dies, daß die Frage, wer in welcher Form am Zuschreibungs- und Bedeutungsgebungsprozeß eines Problems beteiligt ist, wesentlich wichtiger ist als die Frage nach den „objektiven Tatsachen". Supervisoren müssen demnach mit dem „Eigen-Sinn" und dem autonomen Bedeutungshorizont, mit dem Supervisanden ihre Problemsysteme konstruieren, kreativ umgehen.

Viertes Ziel: Aufarbeitung und Zusammenstellung neuer Karten der Reise

Bevor ich meine Reise fortsetze, möchte ich einmal mit den bisherigen Materialen „Ordnung machen". Deshalb werde ich die erste „Karte" mit einem Überblick aller bisher aufgezeigten Supervisionsformen konzipieren. Dabei gilt der historische Zeitraster lediglich als vager und grober Orientierungsrahmen. Sicherlich wurde vereinzelt zu jeder Zeit schon jede Form der Supervision ausgeübt. Die Übersicht bezieht sich nur auf die Entwicklung der fallbezogenen Supervision. Da jedes Supervisionskonzept nur eine mehr oder weniger nützliche Auffassungssache ist, haben für mich alle Formen grundsätzlich die gleiche Wertigkeit. Es kommt auf den Kontext und das Ziel der Supervision an, welchem Modell man sich sinnvoll zuwendet. Gerade die Kollision mehrerer Modelle kann neue Anstöße und Entwicklungsformen ermöglichen. Wenn man aufhört, die „eigenen" bevorzugten Landkarten für wahr zu halten, muß man die Auswahl des jeweiligen Modelles mit der nötigen Sensibilität und Verantwortung treffen. Oder um es mit Maturana drastisch auszudrücken: „Gewalt ist, eine Meinung in einer Weise für wahr halten, daß die Meinung der anderen unwahr ist und sich ändern muß" (Maturana, 1984).

Entwicklung der fallbezogenen Supervision

Zeit	Rolle des Supervisors	Primärer Fokus der supervisiorischen Arbeit	Ziel der Supervision
ab ca. 1920	Kontrollanalytiker	Aufarbeitung vergangener unbewußter Konflikte Vergangenheit	Auflösung der Gegenübertragung gegenüber dem Klienten
ab ca. 1960	Therapeut des Therapeuten	Bearbeitung persönlich blockierender Gefühle und der Sackgassen im Hier und Jetzt (Psychodramatische und gestalttherapeutische Techniken) Gegenwart	Erhöhte Bewußtheit und Kreativität gegenüber den Klienten Persönliches Wachstum
ab ca. 1970	Trainer und Coach	Live-Beobachtung und Korrektur von therapeutischen „skills" (Video) Gegenwart	Erweiterung und Verbesserung der diagnostischen und therapeutischen Fähigkeiten Objektive Richtigkeit im Denken und Handeln
ab ca. 1985	Epistemologischer Berater und gleichwertiger Dialogpartner mit mehr Erfahrung und kommunikativer Kunstfertigkeit	Welche Vorannahmen und Be-Deutungen konstruieren wie problematische „therapeutische Wirklichkeiten" Zukunft	Aktivierung der Ressourcen des Supervisanden, Ko-Kreation und Re-Vision ökologisch nützlicher, zukünftiger Wirklichkeiten

Im folgenden Übersichtsplan möchte ich die Modalitäten und Methoden systemischer Supervision in einem dreidimensionalen Modell darstellen. Damit wird die große Anzahl von Kombinationsmöglichkeiten supervisorischer Prozesse ersichtlich, die noch erweitert werden kann, wenn man zusätzliche Dimensionen einführt. Auf der vertikalen Achse habe ich in diesem Modell die Sozialform der Supervision plaziert. Der Unterschied zwischen Team mit Feedback-Kompetenz und interaktivem Team ist folgender: Während beim ersteren die Zeitpunkte der Rückmeldung klar strukturiert sind wie beim Reflecting Team (Anderson, 1987), sind beim interaktiven Team Interaktionen und Rückmeldungen zwischen Familie, Therapeut, dem Team, das mit dem Therapeuten agiert und dem beobachtenden Metateam, das mit dem System

„Familie/Therapeut/Team zur unterstützenden Supervision" interagiert jederzeit und flexibel möglich (Bobele, 1989, S. 146). Natürlich bedarf es hier eines gewissen Eingespieltseins, um sich nicht gegenseitig zu behindern. Das Experimentieren mit verschiedenen Metaebenen von Teams steckt noch in den Anfängen. Für den therapeutischen Alltag setzt der ökonomische Aspekt seine Grenzen, so daß diese Experimente eher im Ausbildungsbereich und in Institutionen möglich sind. Die Kombination mit Videofeedback, wo z.B. eine Familie selbst zum „Reflecting Team" ihrer Interaktionen wird und die Therapeuten den Prozeß dieser Selbstbeobachtung reflektieren, was wiederum von einem Supervisionsteam reflektiert werden könnte, stellt neben vielen anderen Varianten eine neue Möglichkeit systemischer Informationsverarbeitung dar.

Auf der horizontalen Achse ist der jeweilige Focus der Supervision placiert. So könnte der Kommunikations- und Arbeitsprozeß eines Teams

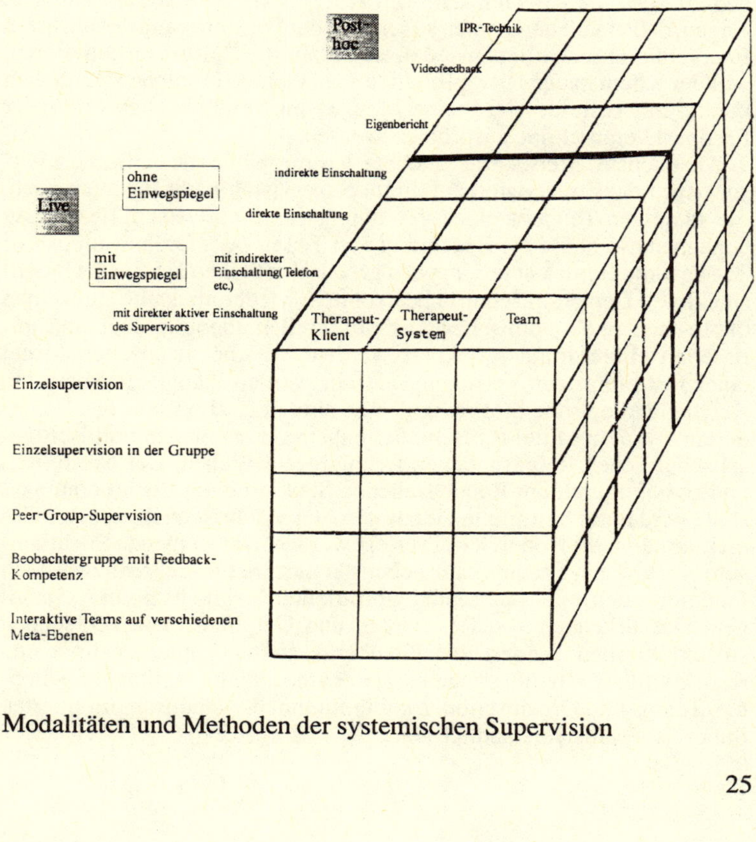

Modalitäten und Methoden der systemischen Supervision

in unterschiedlichsten Varianten supervidiert werden. Die dritte Dimension bezieht sich auf verschiedene Durchführungsmodalitäten. Zukünftige Forschungen könnten klären, in welchen Kontexten Live-Supervision und in welchen Post-hoc Supervisionen effektiver sind. Wer profitiert, wann und bei welchem Problem mit welcher Methode am meisten? Welche Rolle spielen dabei die Lern- und Informationsverarbeitungsstrategien der Supervisanden? Nicht jeder ist ein Teammensch. Manche profitieren von Videofeedback, andere weniger, manche arbeiten besser ohne direkte Einschaltung des Supervisors, andere spornt dies an.

Eine interessante Anwendung des Videofeedback ist das „Interpersonal Process Recall" (IPR) von Norman Kagan (1980). Therapiesitzungen werden auf Videoband aufgenommen. In der Supervision kann der Berater das Band jederzeit selbst anhalten und dem Supervisor berichten, was sich an der Stelle in seinem Kopf abspielte. So wird das permanente innere Geschwätz des Beraters selbst zum Thema der Supervision. Supervisor oder Befrager können sowohl die Kommilitonen als auch die Klienten sein. Mit Hilfe dieser Methode beobachtete Kagan, daß viele Therapeuten so sehr mit der Formulierung der nächsten Intervention beschäftigt sind, daß sie oft nur die Hälfte von dem hören, was der Klient in der Therapiestunde sagt. Gerade in solchen Bereichen könnte mit Hilfe des NLP eine Menge von Möglichkeiten optimaler Feedbackverarbeitung ausprobiert werden.

Als nächste „Reisekarte" möchte ich die kontextspezifischen Perspektiven der Supervision anführen. Supervision heißt für mich auch, der ständigen Tendenz einer Verengung von Sichtweisen, flexibel zu begegnen. So bleibt die Beachtung von Team- oder Organisationsprozessen ohne Berücksichtigung des gesellschaftlichen Kontextes bruchstückhaft. Der gesellschaftliche Kontext wiederum kann auf seinen ökologischen, ökonomischen, soziokulturellen, ideologischen und spirituellen Hintergrund reflektiert werden. Welche materiellen Mittel einer Institution zur Verfügung gestellt werden, hängt oft davon ab, welche ideologische Strömung gerade aktuell ist. Im „Jahr des Behinderten" werden Mittel für Behindertenbetreuung von den politisch-gesellschaftlichen Repräsentanten freizügiger vergeben. Der ökologisch und soziokulturell am Rande stehende Standort einer Suchtberatungsstelle wird unter bestimmten ideologischen Voraussetzungen einer Gemeinde kaum ins Nobelviertel verlegt werden. Der steigende Suchtkonsum eines Managerteams kann neben der kurzfristig streßreduzierenden Funktion auch mit wachsender Spiritualitätslosigkeit zusammenhängen. Das Erkennen von Ressourcen und Gefahren in verschiedenen soziokulturellen Werten und Glaubenssystemen, eine sensitive und respektvolle Einstellung gegenüber der kulturellen Identität von Klienten, Teams und Organisationen sollte für einen systemisch orientierten Supervisor selbstverständlich sein.

Kontextspezifische Perspektiven systemischer Supervision

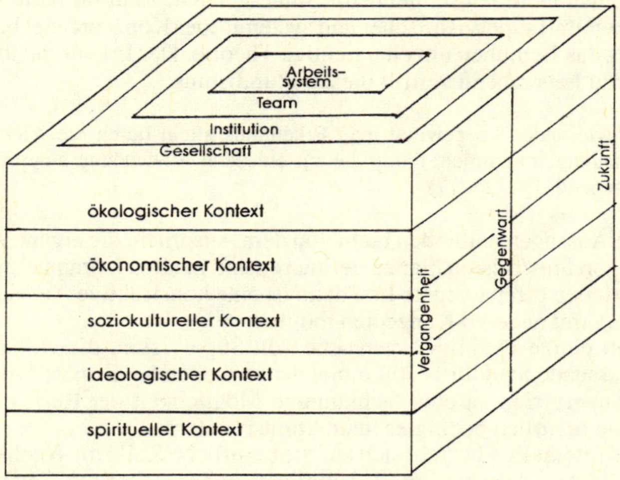

Die Behandlung all dieser Aspekte muß auch jeweils im entsprechenden zeitlichen Kontext erfolgen. Ein langes Verharren in der Vergangenheit erscheint aus konstruktivistischer Sicht nicht günstig. Ein radikales Aussparen der historischen Perspektive stellt für mich im Zusammenhang mit Supervision eine nicht vertretbare Ansicht dar. Im Kontext kurztherapeutischer Interventionen erscheint sie mir nötig (de Shazer, 1989).

Fünftes Ziel: Der Abschied von einer Theorie der Supervision oder: Lieber sich manchmal verirren als sich einem standardisierten Reiseprogramm anschließen

Wie verlockend wäre es doch, eine objektiv, wissenschaftlich begründete Metatheorie der Supervision zu erfinden, um endlich richtige, standardisierte Kriterien einer „lupenreinen" Supervision wie ein überzeugter Missionar vertreten zu können. Doch schon viele Missionare scheiterten bei der Verbreitung ihrer Religion an den „verteufelten" Kontextbedingungen der verwilderten Unzivilisierten. Aus dem Glauben, daß eine Theorie – und sei sie noch so gut – niemals das Gebiet sein kann, folgt, daß es gerade die Vielfalt der Perspektiven erlaubt, einen Sachverhalt angemessener zu begreifen. Um der Gefahr eines

Reduktionismus in der Supervision entgegenzutreten, plädiere ich für einen toleranten Pluralismus, der manchmal auch die Freuden des Anarchismus miteinschließt. Im Sinne der Koevolution halte ich die Artenvielfalt supervisorischer und systemischer Konzepte viel belebender als das Bemühen um eine richtige Theorie. Der Erkenntnistheoretiker Paul Feyerabend vertritt diesen Pluralismus:

„Hier wie anderswo gewinnt man Erkenntnis allein durch die Vielfalt von Anschauungen und nicht durch die entschiedene Anwendung einer Theorie" (Feyerabend, 1981, S. 77).

Diese Aussagen entbinden nicht von dem Anspruch, die eigene Auffassung von Supervision klar zu definieren und in allen Vorannahmen und Vorurteilen offenzulegen. Erst dann ist eine konstruktive Auseinandersetzung mit anderen Konzepten möglich.

Nun einige Definitionsversuche von Supervision, die eine zusammenfassende Standortbestimmung des vorliegenden Konzepts beinhalten: Supervision ist eine fachkundige Möglichkeit der Reflexion und Lösung beruflich bedingter Interaktionsprobleme.

Die Interaktion bezieht sich auf die berufliche Rolle im Wechselspiel mit Klienten, Arbeitsteams, Institutionen und Gesellschaft. Die Interaktion erhellt sich auf dem Hintergrund des ökologischen ökonomischen, soziokulturellen, ideologischen und spirituellen Kontextes.

Systemische Supervision ist deshalb potentiell politisch. Systemische Supervision im Sinne einer koevolutionären Inter-Vision entwickelt Wege aus der systembedingten Problemhypnose zur Lösungstrance.

Systemische Supervision entwickelt gemeinsam mit den Betroffenen kraftgebende Visionen, um berufsbedingter Illusion und Desillusionierung alternative Möglichkeiten entgegenzusetzen.

Um nicht dem Größenwahn einer „super Vision" anheim zu fallen, grenzt sie sich von verwandten Bereichen klar ab und setzt so eine Kontextmarkierung, die es allen Beteiligten erlaubt, unter eindeutigen Kontraktbedingungen zu arbeiten.

Wo der systemische Supervisor auf Grenzen stößt, wird er die Kooperation mit anderen Fachleuten suchen und gegebenenfalls delegieren.

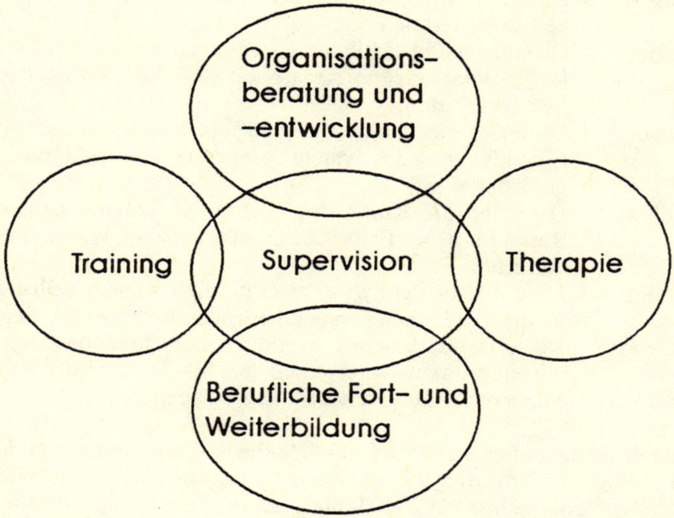

Letztlich glaube ich, daß Supervision, wie jede soziale Tätigkeit eine Kunst des Balancierens zwischen gegensätzlichen Polen ist. Insofern ist der Supervisor im weitesten Sinne ein Dialektiker. So deklariert er klar sein Konzept von Supervision, seine Theorien, Werte und Ideologie. Doch was bedeuten alle Deklarationen ohne das nötige Engagement? Er wird sich in die Welt und Lage der Supervisanden einfühlen, aber sich auch wieder distanzieren können, denn

„Das Unveränderte ist nicht wahrnehmbar, solange wir nicht bereit sind, uns im Verhältnis zu ihm zu bewegen“ (Bateson, 1981).

Sechstes Ziel: Am Gipfel angelangt; Meine Vision von Supervision oder: Die 10 Gebote eines systemischen Supervisors

1. Gebot: Du sollst Systemen respektvoll und als neugierig Lernender begegnen!
2. Gebot: Du sollst aus der Balance zwischen Wissen und „nichtallwissender Demut“ handeln!
3. Gebot: Du sollst mit deinen Partnern eine Koevolution von kreativen Ideen und Visionen ermöglichen!

4. Gebot: Du sollst Wege aus der Problemhypnose zur Lösungstrance anbieten.

5. Gebot: Du sollst prinzipiell zukunftsorientiert und mit möglichkeitserweiternden Impulsen arbeiten!

6. Gebot: Du sollst hauptsächlich solche Fragen stellen, welche die Reflexivität, eigene Kreativität und Lernfähigkeit des Systems fördern!

7. Gebot: Du sollst einen Kontext schaffen, in dem die kreative Eigendynamik des Systems genützt und seine Autonomie gefördert wird!

8. Gebot: Du sollst die Kunst des Dialogs so beherrschen, daß Raum für neues Erforschen und präziseres Wahrnehmen entsteht!

9. Gebot: Du sollst es dem System ermöglichen, sich selbst aus unterschiedlichen Perspektiven neugierig zu reflektieren!

10. Gebot: Du sollst durch dein Tun einen Unterschied machen, der wirklich einen Unterschied macht! Andernfalls ist die Supervision zu verändern oder zu beenden!

Vom Gipfel meiner „visionären Gebote" sehe ich in der Ferne weit über dem „Meer" im alten Griechenland weise Männer auftauchen, die vieles von dieser Vision schon vor 2500 Jahren verwirklicht hatten. So nahmen die Gedanken Heraklits bereits grundlegende Annahmen der neueren Systemtheorie vorweg. „Alles fließt und nichts verharre im beständigen Sein"; „Man kann nicht zweimal in denselben Fluß hineinsteigen"; „Das Werden ist immer in Gegensätze eingespannt, und sie sind es, die Bewegung in Fluß bringen" (vgl. Prigogine, 1981). Aristoteles hat gegenüber Heraklit behauptet, daß wenn alles im Fluß sei, es keine Wahrheit mehr geben könne. Denn wenn alles fließt, dann rinnen uns die Begriffe und das, was sie ergreifen wollen, durch die Finger und sie sind leere Worte, die keiner Wirklichkeit entsprechen.

Der berühmte Sophist Protagoras verstärkte diesen Relativismus und behauptete, daß es keine allgemein gültigen, objektiven Wahrheiten gäbe. Es werden keine objektiven Sachverhalte in unseren Geist hereingenommen, sondern es spricht sich nur ein Mensch darüber aus, wie sie ihm erscheinen. Damit wird der Mensch zum „Maß aller Dinge" und maßgebend für alles, was als Wahrheit gelten soll. Also hier liegen schon die Wurzeln des vielstrapazierten Konstruktivismus und auch all der auf „Linguistik" aufgebauten Therapiekonzepte. Diese Freiheit nämlich, jede beliebige Vorstellung und Meinung zu vertreten, anzugreifen und umzudeuten brachte die Rhetorik der Sophisten zum Erblühen. Protagoras wird als der erste Weisheitslehrer genannt, der Geld für seine Kunst der „Seelenführung" nahm. Vielleicht könnte man ihn mit etwas kühner Phantasie als ersten bezahlten Supervisor bezeichnen.

Sokrates bezeichnete jedoch diese Kunst nicht als Seelenführung sondern als Seelenfängerei und bloße Streitkunst. Man hatte Sokrates oft als Sophisten bezeichnet und er hatte tatsächlich manches mit ihnen gemein. Er verstand sich jedoch als Überwinder der Sophisten. In seinem Leben und Reden wird offenkundig, daß er sich nach objektiven Wahrheiten und allgemein gültigen Werten sehnte. Er sprach mit allen, die ihm über den Weg liefen und er sprach immer wieder über das gleiche: „Ob sie über sich selbst im klaren wären (Erkenne dich selbst), ob sie wüßten, was die Wahrheit ist und das Wissen und ob sie die Werte des Menschen schon geschaut und ergriffen hätten.

Sokrates griff das Reden und die Worte auf und fragte: „Wie meint ihr das eigentlich?; Was denkt ihr euch darüber und wie wollt ihr beweisen, daß es so ist?; Habt ihr die Konsequenzen schon gesehen und darüber nachgedacht, ob sie mit euren Grundannahmen übereinstimmen?" Manche seiner Fragen haben Ähnlichkeit mit den „Zirculären Fragen" der Systemtherapeuten. Sokrates mußte aber wieder und wieder feststellen, daß man nichts wußte. Bei denen aber, die guten Willens waren, führte seine sokratische Dialogform zur Selbstbesinnung, Klärung bislang verworrener Vorstellungen und „Geburt" neuer Einsichten. Das war seine berühmte Hebammenkunst oder Maieutik. Immer ließ er jedoch seine Gesprächspartner fühlen, daß man sich nicht selbst überschätzen soll und man noch lange nicht am Ende des Wissens und der Tugend angelangt sei. Auch von sich sagte er: „Ich weiß, daß ich nichts weiß." Das war seine Ironie. Sie regte auf, aber auch an. Grund genug, einmal bei Sokrates eine Supervision zu bekommen.

Siebtes Ziel: Supervision bei Sokrates[2]

Die Teilnehmer:
Sokrates: reinkarniert als Supervisor (abgekürzt: Sok)
Sisyphus: reinkarnierter Systemtherapeut mit einem Hang zur Sophistik als Supervisand (abgekürzt: Sis)

Sis: Neulich fühlte ich mich gegenüber einer Klientin, die mir von einem Arzt mit der Diagnose „exogene Depression" geschickt wurde, richtig ohnmächtig. Seit Stunden geht da trotz meiner Interventionen nichts weiter, so daß ich ihr schon am liebsten das Etikett einer endogenen Depression anhängen würde. Ich möchte aber heute grundsätz-

Der Weg des sokratischen Dialogs geht vom konkreten Erfahrenen zu allgemeinen Einsichten. Probleme müssen an konkreten Beispielen erörtert werden.

lich über das Problem der Ohnmacht reden, da es mich immer wieder betrifft und ...

Sok: Moment, bitte keinen Monolog, Sisyphus. Kannst du mir sagen, was denn Ohnmacht ist?

Sok will den Dialog und unterbricht ausschweifende Monologe der Sophisten

Sis: Ohnmacht heißt, daß ich selbst keine Lösung und keinen Ausweg sehe, wie ich der Klientin helfen könnte.

Sok: Wenn also Ohnmacht für dich bedeutet, daß du keine Lösungen für sie findest, bedeutet dann Macht, daß du Lösungen für sie hast?

Sok geht von einer Haltung des Nichtwissens aus und stellt vorwiegend Fragen, mit denen er den „Wissenden der Unwissenheit" überführt. Der Lehrer tritt zugleich als Schüler und der Schüler als Lehrer auf. So entsteht ein schöpferischer Dialog. (Koevolution)

Sis: Nein, ich habe keine fertigen Lösungen für sie. Ich helfe ihr nur, daß sie ihre Lösungen finden kann.

Sok: Aber wie kannst du dich dann ohnmächtig fühlen, wenn die Lösungen ohnehin von ihr kommen sollen?

Weg der Bezweiflung verwickelt Sis. im Verlauf des Gesprächs in Widersprüche und Krisen. Dadurch werden alte Sichtweisen relativiert und die Suche nach neuen begonnen.

Sis: Ich kann sie eben auch nicht dazu bringen, daß sie selber ihre Lösungen findet.

Sok: Wenn du zu einem Automechaniker oder Tischler gehst, willst du dann, daß er dir hilft, dein Problem zu lösen?

Mit Nachdruck wies Sok. in seinen Beispielen häufig auf Handwerker hin, weil sie einen unbestreitbaren Sachverstand haben. Alles, was sie herstellen, muß auch dem Allgemeinwohl dienen.

Sis: Ja

Sok: Und wenn diese Frau zu dir kommt, will sie, daß du ihr Problem löst?

Sis: Ich glaube, daß sie das erwartet.

Sok: Worin liegt dann dein Expertentum?

Sis: Unser Problem ist ja, daß wir an einem solchen „Automechaniker-Modell" gemessen werden. Doch Menschen sind lebende Systeme, d.h. sie sind autonom und tun das, was sie ihrem Weltbild und ihren Werten entsprechend, für

Sis. argumentiert hier typisch sophistisch. Er relativiert die Handwerksmetapher und bezieht einen Standpunkt „Der Mensch ist das Maß aller Dinge."

sinnvoll halten. Ich kann also auf die Klientin keine direkte Macht ausüben.

Sok: Angenommen, ich würde der Behauptung einmal zustimmen, daß lebende Systeme nicht direkt steuerbar sind und sich letztlich autonom steuern. Wieso kommen dann Klienten durch ihren Therapeuten in einem besseren oder auch schlechteren Zustand?

Sis: Natürlich haben Therapeuten Einfluß auf ihre Klienten.

Sok: Das heißt, sie haben auch Macht. Aber was verstehst du eigentlich unter Macht?

Sis: Macht hat derjenige, der einen anderen durch Worte und Taten beeinflussen oder verändern kann.

Sok: Gewiß ist der mächtig, aber wie steht es mit dem, der mächtig ist, indem er den anderen beeinflußt, ohne daß er Worte oder Taten gebraucht?

Sis: Wie meinst du das?

Sok: Er tut von sich aus nichts und liegt zum Beispiel nur krank da. Besitzen nicht die einen Macht im Starksein und die anderen Macht im Schwachsein. Es gibt doch auch Therapeuten, die sich ohnmächtig erklären und das als besonders mächtige Intervention benützen. Kannst du mir also sagen, worin das einheitliche Wesen der Macht in all diesen Beispielen liegt?

Sis: Ich verstehe immer noch nicht ganz.

Sok: Ich meine es so, wie wenn ich fragte, was denn Schnelligkeit sei. Sie kann uns beim Laufen, beim Reden oder Lernen und noch bei manch anderen Gelegenheiten zeigen. Über etwas dieser Art verfü-

Im Gegensatz zum Relativismus der Sophisten sucht Sok. nach dem allgemein gültigen Wesen der Dinge. Deshalb verlangt er präzise Definitionen der verwendeten Begriffe. Diese Definitionsbemühungen seines Partners bezweifelt er im Dialog so lange, bis sich ein „Allgemeinbegriff" findet, dem beide zustimmen können.

gen wir doch in verschiedenen Bereichen. Meinst du nicht auch?
Sis: Gewiß
Sok: Wenn mich nun jemand fragte: Sokrates was meinst du mit dem, was du in all diesen Fällen als Schnelligkeit bezeichnest? – dann würde ich ihm zur Antwort geben: Das Vermögen in kurzer Zeit manches auszuführen, nenne ich Schnelligkeit, sei es mit der Stimme oder im Lauf oder mit allem anderen.
Sis: Du hast recht.
Sok: Versuche also Sisyphus, die Macht so zu bestimmen. Welches Vermögen ist es, das in der Hilfe oder im Zufügen von Leid, im Einsperren, im Ausbeuten und all den anderen Fällen ein und dasselbe ist? Oder willst du bestreiten daß Menschen anderen Gewalt antun oder auch helfen können?
Sis: Nein, aber du bietest Beispiele sozialer Ungerechtigkeit als Beweis an, daß es Macht gibt. Würde es denn diese zu verurteilenden Beispiele geben, wenn es den Glauben an die Wirkung der Macht, den Mythos der Macht nicht gäbe? Er ist es doch, der einen korrumpieren läßt.
Sok: Meinst du damit, daß Macht selbst nicht so korrumpiert wie der Mythos der Macht?
Sis: Ja, der Glaube an die Wirkung und Wirklichkeit der Macht liegt deinen Beispielen zugrunde.
Sok: Kann es aber nicht auch von Vorteil sein, an Macht zu glauben? Wenn sich Unterdrückte mit dem Glauben an die Macht organisieren, dann sind die Folgen doch auch befreiend und gerecht. Besteht also

Hier hinterfragt Sis. die Sinnhaftigkeit dieses „induktiven Vorgehens" zur Erlangung eines allgemeinen Begriffs der Macht. Skeptisch untersucht er auf sophistische Weise, ob Macht nicht nur eine Idee oder suggestiv wirksame Metapher ist, die fatale Folgen nach sich ziehen kann.

Sok. hielt es für notwendig, daß alle Formen der Herrschaft auf Gerechtigkeit gegründet sind. Im sokratischen Dialog ging es ihm immer auch um die Offenlegung aller handlungsleitenden Werte, Normen und stillschweigend vorausgesetzten Prämissen. Das hat er von den Sophisten übernommen, die darin meisterhaft waren.

nicht ein Unterschied, ob der Mächtige oder der Einflußlose den Mythos der Macht aufgibt?
Sis: Natürlich, deshalb hinterfragen wir Sophisten ja alle Machtideen und Werte der Mächtigen. Vor allem ist der Anspruch auf die „eine Wahrheit" ein Machtmißbrauch. Deshalb lautet meine Definition: Macht entsteht überall dort, wo einer die Möglichkeit hat, dem anderen einen Schaden zuzufügen.
Sok: Und wenn dich einer vor dem Ertrinken rettet, hat er dann keine Macht über dein Leben? Wenn du schon den Schaden anführst, wieso vergißt du den Nutzen?
Sis: Ich sagte ja eben Möglichkeit. Das schließt die Hilfe nicht aus. Aber ich tue mir da mit dem Begriff der Macht schwer. Ich bezeichne es lieber als Hilfe. Deshalb lehne ich den Begriff der Macht für Therapie ab. Er verleitet einen zum Gedanken der Allmacht und der führt geradezu in die Erfahrung der Ohnmacht. Das ist mir jetzt klar geworden.
Sok: Moment, da machst du es dir aber zu leicht. Worin besteht denn Therapie, wenn nicht auch in einem Gebrauch von Macht? Einer Macht, die dir vom Klienten zugeschrieben wird und die du auch mißbrauchen kannst.
Sis: Ich sehe mich als Begleiter des Klienten.
Sok: Würdest du bei einem Steuermann in ein Boot steigen, der sagt, du mögest ihm den Weg über das stürmische Meer weisen? Würdest du ihn als Steuermann bezahlen, wenn er sagen würde, er sei nur dein Begleiter und drehe das Boot immer nur so, wie es dir richtig

Durch Vorlegen immer neuer Fragen wird im sokratischen Dialog der Antwortende entweder in die Enge getrieben oder auf ein bestimmtes Ziel hingeführt. Wer dieser ständigen Bezweiflung standhielt, konnte bislang verworrene Einsichten klären, Selbsterkenntnis erlangen und zur „Geburt" neuer Einsichten vordringen. Mit Geduld gibt Sok. dem Verlauf des Gesprächs durch seine Fragen solche „Anstöße", die der „Entbindung" der vorerst verborgenen Wahrheit seines Partners dienlich sind. Das war seine Hebammenkunst oder Maieutik.

SISYPHUS, WEISST DU, DASS DU EIGENTLICH NICHTS WEISST?
NEIN, ICH WEISS AUCH DAS NICHT...
DAS HEISST DU WEISST WEDER OB DU ES WEISST, NOCH OB DU ES NICHT WEISST...
...JA SOKRATES.
WIE KANNST DU DANN DAS WISSEN WAS DU JETZT GERADE SAGST...?

erscheint? Würdest du ihm vertrauen und in sein Boot einsteigen, wenn er sagen würde, daß du den Weg wissen müßtest?
Sis: Nein, er müßte das Boot schon steuern und auch die Führung in kritischen Situationen übernehmen. Aber er müßte auch auf meine Kräfte und Erfahrung Rücksicht nehmen und mich das Ziel der Fahrt bestimmen lassen.
Sok: Wenn aber der Steuermann meint, das Ziel wäre zu schwierig für dich.
Sis: Dann müßten wir uns über die Schwierigkeit unterhalten.
Sok: Angenommen, wir könnten die Schwierigkeit hinreichend begründen.
Sis: Dann müßten wir uns über das Ziel unterhalten und uns einigen.
Sok: Ist es nicht das Ziel der Therapie einen Menschen mit Erfahrung und Kunst zur Selbsterkenntnis zu führen?
Sis: Ja, aber nur wenn Selbsterkenntnis das definierte Ziel des Klienten ist. Therapie ist eine Frage des Konsens und nicht der einseitigen Führung oder Machtergreifung des Therapeuten. Ich glaube, daß dieser Konsens mit meiner Klientin nicht klar genug ausgehandelt worden ist. Wir haben eigentlich bis jetzt noch keinen klaren Konsens über das Therapieziel.
Sok: Aber wärst du dann noch Sisyphus, wenn du einen klaren Konsens in bezug auf das Ziel deiner Therapie herstellen würdest? Bist du nicht verurteilt worden, unablässig einen Felsblock den Berg hinaufzuwälzen? Wo liegt in deinem Tun der kritische Moment? So lan-

„Erkenne dich selbst" und „Alles mit Maß" waren leitende Lebensprinzipien von Sok.

ge du den Stein hinaufwälzt, scheint alles gut zu sein. Ist nicht der kritische Moment der, wenn du auf dem Gipfel des Berges stehst und dem herunterrollenden Stein nachblickst und dir überlegst, ob du ihm noch einmal nachgehen sollst?
Sis: Ich wüßte sonst keinen Sinn im Leben, als dies unermüdlich zu tun. Manchmal bin ich auch glücklich dabei. Aber kehren wir zum Thema des Konsens zurück. Dieses uneingeschränkte Suchen nach Konsens ist doch idealistisches Versöhnungsdenken. Warum sollte ich in der Therapie und beim Dialog nicht auch eine Nichtübereinstimmung, also einen Dissens anstreben?
Sok: Hast du nicht eben schon wieder von der Frage des Sinns deines Tuns abgelenkt? Aber ich will dir auf deine Frage antworten. Wenn du einen Dissens anstreben willst, mußt du bereits einen Konsens hergestellt haben. Sonst kann der Dialog als Dialog nicht gelingen.
Sis: Wir haben doch auch einen Dialog und dennoch jetzt einen Dissens.
Sok: Das bestreite ich auch nicht. Aber es liegt ein Unterschied darin, einen Dissens zu haben und einen Dissens zum Ziel haben. Was willst du denn mit deiner Argumentation erreichen?
Sis: Ich will dich begründend davon überzeugen, daß meine Meinung richtig ist.
Sok: Ich soll dir also zustimmen, wenn du recht hättest?
Sis: Ja
Sok: Wenn ich dir zustimmen würde, was läge dann vor?

Ein Merkmal sokratischer Gesprächstechnik ist der Versuch, das worum es im Gespräch geht, ad hoc und unmittelbar mit der aktuellen Gesprächssituation in Verbindung zu bringen.

Sis: Ein Konsens, denn wir wären ja einer Meinung.

Sok: Wenn du also einen Konsens willst, wie kannst du dann gleichzeitig einen Dissens wollen. Siehst du jetzt, daß ein Dialog mißlingt, wenn wir für unsere Argumente keinen Konsens beanspruchen?

Sis: Ja, du hast mich überführt, aber ich bevorzuge dennoch einen Dialog, der mehrere Meinungen als gleich berechtigt zuläßt. Konsensfindung um jeden Preis wäre mir eine zu große Gefahr für die Autonomie im Dialog. Wer hat denn das Recht, das letzte Wort zu sagen? Wohl der, der sich im Besitz der Wahrheit fühlt.

Sok: Das wäre jetzt schon wieder eine neue Diskussion über den Relativismus der Wahrheit, den ihr Sophisten so gerne als eure Wahrheit verkaufen wollt. Aber es geht nicht darum, wer sich im Besitz der Wahrheit fühlt, sondern wer die Wahrheit hat.

Sis: Aber genau dieser Anspruch auf die Wahrheit hat schon viel Gewalt und Machtmißbrauch nach sich gezogen. Denn wo diese Überzeugung auf unanzweifelbarer Richtigkeit und Überlegenheit der eigenen Position besteht, endet die Toleranz für andere.

Sok: Ist Toleranz denn dein höchstes Ideal?

Sis: Ja

Sok: Gut, wieso mißtraust du allen den anderen Idealen des Guten, Wahren, Schönen und Nützlichen?

Sis: Weil sie meist die Ideale und Ideen der Mächtigen sind. Sie sind die Wurzel der Intoleranz.

Sok: Ist dann nicht Toleranz ein

Das Herstellen eines unwiderlegbaren Konsens ist eines der Ziele des sokratischen Dialogs.

Ohne Zweifel war Sok. in seinen Dialogen auch immer nach der Suche nach handlungsleitenden Werten. Er wollte die Werte rational klären, wogegen die Sophisten einen Relativismus aller Werte vertraten. Jeder hat von seinem Standpunkt aus recht. (Toleranz) Sok. meinte, das Wissen von allgemein gültigen und nützlichen Werten ist in jedem Menschen latent vorhanden. Er war überzeugt, daß im Grunde alle das Gute wollen. Das Wirken von Sok. war sittlich religiös. Leben und Lehre waren in ihm eins.

Beweis des Mißtrauens gegen deine eigenen Werte?
Sis: Wieso?
Sok: Wenn du siehst, daß sich deine Klientin das Leben nehmen würde, was würdest du tun?
Sis: Ich würde versuchen, es zu verhindern.
Sok: Nennst du das dann Toleranz?
Sis: Nein
Sok: Kann also eine Person, die innerlich zum Sterben bereit ist, von der Macht eines Therapeuten kontrolliert werden?
Sis: Nein, letztlich nicht. Genau dann empfinde ich wiederum Ohnmacht.
Sok: Aber wenn du tolerant wärst, bräuchtest du doch diese Ohnmacht nicht zu empfinden.
Sis: Der Wert der Erhaltung des Lebens ist mir doch das höchste Ideal. Du hast da recht und ich habe mir widersprochen. Als Therapeut würde ich mit dem Klienten einen Konsens mit dem Ziel des Weiterlebens für eine bestimmte Zeit abklären.
Sok: Kann dann Intoleranz und Kontrolle in bestimmten Fällen ethisch vertretbar sein – einfach, weil einem das Richtige keine andere Wahl läßt?
Sis: Ja, dem würde ich zustimmen.
Sok: Wie weißt du aber, daß dein Handeln richtig und wirksam ist?
Sis: Das kann ich nie wissen. Das ist mein Dilemma: wirksam zu handeln, ohne je im voraus wissen zu können, wie und wohin das führen wird.
Sok: Was weißt du dann?
Sis: Daß ich handeln muß, um zu erkennen.

Sokratische Gespräche haben kein Ergebnis. Sie enden in der sogenannten Aporie. Diese bezieht sich auf die Erkenntnis der Begrenztheit des eigenen

Sok: Weißt du dann, daß du eigentlich nichts weißt?
Sis: Nein, nicht einmal das weiß ich sicher, denn sonst wäre ich nicht Sisyphus. Aber ich will es glauben.

Wissens. Diese Selbsterkenntnis wendete Sok. auch auf sich an, weshalb er so tat, als wisse er nichts. Das war seine Ironie.

Literatur:

ANDERSON, T.: The reflecting team: Dialogue and meta-dialogue in clinical work, Family Process, 26, 414-428, 1987

BATESON, G.: Ökologie des Geistes, Frankfurt, 1981

BOBELE, M., CHENAIL, R., DOUTHIT, P., GREEN, S. & STUHLBERG, T.: Das interaktive Team; ein therapeutisches Modell, Zeitschr. für systemische Therapie, 7(3), 146-153, 1989

BOSCOLO, L., CECCHIN, G., HOFFMAN, L., PENN, P.: Familientherapie-Systemtherapie; Das Mailänder Modell, Dortmund, 1988

BOSZORMENYI, NAGY I. & SPRAK, G.: Invisible Loyalities, New York, 1973

BRANDAU, H.: Modifikation von Selbstattributionen durch audiovisuelle Rückmeldung und ihre Abhängigkeit von Angstvermeidungsmechanismen, Arbeit im Rahmen des Fonds zur Förderung der wissenschaftlichen Forschung, Institut für Psychologie, Graz, 1976

De SHAZER, S.: Wege der erfolgreichen Kurzzeittherapie, Stuttgart, 1989

ECO, U.: Der Namen der Rose, München-Wien, 1982

FEYERABEND, P.: Wider den Methodenzwang, Frankfurt, 1981

FOERSTER, H.: Sicht und Einsicht, Braunschweig, 1985

GLASERSFELD, E.: Wissen, Sprache, Wirklichkeit, Braunschweig, 1987

GOOLISHIAN, H.: Jenseits von „Jenseits von ...“, Zeitschr. für System. Therapie, 5(2), 106-111, 1987

HALEY, J.: Reflections on Supervision, in: Handbook of Family Therapy Training & Supervision, Liddle H. et al, New York-London, 1988

KAGAN, N.: Influencing human interaction-eighteen years with IPR, in: Hess A.K. Psychotherapy, supervision, theory, research and practice, New York, 1977

KORZYBSKY, A.: Science and Sanity, New York, 1933

MADANES, C.: Family Therapy Training – It's entertainment, in: Handbook of Family Therapy Training & Supervision Ed. by Liddle H. et al., New York-London, 1988

MATURANA, H.: Bringing forth of reality. Presentation at Construction of Therapeutic Realities Conference, Family Therapy Programm University of Calgary, 1984.

MATURANA, H. & VARELA, F.: Der Baum der Erkenntnis, München, 1987

NEDELMANN, C. & FERSTL, H.: Die Methode der Balint-Gruppe, Stuttgart, 1989

PÜHL, H. & SCHMIDBAUER, W.: Supervision und Psychoanalyse, München, 1980

PRIGOGINE, I. & STENGERS, I.: Dialog mit der Natur, München, 1981

SELVINI PALAZZOLI, M., BOSCOLO, L., CECCHIN, G. & PRATA, G.: Paradoxon und Gegenparadoxon, Stuttgart, 1978

WEIGAND, W.: Sozialarbeit – das Ursprungsland der Supervision, in: Integrative Therapie, 3-4, 248-259, 1989

WHIFFEN, R. & BYNG-HALL, J.: Family therapy supervision-Recent developments, New York, 1982

Anmerkungen

1 Alle folgenden Diskussionsausschnitte sind aus dem Buch Familientherapie – Systemtherapie; Das Mailänder Modell von Boscolo, Cecchin, Hoffman und Penn.

2 Ich danke den Philosophen Univ.-Prof. Dr. Johann Götschl und Dr. Werner Sauer für wertvolle Hinweise.

SUPERVISION UND VISION – PARALLELEN ZUR TRADITION DER HEILER

Wolfgang Schüers

Eine Anekdote

In einem kleinen Dorf am Fuße der mächtigen Berge hatte es seit vielen Wochen nicht mehr geregnet und auch die Bäche und Rinnsale, die sich sonst von den Bergen ergossen, waren versiegt. Im Dorf war ein wildes Gerangel um die verbleibenden Wasserreserven entstanden und jeder versuchte, das kostbare Naß in Kübeln oder anderen Gefäßen zu horten. Sogar das restliche Wasser des Dorfteiches, den sonst die Tiere benutzten, hatten die Bewohner bis auf eine kleine, dreckige Lake ausgeschöpft. Die Lage verschärfte sich zunehmend und als die Streitereien immer ärger wurden, entschlossen sich die Ältesten des Dorfes nach dem Seher auszuschicken, der unweit des Dorfes in den Bergen lebte, um seinen Rat zu erfragen.

Nach langem Suchen fanden ihn die Boten in dem unwegsamen Gelände, begleiteten ihn zum Dorfplatz nahe dem Dorfteich, an dem sich alle Dorfbewohner versammelt hatten. Nachdem man ihm lang und breit, wie es in diesem Dorf üblich war, die Probleme geschildert hatte – und es wurden dabei viele Vorwürfe der Dorfbewohner laut, die sich gegenseitig beschuldigten – bat er um Ruhe. Nach einer Weile des Nachdenkens schickte er alle Dorfbewohner, um alles Wasser, das sie noch gehortet hatten, zu holen. Es dauerte eine ganze Weile bis sich alle wieder mit ihren Kübeln, Schläuchen und anderen Gefäßen versammelt hatten. Nun ließ er sie alles Wasser in den leeren Dorfteich gießen. Murrend kamen die Dorfbewohner dieser Aufforderung nach. Vögel kamen und nahmen ein Bad, und die Bewohner schauten zu, wie das Wasser langsam in dem trockenen Teichbett versickerte. Als die Bewohner aufsahen, war der Seher verschwunden. Ratlos und auch verdrossen machten sie sich auf den Heimweg.

Am Abend kam ein leichter Wind auf und in der Ferne war das Grollen eines herannahenden Gewitters zu hören.

Einführende Gedanken

Wenn wir diese Geschichte aus der Sufitradition genauer betrachten, können wir einige Parallelen zum Hintergrund und Vorgehen von

Supervision aufzeigen. In allen Kulturen und Zeitepochen finden wir diese Männer und Frauen, die in Notfällen, wie in unserer Geschichte der Seher, um Rat gebeten werden.

Dieser Seher lebt außerhalb und hat doch Kontakt also Einblick in die Geschehnisse. Nur durch seinen Blick für einen größeren, nicht ohne weiteres sichtbaren Zusammenhang ist es ihm möglich, den Rahmen für jene Lösung zweiter Ordnung zu schaffen, die in der vorliegenden Geschichte hilft, den Einklang mit der Natur und den Menschen wiederherzustellen. Ich möchte nun einen Blick in die spirituellen, religiösen oder auch esoterischen Traditionen verschiedener Kulturen und Epochen werfen. Wie bereits erwähnt finden wir in allen Kulturen und Epochen Menschen, die eine Funktion wie dieser Seher innehatten. Ich denke an die Auguren des klassischen Rom, an das Apollon-Orakel von Delphi, an die Druiden der Kelten, die Propheten, Weisen, Heiler und Seher christlicher und anderer Religionen, die Medizinmänner oder Schamanen der afrikanischen Völker oder die heiligen Narren der Pueblo-Indianer Nordamerikas, die Curanderos Südamerikas und viele andere mehr.

Gemeinsamkeiten im Wirken der Seher

Der Einfachheit halber werde ich für die Heiler, Schamanen usw. den Begriff Seher verwenden, der sich auf eine wichtige Funktion ihrer Tätigkeit bezieht, wie im weiteren Text aufgezeigt wird.

Obwohl die Rituale, Riten und Verfahren sich auf Grund der verschiedenen kulturellen oder traditionellen Gegebenheiten und Zeitepochen deutlich voneinander unterscheiden, haben diese Menschen etwas Gemeinsames: sie leben oft etwas abgelegen und sind nur über bestimmte Berührungspunkte mit der Gemeinschaft verbunden. Obwohl sie außerhalb leben, werden sie von der Gemeinschaft jedoch als zugehöriges Mitglied anerkannt. Durch diesen Sonderstatus ist es ihnen möglich, sowohl innerhalb als auch außerhalb des Systems zu sein, eine Voraussetzung, die auch heute für effektive supervisorische Arbeit wichtig ist.

Das Leben außerhalb der Dorfgemeinschaft, in vielen Geschichten auf dem Berg, auf einer Insel oder in einem für normale Menschen unzugänglichen Gelände, verweist metaphorisch darauf, daß sie in anderen Welten zu Hause sind.

Weiterhin ist diesen Sehern, Heilern und Weisen etwas gemein, was ich zunächst einmal als den Kontakt zu einem „höheren Wissen“ bezeichnen möchte. Sie hatten, je nach kultureller Ausprägung unterschiedlich, auch den Auftrag sicherzustellen, daß die Handlungen der Gemeinschaften mit dem Willen der Götter oder mit dem größeren

Ganzen[1] in Einklang waren. Dies geschah indem sie je nach Tradition über eine astrologische Berechnung die Gunst der Stunde zu erkennen suchten, sich in Trance versetzten, um göttliche Eingebungen zu erhalten, in einem Tanzritual die Haltung der Götter zu erfahren suchten oder sich nach einer Zeit des Fastens und der Reinigung in die Stille zurückzogen, um Visionen zu finden und sich der Kontemplation zu widmen.

In vielen Formen versuchten sie sich selbst und das alltägliche Leben und Handeln in ein größeres Ganzes einzubinden. Sie versuchten: „... menschliches Leben an einer höheren Ordnung zu messen und so das Tun der Schau gemäß zu veredeln." (Steindl-Rast 1985).

In diesem Denken wurden Krankheiten, Krisen, Konflikte usw. als Hinweis gesehen, aus der heiligen Ordnung gefallen zu sein, was eben eine Rückbesinnung erforderte und nicht nur die Behandlung eines Symptoms. Erst wenn durch diese Rückbindung der Einklang mit dem großen Ganzen wiederhergestellt war, konnte die Entfaltung des Einzelnen und der Gemeinschaft harmonisch weitergeführt werden. Diese Traditionen standen in dem tiefen Vertrauen, das letztlich alles, was geschah in dem größeren Ganzen aufgehoben und aus ihm geboren war, also Sinn darin hatte. Krisen waren somit etwas wie eine Erinnerung an die allem zugrundeliegende Ordnung und Kraft, der man sich anvertrauen konnte.

Das Leben war in diesem Denken auch davon getragen, daß hinter den sichtbaren Dingen eine lenkende und sinnstiftende Kraft wirkte, ja daß sich in allem Sichtbaren eben auch im Schmerzhaften diese Kraft äußerte.

Parallelen zur supervisorischen Tätigkeit

Auch in systemischen oder in ressourcenorientierten Therapieansätzen sehen wir Konflikte oder Symptome als Herausforderung an das System (den Klienten, die Familie oder Gruppe) erneut Zugang zu den eigenen schöpferischen Möglichkeiten zu finden, mit deren Hilfe neue, angemessenere Sichtweisen gefunden werden können. Gelingt es dem System nicht mehr flexibel auf Veränderungen zu reagieren bzw. seine Wirklichkeitskonstruktion den sich wandelnden Gegebenheiten anzupassen, verfehlt es in gewisser Weise seine natürliche Aufgabe, die unter anderem in einer ständigen Neuanpassung liegt und verliert in dieser einseitigen Verhärtung den natürlichen Zugang zu hilfreichen Ressourcen.

Während in der Sprache der traditionellen Kybernetik von systemimmanenten Gesetzmäßigkeiten (Homöostase, negative Rückkoppelung, etc.) die Rede war und Konflikte als eine Art Verletzung dieser Regeln angesehen wurden, werden sie in den spirituellen Traditionen als ein Herausfallen aus der göttlichen Ordnung beschrieben.

Dieser Unterschied besteht nicht nur in der Terminologie, sondern auch in der zugrundeliegenden Überzeugung, daß wir in der Therapie die krankmachenden Tendenzen und dementsprechend die Heilung oder Reorganisation in Hinblick auf erneute Flexibilität machen können. Wir beziehen uns dabei auf die erfaßbaren und zugänglichen Elemente eines Systems und deren Kommunikation miteinander. Das „religiöse Denken", wenn diese Verallgemeinerung hier erlaubt ist, betont, daß der immanente Plan des Schöpfers uns in gewisser Weise verborgen bleibt und sich unter bestimmten Umständen teilweise offenbart. Eine Heilung ist somit nur möglich, wenn sie dem Plan des Schöpfers entspricht. Hier wird also im Sinne der Systemischen Therapie auf ein umfassenderes, aber eben nicht greifbares System Bezug genommen.

Entwickelte Konzepte – Geschaute Vision

Jene Frauen und Männer halfen, den Weg zurück in diesen Einklang zu finden. Sie sorgten dafür, daß die alltäglichen Handlungen, Projekte und Pläne innerhalb einer Ausrichtung (eben der göttlichen Bestimmung) blieben. Diese Ausrichtung unterlag aber nicht wie bei den in Orthodoxie erstarrten Religionen festgelegten Zielen einer Dogmatik, sondern sie wurden über „Sichten" bestimmt, die wiederholt herbeigeführt wurden.

So verfügte jede Tradition über komplexe Initiationsriten, die Visionen oder Sichten ermöglichten bzw. vorbereiten sollten. Diese Rituale wurden in gewissen Abständen oder nach bestimmten Vorgaben wiederholt, um die notwendige Einbindung den sich ständig wandelnden Bedingungen neu anzupassen. In einer ganzheitlichen Betrachtungsweise wurde „die Welt" als ein dynamisches sich fortlaufend auf ihre wahre Bestimmung hin entfaltendes Geschehen verstanden, was eine regelmäßige Neueinbindung erforderlich machte.

Jede Supervision läuft Gefahr, in diagnostischen Kriterien oder methodischen Vorgaben über Gruppen- und Familienprozesse dogmatisch zu verhärten und kann damit der Wirklichkeit eines konkreten Systems nicht mehr gerecht werden. Die hier enthaltene Aufforderung, das „Instrumentarium therapeutischen Handelns" fortlaufend infrage zu stellen und „anzupassen", scheint mir für die supervisorische Arbeit von großer Bedeutung. Nur so scheint es möglich, dem ständigen Wandel der Wirklichkeit adäquat zu begegnen, wie Vertreter der Familientherapie, die sich dem Denken des Konstruktivismus verbunden fühlen (Goolishian et al, 1986) betonen.

Viele Supervisoren verstehen sich als Experten, die das Wissen haben, sie geben vor, was falsch und richtig ist und korrigieren entsprechend ihren Vorstellungen. Andere sehen sich mehr als Trainer, die adäquates Verhalten einüben. Beide Arbeitsweisen orientieren sich an einem Defizitmodell, bei dem der Klient, die Familie oder die Gruppe von außen das bekommt, was ihm/ihr nach Meinung des Supervisors fehlt.

Mit Erstaunen stelle ich in meiner supervisorischen Arbeit immer wieder fest, wie rasch methodische oder theoretische Überlegungen als wahre Kategorien gehandhabt und unreflektiert angewendet werden. Ihr Wirklichkeitscharakter wird nicht länger überprüft und die Landkarte schließlich als Landschaft betrachtet. Auch in diesem Zusammenhang können Seher wieder zum Vorbild für uns werden. Sie waren nicht einfach Träger ihrer Funktion. Ihr Leben war von einem ständigen Bemühen z.B. um die Vision bestimmt. In spirituellen Traditionen geschah das, wie schon beschrieben, durch Rückzug, Reinigung, Gebet und andere Formen. Dabei war ihre Aufgabe allerdings nicht nur in Notfällen Hilfen zu geben, sondern auch die umfassende große Vision aufrechtzuerhalten. Sie bemühten sich in gewisser Weise, die Geschicke der Menschen, die nicht diesen Weitblick hatten, in dem Wissen um das, was werden wollte, zu lenken.

Sie waren so Mittler des göttlichen Willens im Sinne einer immer wieder neu zu überprüfenden Einordnung in das größere Ganze und gleichzeitig erinnerten sie den Einzelnen an seinen wesenhaften Auftrag, seine Bestimmung, die durch den Trubel des Alltags oder der Verstrickung in Konflikten immer wieder verloren ging. Wir kennen die vielen religiösen Gleichnisse, in denen der Bittsteller um die Lösung eines konkreten Problems anfragt und durch die Antwort (z.B. einen Koan) darauf verwiesen wird, den Konflikt in einem größeren Zusammenhang zu betrachten.

Mit Ausnahme der letztgenannten Aufgabe der „Seher“, der Rückbindung in das größere Ganze, sind die anderen (Konflikte als Herausforderung betrachten, in größeren Zusammenhängen denken, innerhalb und außerhalb des Systems sein u.a.m.) im Bereich systemischer oder ressourcenorientierter Therapie heute selbstverständlich. Hier möchte ich noch auf einen wichtigen Unterschied zwischen Supervisoren und Sehern hinweisen:

In entsprechenden Ausbildungen lernten wir z.B. Kommunikation zu analysieren, Inhalts- und Beziehungsaspekt zu unterscheiden und andere Grundregeln der Kommunikation anzuwenden. Wir wurden angeleitet, in systemischen Begriffen zu denken und zu beobachten, welche Elemente eines Systems wie auf einander bezogen sind. Oder wir erlernten Kategorien des Konstruktivismus zur Grundlage unseres Handelns zu machen, indem wir z.B. begannen, jede Sicht der Wirklichkeit als gleichwertig zu achten. Die Seher hingegen orientieren sich an Eingebungen oder innerem Wissen, an einer Quelle, die durch verschiedene Initiationen freigelegt wurde. So erklären wir mit Hilfe der uns zur Verfügung stehenden Modelle und Theorien Störungen und deren Heilung auf dem Hintergrund des uns sichtbaren Zusammenhanges, die wir je nach unserer therapeutischen Ausrichtung und dem zugrundeliegenden Menschenbild als Fehlkonditionierung, traumatische Verformung, Borderlinesyndrom, usw. bezeichnen. Der Seher enthält sich derartiger Kategorien, die für ihn lediglich hilflose Vehikel sind, sichtbare Zusammenhänge zu benennen und darüberhinaus die nicht sichtbare Wirklichkeit nicht erfassen können.

Verbindungen zwischen therapeutischen Konzepten und spiritueller Sichtweise

In der Bewegung der sogenannten Humanistischen Psychologie in den 50er Jahren, die eng mit C. Rogers und A. Maslow verbunden ist und die versuchte, sich gegenüber einseitigen behaviouristischen und psychoanalytischen Konzepten des Menschen abzugrenzen, tauchen Begriffe auf, die bereits eine Verbindung zu der oben dargestellten spirituellen Sicht herstellen.

Beispiele dafür sind das Konzept der Selbstaktualisierung bei C. Rogers (1977), den Begriff des Selbstwertgefühls bei V. Satir (1975) und die darin enthaltene wachstumsorientierte Ausrichtung und der Begriff des Unbewußten bei M. Erickson (1980). Die Entstehung von Ansätzen Transpersonaler Psychologie R. Assagioli (1965), St. Grof (1985), K. Graf Dürkheim (1973) und neuere Entwicklungen in der Familientherapie, wie sie sich z.B. im Begriff des Lösungssystems (Deissler 1989) und des Ressourcensystems (Essen 1990) niederschlagen, nähern sich dieser spirituellen Sicht. Ich möchte hier den Begriff des Ressourcensystems eingehender erläutern, da er meiner Ansicht nach eine Möglichkeit bietet, das Handeln eines Supervisors in einen ähnlichen Bezugsrahmen zu stellen, wie wir das bei den Sehern beschrieben haben.

Zum Begriff des Ressourcen-Systems

Im Gegensatz zum Problemsystem, in dem die Beteiligten ihre Energie darauf verwenden, das Problem fortwährend zu rekonstruieren und damit positive Möglichkeiten, die vorhanden sind und auf die man vertrauen könnte zu mißachten, sind Ressourcensysteme (Essen 1990) insofern konzipiert, daß es möglich ist, gelassen und vertrauensvoll mit Problemen umzugehen, umzudeuten und damit Probleme als Herausforderung und Chance zur Entwicklung zu sehen, und Lösungen höherer

Ordnung zu entwickeln. Ausgehend von einem umfassenden Reframing wird in einem Problemsystem die verdrehte Äußerung eines verdrängten Ressourcensystems gesehen. In dieser Sicht enthält jedes Problem Zeichen oder Signale, die auf die mögliche Lösung oder Heilung verweisen. Diese vertrauensvolle Betrachtungsweise wird noch vertieft durch den Gedanken, das Ressourcensystem als die immer schon vorhandene, in jedem Menschen enthaltene höhere Seinsqualität zu betrachten. Das Problem ist somit eine Konstruktion, die auf die zugrundeliegende Seinsqualität verweist und uns aufruft, zu ihr zurückzukehren, indem wir uns ihrer bewußt werden und uns erneut mit ihr verbinden.

Diese Gedanken haben weitreichende Folgen, wenn wir sie für unsere Arbeit als verbindlich anerkennen:

Sie betonen zum einen die Verantwortlichkeit des „Klienten" und fordern zum anderen vom Supervisor oder Therapeuten ein hohes Maß an Achtung und Respekt vor dem Weg des Klienten. Sie entlassen uns zwar aus der Verantwortung, Ressourcen für andere finden oder entwikkeln zu müssen, konfrontieren uns aber gleichzeitig mit der Herausforderung, unbeirrt durch die manchmal auch extremen Konflikte, in die Selbstheilungskräfte eines jeden Menschen, zu vertrauen. Dies vermögen wir meines Erachtens nur zu tun, wenn wir uns der ständigen Übung mit uns selbst stellen. So erlebe ich die Reihe der Menschen mit denen ich im Laufe meiner Tätigkeit als Psychotherapeut und Supervisor arbeiten durfte, als eine ständig wachsende Herausforderung, mein Vertrauen zu vertiefen und zu entwickeln. Dieses Vertrauen ist also nichts Endgültiges, keine Eigenschaft, sondern entsteht durch ein fortlaufendes Bemühen um eine sich vertiefende Haltung angesichts der wachsenden Herausforderungen.

An diesem Punkt wird ein weiterer wichtiger Unterschied zwischen den Sehern und den in den etablierten Psychotherapieverfahren ausgebildeten Supervisoren deutlich:

Der spirituell Verankerte unterzieht sich Initiationen, bei denen er letztlich durch alle Höhen und Tiefen seiner Wirklichkeitskonstruktion hindurch in die Leere stößt, die er nur in einem grenzenlosen Vertrauen durchgehen kann. Ich denke an die Visionssuche der Indianer, ihre Schwitzhüttenrituale, das Mishirabe oder das Naikan der Japaner, das Ritual des Blue death und andere. Das Gemeinsame dieser Initiationen ist, daß sie letztlich den Tod all der Strukturen, Konzepte, Modelle oder Vorstellungen bewirken, die eine Hingabe und damit ein Eingebettetsein in das „Große Ganze" verhindern. Der Initiant erfährt dabei, daß dies keine einmalige Angelegenheit ist, sondern eines wiederholten Bemühens bedarf, um immer weiter zu wachsen und immer wieder neu die Rückbindung herzustellen.

Gedanken zur Reflexion einer zugrundeliegenden Ideologie

Das Wirken des Sehers umfaßt jene Dimension, der sich viele Therapeuten auf die Frage nach dem „Wohin“ ihrer Arbeit und dem „Wozu“ einer Heilung entziehen. Oberflächlich orientierte Ressourcenarbeit gewinnt hier den Charakter einer Pille, die genommen wird um Wohlgefühl zu erzeugen. Die Herausforderung scheint mir hingegen darin zu liegen, in die allem zugrunde liegende Ressource zu vertrauen und ihr Wirken zu ermöglichen oder zu unterstützen, in dem Respekt, daß wir sie nicht „machen“ können. Unsere Arbeit greift auf der Grundlage obiger Überlegungen zu kurz und gleicht einer oberflächlichen Symptom-Behandlung, wenn wir in einem Trauerprozeß rasch 2-3 Ressourcen aktivieren und konditionieren. Diese Vorgehensweise birgt die Gefahr, den Klienten zu entmündigen, indem seine ihm innewohnenden Heilungstendenzen, die sich ja gerade im Schmerz äußern, „weggebeamt“ werden und die Herausforderung einer umfassenderen Betrachtungsweise mißachtet wird. Allzu naiv wird auch in den Richtungen des positiven Denkens versucht, durch häufige Wiederholung das „fehlende“ Positive aufzubauen. Hier liegt die Beschränkung ressourcenorientierter Arbeitsweise, die von einer prinzipiellen Gleichwertigkeit von Ressourcen- und Problemsystem ausgeht und eben solange positive Ressourcen aufbaut, bis das Wohlgefühl überwiegt. Dieser Glaube an die Machbarkeit, der sich besonders stark durch das NLP verbreitet hat, brachte allerdings auch eine wohltuende Ergänzung zu der einseitigen „Problemorientierung“ der bis zu jenem Zeitpunkt bei uns vertretenen Therapieansätze. Zudem zeigt die Erfahrung in der praktischen Arbeit, daß recht häufig grundlegende Veränderungen im Prozeß der Begleitung weniger von geplanten als vielmehr von „unbeabsichtigten und zufälligen“ Interventionen eingeleitet werden. R.D. Laing beschreibt das wie folgt: „Doch die wirklich entscheidenden Momente in der Psychotherapie sind – wie jeder Patient oder Therapeut weiß, der sie erfahren hat – nicht vorhersagbar, einmalig, unvergeßlich, niemals wiederholbar und oft unbeschreibbar.“ (Laing, 1967)

Diese eher ideologischen Überlegungen zur Grundhaltung in der Arbeit mit Menschen sind insofern von Bedeutung, als sie in supervisorisches Handeln einfließen. Ich möchte hier auf die Notwendigkeit hinweisen, die ideologischen Konzepte, die den Hintergrund unserer Arbeit bilden, zu reflektieren und in der supervisorischen Arbeit transparent zu machen. Es ist ein bedeutsamer Unterschied, ob ich mich im Umgang mit dem Thema Trauer und Schmerz an einem Menschenbild orientiere, das z.B. der Bioenergetik oder dem NLP zugrundeliegt.

Möglichkeiten einer ressourcenorientierten Arbeit

Der Begriff des Ressourcensystems betont den Aspekt des Vertrauens.

In diesem umfassenden Vertrauen können wir möglicherweise den Kontext zur Verfügung stellen, in dem die erweiterten Wirklichkeiten entwickelt werden, die auch der Herausforderung des „Symptoms" nach Rückbindung gerechtwerden. Können die so begleitenden Menschen wieder Zugang zu ihrer Quelle finden, geht die natürliche, von innen gelenkte Entfaltung auf ihre Bestimmung hin von selbst (vom Selbst) weiter.

Hier wird von Kollegen oft eingeworfen, daß z.B. Menschen mit extrem traumatischen Erfahrungen oder in äußerst schwierigen Lebensbedingungen wohl nicht über den Reichtum an Ressourcen verfügen wie andere. Die Erfahrung zeigt jedoch, daß die Bedeutung einer Ressource nicht von der Dauer ihres ursprünglichen Auftretens abhängt, sondern lediglich davon, wieviel Raum wir dieser Erfahrung jetzt in unserem Bewußtsein geben können. Weiter entdecken wir, daß jeder Mensch Zugang zu kollektiven Ressourcen (archetypischen Bewußtseinsinhalten) finden kann, und daß persönliche Ressourcen oft nur Auslöser für überindividuelle Ressourcen im Sinne dieser höheren Seinsqualität sind. Die Untersuchungen von R. Sheldrake (1984) legen nahe, daß wir auch an den Bewußtseinsentwicklungen der anderen und des Kollektivs teilhaben.

Wir haben durch die Einführung der Dimension der höheren Seinsqualität zwar die Machbarkeit von Ressourcen in Frage gestellt, gleichzeitig kann diese Annahme jedoch die Basis für ein umfassendes, ja unumstößliches Vertrauen sein, das uns selbst in der Begegnung mit aus unserer Sicht extrem zerrütteten Familien, in der Drogenberatung, in der Arbeit mit Sterbenden oder z.B. in der Supervision von Betreuern von Aidskranken begleitet und Stütze ist.

Abschließende Gedanken:

Ich habe die Tätigkeit der Seher beleuchtet, Parallelen zur Tätigkeit des Supervisors aufgezeigt und damit auch ein erweitertes Bild seiner Verantwortung entworfen und den Supervisor als Menschen beschrieben, der in der Lage ist:

- die Perspektive aller Beteiligten respektvoll anzunehmen,
- Lösungsversuche umzudeuten (z.B. in dem er darin den kreativen Versuch anerkennt, eine mit den momentan zur Verfügung stehenden Möglichkeiten annehmbare Lösung zu schaffen),
- Rückschläge und Hindernisse als Herausforderungen zu erkennen,
- Möglichkeiten anzubieten, Ressourcen zu aktivieren und

– auf das allem zugrundeliegende Ressourcensystem zu verweisen und seine Arbeit daran zu orientieren.

Mit diesen Voraussetzungen kann er möglicherweise den Rahmen zur Verfügung stellen, in dem über eine Heilung des Sichtbaren hinaus Einklang mit dieser höheren Seinsqualität wiedergefunden werden kann.

Diese Beschreibung mag für den einen oder anderen Leser möglicherweise etwas anspruchsvoll klingen, dennoch möchte ich sie zur Diskussion stellen. Sie fordert uns unter anderem auf, zu klären, an welchen aus- oder unausgesprochenen Glaubenssätzen wir uns in unserem Wirken orientieren, welche Rolle wir als Person in unserer Arbeit einnehmen und welche Bedeutung wir den erlernten Methoden und Verfahren beimessen, die wir anwenden. Ich verstehe diese Beschreibung als eine Herausforderung, die Tätigkeit als Supervisor in einen erweiterten Rahmen zu stellen. Weiterhin sehe ich diese Beschreibung auch als eine Vision für supervisorische und therapeutische Arbeit der Zukunft, in der zunehmend umfassendere ökologische, spirituelle und religiöse Sichtweisen[2] mit einbezogen werden.

Dabei finde ich folgende Fragen wesentlich:

Geschieht Veränderung/Heilung in unserer Arbeit in Abhängigkeit eines großen Zampanos oder wird das Vertrauen in die Selbstheilungskräfte des Klienten, der Gruppe vermittelt und gestärkt?

Gibt es ein Bemühen, um ständige Reflexion, ein In-Frage-Stellen unseres Handelns?

Bleibt die Arbeit am konkreten Problem und seiner Reparatur kleben oder kann eine Sicht vermittelt werden, die den Sinn des Konfliktes in einem größeren Ganzen verdeutlicht?

Werden Hinweise aufgezeigt, die eine erneute Ausrichtung auf eine umfassende Vision ermöglichen?

In einer weitreichenden Vision eines Planeten auf dem zunehmend mehr Menschen ein würdiges und freudiges Leben verbringen können, könnten Supervisoren und Therapeuten eine bedeutende Rolle spielen, wenn sie bereit sind, eine ausschließlich pragmatische Orientierung ihrer Arbeit zu ergänzen. Dies wäre möglich, indem sie z.B. von den Heilern und Sehern der alten Traditionen lernen und mithelfen zeitgemäße Formen, die der derzeitigen kollektiven Bewußtseinsentwicklung entsprechen, zu entwickeln, in denen Sinn und Hoffnung in einem überindividuellen Gefüge vermittelt werden können.

Anmerkungen:

1 Mit diesem Begriff entziehe ich mich einer genaueren Definition des Göttlichen, die in den genannten Kulturen unterschiedlich verwendet wurde. Der Gottesbe-

griff der philosophia perennis (K. Wilber, 84) erscheint mir persönlich angemessener, die das Göttliche als das beschreibt, was alles Sichtbare umfaßt und durchwirkt und doch darüberhinaus geht und damit transzendent bleibt. Dieser Gedankengang wird im Zusammenhang mit dem Begriff des Ressourcensystems bedeutsam.

2 Im ursprünglichen Sinne von re-ligio

Literatur:

ANDERSON, H., GOOLISHIAN, H.A., WINDERMAN, L.: Problem determined Systems: Transformation, in: Family 5/1986

ASSAGIOLI, R.: Psychosynthesis – A manual of principles and techniques, San Franzisko, 1965

DEISSLER, K.G.: Erfinderisches Interviewen, in: Zeitschrift Familiendynamik III, 1989

GRAF DÜRCKHEIM, K.: Vom doppelten Ursprung des Menschen, Freiburg, 1973

ERICKSON, M.H.: Collected papers of M.H. Erickson, New York, 1980

ESSEN, S.: Vom Problemsystem zum Ressourcensystem, in: Brunner, E., Kreutemayer, D. (Hg.), Die Therapeutenpersönlichkeit, Wildberg, 1990

GROF, St.: Geburt, Tod und Transzendenz, München, 1985

LAING, R.D.: Phänomenologie der Erfahrung, Frankfurt, 1967

MASLOW, A.: Motivation and Personality, New York, 1954

ROGERS, C.R.: Therapeut und Klient, München, 1977

SATIR, V.: Selbstwert und Kommunikation, München, 1975

SATIR, V.: Vorwort in: Nerin, W.F. Familienrekonstruktion in Aktion, Paderborn, 1989

SHELDRAKE, R.: Das schöpferische Universum, München, 1984

STEINDL RAST, D.: Fülle und Nichts, München, 1985

TAFOYA, T.: Vorwort in: Wippich J., Derra-Wippich, I.: Der Advokat des Teufels, Konstanz, 1989

WILBER, K.: Wege zum Selbst, München, 1986

GRUNDARTEN DES HELFENS

Ein Schema zur Orientierung der Helfer und der Helfer der Helfer

Kurt Ludewig

Dieser Beitrag beabsichtigt, helfendes Tun, also auch Supervision, vor dem Hintergrund systemischen Denkens zu untersuchen und schematisch einzuordnen. Nach einer kurzen Darstellung dessen, was der Autor unter „systemisch" versteht, werden einige Implikationen dieses Denkens für die Konzeptualisierung professioneller Hilfestellung diskutiert. Ausgehend von zwei zentral erachteten Aspekten professionellen Helfens, nämlich der Relation Anliegen/Auftrag sowie der zur Wahl stehenden methodologischen Optionen, wird ein Vier-Felder Modell aufgestellt, welches die Vielfalt möglicher Hilfssysteme bezüglich der Relation Hilfesuche/Hilfestellung auf vier Grundarten reduziert: Therapie, Erziehung, Begleitung, Beratung. Das helfende Tun des Supervisors wird schließlich mit Blick auf diese vier Grundformen des Helfens differenziert, und die Erscheinungsformen der dabei jeweils entstehenden sozialen Systeme werden in diesem Zusammenhang diskutiert.

Vorbemerkungen

Ganz gleich, ob sie als Kontrolle der Kontrolleure, Beobachtung der Beobachter, Anleitung der Anleiter, Reflexion der Reflektierenden, (Meta)Dialog der Dialogisierenden usw., oder gar als Supervision der Supervisoren verstanden wird, intendiert Supervision – hinsichtlich welcher Kriterien auch immer – eine Instanz zu sein, die professionellen Helfern beim Helfen hilft. Supervision stellt – darüber dürften sich alle Theoretiker dieser Disziplin trotz erheblicher Divergenzen in begrifflicher und praktischer Hinsicht einig sein – „Hilfe für den Helfer" bereit. Das Verständnis dieser Art von Hilfestellung, ob sie jeweils als Kontrolle, Beobachtung, Anleitung usw. konzeptualisiert wird, wirkt auf die jeweiligen Menschen- und Gesellschaftsbilder zurück, aus denen die Theoretiker der Supervisionspraxis ihre Konzepte für „den hilfreichen Umgang mit Menschen" ableiten. Die Tatsache allerdings, wie Supervision vor Ort verstanden wird, d.h. als welche Art von (helfender) Reaktion auf welche Art von (hilfesuchender) Anfrage, dürfte entscheidend das Geschehen prägen, welches sich in jedem Supervisionsprozeß abspielt.

Im vorliegenden Aufsatz geht es mir um den Versuch, einen Rahmen vorzuschlagen, der die Grundarten professionellen Helfens bezüglich der stattfindenden Interaktionen zwischen Hilfesuchenden und Helfern voneinander zu unterscheiden erlaubt. Zu diesem Zweck stelle ich zwei hypothetische Dimensionen auf, anhand derer sich vier Grundarten des Helfens unterscheiden lassen: Erziehung, Begleitung, Beratung, Therapie. Unter Bezug auf diese Unterscheidungen soll dann zum einen Supervision danach untersucht werden, welche Art von Hilfeleistung sie verwirklicht, und zum anderen dem Supervisor begriffliche Mittel an die Hand gegeben werden, damit er vor Ort jeweils leichter klären kann, als was er angefragt ist und wie er darauf reagieren soll. Dabei betrachte ich das Helfen und mithin auch Supervision aus einer *systemischen Perspektive;* insofern erkunde ich zugleich die konzeptionellen und folglich auch praktischen Vorteile, die das Einnehmen einer solchen Perspektive für den Umgang mit dieser Fragestellung erbringt. Ich betrachte hierbei Supervision ganz allgemein als einen konstituierenden Bestandteil eben jenen sozialen Geschehens, welches den Gegenstand einer umfassenden Klinischen Theorie[1] bildet, d.h. als (mit)konstituierenden Aspekt psychosozialer (professioneller) Helfer-Praxis. Denn Supervision gewährleistet, zusammen mit Ausbildung (einschließlich Fort- und Weiterbildung), die sozionormative Legitimation für die professionelle Ausübung helfender Tätigkeiten. Unter dieser Annahme geht es mir hier nicht darum, Supervision bezüglich ihrer Daseinsberechtigung (Nutzen, Sinn usw.) als Bestandteil psychosozialer Helferpraxis zu untersuchen, zumal sie ein bereits etabliertes, nicht wegzudenkendes Faktum darstellt (dafür spricht nicht zuletzt die Existenz des vorliegenden Bandes). Ohne eine globale Auseinandersetzung mit Supervision (z.B. Entstehungsgeschichte, Fokussierung, Methodologie, Techniken) zu intendieren, konzentriere ich mich hier darauf, den sozialen Zusammenhang zu untersuchen, in dem Supervision stattfindet.[2] Daraus leite ich ein Schema ab, das die aufeinander bezogene Zuordnung von Hilfesuche und Hilfestellung erleichtern soll.

Der in diesem Aufsatz vorgeschlagene Rahmen soll bei Folgendem helfen: 1) das soziale Geschehen „Supervision" von anderen Helfer-Systemen zu unterscheiden, und 2) die Relation Auftrag-Ausführung im Verlauf von Supervisionen nicht aus den Augen zu verlieren. Unter Ausnutzung der methodologischen Vorgaben aus einer systemischen Perspektive ist es mein Ziel, abzuklären, was sich einem Beobachter darbietet, der ein soziales Geschehen 1) als Hilfssystem erkennt, d.h. es von andersartigen sozialen Systemen unterscheidet, und darüber hinaus 2) als Supervision erkennt, d.h. es von anderen Hilfssystemen unterscheidet, in denen auch Hilfe gesucht und gegeben wird. Bevor ich jedoch auf das eigentliche Thema dieses Aufsatzes eingehe, skizziere ich einige der Prämissen systemischen Denkens, die den darzulegenden

Überlegungen als Ausgangspunkt und Bezugsgröße dienen. Es handelt sich um a) eine kurze definitorische Festlegung des Begriffs „systemisch" und b) eine Erkundung dessen, wie darauf bezogen professionelle Hilfestellung konzeptualisiert werden kann.

1. „Systemisch" auf einem Blick

Eingedenk der vielfältigen Bedeutungen, mit denen das Adjektiv „systemisch" in der Literatur versehen wird, erscheint es mir unumgänglich, die hier gemeinte Bedeutung gleich zu Beginn unmißverständlich festzulegen. Damit wird Leser und Leserin ein „roter Faden" mitgeliefert, der nicht nur Mißverständnissen vorzubeugen hilft, sondern auch ermöglicht, der vom Autor beanspruchten Kohärenz (sprich: „logischen Buchhaltung"[3]) zu folgen.

Das Adjektiv „systemisch" reserviere ich für jenen Bereich (wissenschaftlichen) Wissens, der, ausgehend vom erkenntnistheoretischen Standpunkt des sog. Radikalen Konstruktivismus Systeme untersucht. Mit diesem Verständnis von „systemisch" – als Kennzeichnung für eine Sichtweise oder Perspektive (vgl. Reiter et al., 1988) – knüpfe ich an den begrifflichen Gebrauch im Bereich psychosozialer Praxis an, der sich spätestens zu Beginn der 80er Jahre etablierte, als man von „systemischer Therapie" zu sprechen begann und diese somit von ihrer Vorläuferin, der (systemischen) Familientherapie abgrenzte. Dem vorausgegangen war der Übergang des diesem Therapieverständnis zugrundeliegenden, kybernetischen Denkens von der sog. Kybernetik 1. Ordnung, d.h. der Kybernetik des Beobachters (vgl. v. Foerster, 1985). Insoweit als das Adjektiv „systemisch" semantisch noch weitgehend ungebunden ist, erscheint es mir sinnvoll, es für jene Systemtheorie zu reservieren, die sich als Systemtheorie der Systemtheorie bzw. als Theorie beobachtender Systeme versteht. Damit ist das Denken gemeint, welches von Naturwissenschaftlern wie Humberto Maturana (1982, 1988, 1990a, b; u. Varela, 1987) und Heinz von Foerster, (1985) entwickelt und von Sozialwissenschaftlern wie Niklas Luhmann (1984) auf den Bereich sozialer Systeme übertragen wurde.[4] In allgemeinster Auslegung bezeichnet „systemisch" eine Sichtweise, Perspektive oder Orientierung für den Umgang mit Welt. In Anlehnung an Humberto Maturana fasse ich die Grundprämissen dieses Denkens wie folgt zusammen:

(1) Alles Gesagte wird von einem Beobachter gesagt (ontologische Grundaussage). Dabei ist

(2) Beobachter ein „linguierendes"[5] Lebewesen. Als solches ist er ein autopoietisch organisiertes, durch seine Struktur determiniertes und daher autonom sich regelndes Wesen, welches zudem „linguiert". Der

Beobachter entsteht erst im Vollzug des Linguierens (= spezifische Lebensweise, die sich aus dem permanenten „Sprache-Machen" im Prozeß des Zusammenlebens konstelliert), und zwar als Beschreibung seiner Selbst (seines Tuns).
(3) Alles Gesagte wird demnach von Beobachtern im Vollzug ihres Lebendigseins in-Sprache, d.h. in Kommunikation mit anderen Beobachtern, hervorgebracht. Es folgt, daß
(4) <Realität> – sinnvollerweise in-Klammern zu setzen ist. Damit wird betont, daß <Realität> ein in Kommunikation entstandenes Argument darstellt und keine von Beobachtern unabhängige Größe. Die Einklammerung des Begriffs soll <Realität> nicht von einer anderen, nicht-eingeklammerten, „wirklichen" Wirklichkeit unterscheiden, sondern vor den Irreführungen bewahren, die sich beim Gebrauch des Begriffs Realität als gegebener und so objektiv erfaßbarer Größe ergeben. Die Einklammerung soll vor Augen halten helfen, daß <Realität> eine Synthetisierung aus je spezifischen, in Kommunikation mit faktischen oder virtuellen Anderen hervorgebrachten *<Realitäten>* (Unterscheidungen) meint. In diesem Sinne ist
(5) ein System eine von Beobachtern linguierend hervorgebrachte Einheit <Realität>, die als aus miteinander relationierten Elementen bestehend betrachtet wird, so daß
(6) „systemisch" schließlich eine Sichtweise kennzeichnet, die das Tun von Beobachtern, die Systeme hervorbringen (beschreiben, analysieren, dokumentieren usw.), fokussiert.

Ein Beispiel. Obige Sätze zielen darauf, das Gesamt des Bereiches zu bestimmen, worauf „systemisch" Bezug nimmt. Um ihren ihre Abstraktheit etwas zu nehmen, gehe ich hier beispielhaft auf mögliche Folgerungen ein, die sich daraus mit Blick auf Supervision ergeben:

(1) Alles in und über Supervision Gesagtes wird von einem Beobachter, der auch einer der Beteiligten, ob als Supervisor oder Supervisand sein kann, gesagt. (2) Die Beteiligten an einer Supervision sind autopoietisch organisierte, autonome und linguierende Lebewesen. Je nachdem jedoch, mit Blick auf welche Kriterien sie betrachtet werden, sind sie „Menschen", „Beobachter" (die sich über das kommunikative Geschehen im System Supervision äußern), „Mitglieder" (Operatoren, deren Operieren das soziale System konstitutiert, vgl. Ludewig, 1988b) o.a. (3) Alles im Rahmen eines Supervisionsprozesses entsteht im Vollzug des Linguierens zwischen den Beteiligten. Sie bringen einen Bereich hervor, der als selbstreflexiver, geschlossener Bereich kommunikativer Interaktionen betrachtet werden kann, welcher der Eigenheit ihres Miteinanders entstammt. (4) Setzt man <Realität> in Klammern, treffen in Supervisionen „Erzeuger" verschiedener Realitäten zusammen. Ob diese <Realitäten> im Verlauf der das System konstituierenden

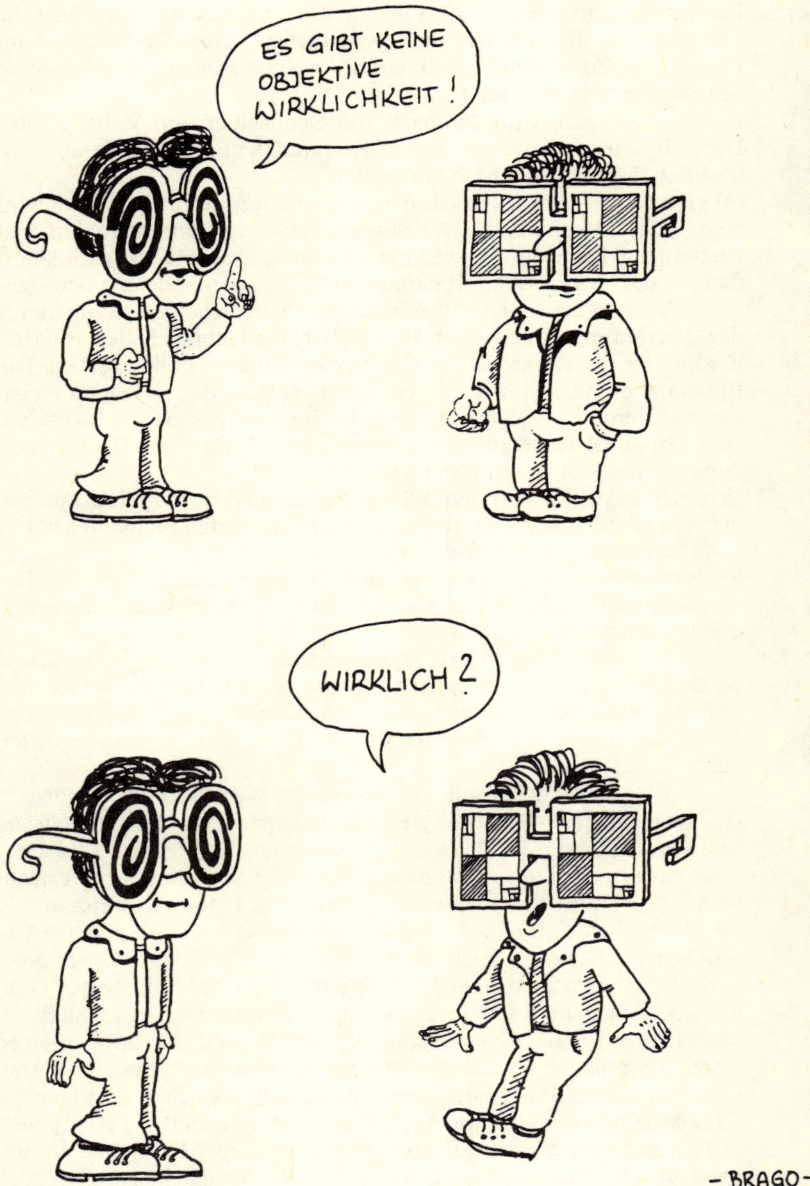ES GIBT KEINE OBJEKTIVE WIRKLICHKEIT!
WIRKLICH?
-BRAGO-

Konversationen zueinander kongruent werden, hängt von den individuellen Möglichkeiten und Bereitschaften der Beteiligten, sich aufeinander einzustellen, ab. Der Supervisor wird in diesem Sinne um so „erfolgreicher" handeln, je eher es ihm gelingt, sich an die Struktur der Supervisanden (als Individuen und als System) anzukoppeln. Für die Konzeptualisierung der Mitgliedschaft als Supervisor empfiehlt sich daher, wie ich es früher mit Blick auf den Therapeuten abgeleitet habe (vgl. Ludewig, 1987c), diese im Sinne der Zurverfügungstellung von Kompetenz für den Aufbau einer für die jeweiligen Ziele der Supervision (s. Abschn. 3) günstigen Konversation zu verstehen. Den Supervisor statt dessen als Träger „besseren Wissens" zu konzeptualisieren, der seine Bemühungen auf die Durchsetzung „seiner" Realität ausrichtet, dürfte einer der Hauptgründe dafür sein, daß Supervision zuweilen in Kampf ausartet und auf das stößt, was dann Widerstand, non-compliance usw. genannt wird. Der sich „systemisch" verstehende Supervisor hat eine gute Chance, sich kongruent mit seinem Vorhaben – die Umsetzung systemischen Denkens auf menschliche Interaktionen (hier: Supervision) – zu erleben und nachvollziehbar zu beschreiben, wenn er sein Vorgehen nach (1- 4) orientiert und somit sich als Mitbeteiligter eines sozialen Systems (5) Supervision begreift.

Die obigen sechs Sätze grenzen das Besondere systemischen Denkens/Sehens ein; mithin definieren sie aus dieser Sicht den Bereich möglicher Erkenntnisse sowie die Einschränkungen, die der Erkenntnisgewinnung gesetzt sind. Die Sätze betreffen, ohne hier aus Platzgründen auf Details einzugehen, das Verständnis des Menschen schlechthin und somit dessen Kognition und Kommunikation sowie der sozialen Systeme, die sie bilden, und des dabei entstehenden Wissens einschließlich des wissenschaftlichen.

Eine Konzeptualisierung psychosozial helfender Aktivitäten, die sich an den oben skizzierten Rahmen systemischen Denkens hält, muß die Autonomie des Menschen zum Ausgangs- und Mittelpunkt aller Überlegungen machen. Im einzelnen hat sie folgende Einschränkungen zu beachten:

– Verzicht auf Fremdbestimmung des Hilfeziels, d.h. auf die kraft „meines" Expertenwissens festgelegte Bestimmung dessen, was dem Hilfesuchenden guttut,

– Verzicht auf instruktive Maßnahmen, d.h. auf generalisierte Methoden und Techniken, die den Hilfesuchenden, unabhängig von seinen strukturellen Möglichkeiten und Bereitschaften, im Sinne des Helfers „verändern" sollen; die Wirkung hilfreich gemeinter Maßnahmen ist ohnehin im voraus unentscheidbar und allenfalls im Verlauf eines konversationalen Prozesses feststellbar,

– Verzicht auf objektivierende Diagnostik, d.h. auf die von der traditionellen Medizin übernommenen Vorgehensweise: Erst Diagnose, dann

Therapie (bzw.: erst wenn ich aus den „Symptomen" das eigentliche Problem erkannt habe, weiß ich zu handeln, vgl. Ludewig, 1987a).

2. Hilfreiche Unterscheidungen

Bei der Konzeptualisierung helfender Maßnahmen erscheint es mir zunächst notwendig, die, meiner Erfahrung nach (vor allem als Supervisor), grundlegende Unterscheidung zwischen Anliegen und Auftrag in der Relation zwischen Hilfesuchenden und Helfern zu erkunden. Alsdann untersuche ich, welche Folgen es für eine Klinische Theorie hat, Helfen als Konversation aufzufassen, und helfendes Tun über die Aufstellung eines auf die Haltung des Helfers ausgerichtetem Rahmens (10 + 1 Leitsätze bzw. Leitfragen) zu beschreiben.

2.1. Anliegen /Auftrag:

In der traditionellen Auffassung professionellen Helfens obliegt es dem Helfer als Experten: 1) die Bedingungen zu erkennen, die einen veränderungsbedürftigen Zustand erzeugen und aufrechterhalten, 2) diese Bedingungen in handlungsleitende Kategorien einzuordnen (Diagnostik), 3) daraus das Ziel helfender Maßnahmen abzuleiten, um dann 4) Handlungen zu benennen und auszuführen, die geeignet sind, den veränderungsbedürftigen Zustand in Richtung auf ein definiertes Ziel effektiv zu verändern. Der systemisch orientierte Helfer muß hingegen aus Gründen seiner epistemologischen Präferenz auf all diese – angeblichen – Erleichterungen verzichten. Seine Ausgangslage besteht darin, daß hilfesuchende Menschen auf ihn meistens mit einem eher diffusen Anliegen treffen: es möge sich etwas verändern (bzw. der Helfer möge das bewerkstelligen). Diese Klagen führen in aller Regel zu keinen genauen Angaben, wie das Problem gelöst werden soll. Das Anliegen der Helfer ist wiederum, ihren Beruf zu verwirklichen, d.h. professionell zu helfen. Dafür verfügen sie allerfalls über allgemeine Kenntnisse und persönliche Erfahrung, jedoch nicht über die Möglichkeit, auf das Anliegen der Hilfesuchenden unmittelbar und kausal hilfreich zu reagieren. Zwei Parteien treffen also mit eher diffusen Anliegen aufeinander: Hoffnung auf Hilfe bzw. Bereitschaft zu helfen. Die Diffusität der Anfangsbedingungen kann, wenn sie nicht unter Wahrung der logischen Buchhaltung eingegrenzt und operationalisiert wird, leicht dazu führen, einen Bereich diffuser Konsensualität zu generieren, d.h. einen Bereich, der wiederum, diesmal allerdings beim Helfer, zum Anliegen bei der Suche nach Supervision werden kann.

Eine erprobte Möglichkeit, den Grad an Konfusion von vornherein gering zu halten, bietet die Unterscheidung zwischen Anliegen und

Auftrag an. Unter *Auftrag* soll im Gegensatz zum je mitgebrachten Anliegen die konversationale Ausarbeitung eines Konsenses über Ziel und Methode des Helfens verstanden werden. Ein Auftrag stellt also eine von Hilfesuchenden und Helfer gemeinsam hervorgebrachte Operationalisierung dar, die aus dem ursprünglichen, allgemeinen, diffusen und subjektiven Anliegen beider beteiligten Parteien hervorgeht. Er beinhaltet eine (Re)Formulierung eines Problems unter Einbeziehung realisierbarer Lösungen. Somit impliziert der Auftrag 1) die vertragliche Grundlage für die von beiden Seiten zu erbringende Leistung, 2) das Ziel und die einzusetzenden Methoden der Hilfestellung, 3) die ad hoc Kriterien, anhand derer die Beteiligten prüfen können, ob der vereinbarte Auftrag erfüllt wurde oder nicht, 4) eine Entscheidungshilfe, um festzustellen, wann die Hilfestellung beendet werden kann oder gar aufgegeben werden muß, und 5) eine Möglichkeit, zu kontrollieren, ob der Helfer sich am Vereinbarten hält oder beispielsweise aufgrund eigener Motivation begonnen hat, auf selbstgestellte Aufträge hin zu arbeiten.

2.2. Methodologischer Rahmen

1) Es ist immer der „Kunde“[6], der anhand der von ihm wahrgenommenen Veränderungen im Nachhinein bestimmt, welche Maßnahmen ihm beim Umgang mit seinem Problem geholfen haben.
2) Hilfestellung ist im voraus nicht bestimmbar, sie ist immer Handeln nach Versuch-und-Irrtum. Professionelle Hilfestellung ist Probeverhalten auf der Basis von vergangenen, methodologisierten Erfahrungen.
3) Die Aufstellung einer Methodologie professionellen Helfens bedarf der Klärung, wie der Gegenstand des Helfens konzeptualisiert wird. Die Definition des Gegenstandes hängt u.a. vom jeweils vertretenen Menschenbild und Kommunikationskonzept ab. In systemischer Sicht ist der Mensch ein autonomes, daher nicht beliebig instruierbares und in sehr begrenztem Umfang voraussagbares Wesen. Der Helfer muß demnach als eine Instanz gedacht werden, die allenfalls über zwei Möglichkeiten der Einflußnahme verfügt: Er kann a) „verstören“[7], d.h. zum Übergang in einen anderen strukturellen Zustand anregen, und b) günstige Randbedingungen herstellen, in denen der Hilfesuchende die für ihn notwendigen Veränderungen verwirklichen kann. Dies beides findet nun – zumal dies die den Menschen eigene Art des Miteinanders ist – in Konversation statt, d.h. in einem Prozeß, in dem die Beteiligten unter Einbeziehung mehr oder minder umfangreicher Bestandteile ihrer Verhaltensrepertoirs zum Aufbau eines gemeinsamen Sinns beitragen. Die Betrachtung professionellen Helfens als Konversation legt es nahe, den methodologischen Rahmen für die Orientierung des Helfers auf dessen Befähigung auszurichten, „hilfreich“ zu konversieren. Für die Aufstel-

lung eines solchen Rahmens stehen mindestens drei Optionen zur Wahl. Er kann a) technologische Empfehlungen an den Helfer enthalten, wie er sich als Konversationspartner konkret verhalten sollte, b) den Helfer bezüglich der Haltung orientieren, die er gegenüber den Hilfesuchenden einnehmen und einhalten sollte, um günstige Randbedingungen für eine fruchtbare Konversation zu gewährleisten, oder c) eine Mischung aus beiden Optionen vorschlagen. Die Verhaltensempfehlungen können sich z.B. an den zu erwartenden Wirkungen bestimmter konversationaler Merkmale orientieren. Dabei kann Hilfestellung z.B. als angewandte Rhetorik im Sinne der sophistischen Tradition aufgefaßt werden (vgl. Maranhao, 1986), oder als Verfolgen eines Flußdiagramms, etwa in der Art, wie es Steve de Shazer (1988) vorschlägt.[8] Im zweiten Fall, nämlich beim Definieren des methodologischen Rahmens durch Aufstellung von Haltungen (des Helfers zum Kunden), wird das Erreichen des Ziels dadurch wahrscheinlich gemacht, daß dem Kunden allgemein förderliche, zwischenmenschliche Randbedingungen gestellt werden, innerhalb derer er seine angestrebten Veränderungen erproben und verwirklichen kann. Mit Bezug auf Therapie und Ausbildung habe ich hierzu 10 + 1 Leitsätze bzw. Leitfragen entwickelt (vgl. Ludewig, 1985, 1987c), die mit wenigen Modifikationen auch für Supervision gelten dürften, sofern allerdings im voraus deutlich geworden ist, was jeweils mit Supervision gemeint ist.[9]

3. Hilfssysteme

Hilfestellung folgt auf Hilfesuche. Anderenfalls, d.h. wenn „Hilfe" unabhängig vom Willen des Hilfesuchenden oder gar gegen seinen Willen „gewährt" wird, sollte man sinnvollerweise, um eine saubere logische Buchhaltung einzuhalten, von (noch so gut gemeinter) Kontrolle, Bemächtigung, Bevormundung o.ä. sprechen. Um angesichts der Vielfalt unterschiedlicher Hilfssysteme die Orientierung nicht zu verlieren, schlage ich vor, sie auf vier Grundtypen zu reduzieren, die jeweils einer von vier charakteristischen Bitten um Hilfestellung zugeordnet werden. Es handelt sich um die Hilfssysteme: Erziehung und Begleitung, Beratung und Therapie (vgl. Abbildung, Teil a). Als hypothetische Dimensionen, die den Raum möglicher Typen von Hilfssystemen definieren, betrachte ich das Anliegen der beiden beteiligten Parteien: Hilfesuchende und Helfer. Die vertikale Dimension beinhaltet das Anliegen bzw. das Ziel der Hilfesuchenden; sie verläuft zwischen den Polen: Suche nach *Erweiterung* (erwünscht ist eine Zunahme an Fähigkeiten, Entscheidungskriterien, Optionen usw.) und Suche nach *Verringerung* (erwünscht ist eine Abnahme von Lebensproblemen, Leiden, Einsamkeit, Orientierungslosigkeit usw.). Die horizontale Dimension repräsentiert wiederum das Anliegen bzw. Ziel der Hilfestellung; sie verläuft zwischen den Polen: *Synomie* (Hilfestellung findet auf dem Wege einer Angleichung der Strukturen zwischen Helfer und Geholfenem statt; sie wird durch Beziehung, Kontinuität, Ankoppelung, Gemeinsamkeit usw. angestrebt) und *Dysnomie* (die Bereitstellung von Hilfe intendiert die Differenzerhaltung zwischen Hilfesuchenden und Helfer, um rasches Abkoppeln zu ermöglichen).

Die einzelnen Hilfssysteme lassen sich anhand dreier formaler Gesichtspunkte beschreiben: 1) Art der Hilfesuche, 2) dazu entsprechende Definition der Beteiligten hinsichtlich ihrer Mitgliedschaft (vgl. Ludewig, 1988b) und 3) Dauer:[10]

THERAPIE. Typ: „Hilf mir, mein Leiden zu beenden!"

1. Mindestens ein Beteiligter definiert seine Mitgliedschaft mittels der Thematisierung von Leiden infolge einer oder mehrerer Problemlagen mit dem ausdrücklichen Ziel, es rasch zu beenden;
2. mindestens ein anderer definiert seine Mitgliedschaft reziprok dazu als Therapeut, in dem er die vorgetragene Problemlage als implizit lösbar (d.h. als Problemsystem, vgl. Ludewig, 1988b, Goolishian u. Anderson, 1988) auffaßt und dementsprechend sein Tun auf rasches Auflösen des Problemsystems, mithin auf alsbaldiges Lindern des Leidens einstellt;
3. die Dauer des Therapiesystems ergibt sich implizit aus der erfolgten oder eingeleiteten Leidenslinderung – Problem(auf)lösung.

ERZIEHUNG. Typ: „Hilf mir, mein Wissen zu erweitern!"

1. Einer definiert sich als Lernender, der sein Repertoire an Fertigkeiten beim Umgang mit seiner Welt erweitern möchte;
2. mindestens ein anderer übernimmt reziprok die Mitgliedschaft als Erzieher/Lehrer/Ausbilder, der sein Wissen zur Verfügung stellt und mithin, da der andere dies wegen eben fehlenden Wissens nicht tun kann, die Definition von Ziel und Methode festlegt;
3. die Dauer ist beliebig.

BEGLEITUNG. Typ: „Hilf mir, meine Lage zu ertragen!"

1. Mindestens einer definiert seine Mitgliedschaft mittels der Thematisierung von Leiden infolge einer oder mehrerer Problemlagen in einer Weise, aus der für den Helfer weder deutlich hervorgeht, ob die Lösung des Problems unmittelbar angestrebt wird, noch ob die vorgetragene Problemlage prinzipiell lösbar ist;
2. mindestens ein anderer definiert dazu reziprok seine Mitgliedschaft als Begleiter, der nicht rasches Problemlösen anstrebt, sondern die Stabilisierung der aktuellen Lage des Hilfesuchenden durch Unterstützung etwaiger im Leben des Hilfesuchenden relevanter sozialer Systeme, bzw. durch das Angebot, sich selbst als Mitglied eines unterstützenden Systems zur Verfügung zu stellen.
3. die Dauer ist beliebig.

Abbildung: Grundarten helfender sozialer Systeme (s. Text)

a) Das Modell:

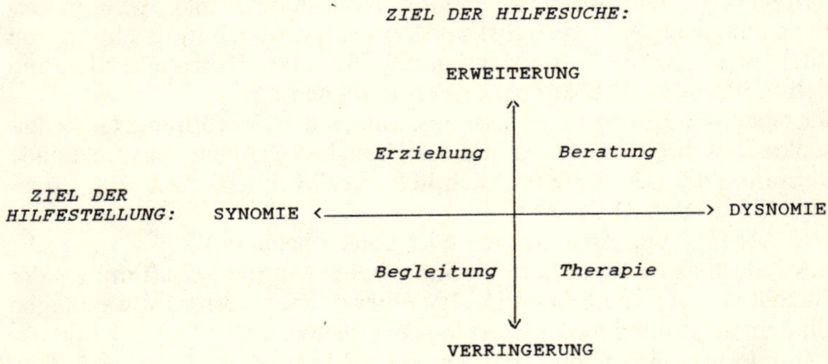

b) Ein Beispiel (s. Text):

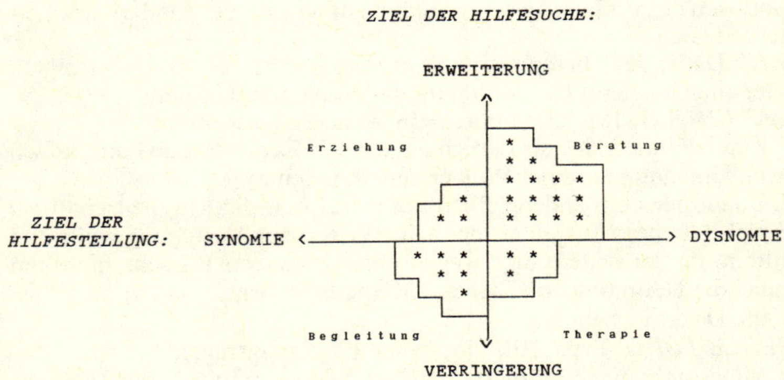

BERATUNG. Typ: „Hilf mir, meine Lage zu verbessern!"

1. Mindestens einer definiert seine Mitgliedschaft mittels der Thematisierung einer Problemlage mit dem Ziel, diese durch Aufklärung, Entscheidungshilfen usw. in dem Sinne zu verbessern, daß bereits vorhandene Strukturen optimiert werden;

2. ein anderer definiert sich dazu reziprok als Berater, der sein Tun mit Hilfe seiner Außenperspektive auf die interne Veränderung bzw. Optimierung der Struktur des ursprünglichen sozialen Systems (z.B. Ehe, Familie, Team) einstellt;

3. die Dauer variiert je nach Umfang des Auftrags, ist aber prinzipiell nicht beliebig.

Die praktische Nützlichkeit des vorgelegten, hypothetischen Schemas läßt sich am folgenden, orientierenden Beispiel demonstrieren (vgl. Abb., Teil b). Darin erhebt das verwendete Vorgehen keinen Anspruch auf „Mathematisierung“, sondern es soll lediglich als ordnenden, orientierenden Gesichtspunkt dienen: Man legt das Schema zugrunde (z.B. als Konstrukt im Hinterkopf) und protokolliert darauf seine Beobachtungen eines bestimmten Hilfssystems zu verschiedenen Zeitpunkten. Da dieses Schema noch keiner mathematisierten Dimensionierung unterzogen worden ist, betrachtet man jedes der vier Felder als von den anderen unabhängige Häufigkeitsverteilung. Dabei repräsentiert jeder Punkt die Einschätzung des Beobachters, welche Art von Hilfestellung gerade geleistet wird. Nach einiger Zeit kann man pro Feld die äußeren Konturen des dabei entstehenden punktförmigen Gebildes zu einer Fläche verbinden. An der Form der Fläche, die aus der gemeinsamen Betrachtung aller vier Flächen resultiert, könnte man dann erkennen, was für ein Prozeß sich in diesem System abgespielt hat. Am illustrierten Beispiel hat offenbar der Anteil an Beratung vor allen anderen überwogen. Es bleibt alsdann zu prüfen, ob dieser Verlauf dem entsprach, was die Hilfesuchenden und ihr Helfer als Auftrag erarbeitet hatten. Im Rahmen einer Supervision kann die Verwendung dieses Schemas dem Supervisor helfen, seinen eigenen Standort zu einem gegebenen Zeitpunkt auszumachen, aber auch um zu erkennen, woran sich der hilfesuchende Helfer gerade befindet.

4. Supervision

In Anlehnung an die oben verwendeten, formalen Gesichtspunkte, die jeweils die aufeinander abgestimmte Definition der Mitgliedschaft beim Hilfesuchenden und Helfer sowie die zeitliche Bestimmung ihres Miteinanders einbeziehen, dürfte für das soziale System Supervision gelten:
1) Mindestens einer der Beteiligten definiert seine Mitgliedschaft durch Thematisierung einer in seiner Praxis als Helfer entstandenen Problemlage;
2) mindestens ein anderer definiert reziprok seine Mitgliedschaft als Supervisor, d.h. als einer, der je nach Problemlage des Hilfesuchenden, seine Handlungsweise nach dem Modell Therapie, Beratung, Begleitung und/oder Fortbildung (Erziehung) ausrichtet;
3) im Rahmen einer je nach Auftrag frei vereinbarten Dauer.

Damit sind die Möglichkeiten, aber auch die Schwierigkeiten des Unternehmens Supervision gekennzeichnet. Als eine unter „wissenden“ (Professionellen) vereinbarte Hilfestellung beinhaltet Supervision alle Formen des Helfens. Supervision kann durchgeführt werden:

1) als „Erziehung“ in Form von Fortbildung, Formung, „Selbsterfahrung“, Praxisanleitung (z.B. im Rahmen von Weiterbildung) auf die Bitte hin: Hilf mir/uns, meine/unsere beruflichen Fähigkeiten zu erweitern!;

2) als Begleitung eines Einzelnen, eines Teams oder einer ad hoc zusammengestellten Gruppe, die sich allesamt an einen Supervisor mit der Bitte gewandt haben: Hilf uns, unser berufliches Schicksal auszuhalten bzw. nicht auszubrennen!,

3) als Beratung bei Einzelnen und Teams auf die Bitte: Hilf mir, meine Fähigkeiten optimaler einzusetzen, bzw. hilf uns, die strukturellen Möglichkeiten unseres Teams optimaler zu nutzen!, und

4) als „Therapie“ in Form von kurzfristigen Anstößen zur Auflösung von Problemsystemen, die sich zwischen Mitgliedern eines Teams bzw. zwischen Helfer und Hilfesuchenden etabliert haben und entweder dem Arbeitsprozeß oder der Fortführung der Hilfsmaßnahme im Wege stehen.

Selbstverständlich können die Aufträge im Verlauf ein und derselben Supervision wechseln. Denn die Anliegen der Helfer sind oftmals vielfältig. Dennoch wird sich der Supervisor, dem seine eigene logische Buchhaltung hinsichtlich anstehender Aufträge entgleitet, einen Bärendienst erweisen. Es empfiehlt sich daher, Supervision von vornherein entweder als grundsätzliche Bereitschaft für unterschiedliche Konversationen zu vereinbaren, oder solche Veränderungen erklärtermaßen auszuschließen. Damit beugt man Entwicklungen vor, die unkontrolliert und daher nicht selten destruktiv ablaufen. Ansonsten kann man sich leicht Situationen ausmalen, in denen es im Verlauf von Supervisionen zur Entwicklung von Eigenproblemen kommt. Man stelle sich z.B. die Konfusion vor, die bei einer Supervision entsteht, wenn der Supervisor trotz einer Veränderung des Auftrags durch den Auftragsgeber auf der Durchführung des ursprünglichen Auftrags beharrt; oder den umgekehrten Fall, in dem der Supervisor sein Verhalten auf einen, seiner Meinung nach, veränderten Auftrag umstellt, die Supervisanden aber am ursprünglichen Auftrag festhalten. Oder man denke an die Mißverständnisse, wenn die Supervisanden sich z.B. unausgesprochenerweise Teamberatung oder Therapie wünschen, dies jedoch aus Gründen der eigenen Verflechtung in ihrer Arbeitssituation nicht offen darlegen (z.B. aus Angst vor Prestigeverlust) und daher einen Supervisor unter Vorgabe eines „Kompromißauftrags“ (z.B. fallbezogene Supervision) engagieren. Schließlich ergeht es Supervisionen nunmal wie jedem anderen sozialen System: Je länger sie andauern, desto größer ist die Chance, daß sie eine eigene Dynamik entfalten, die sich zunehmend unabhängiger von den Verabredungen zu Beginn des Prozesses konstelliert.

Das hier vorgelegte Schema war mir immer dann ein Hilfsmittel, wenn es mir im gegebenen Fall nach Einhaltung einer sauberen logischen Buchhaltung und nicht nach etwas Verwirrung war.

Literaturhinweise

BÖSE, R., G. SCHIEPEK: Systemische Theorie und Therapie, Ein Handwörterbuch, Heidelberg, Asanger, 1989

DELL, P.F.: Violence and the Systemic View: The Problem of Power, Family Process 28, 1-14, 1989

DE SHAZER, S.: Clues. Investigating Solutions in Brief Therapy, New York, Norton, 1988

FOERSTER, H.v.: Sicht und Einsicht, Braunschweig, Vieweg, 1985

GOOLISHIAN, H.A., ANDERSON, H.: Menschliche Systeme. Vor welche Probleme sie uns stellen und wie wir mit ihnen arbeiten, in: Reiter L. et al. (Hrsg.), S. 189-216, 198.

KRATKY, K.W., WALLNER, F. (Hrsg.): Selbstorganisation als integratives Prinzip der Wissenschaft, Darmstadt, Wissenschaftliche Buchgesellschaft, i.Dr.

KROHN, W., KÜPPERS, G., NOWOTNY, H. (eds.): Selforganization – Portrait of a Scientific Revolution. Sociology of the Sciences, Vol. XIV, Yearbook 1990, Boston, Dordrecht, Kluwer Press, i.Dr.

LUDEWIG, K.: Die therapeutische Intervention. Eine signifikante Verstörung der Familienkohärenz im therapeutischen System, in: Schneider K. (Hrsg.): Familientherapie in der Sicht psychotherapeutischer Schulen, Paderborn, Junfermann, 1983

–: Von Familien, Therapeuten und Beschreibungen. Vorschläge zur Einhaltung der ‚logischen Buchhaltung'. Familiendynamik 11, 16-28, 1986

–: Vom Stellenwert diagnostischer Maßnahmen im systemischen Verständnis von Therapie, in: Schiepek, G. (Hrsg.): Systeme erkennen Systeme, München, Weinheim, Psychologie Verlagsunion: 155-173, 1987a

–: 10 + 1 Leitsätze bzw. Leitfragen. Grundzüge einer systemisch begründeten Klinischen Theorie im psychosozialen Bereich, Z. systemische Therapie 5, 178-191, 1987c

–: Nutzen, Schönheit, Respekt – Drei Grundkategorien für die Evaluation von Therapien, System Familie 1, 103-114, 1988a

–: Problem – ‚Bindeglied' klinischer Systeme. Grundzüge eines systemischen Verständnisses psychosozialer und klinischer Probleme, in: Reiter, L. et al. (Hrsg.), S. 231-249, 1988b

LUHMANN, N.: Soziale Systeme, Frankfurt, Suhrkamp, 1984

MARANHAO, T.: Therapeutic Discourse and Socratic Dialogue, Madison, University of Wisconsin Press, 1986

MATURANA, H.R.: Erkennen: Die Organisation und Verkörperung von Wirklichkeit, Braunschweig, Vieweg, 1982

–: Reality: The search for objectivity or the quest for a compelling argument, Irish J. Psychology 9, 25-82, 1988

–, F.J. VARELA: El árbol del conocimiento, Santiago, Editorial universitaria, 1984 (dtsch. Der Baum der Erkenntnis, Bern, München, Wien, Scherz 1987)

REITER, L., BRUNNER, E.J., REITER-THEIL, S. (Hrsg.): Von der Familientherapie zur systemischen Perspektive. Berlin, Heidelberg, New York, Springer 1988

SCHMIDT, S.J. (Hrsg.): Der Diskurs des Radikalen Konstruktivismus, Frankfurt, Suhrkamp 1987

STANGL, W.: Das neue Paradigma der Psychologie, Braunschweig, Vieweg 1989

Anmerkungen:

1 Die Aufstellung einer solchen Theorie aus systemischer Sicht ist das erklärte Ziel meiner theoretischen Arbeit der letzten Jahre gewesen (vgl. Ludewig, 1987c, 1988a, 1988b).

2 Hierzu liegt – nicht zuletzt in diesem Band – genügend spezialisierte Literatur vor. An dieser Stelle danke ich Andreas Wohlfahrt, der mir seine Dissertation (Psycholo-

gie, Univ. Hamburg) über den komplexen, historischen und kontextuellen Hintergrund, vor dem sich die Supervisionskonzepte in Psychotherapie und Sozialarbeit entfalteten, vor der Fertigstellung überließ.

3 Im systemischen Verständnis kann nicht darauf vertraut werden, von den „objektiven" Tatsachen der Welt orientiert zu werden. Die Einhaltung einer sauberen „logischen Buchhaltung" stellt die einzig mögliche Richtschnur dar, um eine kohärente Kontinuität zwischen Beschreibungen und Erklärungen und den dazu gehörigen Phänomenbereichen zu gewährleisten (vgl. Ludewig, 1986, Maturana u. Varela, 1987, Dell, 1989).

4 vgl. auch Böse u. Schiepek, 1989, Schmidt, 1987, Schiepek, 1989, Stangl, 1989, Kratky u. Wallner i.Dr., Krohn et al. i.Dr.

5 span. „lenguajear", ein unübersetzbarer Neologismus, dem m.E. allenfalls mit einem deutschen Neologismus entsprochen werden kann (engl. neologistisch: „to language").

6 Kunde stammt aus dem ahd. „kund" (gewußt, bekannt) bzw. „kundo" (Bekannter, Einheimischer). Daher erscheint es mir geeigneter für die Entwicklung einer auf Autonomie basierenden Theorie als etwa „Patient" (Duldender) oder „Klient" (Schutzbefohlener).

7 Ich ziehe es hier vor, an dem von mir 1983 eingeführten Verstörungsbegriff festzuhalten, statt nach Maturana und Varela (1987) von Perturbation (perturbieren) zu sprechen.

8 De Shazer hat mit Hilfe eines Computer-Expertensystems ein Flußdiagramm entwickelt, welches erlaubt, eine therapeutische Konversation unter Verwendung derjenigen Interventionen weiterzuführen, die am wahrscheinlichsten zum Ziel führen.

9 Nach dem Lesen des nächsten Abschnitts könnte der/die LeserIn sich darin üben, eigene Versionen von Supervision mit Hilfe ad hoc modifizierter 10 + 1 Leitsätze/-fragen zu entwerfen.

10 Bei dieser formalen Definition der Hilfssysteme über die Mitglieder folge ich einem in früheren Publikationen eingeschlagenen Weg (vgl. Ludewig, 1987b, c).

SUPERVISION ALS KOOPERATIVER DIALOG

Harlene Anderson und Harold A. Goolishian

Der Herausgeber stellte uns herausfordernde Fragen, die den roten Faden für diesen Beitrag bilden. Bevor wir auf die Fragen eingehen, möchten wir eine kurze Zusammenfassung der Begriffe einbringen, die den Hintergrund unserer Antworten bilden. Die Grundlage der Antworten basiert auf unserem dialogisch konzipierten Systemansatz (Collaborative Language Systems Approach, Anderson & Goolishian, 1987).

Bisher haben wir einige der Ideen dieses Artikels als „Problemdeterminierende", Problem-organisierende" und „Problemauflösende" Systeme und systemische Konsultationen beschrieben (Anderson & Rambo 1987; Anderson, Goolishian & Windermann, 1986). In diesem Artikel stellen wir die grundlegenden Merkmale des dialogischen Systemkonzeptes für die Supervision aus drei miteinander verwobenen Perspektiven dar: Ausbildungssystem, Ausbildungsprozeß und die Rolle des Ausbildners.

Grundlegende Charakteristika der Dialogischen Systemtherapie für Ausbildung und Supervision

Ausbildungssysteme

Im systemischen Ansatz des kooperativen Dialoges ist das Ausbildungssystem/Therapiesystem eine Art bedeutungsschaffendes Sprachsystem – Schüler und Lehrer tragen zur Bedeutungsgebung bei und sind Lernende. Supervisor und Therapeut schaffen miteinander den Text und die Geschichte, um die sie die Lernaufgabe organisieren. Dies impliziert den Gedanken eines kooperativen, gleichgestellten und horizontalen Lernsystems, in dem die Expertise beider zu gleichen Teilen beinhaltet ist. Das Ausbildungssystem kann als Problem-organisierendes und Problem-auflösendes System betrachtet werden. Das System bilden also jene, die eine relevante Konversation über das Problem führen. Nicht den Fehler vergangener Arbeiten zu korrigieren, sondern das Entwikkeln eines Kontextes, in dem sich eine neue Bedeutung bildet, die Auf-Lösung der Vergangenheit, Lernen und somit Veränderung sind unsere Ziele.

Ausbildungsprozeß

Der Ausbildungs- wie auch der Therapieprozeß ist dialogisch, ein sozialer und intersubjektiver Prozeß, bei dem Bedeutung wechselseitig und kooperativ geschaffen wird. Lernen und Wissenserwerb sind ein soziales Phänomen und resultieren aus gemeinsamen Fragen. Im Dialog und gemeinsamen Fragen erfolgt eine kooperative Erforschung des „Problems“ und der Lösung. Auf natürliche Art läßt der kooperative Ansatz Raum für Neugierde, Gedankenaustausch und das Präsentieren und Erforschen individueller Ansichten.

Die Aufmerksamkeit im Ausbildungskontext konzentriert sich eher auf den Verlauf des Dialoges als auf den Inhalt beziehungsweise auf die Korrektur oder Fixierung des Objektes.

Die Rolle des Ausbildners

Im oben dargestellten Lernprozeß erscheint die vertraute Lehrer-Schüler-Rolle vertauscht: Der Lehrer wird zum „Nicht-Wissenden“, und der Schüler zum „Wissenden“. Dies erfordert eine Änderung der Lehrerrolle vom Experten für Inhalte und Lösungen zum Experten im Anregen von Lernprozessen. Der Supervisand ist der Experte für das Problem und bestimmt, wie er sich vom Supervisor helfen und unterstützen lassen will. Vom Supervisanden erwartet man die Fähigkeit, autonom zu Lösungen zu gelangen.

Die Verantwortung des Supervisors liegt darin, eine Atmosphäre zu schaffen, in der der Supervisand seine Geschichte so erzählen kann, daß optimale Voraussetzungen für eine Vielzahl von Möglichkeiten geschaffen werden, das Problem zu behandeln und darüber nachzudenken. Das heißt, der Lehrer schafft eine Situation, die zu autonomen und selbständigen Lösungen führt. Wenn zum Beispiel der Supervisand sagt: „Ich weiß nicht was ich tun soll, sagen sie es mir“, antwortet der Supervisor nicht mit einer Lösung, sondern verwickelt den Supervisanden in einen Dialog über jene Punkte, die der Supervisand für unbekannt hält und auch darüber, was eine adäquate Antwort wäre. Die Überlegungen werden im gemeinsamen Dialog initiiert und die Beiträge des Supervisanden respektiert. Das Lernen wird kooperativ und partizipatorisch gestaltet und damit Autonomie und Individualität gefördert.

Diese grundlegenden Prämissen beeinflussen unsere Arbeit als Lehrer und Supervisoren und Konsulenten in allen unseren Aufgaben.

Wir hoffen, daß diese kurze Beschreibung der Begriffe, die uns als nützlich erscheinen, beim Leser viele Fragen auslösen wird. In diesem Artikel wollen wir unsere Diskussion auf die Fragen des Herausgebers beschränken, Wir sind uns bewußt, daß das unseren Dialog einschränkt und hoffen auf eine Fortsetzung der Konversation zu einem späteren Zeitpunkt.

Fragen des Herausgebers und unsere Reflexionen

1. Welche Implikationen hat das „dialogische Modell" der Systemtherapie für den Vorgang der Supervision und die Rolle des Supervisors?

Traditionelle Supervisionsmodelle implizieren, daß der Supervisor ein Experte ist, der sein berufliches Fachwissen dem Neuling in der Therapie vermitteln oder lehren kann. Der Schwerpunkt liegt auf Lernen durch Instruktion. Beim traditionellen Lernen von therapeutischen Fähigkeiten erscheint Supervision als Übermittlung von Handanweisungen statischer und technischer Verfahren. Das Erlernen der Therapie besteht in der Beherrschung eines Programmes technischer Verfahren und Fähigkeiten. Hingegen führt ein dialogisches Modell eher zu einer beratenden Handlungsweise, in der Lernen (Veränderung) mittels diskursiver Exploration stattfindet. Es ist ein wechselseitiger und kooperativer Vorgang. Der Supervisor ist im dialogischen Modell eher Mentor als Experte und somit Ressourcenperson oder Katalysator für das Lernen.

Um zu erlernen, wie man Therapeut wird, sollte man lernen, wie man am besten an einem Prozeß der Bedeutungserweiterung und -erschaffung teilnimmt. Somit hat der Supervisor die Rolle, den Kontext für dieses Lernen zu schaffen. Seine Rolle liegt nicht darin, zu lehren, wie und was man tun sollte, hier lernen beide miteinander.

Die ideale, kooperative Supervisions- oder Teambesetzung bestünde aus einem Neuling, einem Therapeuten mittlerer Erfahrung und einem „Alten Hasen". Auf diese Weise kann ein großer Erfahrungsbereich in den Lernkontext eingebracht werden. Durch die Arbeit mit verschiedenen präsentierten Problemen, unterschiedlichen sozio-ökonomischen und ethnischen Gruppen entstünde eine Vielfalt klinischer Erfahrungen. Unser Verständnis eines „Teamkontextes" für Supervision entspricht nicht dem klassischen Teamgedanken, in dem es eine fixe Mitgliedschaft gibt. Es ist eine erweiterte Anwendung des Teamgedankens als das gewohnte Teamverständnis. Das heißt, klinisches Üben und Lernen passieren in einem offenen, kooperativen und fließendem Setting. Innerhalb eines solchen offenen Teamkontextes gibt es eine Vielfalt von Lern- und Supervisionsmöglichkeiten. Diese Lernmöglichkeiten reichen vom Einwegspiegel über persönliche oder Gruppenkonsultationen bis hin zu experimentellen Übungen.

2. Wenn Sie ein böser Zauberer wären, welchen Rat könnten Sie erteilen, um Supervision als Problemsystem zu schaffen und zu verstärken, anstatt es aufzulösen?

Diese Frage erinnert uns an eine Konsultation während eines Ausbildungsprogrammes, in dem man versucht, jungen Kollegen beizubringen, wie sie als familientherapeutische Teams funktionieren sollten. Das Team präsentierte eine klinische Situation mit einem Ehepaar:

Die Frau sei böse auf ihren Mann. Nach der Geburt von drei Kindern (neun, sechs und vier Jahre), der langjährigen Betreuung der Schwiegermutter, die jetzt in einem Pflegeheim untergebracht ist, und der tagtäglichen Anstrengung als Hausfrau sei es höchste Zeit, sich an einem College der eigenen beruflichen Karriere zu widmen. Zum Zeitpunkt der Heirat war sie siebzehn. Von ihrem Mann erwarte sie Unterstützung bei ihrem Bemühungen.

Der Ehemann vertrat den Standpunkt, daß beide, zur gleichen Zeit ans College gehen könnten, ohne daß die Ambitionen der Frau daran zu leiden hätten. Seine Mutter wäre ja in einem Pflegeheim und die Kinder alt genug für den Kindergarten. Er selbst war in seinem gegenwärtigen Job an der Grenze seiner Aufstiegschancen und auch für ihn erschien es nötig, sich zum Wohl der Familie weiterzubilden. Es wäre kurzsichtig und unlogisch von seiner Frau, sich unnötigerweise zu beklagen. Sie entgegnete scharf, daß er sich immer an die erste Stelle setze und sie sich mit dem Rest begnügen müßte. Er sei zu egoistisch und chauvinistisch um zu akzeptieren, daß sie sich weiterbilde, und sie glaube nicht, daß er die Pflichten des Hauses und der Kinder mit ihr teilen würde.

Das Ehepaar war bei einem Therapeutenteam (ein Therapeut im Raum und die übrigen hinter dem Einwegspiegel). Einer der Therapeuten hinter dem Einwegspiegel arbeitete mit der Frau in Einzeltherapie. In der Diskussion des Konsulenten mit dem Team und dem Ehepaar kamen verschiedene Perspektiven zum Vorschein. Der im Raum anwesende Therapeut dachte, die Frau hätte eine narzistische Störung, die sich in Klagen auswirkt und meinte, daß ihre neurotische Schwäche die Ursache für die Schwierigkeiten des Paares sei. Das Team hinter dem Einwegspiegel kam zum Schluß, daß der Therapeut vor dem Spiegel die charakterliche Schwäche des Ehemannes übersah. Sie erlebten den Ehemann als abhängig, manipulierend und mit einer passiv-aggressiven Persönlichkeitsstörung. Der Einzeltherapeut hatte auch eine fachliche Diagnose für die Frau: „Dysthymische Neurose“. Die Hoffnung des Teams für diese Konsultation war, daß es zu einer „richtigen“ Diagnose kommen würde. Nach ihrer ursprünglichen Formulierung bei der Bitte um Konsultation wollten sie wissen, wer tatsächlich der Patient sei, und somit Therapie benötige.

Der „schlechte Rat“ in diesem Fall wäre z.B. gewesen, nach der Pathologie Ausschau zu halten oder Partei zu ergreifen und auszudrükken, daß die Sichtweise des Problems seitens des einen oder anderen Therapeuten falsch sei. Gibt der Konsulent solch einen „schlechten Rat", so wäre er, wie es auch in diesem Team war, in das Entstehen laufender und duellierender Problemdefinitionen verwickelt. Eine neue Bedeutung und Problemauflösung wären weiterhin von minimalem Interesse. In diesem Fall war angebracht, daß alle Teilnehmer zu einer dialogischen Erforschung und anteilnehmenden Nachfrage hinsichtlich aller Perspektiven des Paares wie auch der Therapeuten gelangen mußten, sodaß sich die diagnostische „Problemkonstruktion" auflöste. Die Rolle des Supervisors bestand darin, einen kooperativen Kontext zu bieten, sodaß alle am Dialog teilnehmen, zuhören, verstehen, diskutieren und die verschiedenen Perspektiven würdigen, um so ein neues Verstehen und neue Ideen entstehen zu lassen. Wir vertreten den Standpunkt, daß ein guter Supervisor die Fähigkeit haben muß, dialogisch an multiplen und widersprüchlichen Perspektiven teilzunehmen, sodaß alles glaubhaft erforscht werden kann. Es liegt in der Fähigkeit der Teilnehmer, ihre Geschichten zu erzählen und nachzuerzählen, sie ständig neu zu verfassen, um zu einem Maximum an Lernen zu gelangen.

3. In einem Artikel schreiben Sie, daß der Therapeut in der Lage sein muß, einen Dialog mit sich zu führen. Welche Fragen stellen Sie sich selbst am häufigsten während dieses Vorgangs der Selbstsupervision?

Diese Frage ist sehr schwierig zu beantworten. Es ist nicht so sehr eine Frage des inneren Hörens als vielmehr des Denkens. Der Dialog, den wir mit uns führen und die Fragen, die wir uns stellen, haben eher die Beschaffenheit eines ständigen Rätselns über das, was eben gesagt wurde und eines ständigen Prüfens unseres interpretierenden Verstehens gegenüber dem, was gesagt wurde und dem, was noch nicht gesagt wurde. Der jeweilige Dialog, den wir mit uns führen (Selbstdialog) ist ein „Infragestellen" des Verständnisses gegenüber dem Sinn und Verstehen jener, mit denen wir uns im Gespräch befinden.

Ein Supervisor, der sich in einer supervisorischen Konversation mit sich oder anderen befindet, muß darauf vorbereitet sein, Neues, sich Veränderndes und die Anfänge des „Noch – Nichtgesagten" zu hören. Das ist die Grundlage des Selbstdialoges oder der Selbst-Supervision. Im Wiedererzählen unserer Geschichte haben wir Gelegenheit, verändernde Metaphern des Verstehens zu schaffen. Um dies zu erlangen, muß der Supervisor von seinem ersten inneren Dialog an sensibel für „Neuheit" sein. Diese Sensibilität für „Neuheit" der Geschichten ist der Anfang der Position des „Nichtwissens". Die Position des „Nichtwissens" bezieht sich nicht auf einen neutralen inneren Dialog. Es geht hier auch nicht um eine Auslöschung von uns selbst, wir werden nicht zu einer „Tabula Rasa“. In den inneren Dialogen erfahren wir eine völlig neue und unterschiedliche Bedeutung des Verstehens dessen, was wir sagen, und daher auch der Gespräche und Handlungen unserer Supervisanden. Das heißt, die „Begegnung“ mit dem inneren Dialog wird zu einem ständig sich verändernden Verstehen durch Selbstgespräch und Selbstbefragung und dem Umhüllen dieses inneren Dialoges mit der äußeren Konversation. Dies ist der Vorgang, welcher uns ermöglicht, immer anders zu hören. Es ist für den Supervisor schwierig, wahrzunehmen, wenn er oder sie nicht im Selbstdialog oder Dialog mit dem Supervisanden ist, sondern eher in dem, was wir Selbstgespräch nennen, darunter verstehen wir die Monopolstellung eines Gedankens oder einer Erzählung. Das Ergebnis eines „monologischen Monopols“ ist unproduktiv, das Denken verrottet, es kommt eher zu einem „Zumachen“ als „Öffnen“ für die Bedeutung. Supervisor und Supervisand können sich in parallellen oder einander konkurrierenden Monologen befinden, wobei die Ziele jedes einzelnen darauf ausgerichtet sind, ihre eigene dominante Idee zu fördern oder zu beschützen. Hinweise, die einen Supervisor auf einen „dialogischen Kollaps“ aufmerksam machen könnten, sind: Ein Gefühl der Frustration durch den Supervisanden, Bevorzugung der Ansichten und Handlungen eines Supervisanden gegenüber anderen, zu lange allzu neugierig auf einen Gedanken oder ein Ereignis sein, zu rasches Annehmen, daß er/sie wisse, was das Problem oder dessen Lösung sei, Ablehnung des Supervisanden oder das Zurückführen einer Sackgasse auf dessen Unfähigkeit oder Persönlichkeit.

Selbstsupervision mittels inneren Dialogs sollte Wege zeigen, mittels derer ein Supervisor in der Lage ist, Gedanken oder Erzählungen, die einen dominierenden Platz in seinem Kopf oder im Supervisionsraum einnehmen, aufzugeben, und anderen Gedanken und Ideen Platz zu schaffen.

Der Supervisor könnte sich z.B. fragen: „Wenn ich jetzt diese Sackgassensituation meinen Kollegen präsentieren müßte, welche Fragen würden sie mir stellen?

Außerhalb der Therapieraumes könnte sich der Supervisor über sich oder das Supervisionsdilemma Notizen machen, oder den Fall aus einer imaginären Sichtweise des Supervisanden zusammenfassen. Er könnte in Richtung Selbstdialog stimuliert werden, auf andere Gedanken durch Lesen einer Prosageschichte oder eines Artikels kommen. Der Zweck solcher Bemühungen wäre die Aufrechterhaltung bzw. Wiederherstellung des Dialogs mit dem Selbst.

4. Soweit ich Ihr Konzept verstehe, haben Sie kein Modell eines funktionalen Systems der Familie wie es Haley, Minuchin oder Boszormeney – Nagy postulieren. Sie postulieren ein Modell des Therapeuten als des Künstlers im Dialog, der alternative und

kreative Geschichten erfindet! Somit müssen die Supervisanden eine große Unsicherheit tolerieren. Mein Verdacht ist, daß in Anbetracht der Notwendigkeit für eine epistemologische Sicherheit die unbewußten, impliziten Modelle die Kunst des Dialoges beieinflussen. Ist da etwas Wahres daran?

Ja, Schüler beginnen ihre Therapieausbildung mit einem Bedürfnis und Verlangen nach Sicherheit. Das ist vor allem dann der Fall, wenn sie Sicherheit mit Wissen gleichsetzen. Die meisten Supervisanden sind gewohnt, die ersten Eindrücke von ihren Klienten durch die Brille allgemeiner psychologischer und familiendynamischer Modelle wahrzunehmen. Weil das Vokabular solcher Modelle sehr stark auf allgemeinem und stereotypem Verstehen beruht, wird die Einzigartigkeit des Klienten oder jeder klinischen Äußerung auf das sterile und theoretische Konzept reduziert. Bei einem solchen Verständnis läuft man Gefahr, den Kontakt mit den unmittelbaren Erfahrungen des Klienten und des Therapeuten zu verlieren.

Wir gehen von der Annahme aus, daß für den Therapieneuling dies wahrscheinlich aus einer Kombination von zwei miteinander zusammenhängenden Problemen rührt. Als erstes besteht bei sozialwissenschaftlichen Kursen eine Erwartungshaltung, den Psychologen als Experten menschlichen Verhaltens zu definieren. Zweitens liegt in den gängigen Theorien von Problemen oder Pathologien die traditionelle Therapeutenrolle als „Wissenden" zugrunde, der erkennt, was am menschlichen System falsch ist und was zur Heilung erforderlich ist.

Die Expertise des Supervisors liegt darin, in der Aufrechterhaltung der dialogischen Konversation mitzumachen. Daraus ergibt sich eine veränderte Bedeutung für die Supervision. Eine Veränderung von der Betonung auf dem Wissen mit Gewißheit zu dem laufenden und entstehenden dialogischen Prozeß. Paradoxerweise gibt es eine beträchtliche Gewißheit und Freiheit an „Nicht-Wissen-Müssen" mit theoretischer Sicherheit und Annahme einer Fülle von Arten des Wissens.

Die besten Beispiele von Psychotherapiemodellen sind in der traditionellen Familientherapie zu finden. Wenn sie zum Beispiel Familientherapeuten auf der ganzen Welt spontan bitten, ein Rollenspiel einer Familie zu machen, so entsteht für gewöhnlich eine stereotype Familie. Die Details und Inhalte können von Ort zu Ort variieren, aber die grundlegenden dynamischen Strukturen bleiben gleich. Familien, welche Familientherapeuten ohne Unterschied darstellen, haben einen Konflikt zwischen Mutter und Vater und einem symptomatischen Kind, wobei das Symptom Ausdruck der Struktur der schwachen Generationsgrenzen der Familie ist. Die Symptome werden als funktionell für die Familie gesehen. Die Familiengeschichte ist die eines Elternteiles, der

Generationsgrenzen in seiner Beziehung zum Kind verletzt. Das Kind ist meist das unschuldige Opfer eines Bedürfnisses nach Aufrechterhaltung der homeostatischen Integrität der Familie.

Wir dachten, daß dies nichts weiteres sei, als eine Sache des Therapeuten, der die Familien in seinem Kopf entstehen läßt. Das heißt: Wir sehen, was wir denken und treffen unsere Entscheidungen auf der Basis dessen, was wir wissen. Unsere Gedanken darüber haben sich in den letzten Jahren verändert und wir glauben nun, daß es mehr mit den Grenzen unseres Fachvokabulars, mit dem wir die Wirklichkeiten unserer Klienten beschreiben, zu tun hat. Dies sind Realitäten, die ständig in einem sozialen Kontext geschaffen werden. Fachvokabular, das einerseits bereichert und sicher macht, schränkt andererseits ein; es kann die Erfahrung einer anderen Person auf Grund der Allgemeinheit ihrer beschreibenden Ebene nicht erfassen. Fachsprachen zwingen uns, die Klienten in einer Sprache von Stereotypen und Vor-verständnissen kennenzulernen, d.h. unserer Meinung nach dem, was oft als Gewißheit mißverstanden wird. Anders gesagt, ist es eine Gewißheit, die uns wegen der Beschränkungen unserer deskriptiven, theoretischen Sprache von unserem Kontakt mit unserer eigenen und der Erfahrung des Supervisanden entfernt. Die beste Sprache, mit der wir arbeiten, ist die Sprache des Geschichtenerzählers selbst. Dies ist unser einziger Schutz und unsere Möglichkeit, den beschränkten Verallgemeinerungen über Familie und Supervision, welche aus unseren fachspezifischen Theorien stammen, zu entrinnen.

Die Kunst der Therapie ist die Kunst der Konversation in ihrer Bedeutungsvielfalt. Was wir an Gewißheit verlieren, wenn wir die Sprache und Metapher unserer Supervisanden verwenden, und die Gewißheit unserer Fachsprache aufgeben, wird durch die Fülle und Beweglichkeit des dialogischen Austausches wettgemacht.

Wir glauben, daß die Verschiebung von einem Bedürfnis nach Gewißheit und Vorhersagbarkeit mittels einer allgemeinen psychologischen Sprache auf eine Akzeptanz der Ungewißheit und Zufälligkeit der einzigartigen menschlichen Erfahrung langsam erfolgt. Es entwickelt sich in dem Maß, mit dem ein Schüler in einer kooperativen und kontaktfreundlichen Art Bedeutung kreiert und mit anderen weiterentwickelt. Gewißheit wird zu einem „Un-Thema“, sobald der Schüler seine eigene Kraft und Autorität erfährt und erkennt.

Um kooperative Supervisionskonversation zu erreichen, muß der Supervisor eine andere Rolle oder Position einnehmen. Wir glauben, daß eine kooperative Konversation am ehesten erreicht wird, wenn der Supervisor Experte im „Nicht Wissen“ ist und Fragen aus der Haltung des „Nicht Wissenden“ stellt. Durch diese Position des „Nicht Wissens“ beziehen wir uns auf eine allgemeine Haltung oder Einstellung, bei der die Handlungen des Supervisors in Neugierde, und nicht in einem vorgefaßten, theoretischen Meinungs- und Erwartungskonzept über den Supervisanden und das Problem münden.

H. GOOLISHIAN: "DAS PROBLEM ALS BEDEUTUNGSKLUMPEN IN EINEM TEIG, DESSEN KONSISTENZ SICH DURCH DAS GESPRÄCH STÄNDIG VERÄNDERT."

5. Was sind die höchsten Werte, die Ihre Arbeit als Lehrer, Supervisoren, Therapeuten und Menschen beeinflussen?

Unsere Haltung ist nicht neutral, wichtig ist es, Respekt für uns und für jene, mit denen wir arbeiten, zu empfinden. Diese Achtung muß geschützt und gepflegt werden. Um eine achtenswerte Haltung zu erlangen und aufrechtzuerhalten, müssen wir den Gedanken von Pathologie und die Sichtweise von uns als Heiler aufgeben. Anders gesagt, suchen wir nach dem Sinn dessen, was Menschen sagen, und nicht nach dem Unsinn der Pathologie ihrer Äußerungen. Somit sahen wir uns gezwungen, unsere Werte bezüglich Macht, Hierarchie und fachlicher Expertise zu überprüfen. Wir vertreten den ethischen Standpunkt, daß einer den anderen nicht verändern kann; man kann sich nur selbst ändern. Wir glauben an die Fähigkeit der Menschen, ihr eigenes Leben in die Hand zu nehmen.

Für uns ist es wichtig, eine Haltung des neugierigen Abenteurers einzunehmen und in den Bann der menschlichen Geschichten zu geraten. Wir lieben die Menschen und wir erfreuen uns an ihren Geschichten. Wir sind neugierige und emsige Zuhörer.

Ein zentraler Wert in unseren Lehren ist, daß es viele Möglichkeiten des Wissens und des Lernens gibt und diese Haltung muß in unserer klinischen Arbeit ihren Niederschlag finden.

Wir glauben, daß klinische Arbeit und klinisches Lehren Spaß machen soll. Wenn wir unsere Arbeit nicht mehr als angenehm erleben, fragen wir uns: „Wie sieht mein Verständnis für ein Problem aus, das sich mir in den Weg stellt und mich daran hindert, vorwärts zu kommen?“ Wir räumen der Rolle des Zufalls einen hohen Stellenwert ein, der jene Komplexität vorwärtsbewegt, die wir als das Leben ansehen.

HÖRST DU DIE MELODIE?

Eine kurze Abhandlung des Wechsels von der „Super-vision" zur „Super-audition"

Bradford P. Keeney

Gelehrte kritisierten die Vorherrschaft des Sehens in der westlichen Kultur (ONG, 1977; Tyler, 1987). Ihr Einwand besteht darin, daß dem Sehen eine ungerechte, bevorzugte Stellung über dem Hören (und anderen sensorischen Modalitäten) bei einer großen Vielzahl von Bereichen eingeräumt wird. Wenn sie z.B. vor Gericht sagen, sie sahen es, so ist es „der Beweis eines Augenzeugen", während es, wenn Sie sagen sie hörten es, dies bloßes „Hören-Sagen" ist. Im Bereich der Therapie anerkennen wir die Bedeutung von „Super-vision", sind aber sehr verwirrt, wenn die sensorische Metapher zur „Super-audition" wird.

Die Aufgabe dieses Artikels ist es, kurz die Bereiche, welche der Therapie zugänglich gemacht werden, zu erforschen, wenn wir den Gedanken der „super-gehörten" oder „überhorchten" therapeutischen Arbeit einbringen.

Supervidierte Arbeit im klinischen Bereich erreicht ihren höchsten Stand, wenn ein Beobachter hinter einem Einweg-Spiegel supervidiert. Superaudition hingegen würde das Gesehene wegnehmen, so als würde man den Spiegel mit einem Vorhang verdecken, der Beobachter wäre im Dunklen. Bei diesem Fehlen des Sehens müßte sich der erblindete Beobachter umso mehr auf sein (ihr) Hören verlassen. In dieser Situation wird der Supervisor zum „Superhörer" oder „Superhorcher".

„Superhören" würde somit das Gewicht mehr auf die Tontechnik und damit auf hochsensible Mikrophone und feine Tonmischungen legen als auf Kameras und Objektive. Die Produktion von Audiobändern würde die Vorherrschaft gegenüber Videobändern herausfordern. Die Qualität des gesprochenen Wortes, wie Klang, Tonqualität, Lautstärke, Tonhöhe, Kadenz, Frequenz, Rhythmus, Resonanz, und Melodie rückten in den Vordergrund.

„Superhörer" einer Sitzung könnten therapeutische Suggestionen akkustisch einbringen, um die Resonanz des gesprochenen Wortes zu verändern, einen Therapeuten dazu bringen, weicher zu sprechen, oder einen Klienten instruieren, wie er die Tonhöhe verändern könnte.

Eine ganze Reihe von therapeutischen Strategien könnte durch die Betonung auf das Gehörte abgeleitet werden.

Stellen Sie sich einen „Superhörer“ vor, der in eine Sitzung mit der folgenden Suggestion kommt:

„Superlauscher“ zum Therapeuten: „Ich höre den Text, aber nicht die Melodie. Wiederholen Sie das, was Sie eben sagten indem Sie es monoton singen? Singen Sie einfach, welche Melodie auch immer Ihnen einfällt!“

Therapeut singt zur Musik von Beethovens Fünfter: „Warum versuchen Sie ihr nicht zu sagen warum?“

Superlauscher zum Klienten: „Singen Sie die Melodie nun mit Ihren Worten!“

Klient singt Beethovens Fünfte weiter: „Meine Frau will meine Version nie hören, obwohl sie es täte, wenn bloß mein Stil gut wäre!“

Mit Superhörern könnten Sitzungen leicht zu Opern, Musicals, Kabarrets, Jazzscat oder allgemeine Musikauditions werden. Der gleiche Text könnte für verschiedene Lieder gesungen werden oder unterschiedliche Texte und Lieder können komponiert und miteinander verglichen werden.

Betont man das Gehörte so könnte der Rhythmus der Therapie direkt angesprochen werden. Perkussionsinstrumente könnten eingesetzt werden, um das Klienten-Therapeuten-Gespräch zu begleiten und zu unterstreichen. Stellen Sie sich folgende paartherapeutische Intervention vor:

Superhörer: „Ich finde, das, was Sie sagten war im 4/4 Takt. Ich will meine Besen und Becken nehmen und Sie nun begleiten ... Nun, wiederholen Sie, und ich mache den Rhythmus dazu – eins, zwei, drei vier.“

Klientin: „Ich mag es, wie er mich ‚gepackt‘ hat!“. Es ist schön, wenn ein Rendezvous so ausgleitet!

Superhörer: „Großartig. Nun, versuchen wir es noch einmal, aber diesmal im 3/4 Takt. Achtung, fertig, los, eins, zwei, drei!“

Ein Synthesizer für Stimmen brächte weitere Interventionsmöglichkeiten. Die Stimme eines Kindes könnte als jene eines älteren Erwachsenen gehört werden, oder die eines Elternteils könnte in jene eines Kindes umgeformt werden. Die Stimme des Therapeuten könnte Alter oder Geschlecht wechseln, ja sogar die Form eines Chors, eines anderen Lebewesens oder eines Instrumentes annehmen.

Ganz klar würden neue Vorteile daraus resultieren, wenn man das Gesehene weniger offensichtlich und den Status des Gehörten in der Therapie amplifizieren könnte. Supervisoren sind eingeladen, damit zu experimentieren, ihre Gewohnheiten des kritischen Sehens auszusetzen und die Erfahrung in einer Sitzung zu machen, in der dem Gehörten ein bevorzugter Standort eingeräumt wird. Dunkelt man das Licht ein wenig ab, so kann man leichter den Rhythmus hören.

ANTWORTEN AUF VIER FRAGEN ZUR GESELLSCHAFTLICHEN ROLLE UND PROBLEMATIK VON SUPERVISION

Wolfgang Schmidbauer

1. Fragenkomplex:

Welche Assoziationen und kritische Bedenken kommen Ihnen bei einem Buchtitel „Von der Supervision zur systemischen ‚Super-VISION'?" Vernachlässigen nicht gerade die traditionellen auf psycho-analytische Innenschau zentrierten Supervisionskonzepte die systemisch-evolutionäre Vision, Ein-Sicht und Reflexion der sozialen Systemverflechtungen?

1. Mir scheint, daß man den Supervisor getrost als Steigerung der drei von Sigmund Freud „unmöglich" genannten Berufe ansehen kann – zu regieren, zu erziehen, zu therapieren. Denn die Supervision hat, stärker als die Behandlung eines Patienten, mit Erziehung und Auseinandersetzung mit Macht zu tun. Das Arbeitsfeld der Supervision ist komplexer. In einer Therapie arbeitet ein Psychoanalytiker mit einem Analysanden. In der Supervision einer Therapie spricht ein Psychoanalytiker mit einem Ausbildungskandidaten über einen Patienten im Rahmen der Machtstrukturen eines Instituts. Diese komplexe und verwirrende Vielfalt ist wohl mit keiner Methode wirklich zu ordnen. Ich habe 1983 von einem psychotherapeutischen „overkill" gesprochen.

Es gibt heute hundertmal mehr verschiedene Angebote, sein seelisches Befinden zu optimieren, als sie ein Mensch im Lauf seiner Lebensspanne ausschöpfen kann. Ähnlich wird es bald ein Überangebot an Supervisionsmethoden geben, in denen sich erneut vollzieht, was sich gut an den Abspaltungen innerhalb der Psychoanalyse dokumentieren läßt. Nach dem Motto aus „Aschenputtel" werden, leicht abgewandelt, alle guten Gedanken als eigene Innovation ausgegeben, alle schlechten der glücklich überwundenen, verkrusteten Orthodoxie zugeschrieben. Wenn eine „traditionell auf psycho-analytische Innenschau" zentrierte Supervision durch „systemisch-evolutionäre Vision, Ein-Sicht und Reflexion der sozialen Systemverflechtungen" ersetzt werden soll, scheint mir ein ähnlicher Mechanismus am Werk. Entwicklung, Untersuchung von Zusammenhängen, Einsicht und Reflexion über gesellschaftliche Bedingungen unserer subjektiven Existenz sind nichts gutes Neues, was dem schlechten Alten der psychoanalytischen Innenschau gegenübergesetzt werden kann. Sie sind originäre Bestandteile der psychoanalytischen Arbeit, in der es darum geht, zwischen psychischer Realität (die durch Einsicht verändert werden kann) und äußerer (gesellschaftlich-politischer) Realität zu unterscheiden. Ein Buchtitel muß ein wenig marktschreien, sonst wird er überhört. Aber allzu ernst sollten wir den angekündigten Schritt von der Supervision zur „SuperVISION" nicht nehmen. Wenn beispielsweise eine bisher FDP genannte Partei als F.D.P. in den nächsten Wahlkampf zieht, hat das eine vergleichbare Funktion. Dem Gewinn an Aufmerksamkeit steht die Gefahr einer umso größeren Blamage entgegen. Ich selbst folge lieber als neuer Supervisor meinem Vorgänger, dem alten Supervisor, und hoffe, daß ich auch einige neue Gedanken habe, als daß ich mich ihm gegenüber als Super-VISOR mit Pauken und Trompeten ankündige, und auf ein Podest gerate, von dem leicht ein tiefer Fall möglich ist.

2. Fragenkomplex:

Könnte man den Boom von Supervisoren, Coaching, Organisationsberatung usw. als Ausdruck einer tiefen Krise unseres gesellschaftlichen, sozialen, politischen, ökonomischen und ökologischen Systems ansehen? Sind diese „neuen Sozialexperten" und „Helfershelfer" lediglich als Krisenmanager, „Entstördienst für beschädigte Gefühle" und „moderne Beichtväter" aufzufassen, die der grundlegenden „Schädigung der Seele" im postindustriellen Zeitalter lediglich Flickwerk und etwas emotionale Entlastung für gutzahlende Kunden entgegensetzen können?

2. „Krise" ist kein sonderlich treffendes Wort, weil damit im Allgemeinen eine konflikthafte Zuspitzung aus einem ausgewogenen Zustand heraus und in einen anderen ausgewogenen Zustand hinein („Lysis") gemeint ist. Die Probleme, mit denen die Industriegesellschaft ringt, sind nicht von dieser Qualität. Man kann für sie das Wort „Dauerkrise" gebrauchen, das einen Widerspruch in sich enthält. Im Arbeitsbereich der Supervision scheint mir wesentlich, daß eine große Zahl von Menschen in allen Bereichen der Gesellschaft Orientierungsschwierigkeiten hat. Unsere Fähigkeiten, emotional mit neuen Situationen fertig zu werden, hinken unseren rationalen Kapazitäten häufig nach. Verglichen mit traditionellen Gesellschaften (vor hundert Jahren lebten noch etwa 80 Prozent der Bevölkerung Deutschlands in Dörfern) muß ein Erwachsener heute enorme Wert-Umstellungen verarbeiten, z.B. wenn er aus einer bäuerlichen Familie in einen Industriebetrieb wechselt, wenn er aus einer Arbeiterfamilie zu einer akademisch qualifizierten Position aufsteigt, wenn er als einfühlungsorientierter Sozialpädagoge plötzlich Führungs- und Verwaltungsaufgaben in einem Amt übernehmen soll, wenn er als Techniker in eine Management-Aufgabe hinein

aufsteigt. Die „neuen Helfer“ oder „Beziehungshelfer“ (Schmidbauer, 1983) sind tatsächlich Krisenberater. Auch die Metapher vom „Entstördienst für beschädigte Gefühle“ trifft teilweise zu. Hinter der Frage, ob sie nur Flickwerk und etwas emotionale Entlastung für die Seelenschädigung in der (post)industriellen Umwelt bieten, scheint mir allerdings ein Menschheits- und Bildungsideal zu stecken, das noch von keiner Gesellschaft eingelöst wurde, welche die historische Überlieferung schildert. Emotionale Entlastung ist eine höchst schätzenswerte Angelegenheit. Wenn es dem Supervisor gelingt, sie durch seine Arbeit herzustellen, hat er seine Sache gut gemacht. Daß die eindrucksvollen technischen und wissenschaftlichen Fortschritte der Neuzeit keinen vergleichbaren ethischen Fortschritt mit sich gebracht haben, scheint eine Binsenweisheit. Der Glaube, daß die wissenschaftlich fundierten Techniken von Therapie und Supervision erreichen können, was Philosophen und Theologen nicht glückte, scheint mir illusionär. Er verkennt die Beziehung zwischen Basis und Überbau. Das heißt nicht, daß der Supervisor keine Aufgabe in diesem Bereich der Veränderung krankmachender oder überfordernder gesellschaftlicher Machtstrukturen hat. Er kann selbst politisches Bewußtsein entwickeln und solche Entwicklungen bei den Supervisanden fördern (etwa indem er klärt, ob ein Autoritätskonflikt in einer ödipalen Dynamik oder im Mangel – eines Betriebsrats wurzelt, bzw. welche Teile von ihm welchen inneren bzw. äußeren Einflüssen zuzuschreiben sind). Aber er muß sich klar darüber sein, daß die Gesellschaft nicht sein Patient ist und er keine naiven Interpretationsversuche machen darf, wenn er nicht seinen politischen Kredit und die Glaubwürdigkeit als mündiger Bürger aufs Spiel setzen will.[1] Psychologische Wortkunst kann Zivilcourage nicht ersetzen.

3. Fragenkomplex:

Nach eher wenig aufsehenerregenden Berichten über Fehlentwicklungen in sozialen Institutionen haben die Patientenmorde in Lainz die österreichische Öffentlichkeit aufgerüttelt. Kann Supervision helfen, die Entwicklung solch skandalöser Zustände in helfenden Institutionen aufzufangen? Oder können solche Entartungen nur durch grundlegende Strukturreformen verändert werden, die dann Supervision sogar überflüssig machen?

3. Was sich im Schlagwort vom „Pflegenotstand“ zusammenfassen läßt, kann durch Supervision nur in seinen Ursachen bloßgelegt, aber keinesfalls beseitigt werden. Ob man den Tatbestand der von Pflegerinnen getöteten Patienten als „Mord“ oder „Totschlag“ bewerten sollte, scheint mir noch nicht geklärt. Wie die übrigen gesellschaftlichen Einrichtungen hat auch die Rechtssprechung noch keine angemessene

Antwort auf solche Begleiterscheinungen der modernen medizinischen Institutionen gefunden. Der Bedarf an und die Erfahrungen mit Supervision zeigen gleichermaßen, daß Einfühlung, mitmenschliche Zuwendung, „Beziehungsarbeit" sowohl schonungsbedürftige wie knappe Ressourcen sind, die durch den gegenwärtig noch praktizierten Raubbau zunehmend erschöpft werden. Die Supervision kann nur die psychologische, innerseelische Seite dieses Raubbaus aufdecken *und* verändern. Angesichts der objektiven, materiellen Formen von Überforderung und Ausbeutung liegt ihre zentrale Aufgabe darin, diese *nicht zu verschleiern*. Wenn zum Beispiel in einer therapeutischen Einrichtung alle Team-Mitglieder den Klienten gegenüber als gleichberechtigte, gleichkompetente und gleichverantwortliche Therapeuten auftreten sollen, während sie auf der anderen Seite unterschiedlich nach Krankenhaustarif als Ärzte, Krankenpfleger, Sozialpädagogen bezahlt werden, liegt ein struktureller Gegensatz, eine objektive Ungerechtigkeit vor, die nicht durch die Analyse subjektiver Rivalitätskonflikte aus der Welt gebracht werden kann. Die Aufgabe der Supervision ist es dann, diese Unterscheidungen herauszuarbeiten, während ich es für unergiebig und auf lange Sicht schädlich halte, in solchen Ungerechtigkeiten wurzelnde Konflikte regressiv-kathartisch zu bearbeiten, also Supervision als Therapie institutionsbedingter Kränkungen einzusetzen (beispielsweise auf ein Kissen einzuschlagen, das den Verwaltungsdirektor verkörpert, um anschließend entspannter dessen nicht nur als ungerecht phantasierten, sondern tatsächlich ungerechten Anordnungen Folge zu leisten). Extreme Entgleisungen, wie sie die Tötung von Patienten durch das Pflegepersonal darstellen, können durch Supervision dann verhindert werden, wenn sich in ihnen (wie es wahrscheinlich meist der Fall ist) eine persönliche, im Entwicklungsschicksal des einzelnen Helfers wurzelnde Problematik und institutionelle Mißstände wechselseitig verstärken. Die konkreten Erfahrungen mit Supervision in Krankenhäusern haben gezeigt, daß sie die Fehlzeiten am Arbeitsplatz und die Kündigungsquote nachweisbar senken kann. Andere Veränderungen der Arbeitssituation werden dadurch sicherlich nicht überflüssig. Die aktuelle Problematik liegt wohl eher darin, daß dort, wo der Pflegenotstand bereits gravierend ist, die Freiräume für eine Supervision schrumpfen und die Erfolgsaussichten ähnlich abnehmen, wie im Fall einer Notoperation, verglichen mit demselben Eingriff bei gutem Allgemeinzustand des Patienten.

Insgesamt ist die Frage, ob skandalöse Zustände durch Supervision oder durch Strukturreformen verhindert werden können, in dieser „entweder – oder – Form" nicht sinnvoll zu beantworten. Supervision einzuführen, besagt ja bereits ein Stück strukturelle Veränderung. Andererseits scheint es mir schwer vorstellbar, strukturelle Reformen bis zu einem Punkt zu führen, der Supervision auch wieder überflüssig macht. Mindestens zum gegenwärtigen Zeitpunkt der gesellschaftlichen Entwicklung sind die Forderungen an Intellektuelle und emotionale Leistungsfähigkeit in den helfenden Berufen so hoch, daß dauernde Selbst-Überwachung ebenso sinnvoll erscheint wie die Wartung eines kostspieligen, störungsanfälligen Geräts. Im Bereich der neuen Helfer geht es dabei nicht nur und immer nur teilweise um technische oder rational-wissenschaftliche Fortbildung, sondern auch um Freiräume zur emotionalen Regeneration, zum Ausschwingen der unter den beruflichen Anforderungen zurückgehaltenen Erlebnisse, zur Einsicht in die eigenen Grenzen und dadurch zu einem erneuerten Verständnis der eigenen Möglichkeiten. So gesehen geht die Supervision einen Kompromiß zwischen linearen und zyklischen Prozessen ein. Sie soll die Kompetenz steigern, wo ein Berufsanfänger seine Fähigkeiten noch üben und differenzieren muß, und sie soll die Kompetenz erhalten, wo diese davon bedroht ist, daß lineare Fortschritte der Professionalisierung zu erstarrten, eingeengten und unwirksamen Formen zwischenmenschlicher Beziehung führen. („Folgen Sie meinem ärztlichen Rat!“ „Ich als Sozialpädagoge weiß schließlich, was für Ihren Jungen richtig ist!“) In konkreten Supervisions-Situationen wird daher häufig die berufliche Kompetenz sowohl gefördert wie in Frage gestellt. Der professionelle Helfer gewinnt im Rahmen einer Steigerung seiner Beziehungs-Kompetenz die Fähigkeit zurück, einengende professionelle Normen zu lockern und sich von tradierten Forderungen zu distanzieren. Daraus kann in einem potentiell unendlichen Prozeß eine neue Erstarrung werden, die erneut kreativ aufgelöst werden muß.

4. Frage

In therapeutischen Ausbildungsinstitutionen ist eine Tendenz bemerkbar, die Anzahl der zu absolvierenden Supervisionsstunden für die nachfolgenden Ausbildungskandidaten ständig zu erhöhen. Wird eine derart „zwangsverordnete Supervision“ nicht eher fragwürdig und nur zu einem guten „Theaterstück“, wo sich ein gut bezahlter Ausbildner und ein auf guten Eindruck bemühter Auszubildender in einem Ritual etwas vorspielen?

4. Ich finde diese Entwicklung problematisch und häufig ungenügend reflektiert, vor allem, weil die Grundsätze der traditionellen, akademisch-linearen Professionalisierung auf die Anforderungen des Berufs der „neuen Helfer“ nur zum Teil angewendet werden können. In der Psychoanalyse hat die Klage darüber Tradition, daß die Formen der Ausbildung dem Inhalt der Psychoanalyse widersprechen und sich viel stärker einer traditionell-medizinischen als einer psychoanalytischen Pädagogik bedienen (S. Bernfeld, 1952). Eine Erklärung für solche

Entwicklungen ist die geringe soziale Anerkennung der „neuen Helfer", welche die Versuchung weckt, ihr dadurch abzuhelfen, daß im Grunde identitätsfremde Elemente betont werden.[2]

Auf der anderen Seite ist nicht ernsthaft abzustreiten, daß auch ein Psychotherapeut gravierende Fehler machen kann und der Aufbau gesellschaftlicher Einrichtungen, welche das möglichst verhindern, durchaus sinnvoll ist. Supervision kann hier sehr nützlich sein. Mit der Frage, wie weit es möglich ist, äußere Normen über den Umfang und die Lernziele einer Ausbildung mit lebendigem Sinn zu erfüllen, sind gewiß *nicht* nur Psychotherapeuten beschäftigt; sie gilt für alle formalisierten Ausbildungen. Intellektuelles Erwachsenwerden in der Industriegesellschaft (das der körperlichen Reife um durchschnittlich zehn Jahre nachhinkt) enthält auch die Forderung, daß sich der mündige Ausbildungskandidat eben nicht mehr nur äußeren Forderungen anpaßt, sondern einen Kompromiß zwischen ihnen und seinen eigenen Vorstellungen sucht. Ob er ihn immer findet, scheint mir nicht gewiß, und vielleicht stelle ich hier einen zu hohen Anspruch. Persönlich erinnere ich mich noch gut daran, daß ich diesen Schritt zwischen meiner psychologischen Diplomarbeit (deren Thema mir von außen „aufgezwungen" wurde, bzw. deren Themenwahl ich so erlebte) und meiner Promotion (deren Thema meine eigene Idee war) gemacht habe. Die Supervision während meiner analytischen Ausbildung dann so zu gestalten, daß ich aus ihr Nutzen zog *und* meine Ausbilder keinen schlechten Eindruck von mir hatten, erschien mir danach nicht mehr sonderlich schwierig. Immerhin kann das Ausbildungsinstitut durch verschiedene Maßnahmen die Gefahr vermindern, daß die vorgeschriebene Supervision zu einem fruchtlosen Ritual wird. Der Supervisor sollte frei gewählt sein und ohne nachteilige Folgen gewechselt werden können. Er sollte selbst (beispielsweise im Rahmen einer Kollegengruppe) die eigene Praxis reflektieren. Was gegenwärtig noch meist versäumt wird, ist die angemessene Förderung der kollegialen Supervision durch die Ausbildungsinstitute. Supervisoren haben ja in der Regel ähnliche Schwierigkeiten wie ihre Supervisanden. Wenn sie keinen Ort mehr haben, wo sie ihre Gegenübertragung reflektieren können, müssen sie sich unter Umständen am Idealbild des ein für alle Male „fertigen" Professionellen orientieren, das doch gerade durch die Prinzipien der Supervision in Frage gestellt ist. Hier einen neuen Beruf des Super-Supervisors zu schaffen, scheint mir weniger sinnvoll als das Vertrauen in eine Kollegengruppe, in der auch ein Lehranalytiker oder Supervisor über die Ängste, Aggressionen, Versagensgefühle und Enttäuschungen in seiner Arbeit offen sprechen und die Rückmeldungen von Kollegen einholen kann, die ähnliche Erfahrungen machen. Wenn in der Ausbildung die Supervision durch eigene Spezialisten (Lehr-Supervisoren) allzusehr betont und die kollegiale Supervision nicht gefördert und ermutigt wird, ist es für den einzelnen Helfer sicherlich schwieriger, in seinem späteren Beruf eine solche Gruppe zu finden. Am gefährlichsten scheint mir, wenn er – ähnlich wie ein Schüler, der sich neun Jahre durch seine Lateinlehrer gequält fühlte – in seinem Berufsleben, nach Abschluß der Ausbildung, eine Art Supervisions-Allergie entwickelt und von solchen Hilfen nichts mehr hören und sehen will.

Literatur:

BERNFELD, S.: Zur Kritik der psychoanalytischen Ausbildung, 1952, in Psyche, Bd. 38, S. 437-459, 1984

SCHMIDBAUER, W.: Helfen als Beruf. Die Ware Nächstenliebe, Reinbek, 1983

PÜHL, H., SCHMIDBAUER, W. (Herausgeber): Supervision und Psychoanalyse, München, 1987

Anschrift des Verfassers: Dr. W. Schmidbauer, Ungererstr. 66, 8000 München 40

Anmerkungen:

1 Eine ausführliche Darstellung dieses Konflikts in W. Schmidbauer, Therapie und Politik, Reinbek (rororo) 1987

2 Bernfeld deutet diesen Prozeß anders: „Als ich 1924 die (psychoanalytischen) Gesetzgeber in Berlin so leidenschaftlich an der Arbeit sah, dachte ich, sie seien – vielleicht unvermeidlicherweise – vom Geist der preußischen Armee inspiriert. Seitdem habe ich allmählich verstanden, daß Institutionalisierung nichts mit jenem speziellen Geist zu tun hat, sondern daß das Erlassen von Gesetzen überall ein Hobby der Psychoanalytiker ist. Es ist wahrscheinlich, daß jemand sich ein Hobby sucht, das ihn für gewisse Frustrationen seines beruflichen Lebens entschädigt. Wenn nun einer seinen Machttrieb, die Ich-Befriedigungen und die moralischen, sadistischen Komponenten eines Gesetzgebers unterdrücken muß, so gewiß der Psychoanalytiker bei seiner täglichen Arbeit. Darum bilden wir zu unserem Trost in unseren internationalen, nationalen und lokalen Organisationen Ausschüsse über Ausschüsse – für Regeln, für Standards, für Gesetze und die Vielzahl ihrer Modifikationen." (Bernfeld 1952, S. 456)

II. INSTITUTSBEZOGENE SUPERVISION

SYSTEMISCH-EVOLUTIONÄRE SUPERVISION IN INSTITUTIONEN

Alfred Klinglmair

Supervision nach systemisch-evolutionären Gesichtspunkten wie z.B. von Malik (1984) und Probst (1987) dargestellt wird in Institutionen immer mehr angefragt.

Die institutionsinternen Bildungsverantwortlichen bemühen sich vermehrt und gezielter als bisher, einen Expertinnenkreis von Supervisorinnen[1] (Staff) aufzubauen, der für die Mitarbeiterinnen der Institution zur Verfügung stehen soll.

Supervision ist darüber hinaus ein Medium, das vermehrt auch im Wirtschaftsbereich Einzug hält, dort dann allerdings nicht Supervision heißt, sondern z.B. im Begriff Coaching seinen Niederschlag findet (Looss, 1990).

Wenn ich hier von Institutionen spreche, so meine ich damit Einrichtungen, deren Aufbau- und Ablauforganisation im weitesten Sinne einer Linienorganisation entspricht, wo „Hierarchie" vorherrscht, es mehr als zwei Unterstellungsverhältnisse, keine „flache Organisationsstruktur" gibt, und die ferner innere Ordnungen wie z.B. „Dienstweg", „Weisungsgebundenheit", „Amtsverschwiegenheit" kennt. In der Regel erfüllen behördliche Einrichtungen diese Bedingungen, ebenso Amtskirchen, große Kliniken, Kammern von Berufsvereinigungen, Großbanken, Versicherungsverbände und Krankenkassenverbände.

Berichte aus dem Praxis-Alltag

Beispiel 1:
rien ne va plus – und dann geht überhaupt nichts mehr.

Ein Lehrer einer Allgemeinbildenenden Höheren Schule (AHS) wendet sich an einen Supervisor mit der Bitte, daß die KlassenlehrerInnen

Supervision für die pädagogische Betreuung einer 5. Klasse (27 SchülerInnen im Alter zwischen 15 und 16 Jahren) brauchen. In dieser Klasse gibt es drei Gruppen, die sich bis aufs Äußerste bekriegen. Dies macht zuweilen jegliches Unterrichten unmöglich. Was kann man da tun?

Es werden zunächst drei Termine vereinbart, in denen nähere Details geklärt werden sollen. Aufgrund der Ergebnisse wird eine Supervision mit den KlassenlehrerInnen vereinbart, die auch regelmäßige Information der Eltern und die Klassensprecherin berücksichtigt mit dem Ziel, die pädagogische Arbeit in der 5. Klasse wieder zu ermöglichen. Das Ergebnis einer 4-monatigen Supervision ist für alle Beteiligten so zufriedenstellend, daß die LehrerInnen den Supervisor bitten, sich zur Vertiefung und Erweiterung der pädagogischen Kompetenz aller LehrerInnen der Schule zur Verfügung zu stellen. Der Supervisor sagt grundsätzlich zu, die LehrerInnen der 5. Klasse übernehmen die Information der Kollegenschaft, der Personalvertretung, des Administrators (Stellvertreter des Direktors) und des Direktors, damit ein erster Kontakt und Gedankenaustausch zwischen Supervisor und allen LehrerInnen der Schule geplant werden kann.

Dieser von den LehrerInnen gewünschte Termin wird viermal festgelegt und ebensooft wieder abgesagt, stets verbunden mit der Bitte, die Supervisionszusage aufrecht zu halten, denn Supervision mit diesem inhaltlichen Schwerpunkt interessiere sowohl die LehrerInnen als auch den Direktor.

Mehrere Versuche des Supervisors, beim Direktor einen Termin für eine klärende Aussprache in Sachen Supervision zu erhalten, schlagen fehl. Dabei ist das Muster sehr ähnlich: kurz vor dem Besprechungstermin muß der Direktor einen anderen wichtigen dienstlichen Termin wahrnehmen.

Eines Tages erhält der Supervisor von der Zentralstelle für Fortbildungsangelegenheiten – diese finanziert die Honorare für Supervisorinnen – einen Brief, in dem ihm mitgeteilt wird, daß für die Bezahlung der geplanten Supervision kein Geld vorhanden sei. Diese Mitteilung ist umso erstaunlicher, als der Supervisor noch gar keine Honorarverhandlung mit der Zentralstelle geführt hat, weil ja keine verbindliche Regelung mit den LehrerInnen vorliegt.

Als der Supervisor den LehrerInnen mitteilt, was ihm die Zentralstelle brieflich kundtat, bezichtigen diese den Direktor der Doppelzüngigkeit und der Wortbrüchigkeit, worauf der Personalvertreter beim Direktor den Antrag stellt, dem Supervisor das Betreten des Schulhauses unter Berufung auf die Dienstorder „... daß schulfremden Personen der Aufenthalt im Schulgebäude verboten ist ...“ zu untersagen. Laut Ansicht der Personalvertretung schaffe des Supervisors Aktivität nur Unruhe unter der Kollegenschaft. Das muß sofort abgestellt werden.

Ein Teil der LehrerInnen versucht daraufhin, zumindest außerhalb der Schule weiterhin Supervision mit dem Supervisor in Anspruch zu nehmen und stellt einen Finanzierungsantrag an die Zentralstelle. Diese sagt bereits zwei Tage später die Finanzierung des Honorars zu. Einen Monat danach sagt die Zentralstelle dem Supervisor ab und teilt den LehrerInnen mit, daß Supervision grundsätzlich finanziert wird, wenn sie sich einen anderen Supervisor suchen.

Auf eine mündliche Rückfrage einer Lehrerin, wie es zu dieser Haltung kommt, teilt man ihr mit, daß dies eine Anordnung „höherenorts" sei. Damit war ein Supervisionsbemühen mit diesem Supervisior einmal gescheitert.

Ein Jahr später erhält der Supervisor, als Trainer, im Rahmen eines Führungskräfteseminares unerwartet Aufklärung, wie das oben angeführte abrupte Ende der Supervision zustande kam.

Der für diese AHS zuständige Schulinspektor nimmt am Führungskräfteseminar teil und erzählt dem Supervisor, daß der Direktor dieser Schule massiv gegen den Supervisor Beschwerde bei ihm eingebracht habe. In vorwurfsvollem Ton hätte er sich beklagt, wieso „ein derartiger Un-Geist, der seine gesamte Lehrerschaft in Aufruhr versetze" dafür

noch aus öffentlichen Mitteln bezahlt würde. Um den Direktor zu beruhigen, habe er damals den Auftrag gegeben, die Finanzierung des Honorars für diesen Supervisor zurückzunehmen (1. Absage, und später 2. Absage durch Zurücknahme der Honorarzusage). Jetzt allerdings, sieht er ein, daß ihn der Direktor und die Personalvertretung ganz offensichtlich falsch informiert haben.

Aus systemisch-evolutionärer Sicht ist dies ein Beispiel, daß bottom-up (von unten nach oben) eine Supervision einzufädeln, in völlig unkontrollierbare Bahnen geraten kann. Man weiß zum Beispiel nicht,

- wie ein Antrag weitergeleitet wird,
- welche Funktion gleichgeschaltete „Zentralstellen" (Stabsstelle) einnehmen, von wem diese wiederum wie beeinflußbar sind,
- wie die Lehrerschaft von ihren Personalvertretern vertreten oder wie hier „im Stich gelassen" wird, u.s.w.

Top-down, von oberster hierarchischer Ebene aus, und in diesem Fall über den Schulinspektor eingebracht, wäre der Supervision sicher ein anderer Erfolg beschieden gewesen. Es wäre z.B. die mangelnde Kooperation auf der Ebene des Direktors und der Personalvertretung, dessen Vorsitzender ein enger Freund des Direktors war und ist, zutage getreten und hätte eine nicht unerhebliche Arbeit bedeutet. Allerdings mit der Rückendeckung durch den Inspektor!

Systemisch-evolutionäre Supervision, top-down eingefädelt, wäre hier eine sehr weitreichende Aufgabe geworden, die durchaus den Charakter eines ‚mittleren' Projektes annehmen könnte und wahrscheinlich nach den Prinzipien des Projekt-Managements abgewickelt werden müßte (GAREIS 1988). In einzelnen Phasen wäre das ganz sicher keine Aufgabe für nur eine einzige Supervisorin. Hier ist ein Supervisorinnen-Team erforderlich.

Die hierarchischen Ebenen des o.a. Systems

1: Schulinspektor
                    Zentralstelle für Bildung (Stabstelle)
2: Direktor der Schule
          2.1.: Administrator (Stellvertreter des Direktors)
                    Personalvertretung
3: Lehrerschaft   demokratisch auf dieser Ebene: Eltern
4: SchülerInnen   Schülervertreter

Beispiel 2:

... wie macht's die Macht, damit's was macht ...

Im Rahmen eines Kooperations-Strategie-Seminares für Top-Manager, in dem es um Themen wie „Aufbau eines sinnvollen Informationsnetzes", „Eingliederung psychohygienischer Elemente in den täglichen Arbeitsablauf, dargestellt am Wert der Einzel-, Gruppen-, Team-Supervision für die MitarbeiterInnen", „Die Führungskraft als Förderer einer

effektiven Besprechungs- und Sitzungskultur“ geht, vereinbart ein Teilnehmer, der Leiter einer großen sozial-medizischen Einrichtung, mit dem Trainer „Supervision, für mich, denn Sie haben mich in diesem Seminar vollstens überzeugt, daß das etwas Gutes ist!“

In mehreren Vorgesprächen wird die Aufgabe des Supervisors in Zusammenarbeit mit dem Leiter konkret geklärt:

– er ist Supervisor für den Leiter, damit dieser als oberster Vorgesetzter seine täglichen Handlungen etwa einmal pro Woche reflektiern kann. Für akute Fragestellungen wird Kontaktaufnahme und Reflexion via Telefon vereinbart.

Dies dient zur Erhöhung der Leitungsqualität des Chefs und vor allem auch zur persönlichen Psychohygiene. So werden z.B. wichtige leitende Maßnahmen/Veränderungsschritte/Umsetzungsaktivitäten dahingehend betrachtet, wie der Leiter seine Aufträge an seine ihm direkt unterstellten Führungskräfte weitergibt.

– er ist Supervisor des Leiters, indem er vereinzelt bei Sitzungen anwesend ist und den Chef supervisorisch begleitet, z.B. wie dieser sich seinen Führungskräften vermittelt (seine Präsentation als Chef und Vorgesetzter im Sinne einer Vorbildfunktion), oder aber, wie er Diskussionen bei Vermischung von Inhalten und Emotionen leitet.

– er übernimmt phasenweise Moderatorenfunktion bei voraus festgesetzten Aktivitäten des Leiters, um ihn dadurch in vivo zu erleben und um davon ableitend z.B. zu zeigen, wie positiv sich Funktionentrennung auswirkt. Etwa in Situationen, in denen der Chef zugleich Gesprächsleiter, Interessenvertreter, emotional tief Eingebundener, Mit-Betroffener und Letztentscheidender in einer Person ist.

Vereibart wurde auch, daß dieses Tätigkeitsfeld nach einem Zeitraum von drei Monaten auf seine Wirksamkeit und Effizienz überprüft wird.

Der weitere Verlauf und die wichtigsten Auswirkungen dieser Coaching-Vereinbarung top-down, in Kürze:

– Nach Ablauf von sechs Monaten wird die Einbindung der zweiten Führungsebene in die Supervision begonnen, wobei die Führungskräfte vor allem dadurch zu gewinnen waren, daß ihr Chef diese Handlungsform – mittlerweile gleichsam als Haltung – an sich selbst vorlebte, und damit positive Veränderungen erlebbar waren.

– In einer weiteren Entwicklungsphase wurde mit den Betriebsräten Kontakt aufgenommen um sie zu informieren, daß eine möglichst umfassende Einbindung von „Supervision“, sprich: von verschiedensten psychohygienischen Maßnahmen beabsichtigt ist.

– Zur Zeit läuft die Abklärung, wie in den einzelnen betrieblichen Teilbereichen Supervision eingeführt werden soll. Das geschieht unter größtmöglicher Einbindung der unmittelbar Betroffenen und mit deren aktiver Mitgestaltung.

Entscheidend und richtungsweisend ist dabei die Aussage des obersten Leiters, der klar und eindeutig gesagt hat, daß er für ein regelmäßiges Angebot an Supervision auf allen Mitarbeiterebenen ist.

Durch diese Anordnung des Chefs ist das Engagement „Supervision" so in Gang gekommen und so ist es auf Dauer auch zu halten. Es bedarf dieser Initialzündung durch den obersten Leiter und es bedarf der behutsamen Prozeßbegleitung unter größtmöglicher Mitbeteiligung der direkt Betroffenen.

In diesem Fall ist der Start geglückt.

Prämisse: „Das Wichtigste passiert, noch bevor man mit Supervision für eine Betroffene[1] bzw. für eine Betroffenen-Gruppe beginnt!"

Ein Großteil, meines Erachtens der Hauptteil der Supervisionsarbeit liegt in den vorausgehenden Verhandlungen der Rahmenbedingungen und zwar mit allen durch die Supervision im systemisch-vernetzten Sinne Betroffenen. (VESTER 1989)

Supervisionsplanung: Die Bedeutung des ‚Erstkontakts'

Zunächst trifft man auf die Vermittlerin, die für eine Betroffenen-Gruppe eine Supervisorin sucht.

Das kann eine unmittelbar Betroffene sein und ebenso eine institutionell Beauftragte.

Die direkt Betroffene ist oft nicht berechtigt, die formalen Rahmenbedingungen zu verhandeln, über Honorar, Häufigkeit der Supervision, für welche Dauer wird Supervision akzeptiert, ist Supervisionszeit Dienstzeit oder Freizeit etc. zu entscheiden. Sie ist in der Regel hierarchisch gesehen dazu „nicht befugt", wenngleich es sie selbst unmittelbarst betrifft. Das sind schon sehr typische Elemente, die bei der Planung einer Supervision in Institutionen eindeutig zu klären sind.

Ein Phänomen, das immer wieder auftritt: die institutionelle Vermittlerin weiß wohl, daß Supervision gewünscht wird, und dennoch nicht, was Supervision ist und wozu sie dient.

Eine paradoxe Situation tritt ein: die Supervisorin verhandelt mit einer Sachbearbeiterin, der die genauere Kenntnis der Sache fehlt, die aber entscheidende Verantwortung hat. Diese Widersprüche in Organisationen hat Buchinger (1988) sehr treffend beschrieben.

Geradezu grotesk verhält es sich, wenn eine Vorgesetzte der Betroffenengruppe für diese Gruppe Supervision verordnet ohne selbst eine genauere Ahnung davon zu haben, was Supervision da facto ist, wozu sie gut ist und was sie bewirken kann, d.h. welche Auswirkungen zu erwarten sein werden.

Da muß die Supervsisorin in geduldiger Kleinarbeit in Form von Vorgesprächen für sich und für die Institution jene Rahmenbedingungen schaffen, die der Supervision Wert verleihen und die Wirkungschance erhalten, die sie hat und haben soll. Tut die Supervisorin das nicht, rächt sich das bereits nach den ersten Sitzungen, spätestens aber dann, wenn erste Umsetzungsversuche der Supervisionsergebnisse gemacht werden müssen.

„Supervisorin, plane von vornherein mit ein, wie Du mit dem Feuer der Supervision, den Auswirkungen in der Institution, umzugehen gedenkst!!"

Die Betroffenengruppe, die Supervision will ist derart froh, daß sie mit Supervision beginnen kann, daß sie die Brisanz ihres Tuns zumeist nicht ausreichend vorüberlegt und wohl auch nicht so recht weiß, worin die Brisanz liegt, weil sie ja „im System" ist und ihr dadurch der nötige Weitblick/Überblick fehlt.

Dabei meine ich:

Wenn Supervision nach systemisch-evolutionären Gesichtspunkten gut und qualifiziert gemacht wird, zeigt sie systemübergreifend Auswirkungen.

Der systemisch-evolutionäre Ansatz berücksichtigt besonders die verschiedenartigen, vielfältigen und übergreifenden Wirkungen innerhalb eines Systems (intrasystemisch) und in andere Systeme (intersystemisch) hinein. Probst (1987) spricht von Teil und Ganzheit (S. 29). Da eine Institution stets in mehrere Subsysteme gegliedert ist, und Supervision in der Regel nur mit Teilen eines Subsystems gemacht wird, ist systemische Supervision die Methode der Wahl. Der evolutionäre Aspekt bezieht den permanenten Weiterentwicklungsprozeß innerhalb einer Institution mit ein, der durch die systemische Supervision in ganz eigener und besonderer Weise gefördert, unterstützt und vorangetrieben wird. PROBST (1987, S. 134) stellt das in einer prozeßorientierten Darstellung der Entwicklung in einem System dar: auf Überleben folgt Leben und dann erst Entwicklung.

Systemisch-evolutionäre Supervision hat zwangsläufig umfassendere Auswirkungen auf mehrere Systeme/Subsysteme. Diese Wirkungen sind zum einen intrapersonell erkennbar, zum anderen interpersonell innerhalb der Betroffenengruppe bemerkbar. Systemisch-evolutionäre Supervision wirkt sich regelmäßig und fortdauernd auf die Über-/Unterordnungen und auf die gleichrangigen Beziehungen der Linienorganisation aus.

Zeigt sie keine Wirkungen in diesen Bereichen, ist die Frage berechtigt, wozu diese Supervision gebraucht wird, und ist zu prüfen, welchen fachlichen Ansatz und welche Leitungsqualitäten die Supervisorin mitbringt.

Während den Supervisandinnen der intrapersonelle und interpersonale gruppendynamische Wirkungsrahmen bewußt ist, bedenken sie den institutionellen Wirkungsrahmen eher nicht oder nur fragmentarisch, rudimentär. Er ist ihnen auch nicht unmittelbarst zugänglich.

Die Supervisandinnen geben sich schnell einmal mit den intrapersonellen und interpersonellen Gruppenwirkungen zufrieden, denn das bringt ja schon was. So erlangt die Supervisandin z.B. mehr Selbstkompetenz, mehr Teamzufriedenheit, mehr Selbstbewußtsein, klarere Abgrenzungen innerhalb der Gruppe. Die neugewonnene Aktivitätsmöglichkeit wirkt wie Labsal und ergibt auch Zufriedenheit. Der Weg vom Überleben zum Leben und hin zur Entwicklung wird spürbar beschritten.

Solche Entlastungen verengen den Blickwinkel. Die Supervisandinnen bedenken in ihrer Drucksituation den Bereich des Hineinwirkens der Supervision in ihre Institution zu wenig, sie übersehen die systemisch-evolutionäre Vernetzung ihres Supervisions-Engagements. Hier gilt es, als Supervisor/in in den Weitblick und die Voraussicht zu bewahren, auch wenn es noch so verführerisch ist, sofort mit Supervision beginnen zu können.

Supervisorinnen, die das Wagnis eingehen, in einer Institution im oben skizzierten Sinnen zu arbeiten, müssen viel Zeit, Geduld, Ausdauer, Zähigkeit und Beharrlichkeit und eine gewaltige Portion Vorvertrauen, Selbstsicherheit und Selbstklarheit mitbringen, damit sie bei der Erarbeitung zweckmäßiger, wirkungsvoller und zielführender Rahmenbedingungen erfolgreich bleiben. Und das muß geschehen, bevor sie mit Supervision beginnen. Dabei ist es oft ähnlich wie bei Familientherapien: Die Supervisorin muß sich auf Abbrüche in der Zeit der Vorverhandlungen gefaßt machen. Es kommt hin und wieder erst gar nicht zu einem Supervisionsbeginn. Oder die supervisionsvereinbarende Stelle wählt eine andere Supervisorin aus, die nicht „so kompliziert" ist und die keine so vielfältigen Rahmenbedingungen vereinbahren will. Man beachte die Verwechslung von komplex mit kompliziert!

Umsetzungssicherheit herstellen: „top-down" vernetzen.

Die Wirkungen der Supervision, all das, was sich im Rahmen der Supervision als Veränderungsaspekt herausstellt, müssen intrainstitutionell vernetzt angewendet und umgesetzt werden können (Vester

1987). Dazu bedarf es der Absicherung, daß diese Umsetzung der Supervisionsergebnisse top-down (Hosking 1987, Probst 1987) von den höchsten Entscheidungsträgerinnen und Führungskräften mitgetragen und damit mitverantwortet werden. Beim Prinzip top-down (Beispiel 2) – zum Unterschied von bottom-up (Beispiel 1) – setzt man die Aktivitäten bei jenen obersten Verantwortlichen an, die in einer Sache oberste/letztgültige Entscheidungs- und Verantwortungsmacht besitzen (Deissler 1986). Innerhalb einer Linienorganisation muß man überprüfen, wer diese Macht besitzt; das können auch Vertreterinnen der mittleren Hierarchieebene sein.

Bottom-up, vielleicht sogar ‚im Dienstwege eingereicht' und von jedem Zwischenvorgesetzten beurteilt und verurteilt bzw. abgelehnt, wenn damit unangenehme Arbeit ins Haus steht, wirkt Supervision auf die Supervisiandinnen kontraproduktiv und demotivierend, weil die wenigsten Veränderungsaspekte tatsächlich einmal umgesetzt werden können. Die Supervisandinnen schmoren gleichsam in ihrem eigenen Saft, sobald Supervisionswirkungen auf die Veränderung in der Institution abzielen.

Systemisch-evolutionäre Supervision braucht die Umsetzungsrealität und Umsetzungssicherheit. Ohne diese braucht man auch keine systemisch-evolutionäre Supervision zu beginnen und fördert bestenfalls Frustration.

Genaugenommen ist die Supervisorin Hauptverantwortliche, oder noch treffender, die Mit-Täterin für Demotivierung und Förderung einer Arbeitshaltung der inneren Emigration bei den supervidierten Mitarbeiterinnen. In der Supervision lernen sie ihre kreativen Fähigkeiten und Veränderungspotentiale kennen, und müssen dann im institutionellen Alltag tagtäglich mehrmals erleben, wie alles beim alten bleibt, wie unwirksam sie selbst sind. Wer hält das auf Dauer aus, noch dazu, wenn durch die Supervision eine erhöhte Bewußtheit und Sensibilität für Mängel des Berufsalltages und für deren Veränderbarkeit erreicht wird?

Wenn Supervisandinnen mangels Umsetzungssicherheit kündigen, wenn Personalfluktuation eintritt, muß auch die Auftraggeberin Bedenken gegenüber Supervision haben. Das wäre dann eine weitere Kontraproduktivität, mitunter mit sehr weitreichenden Folgen. Wird dann Supervision von den Entscheidungsträgerinnen generell verboten werden und bleiben, damit nicht noch mehr Wirbel entsteht?

Das top-down Vernetzen muß vor Beginn der Supervisionsarbeit mit der Betroffenengruppe als Rahmenbedingung mit den Entscheidungsträgerinnen und mit den Führungskräften der nachgeordneten Hierarchiestufen abgesichert werden. Aufgrund meiner bisherigen Erfahrungen ist das eine conditio sine qua non.

Im Nachhinein läßt sich eine derartige Vernetzungsstruktur wesentlich schwerer aufbauen und kostet dann ungleich mehr Energie. Die

Supervisorin steht da bereits unter intrasystemischem und intersystemischem Wirkungsdruck. Möglicherweise gibt es bereits erste Abwehrreaktionen z.B. in Form von Beschwerden bei Vorgesetzten. Unter derartigem Druck mit Entscheidungsträgerinnen Verhandlungen zu führen ist eher ungünstig, energiezehrend und riskiert möglicherweise sogar den Abbruch einer bereits laufenden Supervision.

Aus dem Beispiel 1 wird erkennbar daß selbst ab dem Zeitpunkt, als der Schulinspektor genauestens wußte, wie es zu der Supervisionsverhinderung kam, keine Supervision mehr in Gang gesetzt wurde. Das System „Schule“ war in seiner Überlebensstrategie (Probst, 1987) bereits an einem anderen Punkt angelangt und Supervision bestenfalls ein negativ wirkendes Reizwort.

Systemisch-evolutionäre Supervision in Institutionen muß vor allem auch eine Sache der Führungskräfte sein.

Führungskräfte sind berechtigt und in der Lage, Veränderungen einzubringen, sie zu beauftragen und sie mitzutragen. Sie haben entscheidende Mit-Verantwortung (Malik, 1984). Beispiel 2 zeigt, daß die Vorbildwirkung des Chefs als oberster Entscheidungsträger und die klare Führungskräfte-Mitverantwortung einen positiven Supervisionsprozeß in die Wege geleitet und fortlaufend unterstützt hat.

Wirksam bleiben: Ein Informationsnetz als Teil der Mit-Verantwortung aufbauen

Um diese Mit-Verantwortung wirksam zu halten, sind die Ergebnisse in geeigneter Weise mit den Führungskräften informativ zu vernetzen.

Beispielhaft einige Aspekte, die innerhalb des Infosystems Vorgesetzte – Supervisandinnen geklärt sein müssen:

- Wie werden die Führungskräfte und die Entscheidungsträgerinnen regelmäßig und in geeigneter Weise über Prozesse informiert, die durch die Supervision in Gang kommen?
- Wie wird ausgetauscht und dann bearbeitet, welche Umsetzungsunterstützung durch welche Führungskraft nötig wird?
- Wie werden die von den Auswirkungen betroffenen Sub-Systeme der Institution informiert? Wer sind überhaupt diese Sub-Systeme und wieviele ‚Betroffene‘ gibt es da?

Nur wer informiert ist, kann mitdenken, mitverantworten, mitentscheiden. Nur wer eingebunden ist, kann seine Verantwortung und seine Funktions-Macht umfassend und zielführend einsetzen.

Akzeptanz für das Informationsnetz erarbeiten: Der Supervisor als Verrräter, als Parteigänger der Mächtigen?

Ein Paradox das dabei auftreten kann besteht darin, daß es wohl gelingen mag, die Führungskräfte von der unabdingbaren Notwendigkeit dieses Informationsflusses, -zugangs und -austausches zu überzeugen, daß aber die Supervisandinnengruppe diese Einbindung der Vorgesetzten zunächst ablehnt, ja der Supervisorin „Verrat" von Supervisionsinhalten an die Vorgesetzten oder auch Parteilichkeit/Parteinahme für die Führungskräfte und Entscheidungsträgerinnen unterstellt.

Watzlawick et. al., (1974) skizzierten diese paradoxe Handlungsform mit dem Beispiel „Hilf mir, aber ich werde es nicht zulassen!" (S. 231).

Daher gilt ebenso für die Supervisandinnengruppe, in Geduld und Ausdauer jene umfassende Vorarbeit zu leisten, die bei den Supervisandinnen das nötige Verständnis und die volle Akzeptanz für die systemische Vernetzung supervisorischen Tuns sicherstellt.

Es muß ein Interesse bei allen Betroffenen – und das sind in erster Linie die Supervisandinnen – werden, sein und dann auch bleiben, daß vor allem Führungskräfte und Entscheidungsträgerinnen über die Prozesse und Wirkungsaspekte der Supervision regelmäßig informiert sind. Das heißt auch, daß es zu fix geplanten Besprechungen und Kontakten zwischen den Supervisandinnen und den Entscheidungsträgerinnen kommt.

Auf diese Weise kann darüber hinaus abgesichert werden, daß systemisch-evolutionäre Supervision ein hohes Ansehen genießt und nicht als anarchistische Aktion oder gar als „Spielwiese und Aktionsbühne für Unzufriedene" abgewertet wird.

Dennoch ist oberstes Ziel: Die Intimität der Supervision bleibt erhalten!

Es steht außer Diskussion: Supervision muß Intimität der Einzelperson und der Supervisionsinhalte wahren, weiters dem Aspekt des Subjektiven, des persönlichen Aufarbeitens in geschützter Umgebung gerecht werden.

Die Größe von Institutionen und die damit verbundene Unüberschaubarkeit verleitet deren Mitarbeiterinnen viel mehr als es z.B. innerhalb von Familie und Freunden der Fall ist, ihre Erfahrungen und Erkenntnisse, die sie aus der Arbeit „Supervision" gewinnen nicht an andere Mitarbeiterinnen, Untergeordnete und Vorgesetzte weiterzugeben. Gefördert wird dieses Verhalten noch dadurch, daß die Linienorganisation kein vernetztes, systemisches Denken und Handeln kennt. Daraus erwächst die Tatsache, daß es a priori auch keine geeignete Organisation und Struktur zu regelmäßiger und effektiver Informationsvermittlung, zu Informationszugang und gegenseitigem Informationsaustausch gibt. Demzufolge kommt es auch zu keiner wirkungsvollen und effektiven Kommunikation.

Aber nur dann, wenn Informationsfluß, -austausch, -zugang und Kommunikation darüber funktionieren, kann erfolgreich gute Arbeit geleistet werden (Gaugler, 1987), können Erfolge erbracht werden, wird das Arbeitsklima gut sein und eine gute Institutionskultur (Ebers, 1987) gelebt werden. Damit wiederum steigt die Arbeitszufriedenheit und Arbeitsfreude, dies zeigt sich u.a. an der geringeren Personalfluktuation und an der Dauer der Dienstverhältnisse von Mitarbeiterinnen auf den verschiedensten Verantwortungsstufen.

Systemisch-evolutionäre Supervision in Institutionen bedeutet zusammenfassend betrachtet vor allem umfassende Vorbereitung und differenzierte Vorarbeit, ehe mit Supervision begonnen werden kann.

Ferner ist die permanente informative und handlungsorientierte Auseinandersetzung mit jenen Systemen, die von den Supervisionsergebnissen betroffen sind, besonders wichtig, weil dadurch Umsetzungssicherheit gewährleitet wird.

Darin liegen m.E. entscheidende Unterschiede zu supervisiorischem Tun, das nicht in einer Institution stattfindet und/oder nicht nach systemisch-evolutionären Grundsätzen geleitet wird.

Anmerkungen

1 Hinweis: In diesem Artikel sind die Personenbezeichnungen in der weiblichen Form gewählt, und alles Gesagte gilt, weil es *so natürlich und daher selbstverständlich* ist, ebenso für das männliche Pendant.

Es genügt m.E. nicht, in einer Vorbemerkung festzustellen, daß sinngemäß die weibliche Form auch gemeint ist, um dann ständig die männliche Anrede zu verwenden. Dadurch wird mental die Vorherrschaft des Männlichen weiter beibehalten, denn es wird in der Folge ausschließlich das Männliche erwähnt. Um zu einer vertieften mentalen Repräsentanz des Weiblichen in der Leserin und vor allem im Leser beizutragen, gab ich der weiblichen Anrede den Vorzug.

Lediglich bei den Beispielen wurde – der Eindeutigkeit wegen – die de facto Bezeichnung beibehalten.

EINE ORGANISATION HÄLT SICH FÜR EINE GRUPPE UND EIN ANDERER IRRTUM IHRES SUPERVISORS

Kurt Buchinger

In der Folge soll das Fallbeispiel einer Supervision vorgestellt werden, die in einer jungen, im Bereich sozialer Maßnahmen angesiedelten Institution durchgeführt wurde. Sie ist planmäßig und mit einigen Anzeichen von Erfolg abgeschlossen worden, hat dennoch den Supervisor mit einem anhaltenden Zweifel darüber zurückgelassen, ob er seinem Auftrag auch wirklich gerecht worden ist. Das Beispiel scheint geeignet, auf mehrere Fragestellungen aufmerksam zu machen, die für Teamsupervision in Organisationen von Bedeutung sind. Drei dieser Fragestellungen wollen wir hervorheben, weil sie uns in dem vorgelegten Beispiel beschäftigt haben; weil wir gewohnt sind, ihnen in unserer Arbeit erhöhte Aufmerksamkeit zu schenken; und weil wir meinen, daß wir auch diesmal auf sie geschaut und sie dennoch im Hinschauen praktisch übersehen hatten, zumindest die ersten beiden von ihnen. Es handelt sich

1) um die Frage der Differenz zwischen Gruppe und Organisation
2) um die Frage der Differenz zwischen Auftraggeber und Klientensystem, und
3) um die Auswirkung, die das „Produkt", an dem die Organisation arbeitet, auf ihr Selbstverständnis als Organisation hat.

1. Die Differenz zwischen Gruppe und Organisation:

Klientensysteme der Teamsupervision, insbesondere Klientensysteme aus dem Bereich psychosozialer Institutionen leiden in bezug auf diese zentrale Differenz häufig an den Folgen eines problematischen Selbstkonzepts. Sie halten sich für mehr oder weniger autonome Gruppen, versuchen ihre professionelle Tätigkeit und ihre teaminterne Kooperation aus diesem Selbstverständnis heraus zu gestalten – und stoßen dabei an den von der Institution und ihren organisatorischen Bedingungen vorgegebenen Rahmen. Aus ihrem Selbstmißverständnis heraus erleben sie diesen Rahmen als eine durch bürokratische Willkür gesetzte Behinderung ihrer Berufsausübung. Unter anderem verstellen sie sich dadurch den Blick auf wirkliche bürokratische Willkür.

Für die Tätigkeit des Supervisors genügt es nicht, darauf zu achten, daß der Sinn dieser Differenz zwischen Gruppe und Organisation in der von ihm geförderten Selbstreflexion des Teams ausreichend sichtbar wird. Die Gestaltung des Settings der Supervision ist eine noch viel wirksamere Intervention in das Klientensystem als der in einem solchen Setting geleistete Beitrag zur Analyse teaminterner Probleme. In der Gestaltung des Settings gilt es daher vor allem, dieser Differenz Rechnung zu tragen und die relevanten organisatorischen Sachverhalte zu verankern.

Unser Fallbeispiel illustriert die Schwierigkeit, in welche ein Klientensystem, das sich als autonome Arbeitsgruppe mißversteht, in verstärktem Ausmaß dann gerät, wenn eine Institution aus ihrer Pionierphase heraustritt, in ihrer Organisation wächst, differenziertere Strukturen auszubilden gezwungen ist, klare interne Regelungen fordert, wenn das Team jedoch an den vergleichsweise informellen, früheren, organisatorischen Zuständen festhalten möchte. Das Fallbeispiel illustriert auch, wie leicht ein Supervisor, der sich in diesen Dingen für erfahren hält, in die Gruppenfalle tappt und damit seiner Arbeit einen Gutteil ihrer Wirkung nimmt.

2. Die Differenz zwischen Auftraggeber und Klientensystem:

Nicht immer ist der Klient der Teamsupervision auch der Auftraggeber. Das System, welches die Supervision für sich in Anspruch nimmt, kann, aber muß nicht identisch sein mit der Instanz, welche die Durchführung der Supervision bewilligt und den Supervisor für seine Arbeit bezahlt. Sie kann Teil des Klientensystems sein, sie kann eine übergeordnete Dienststelle sein, welche vom Klientensystem so weit entfernt ist, daß ihr bloß eine formale Bedeutung in bezug auf die Supervision zukommt. Sie kann auch, wie in unserem Fall, eine übergeordnete Dienststelle sein, die sehr nahe am supervidierten Team ist und weder von diesem eindeutig als übergeordnete, weisungsbefugte Stelle gesehen wird, noch auch sich selbst als solche versteht.

In diesen Fällen wird der Erfolg der Arbeit auch davon abhängen, wie es dem Supervisor in der Gestaltung des Arbeitskontraktes und der vereinbarten einzelnen Arbeitsschritte gelingt, dieser Differenz von Auftraggeber und Klientensystem gerecht zu werden. Er wird zumindest darauf achten müssen, daß sein Arbeitskontrakt aus zwei miteinander nicht identischen Teilen besteht, im einfachsten Fall aus einer formalen Auftragsbestätigung durch den Auftraggeber und einem konkreten inhaltlichen Arbeitsbündnis mit dem Klientensystem. In diesem einfachsten Fall tritt der Auftraggeber nach Abschluß des formalen Kontraktes (in dem Umfang und Zeitaufwand der zu erbringenden Leistungen, das dafür zu zahlende Honorar und eventuell noch andere formale Rahmenbedingungen vereinbart werden) für den Supervisor nicht mehr in Erscheinung, außer vielleicht bei einer Verabschiedung am Ende der Supervision. Die konkrete Arbeit wird mit dem Klientensystem geleistet.

Unser Fall war jedoch nicht so einfach. Denn nicht nur waren Auftraggeber und supervidiertes Team sehr nahe und hatten sich in ihrer Arbeitsbeziehung nicht als das verstanden, was sie waren, als einander über- und untergeordnete Organisationseinheiten. Es stellte sich im Laufe der Supervision heraus, daß gerade diese unklare Beziehung für einen Teil der Schwierigkeiten verantwortlich war, mit welchen das Team zu kämpfen hatte und welche der Anlaß für die Supervision waren.

In diesem Fall wäre es notwendig gewesen, den Auftraggeber über die formale Auftragsgestaltung hinaus in geeigneter Form in die Supervisionsarbeit miteinzubeziehen. Und man hätte im Laufe der Gestaltung des Settings zu einer klaren problembezogenen Definition des Klientensystems und seiner Grenzen finden müssen. Die Bearbeitung der Differenz zwischen Auftraggeber und Klientensystem hängt in der Teamsupervision in Organisationen also mit einer genauen problembezogenen Klärung der Frage nach dem Klientensystem zusammen.

Wie aber wenn man auf derartige Fragen erst im Rahmen eines schon festgelegten Settings stößt, das sich beschränkt auf Supervision mit einem Team, welches sich als supervisionsbedürftig präsentiert hat? Dann hat man, schlicht gesagt, einen Fehler gemacht, weil man es verabsäumt hat, wichtige Vorfragen zu klären.

Und wenn sich diese in einem oder in einigen Vorgesprächen nicht ausreichend klären lassen – schließlich stößt man auf die heiklen Probleme oft erst im Laufe der, schon in einem vereinbarten Setting voranschreitenden Arbeit? Dann muß man wenigstens mit solchen Überraschungen rechnen und in Arbeitsgestaltung und Setting so viel definierten Spielraum einbauen, daß die Einführung neuer Arbeitsschritte darin nach Bedarf Platz hat.

Man kann nicht einfach davon ausgehen, daß das, was sich selbst als Klientensystem präsentiert, dieses auch wirklich ist. Teamsupervision in Organisationen ist mehr als Supervisionsarbeit mit einem vorhandenen Team. Sie ist, wenn sie wirksam sein soll, ein Instrument der Organisationsberatung, das in den genannten Fragen die für die Probleme des Teams relevanten und strukturell organisatorischen Aspekte praktisch berücksichtigen muß.

Der erste Schritt einer solchen Arbeit besteht in Auftragsgestaltung, Definition des Klientensystems und eines problembezogenen Settings (das nicht ausschließlich in regelmäßigen 1 1/2-stündigen Sitzungen mit einem Team bestehen muß) – und im Einbauen der Möglichkeit, Auftragsgestaltung und Definition des Klientensystems nach Bedarf neu vorzunehmen.

Nun mag dies eine selbstverständliche Forderung an professionelles Vorgehen in der Supervision darstellen. Es ist als Forderung apodiktisch

und ohne Anschauungsmaterial deshalb einleitend vorgetragen, weil das Fallbeispiel, welches das Anschauungsmaterial beisteuern soll, zeigt, wie leicht die Forderung dort bleibt, wo man sie bestenfalls hat, im Kopf. Die Schwierigkeiten, die sich in der Teamsupervision ergeben, wenn man dieser Forderung nicht Folge leistet, lassen sich dann zwar nicht bewältigen, fallen aber als Auswirkung eines Versäumnisses, klare Eingangsverhältnisse zu schaffen, gar nicht auf. Sie können sehr leicht für die in die Supervision mitgebrachten Schwierigkeiten des Teams gehalten werden – und man kann in einem Rahmen, der nicht verrät, daß er angemessene Problemlösungen verhindert, sehr intensiv und gezielt an solchen arbeiten. Man merkt nicht, daß man dem Gruppen-Selbstmißverständnis des Teams erlegen ist. Es bleibt bloß das erwähnte Gefühl des Supervisors nach Abschluß der Supervision.
–Doch nun zur dritten für Teamsupervision wichtigen Fragestellung, welche zu unserem konkreten Fall überleitet:

3. Das professionelle Ziel der Institution (ihr Produkt oder ihre Dienstleistung) wirkt zurück auf ihr Selbstverständnis als Organisation:

Dieser Punkt erscheint uns deshalb besonders wichtig, weil allein seine sorgfältige Beachtung es möglich macht, daß die Teamsupervision der Besonderheit der jeweiligen Organisation gerecht wird. Damit ist vor allem gemeint, daß es am ehesten über die Beachtung dieses Punktes gelingt, den (positiven) Sinn der Probleme einer Organisation, wie sie sich im supervidierten Team niederschlagen, zu verstehen. Ohne dieses Verständnis aber wird es schwer sein, an den Problemen erfolgreich zu arbeiten. Denn der Sinn eines auch noch so problematischen Verhaltens oder gewisser pathologischer kommunikativer Abläufe stellt sich schützend vor alle Versuche, die pathologischen Aspekte dieser Prozesse zu beseitigen. Er tut dies umso eher, je weniger die Aufmerksamkeit auf ihn gelenkt und seine Bedeutung anerkannt (nicht nur erkannt) wird.

Und nun zum Beispiel unserer Organisation und der Rückwirkung ihres Produktes auf die Organisationskultur. In unserem Fall werden nicht nur die Probleme des supervidierten Teams, sondern auch die besondere Ausprägung und Färbung der in Punkt 1 und 2 angedeuteten Schwierigkeiten, in welche die Supervision geraten ist, verständlich, wenn man sich die Wechselwirkung von „Produkt“ der Institution und ihrer Organisationskultur vor Augen hält.

Bei der Institution, in welcher die Teamsupervision durchgeführt wurde, handelt es sich um eine relativ junge Einrichtung, die von der öffentlichen Hand getragen wird und als Verein organisiert ist. Ihr „Produkt“ besteht in einer nicht einfachen Maßnahme: Aufgabe der

Mitarbeiter, mehrheitlich Sozialarbeiter oder Angehörige verwandter Berufe, ist das soziale Management in bestimmter Weise benachteiligter Personen. Die Mitarbeiter müssen dafür Sorge tragen, daß die im Alltagsleben ihrer Klienten auftretenden Probleme, welche diese nicht oder nicht ausreichend einer Lösung zuzuführen in der Lage sind, bewältigbar werden. Sie lösen diese Probleme nicht selbst, sondern sie helfen Lösungsmöglichkeiten organisieren. Sie leisten nicht selbst juristischen Beistand, wenn es um Rechtsangelegenheiten der Klienten geht, sondern sie organisieren einen solchen. Sie behandeln ihre Klienten nicht selbst medizinisch oder psychotherapeutisch, wenn dies nötig ist, sondern sie sehen zu, daß die Klienten betreut werden, usw.

Die Organisationsstruktur des Vereins sieht aus wie folgt: Er besteht aus mehreren dezentral angelegten Stationen oder Außenstellen (mit bis zu sieben Mitarbeitern, einem Leiter der Station und Sekretariat) und einer Zentrale (bestehend aus einem Geschäftsführer, welcher der öffentlichen Hand verantwortlich ist, einigen Mitarbeitern mit Stabsfunktionen und Sekretariat). Ursprünglich gab es nur eine Station, die örtlich und organisatorisch nicht ausdrücklich von der Zentrale abgegrenzt war, auch keinen Leiter hatte, da der Geschäftsführer des Vereins diese Funktion mehr oder weniger selbst ausfüllte. Mehr oder weniger bedeutet, daß er sie eher weniger als mehr ausfüllen mußte, da die Mitarbeiter ihre Arbeit mit einem hohen Grad an Autonomie durchführen, einen Gutteil ihrer Zeit im Feld zubringen, und sehr viel Arbeitsmotivation daraus beziehen, daß ein Minimum an Kontrolle über ihre Arbeit ausgeübt wird.

Erst die Einrichtung zusätzlicher Außenstellen führte zu einer klaren Differenzierung zwischen Zentrale und der ersten Station und brachte es mit sich, daß in den Außenstellen die Funktion des Leiters eingeführt wurde.

Einige der Schwierigkeiten, derentwegen das Team dieser ältesten Station des Vereins um Supervision bemüht war, hängen mit der genannten Entwicklung zusammen. In ihrer Besonderheit verständlich werden sie allerdings erst, wenn man sich ansieht, was die Tätigkeit der Mitarbeiter charakterisiert und welche berufliche Haltung sie auszeichnet, wenn man also die Spezifika des „Produkts“ dieser Organisation in der Rückwirkung auf die Organisationskultur genauer betrachtet. Das wollen wir nun tun.

Zur Erfüllung ihrer Aufgabe des sozialen Managements ihrer Klienten sind die Mitarbeiter ausgiebig mit den verschiedenen für ihre Klienten relevanten Institutionen befaßt. Im Reglement dieser Institutionen ist eine solche zusätzliche Sorge um einen Personenkreis, der auf sich allein gestellt nicht in der Lage ist, seine Rechte und Pflichten ihnen gegenüber wahrzunehmen, ebensowenig vorgesehen, wie Einrichtungen für Behinderte in der Öffentlichkeit. Die bürokratischen Barrieren im Umgang mit diesen Institutionen, die auch jeder Bürger oft schmerzlich erlebt, werden den Mitarbeitern des Vereins in einem besonderen Ausmaß vor Augen geführt. Denn erstens haben sie von Berufs wegen viel häufiger mit solchen Institutionen zu tun und dies meistens in heikleren, schwierigeren Angelegenheiten als ein durchschnittlicher Bürger. Und zweitens erleben sie dadurch besonders deutlich, wie hilflos ihre Klienten den Institutionen gegenüber ohne ihren erfahrenen und trotzdem mühsam bleibenen Umgang mit diesen wären. Die professionelle Daueranstrengung darum, die Diskrepanz zwischen der Hilflosigkeit ihrer Klienten und den, in Relation dazu noch massiver erscheinenden bürokratischen Barrieren zu überwinden, setzt bestimmte Haltungen voraus, die durch die Arbeit verstärkt werden. Man kann sich vorstellen, daß die professionelle Einstellung eines engagierten Mitarbeiters geprägt ist von einer Dauerbereitschaft zum Kampf gegen bürokratische (und in der Folge überhaupt gegen alle) Institutionen, deren Reglement gegenüber eine hohe Identifikation mit den Bedürfnissen der Klienten stattfindet. Das Erlebnis ist häufig das eines edlen, im gefährlichen Dschungel der Institutionen durchgeführten Kampfes um die Rechte der Entrechteten. Mit der Erfahrung wächst die Flexibilität im raschen Einsatz verschiedenster Taktiken, den Gegner zu umgehen, zu überlisten, zu unterwandern, ohne selbst entdeckt zu werden.

Man kann sich auch vorstellen, wie sich dieser, für die professionelle Tätigkeit der Mitarbeiter sehr funktionale antibürokratische Affekt auf seine Haltung gegenüber der eigenen Institution auswirkt: Man ist extrem darauf bedacht, mit einem Minimum an formalisierter Organisation auszukommen, und vertraut auf die Möglichkeit flexibler und spontaner Lösungen für eventuell auftretende innerorganisatorische Schwierigkeiten. Man wünscht sich das Team als unterstützende und möglichst wenig bis gar nicht einschränkende „home-base" für die belastenden Kämpfe an der Klientenfront. Die Funktion des Stationsleiters möchte man ganz besonders darauf beschränkt wissen, die Autonomie der Mitarbeiter zu schützen gegenüber den (aus der Arbeit im Feld ja sattsam bekannten) bürokratischen Tendenzen der Organisation.

Darüber hinaus gehört es zur Organisationskultur, die Vorgesetzten-Untergebenen Verhältnisse im Verein und die damit verbundenen Befugnisse des Vorgesetzten den Mitarbeitern gegenüber möglichst nicht zu genau zu definieren. Überhaupt reagiert man mit Befremden und Widerstand auf jeden, ohnehin organisationsintern nicht sehr wahrscheinlichen Versuch, verbindliche Regelungen aufzustellen – auch dort wo sich durch Erfahrung erweist, daß ihr Fehlen einen Teil der Arbeit behindert.

Man kann sich also ausmalen, daß die Rückwirkung einer solchen für die Arbeit im Feld brauchbaren Einstellung auf die eigene Organisation (welche ja den Rahmen abgeben soll, der diese Arbeit absichert) zu dysfunktionalen organisatorischen Verhältnissen führt: Man findet sich in der paradoxen Situation, daß die Spontaneität, welche dazu dienen soll, die Arbeit möglichst effizient zu erledigen, innerhalb der Organisation zum Hindernis für das Erreichen dieses Zieles wird. So findet z.B. der Wunsch nach einem unterstützenden Team deshalb nur sehr unzureichende Erfüllung, weil dieses aufgrund der spontanen, flexiblen Zeiteinteilung seiner Mitglieder nur sehr schwer zustandekommt. Eine freie individuelle Urlaubseinteilung führt dazu, daß die Freiheit aller, die gerade nicht auf Urlaub sind, mehr als extrem eingeschränkt wird, da es kaum möglich ist, die liegengebliebene Arbeit mehrerer Urlauber auf den Rest des Teams aufzuteilen. Diese und ähnliche Probleme sind uns in der Supervision begegnet und konnten mit einigem Erfolg bearbeitet werden. Es war einsehbar, daß die Freiheit jedes einzelnen Teammitgliedes an der Freiheit jedes anderen gewisse Grenzen haben mußte.

Nicht so leicht einsehbar war eine andere organisationsinterne Auswirkung des vorhandenen Berufsethos, die deshalb hervorgehoben werden soll, weil sich im Verlauf der Supervision immer klarer zeigte, daß sie das Hauptproblem des Teams darstellte. Als solches hat sie uns ausgiebig beschäftigt, allerdings mit vergleichsweise bescheidenem Erfolg. Gemeint ist das Problem der Funktion des Leiters der Station und die Art, wie das Team es vor Beginn unserer Supervision zu lösen versucht hatte.

Es wurde schon erwähnt, daß es sich um die älteste und ursprünglich einzige Außenstelle des Vereins handelte, die anfänglich nicht deutlich von der Zentrale abgegrenzt war: Der die fachliche Tätigkeit begleitende, wenn nicht charakterisierende antibürokratische und antihierarchische Affekt war in dieser Pionierphase des Vereins auch organisationsintern auf seine Rechnung gekommen. Die ursprüngliche Nähe des Teams zum Geschäftsführer, die einen eigenen Außenstellenleiter überflüssig gemacht hatte, erlitt mit dem Wachstum der Organisation, d.h. mit der Einrichtung zusätzlicher Außenstellen, wie schon oben angedeutet, einen Bruch. Die Zentrale blieb zwar gemeinsam mit der ersten Station in demselben Lokal, rückte aber innerhalb von diesem deutlicher von ihr ab. Außerdem ließ sich mit der Einrichtung mehrerer dezentral angelegter Außenstellen eine Hierarchisierung der Organisation nicht mehr vermeiden: In allen Außenstellen wurde die Funktion eines Leiters eingeführt.

Für die erste Station bedeutete dies etwas, was den neuen Außenstellen zu keiner Erfahrung werden konnte, weil sie den Zustand der Organisation vor ihrer eigenen Existenz nicht erlebt hatten: Es bedeutete eine Entfremdung, psychologisch gesprochen eine Kränkung bzw. Entwertung, welche durch die Stellung, die sie als erste Station gegenüber den anderen einnahm, nicht gemildert wurde. Im Gegenteil, gerade diese Position und die mit ihr verbundene Erfahrung schuf das Problem:

Der Vergleich mit dem früheren Zustand belebte den genannten antihierarchischen und antibürokratischen Affekt, der sich nun gegen die eigene Institution wendete.

Sind schon ohne diesen berufsspezifischen Affekt Entwicklungen, wie die hier durch das Wachstum der Organisation in Gang gekommenen für die Pioniergruppe einer Organisation nicht leicht zu bewältigen und mobilisieren starke Widerstände gegen eine befürchtete Bürokratisierung, so verstärkt dieser Affekt solche Tendenzen um ein vielfaches.

Sehr eindrucksvoll war das an der Frage der Außenstellenleitung unseres Teams zu verfolgen. Dieses Team war das einzige, für das kein Leiter bestimmt wurde, sondern das aufgrund seiner bisherigen leiterlosen Existenz einen aus seinen Mitgliedern wählen konnte.

Zunächst hatte es sich unter Berufung auf die bisherige gut funktionierende Arbeitsweise und auf den miteinander geteilten basisdemokratischen Anspruch geweigert, einen Leiter zu wählen. Dies war vom Geschäftsführer nicht akzeptiert worden; also einigte man sich nach langer Diskussion auf einen Mitarbeiter, der versprochen hatte, von seiner Funktion nur insofern Gebrauch zu machen, als es um die Übernahme von lästigen und unangenehmen Koordinationsfragen bzw. um die Übernahme von liegengebliebener Arbeit ging. „Mistkübelfunktion" wurde das im Team genannt. Auf alle weiteren Leiterfunktionen wie Kontrolle der Mitarbeiter, das Erteilen von Weisungen bzw. Vermittlertätigkeit zwischen Zentrale und Teammitgliedern hatte er feierlich Verzicht getan. Es war klar, daß die Kollegen sich ihre Angelegenheiten mit der Zentrale so wie bisher in direktem Kontakt regeln und sich auch sonst nicht „bevormunden" lassen wollten.

Man hatte ihm also deshalb die Leiterfunktion überlassen, weil er zugesagt hatte, diese nicht wirklich wahrzunehmen. Bewährt im Überlisten bürokratischer Regelungen im Dienste ihrer Klienten hatten die Mitarbeiter eine gemeinsame Probe ihrer Fähigkeiten geliefert. Da es sich allerdings in diesem Fall nicht um den Dienst an ihren Klienten, sondern um ihre eigene Organisation handelte, erwies sich der Erfolg als ein Schuß nach hinten. Die Rückwirkungen der beschriebenen berufsbedingten Haltung der Mitarbeiter auf die eigene Organisation war nicht funktional.

Die Supervision und ihre Problematik

Als sich zeigte, daß die Station in dieser Situation nicht besonders arbeitsfähig, dieser Sachverhalt aber nicht verständlich und bewältigbar war, da ja jeder der Mitarbeiter seine Arbeit wie bisher mit hohem Engagement verrichtete, bemühte sich das Team um Supervision. Bzw. man muß es genauer sagen: Das Team suchte nach einem neuen Super-

WIR BEGRÜSSEN SIE HERZLICH ALS UNSEREN 3. SUPERVISOR UND WOLLEN VORAUSSCHICKEN...

DASS IN UNSEREM TEAM EIGENTLICH HARMONIE HERRSCHT...

WIR DANKEN IHNEN ABER FÜR IHRE BEREITSCHAFT, DASS SIE SICH AN UNS DIE ZÄHNE AUSBEISSEN WOLLEN...

-BRAGO-

visor. Es hatte bereits mit zwei Supervisoren gearbeitet, was nach Bericht des Teams sehr „anregend“ gewesen ist, die Problematik, in der es sich befand, jedoch nicht wirklich gelöst hatte. Der erste Supervisor hätte die organisatorische Problematik theoretisch sehr verständlich dargestellt, der zweite hätte mit großer Einfühlung an den teaminternen Konflikten gearbeitet, beides sei, wie gesagt, sehr lehrreich gewesen. Man meinte allerdings, die beiden hätten sich irgendwie, wie, war nicht genauer zu eruieren, vom Team verführen lassen.

Mir wurde das alles bei einem Vorgespräch mit dem Team mitgeteilt, welches aufgrund eines Telefonats mit einem mir von einer Ausbildungsveranstaltung bekannten Teammitgliedes vereinbart worden war. Gewitzt (wie ich meinte) durch diese Eröffnung und aufmerksam darauf, mich nicht ebenso verführen zu lassen wie meine Vorgänger, legte ich besonderen Wert darauf, zwei Punkte zu klären: Erstens stellte ich mein Konzept von Teamsupervision vor; zweitens achtete ich darauf, meinen Arbeitsauftrag und Arbeitsvertrag insofern korrekt zu gestalten, als ich mich an die für dieses Team geltende Differenz von Auftraggeber und Klienten hielt.

1. Was mein Konzept betrifft, so hob ich hervor, daß es mir nicht so sehr um die gruppendynamische Austragung teaminterner Konfliktsituationen auf der Beziehungsebene gehen würde, auch nicht darum, dem Team eine theoretisch wohlfundierte Diagnose seiner institutionellen Situation zu vermitteln. Es sollte zwar in der Supervision an den erlebbaren Konflikten zwischen den Mitarbeitern, an den gemeinsamen Arbeits- und Kooperationsschwierigkeiten angesetzt werden. Diese würden aber eher als Symptome genommen werden, in denen sich ungelöste organisatorische Schwierigkeiten ebensowohl verstecken, wie sie darin auch (entstellt) zum Ausdruck kommen. Um deren Verständnis und adäquate Bewältigung sollte es gehen.
   Wohlwollende Zustimmung ob dieser differenzierten Sicht war mir sicher. Ich schien mich für das Team gleich zu Beginn angenehm von meinen beiden Vorgängern in der Supervision zu unterscheiden, was mir nicht nur verdächtig war (und mich deshalb die vorsichtige Feststellung tun ließ, daß man nicht sicher sein könne, ob dieser dritte Anlauf viel neues bringen würde). Es erschien mir darüber hinaus auch als ein guter Start für ein wahrscheinlich schwieriges Unterfangen. Und da ich gerade deshalb besonders sorgfältig in der Vertragsgestaltung sein wollte, hob ich diese als zweiten Punkt hervor:
2. Wir klärten also, daß mein Auftraggeber der Geschäftsführer, mein Klient aber das Team der Station war. Und ich stellte fest, daß es in dieser Situation notwendig sei, über das Arbeitsbündnis mit dem Team hinaus einen offiziellen Supervisionsauftrag vom Geschäftsführer des Vereins zu erhalten bzw. einen formellen Arbeitsvertrag

mit ihm abzuschließen, in welchem die Zielsetzung der Supervision und die Modalitäten ihrer Durchführung gemeinsam abgestimmt werden müßten. Das Team meinte in unserem Vorgespräch, daß das zwar nicht notwendig wäre, denn es wüßte sich der Unterstützung des Geschäftsführers sicher: Er wüßte um die schwierige Lage dieser Station und wäre an einer Lösung ihrer Problematik interessiert. Es würde also genügen, wenn das Team ihm mitteilte, daß man mit mir zu arbeiten begonnen habe, und wenn ich meine Honorarnoten dem Team zur Weiterleitung an die Zentrale übergäbe.

Wenn ich es aber in meiner Arbeitsauffassung für besser hielte, diesen Kontakt selbst aufzunehmen, so würde man das auch in Ordnung finden. Diese Art von Einverständnis des Teams mit meinem Wunsch, mich für den Abschluß meines Arbeitsvertrages an die formale Struktur der Organisation zu halten, wirkte auf mich wie die wohlwollende Rücksichtnahme auf eine zwanghafte Schrulle eines sonst akzeptablen Beraters.

Das Gespräch mit dem Geschäftsführer ließ mich mein Befremden über diese Reaktion des Teams wieder vergessen. Er war nicht nur sehr unterstützend meinem Konzept von Teamsupervision gegenüber. Er zeigte auch großes Verständnis für die Problematik der Station. Er wußte um die Schwierigkeit, welche die Entwicklung der Organisation für sie bedeutete. Er konnte sich einfühlen in die Kränkung, welche der unvermeidliche Verlust seiner ehemaligen Nähe zum Team darstellen mußte. Er verstand die Sorge des Teams, daß der Verein in der Folge seines Wachstums schrittweise verbürokratisiert werden würde – er teilte diese Sorge und war wachsam, eine solche Entwicklung zu verhindern. Er wisse auch, daß bürokratische Kontrolle eine so sensible Arbeit wie die der Teamsupervision ziemlich behindere, wenn nicht gar unmöglich machen würde, da diese, um effektiv zu werden, eines geschützten Rahmens bedürfte, in dem Vertrauen und Intimität in bezug auf die Ergebnisse der institutionellen Selbstreflexion des Teams möglich ist. Aus diesem Grunde war es ihm selbstverständlich, sich nicht in die Supervision einzumischen, oder Informationen über ihren Verlauf zu verlangen. Er hoffte, daß diese Einstellung und das dem Team damit entgegengebrachte Vertrauen es diesem erleichtern würde, sein Problem mit der Zentrale in der Supervision autonom zu bewältigen.

Ich war beeindruckt von dieser Haltung, in der ich nicht nur eine ungewöhnlich hohe Kooperationsbereitschaft, sondern eine ebenso ungewöhnliche Wertschätzung meiner Supervisionstätigkeit zu sehen vermeinte. Der formalen Absegnung eines ohnehin befürworteten Auftrages war Genüge getan. Ich hatte grünes Licht für die Arbeit mit meinem Klienten, dem Team.

Ich hatte die Vorstellung, daß dieses – wie ich meinte – sehr korrekte Vorgehen bei der Gestaltung des formellen Arbeitskontraktes mit dem

Auftraggeber die Festigung eines positiven Arbeitsbündnisses mit dem Klienten fördern würde. Ich hielt es für eine gelungene Intervention, mit der ich dem Team nicht nur theoretisch angekündigt, sondern symbolisch-praktisch signalisiert hatte, daß es mir um seine Einbettung in der Organisation ging: Um das Team als einen Teil der Organisation, und nicht um eine autonome Gruppe, die allein an der Verbesserung der emotionellen Beziehungen ihrer Mitglieder interessiert war. Es war mir wichtig, daß dieses Konzept von Anfang an – u.d.h. zunächst in der Vertragsgestaltung – praktisch wirksam würde. Ich wußte um die Entlastungsfunktion, die dieses Konzept haben kann, wenn es nicht bloß bei seiner programmatischen Deklaration bleibt: Es ist ermutigend für die engagierte Mitarbeit des Teams an der Supervision, wenn man glaubwürdig darauf hinweisen kann, daß manifeste Probleme im Team nicht irgendjemandes Schuld, sondern den symptomatischen Niederschlag organisatorischer Widersprüche und Konflikte darstellen.

Die Kooperationsbereitschaft des Teams und des Geschäftsführers ging jedoch weit über die mögliche Wirkung eines solchen Entlastungseffektes hinaus. Man gab mir zu verstehen, daß ich zum Team als Supervisor passen würde; mit jedem Arbeitsschritt in der Supervision vermittelte man mir das Gefühl, diesmal mit mir wirklich die richtige Wahl getroffen zu haben. Man entwickelte gemeinsam mit mir ein Verständnis für die aus der Geschichte der Organisation heraus entstandene Problematik der Station. Man war gegenüber einer genauen Analyse der Außenstellenleiter-Frage aufgeschlossen. Man entdeckte in all dem zusätzlich den Niederschlag der professionellen Haltung der Mitarbeiter gegenüber den Institutionen, mit denen sie es zu tun haben. Es wurde also verständnlich, warum sich diesbezügliche Probleme im Team so hartnäckig hielten.

Sie hielten sich allerdings weiterhin recht hartnäckig – trotz engagierter Supervisionsarbeit. So blieb bis zum vereinbarten Ende der Supervision die Problematik der Funktion des Außenstellenleiters bestehen: Alle sahen z.B. ein, daß seine Funktion nur dann sinnvoll auszuüben ist, wenn es möglich ist, daß nicht alles immer im Konsens vereinbart werden muß, sondern wenn der Leiter darüber hinaus bestimmte Dinge notfalls allein entscheiden, bestimmen und auch delegieren kann. Doch über die wirkliche Befugnis dazu wollte man in einem basisdemokratischen Konsens des Teams befinden – der natürlich nie zustande kam. Man sah also ein, daß eine Organisation der Art, wie es der Verein war, wenig mit einer basisdemokratisch vorgehenden autonomen Gruppe gemeinsam hatte, dennoch versuchte man sich wie eine solche zu verhalten. Man entdeckte diese Diskrepanz und konnte viele Schwierigkeiten des Teams aus ihr ableiten; man verstand, daß es notwendig war, sie aufzuheben. Bei jedem Versuch, dies zu tun, stellte sie sich wieder her.

Daß ich die Schienen zur Dauerhaftigkeit dieser Problemfahrt mit meiner Art der Auftragsgestaltung, auf deren Korrektheit ich so stolz war, gelegt hatte, blieb mir allerdings verborgen. Daß ich also tatsächlich deshalb besser zum Team paßte, als es einer erfolgreichen Supervision zuträglich war, weil ich mit ihm in seinem Grundwiderspruch befangen blieb, war für mich nicht sichtbar. Mein Vorgehen bei der Vertragsgestaltung sollte doch gerade dazu dienen, dem Gruppenselbstmißverständnis des Teams von Anfang an entgegen zu wirken. Mit meiner ersten Intervention wollte ich die Organisationsbezogenheit der Supervision praktisch fundieren: Ich hatte mich an die formale Organisation gehalten und dies in unserem Fall deshalb für besonders wichtig erachtet, weil die Schwierigkeiten der Station in ihrem Unverständnis gegenüber der formalen Organisation lagen.

Es war mir klar, daß ein Schwerpunkt der Supervision in der Erarbeitung eines Verständnisses für die organisatorischen Bedingungen der Arbeit liegen mußte – eines Verständnisses, das für die Gestaltung der organisationsinternen Abläufe praktisch wirksam sein sollte: Es mußte um die Relativierung der Ideologie gehen, daß die Station als eine autonome Gruppe agieren kann, die sich den Rahmen ihrer Arbeit selbst absteckt – einer Ideologie, die wie es schien, ursprünglich vor Gründung weiterer Außenstellen vom Geschäftsführer unterstützt worden war. Es mußte um die Abgrenzung der Station von der Zentrale und um die Gestaltung einer formellen Beziehung zu dieser gehen. Die Anerkennung der Tatsache, daß die Station eine Organisationseinheit neben anderen war, und daß sie durch eine hierarchische Stufe in Form der Funktion des Außenstellenleiters mit der Gesamtorganisation in Verbindung stand, erschien mir ebenso von Bedeutung. Ich konnte auch antizipieren, daß es im Laufe der Arbeit an diesen Fragen in der Supervision wichtig sein würde, mit dem Team zu einem organisationsbezogenen Verständnis der Kränkungen zu finden, die ihm durch die Entwicklung der Organisation zugefügt worden waren.

Genau aus diesen Gründen also hatte ich die deutlich ausgesprochene Einladung des Teams ausgeschlagen, doch auf den formellen Kontakt mit dem Geschäftsführer zu verzichten und es beim Arbeitsbündnis mit dem Team bewenden zu lassen.

Für mich unerkannt hatte die formale Vertragsgestaltung allerdings die Gruppenideologie, der sie entgegen wirken sollte, nur noch befestigt. Das beschriebene kooperative Verhalten des Geschäftsführers, der erklärte, sich nicht in die Supervision einmischen zu wollen, war die formelle Absegnung des Gruppenselbstmißverständnisses durch die Spitze der Organisation – gegeben in der besten Absicht, die Organisation effizienter zu machen und zu stärken. Genauer gesagt: Es wurde zu einer solchen Absegnung dadurch, daß ich es fraglos akzeptierte, obwohl mir beim Gespräch mit dem Geschäftsführer bereits klar war, daß ein zentraler Aspekt der Problematik der Station in der Diskrepanz zwischen informell gepflegter Beziehung zur Zentrale und entwerteter formeller Organisationsstruktur lag.

Hätte ich, wie es meine Absicht war, wirklich darauf bestanden, der formellen Struktur zu mehr Wirksamkeit zu verhelfen, so hätte ich die Beziehung der Station zur Zentrale in das Setting der Supervision einbauen müssen. Ich hätte das z.B. dadurch tun können, daß ich es mir auferlegte, dem Geschäftsführer regelmäßig über unsere Sitzungen zu berichten und mit ihm abzuklären, welche Konsequenzen bestimmte Vorgehensweisen der Station für ihre Integration in der Organisation hätten. Ich hätte z.B. im Rahmen der Supervision auch regelmäßige Treffen zwischen Station und Geschäftsführer vorsehen können; oder Miniklausuren, bei denen die Problematik zwischen beiden Gegenstand der Arbeit hätten sein sollen. Zumindest hätte ich in Frage stellen müssen, ob angesichts der mir vorgestellten Problemlage die gewünschte Teamsupervision die adäquate Form der Beratung ist.

Statt dessen nahm ich die Zusage des Geschäftsführers, sich nicht in die Supervision einzumischen, als günstige Voraussetzung für meine Arbeit und akzeptierte das vom Team vorgesehene und vom Geschäftsführer bestätigte und unterstützte Arrangement. Und gerade damit machte ich das Kooperationsangebot des Geschäftsführers zu etwas anderem, als was es hätte sein sollen oder können. Ich machte es zu einer undurchschauten, heimlichen Koalition der Verleugnung der Organisation als Organisation zugunsten der Illusion der Autonomie eines sich ohnehin als autonome Gruppe mißverstehenden Subsystems der Organisation. Ich war ein Drahtzieher dieser Koalition, anstatt daß ich sie durch ein geeignetes Setting der Supervision zum Thema machte.

Mit meinem Einverständnis war klar, daß ich in dieser Ideologie mit gefangen war, und daß die Supervision keine Gefahr in Richtung Festigung der formellen Organisation werden konnte – selbst dann nicht, wenn sie sich um dieses Thema drehen würde. Ja gerade weil diese Gefahr durch Vertragsgestaltung und Setting gebannt war, konnte sich die Supervision so ausgiebig, scheinbar kooperativ und lernträchtig mit diesen Fragen inhaltlich befassen, ohne daß dies zu den befürchteten Konsequenzen praktischer Art geführt hätte.

Ich führte die Supervision genau in dem Widerspruch zwischen meiner deklarierten Organisationsbezogenheit und meinem heimlichen, aber sehr wirksamen Zugeständnis an die Gruppenideologie der Organisation durch.

Die für das „Produkt" der Institution funktionale Haltung der Mitarbeiter und Vorgesetzten hatte nicht nur in Rückwirkung auf den Umgang mit der eigenen Organisation diejenigen Probleme mitgeschaffen, deretwegen man um Supervision bemüht war – sie hatte sich auch von Anfang an in der Supervision durch mein Mittun gegen meine anders gearteten Intentionen durchgesetzt: Die Versiertheit dieser Organisation im Überlisten von Organisationsstrukturen und ihrer handlungsleitenden Funktion hatte auch meine professionelle Kompetenz im Durchschauen dieser List noch einmal überlistet.

Anläßlich einer Veranstaltung hatte ich diese Supervision als Fall deshalb vorgestellt, weil mich mein eingangs geäußerter Zweifel bezüglich ihrer Wirksamkeit beschäftigte. Dort wurde mir nicht nur ihre hier beschriebene Problematik verständlich, es wurde mir auch ein Trost zugesprochen, den ich abschließend mitteilen möchte. Man sagte mir, daß ich möglicherweise mit „professionellem Instinkt" den richtigen Fehler gemacht hatte. Nur weil ich das Team und mehr noch die Organisation nicht gefährdet habe, sondern mit ihrer dominanten Ideologie mitagierte, wäre es möglich gewesen, mit dem Team an einem Verständnis für die Diskrepanz zwischen Gruppenideologie und organisatorischen Anforderungen zu arbeiten. Dieses Verständnis blieb zwar zunächst praktisch wirkungslos, sei aber eine wichtige Vorbereitung für einen möglichen nächsten Schritt in der Entwicklung eines adäquaten praktischen Selbstverständnisses. Wäre ich der Organisation und dem Team nicht in die Falle gegangen und hätte meine Intention auch im Setting versucht zu fundieren, so hätte man sich vielleicht gleich von mir getrennt. Mich hat das nicht ganz überzeugt, aber gut hat es mir getan.

Literatur:

BUCHINGER, K.: Teamsupervision in Institutionen, in: Gruppenpsychotherapie und Gruppendynamik, 24, 1980

BUCHINGER, K.: Der paranoide Firmenchef, in: Gruppendynamik, Sondernummer, 1990

BUCHINGER, K.: Die psychosoziale Institution aus der Sicht des Teamsupervisors. Gruppendynamik, 3, 1984

LUHMANN, N.: Soziale Systeme, Frankfurt am Main, 1984

PUHL, M., SCHMIDBAUER, W.: Supervision und Psychoanalyse, Kösel, 1986

DIE BEDEUTUNG DER SUPERVISION FÜR INSTITUTIONEN UND IHRE MITARBEITER AM BEISPIEL VON VERÄNDERUNGEN DES ARBEITSKLIMAS AUF EINER STATION IM KRANKENHAUS

H. Widauer

Welche Probleme und Schwierigkeiten treten bei der Einführung der Supervision in Institutionen häufig auf?

Wenn Supervision seinen Zweck erfüllen soll, muß die Flexibilität und das Bedürfnis nach Veränderung im einzelnen Mitarbeiter, in der Arbeitsgruppe aber auch in der Institution gefördert werden. Lern- und Veränderungswünsche sind jedoch meist hochgradig ambivalent besetzt und lösen Unsicherheit und Angst aus. Kaum jemand unterzieht sich deshalb freiwillig einem Veränderungsprozeß. Es hat sich bewährt, Argumente, die gegen die Supervision ins Treffen geführt werden und Schwierigkeiten, die bei der Einführung der Supervision auftreten, unter diesem Aspekt des Widerstandes zu untersuchen und dann entsprechend vorzugehen. Zu Beginn sind grundsätzliche Regelungen wie: Ort, Zeit, Dauer und Häufigkeit der Supervisionssitzungen, sowie Person und Honorar des Supervisors zu regeln und möglichst auch schriftlich, z.B. in Form eines Werkvertrages, festzulegen. Die Finanzierung der Supervision sollte für einen längeren Zeitraum – günstigerweise mindestens für zwei Jahre – gewährleistet sein. Mißverständliche mündliche Vereinbarungen und wohlgemeintes Entgegenkommen der Institution oder des Supervisors in diesen grundsätzlichen Fragen wirkt sich auf den Erfolg der Supervision meist fatal aus.

Der Supervisor unterscheidet sich von den Supervisanden durch einen entsprechenden Arbeitsvertrag, der ihm Autonomie und Bewegungsfreiheit gegenüber der Institution gestattet; erst diese ermöglicht es ihm, seinen Auftrag zu erfüllen. Idealerweise sollte deshalb der Vertragspartner des Supervisors die der Institution übergeordnete Dienststelle, in der die Supervision stattfindet, sein.

Das nachfolgende praktische Beispiel zeigt, wie mit dem Team einer Chirurgischen Abteilung in dreijähriger Supervisionstätigkeit zahlreiche organisatorische Verbesserungen erreicht werden konnten.

Überraschend war auch, wie sich dadurch die Arbeitsatmosphäre und die Kooperation mit anderen Teams verbesserte und das Personal in der

Supervision immer mehr auch psychosoziale und psychosomatische Gesichtspunkte in die Betreuung der Patienten einbezog.

In drei klar voneinander zu trennenden Entwicklungsphasen konnte in regelmäßigen Gruppensitzungen die Teamarbeit wesentlich verbessert werden. Zu Beginn wurden mit den Mitarbeitern für alle verbindliche Regeln und Verträge gemeinsam erarbeitet. In einer zweiten Phase wurde die Zuverlässigkeit und Vertragsfähigkeit der Mitarbeiter an der Lösung organisatorischer Probleme erprobt – mit wachsendem Vertrauen konnten zunehmend persönliche Konflikte angesprochen und mit wenigen Ausnahmen auch gelöst werden. In einem dritten Schritt wurden die regelmäßigen Besprechungen auch für Patienten geöffnet. Damit konnte in nachfolgenden Sitzungen das Team für Gruppenarbeit im Sinne Balints gewonnen werden und den Patienten als „Person", die in ständiger Interaktion mit dem ärztlichen und pflegerischen Personal steht, begreifen.

Folgende Arbeitshypothesen berücksichtigen den speziellen Kontext der Station

Modelle zur Veränderung des Stationsklimas müssen auf die Arbeits- und Denkweise der Chirurgen Rücksicht nehmen – in der Praxis erprobte Modelle, wie Fallkontrollgruppen und Balintgruppen sind auf das konfliktbelastete Team dieser Abteilung nicht anwendbar.

Eine chirurgische Abteilung unterscheidet sich durch die spezielle Arbeitssituation des Chirurgen und seines Teams, sowie der berufsspezifischen Behandlung der Patienten von anderen Krankenabteilungen. Eine psychosomatische Denkhaltung wird an einer chirurgischen Abteilung kaum möglich sein.

Von einem Chirurgen wird in seiner beruflichen Tätigkeit rasche Entscheidung bei der Diagnoseerstellung, zielgerichtetes Vorgehen bei der präoperativen Planung und Operation, sowie die Übernahme von Verantwortung und Autorität bei der Führung seines Teams während der Operation erwartet. Im Gegensatz zu konservativen Fächern, wo vor therapeutischen Maßnahmen oft viel Zeit für Untersuchungen und Beratungen aufgewendet wird, handelt der Chirurg meist unter Zeitdruck. Da er durch das Behandeln mit dem Skalpell eine schwere Körperverletzung setzen muß, darf er in dieser Situation kaum Gefühle des Mitleides, der Hemmung, Nervosität, Schwäche oder Unsicherheit empfinden. Alle auftretenden Gefühle müssen situationsbedingt abgewehrt werden, das ganze Team „folgt" seinem Chirurgen und handelt mit ihm plangemäß und zielgerichtet. Sowohl der Chirurg als auch das Team werden durch diese täglich sich wiederholende berufliche Situation geprägt. Die Mitarbeiter einer chirurgischen Abteilung werden an den Supervisor ähnliche Erwartungen wie an ihren Chirurgen stellen. Allerdings zeichnen sich Supervisoren meist nicht durch Persönlichkeitsmerkmale, wie sie für Chirurgen notwendig sein mögen, aus, wie z.B. Übernahme der Verantwortung und Führung eines Teams durch einen einzelnen, Entscheidungsfreudigkeit und schnelles Handeln. Vielmehr wird ein Supervisor die Entwicklung der Eigenständigkeit und Selbstverantwortung des Teams als ein Ziel verfolgen, das meist nicht durch Führung sondern durch Abstinenz des Supervisors erreicht wird. Trotzdem soll in einem kontextsensiblen Konzept der Supervision auf diese Erwartungen des Teams Rücksicht genommen werden, da ein Chirurgenteam gewohnt ist, einer Fachautorität zu „folgen". Ein Experte für Supervision, der nicht entscheidet und führt, sondern dies vom Team verlangt, wird zu Beginn überfordern und enttäuschen. Umso wichtiger scheint es, dies im Konzept zu berücksichtigen und die Position des Supervisors klar und eindeutig zu definieren.

Daraus leiten sich folgende wichtige Voraussetzungen für den Supervisor ab:

1.) Das Personal nimmt grundsätzlich freiwillig an regelmäßigen Gruppensitzungen von 90 Minuten Dauer in maximal dreiwöchigem Abstand teil.

2.) Arbeitsverträge und Gruppennormen werden gemeinsam erstellt, sind dann aber für jeden Teilnehmer verbindlich.

3.) Die Analyse des Widerstandes gegenüber Veränderungen etc. wird wie in einer tiefenpsychologischen Einzelbehandlung gehandhabt werden und ein zentrales Thema darstellen.

4.) Der Ablauf der Gruppensitzungen soll durch klare Strukturierung der Arbeits- und Denkweise einer Chirurgischen Abteilung angepaßt werden.

In den ersten Gruppensitzungen wurden Kontraktbedingungen (Gruppennormen, Tabelle 1), welche die Eigenheiten des Systems berücksichtigen, gemeinsam entwickelt.

Tabelle 1

Verbindliche Gruppennormen zur Erleichterung der Teamarbeit und Lösung von Konflikten

1.) Rahmenbedingungen werden *miteinander* festgelegt (Zeit, Ort, Dauer, Ausscheiden und Aufnahme von Gruppenmitgliedern)

2.) Vereinbarungen werden eingehalten, sind für ALLE verbindlich

3.) Abweichungen werden angesprochen – Störungen haben Vorrang

4.) Wünsche, Forderungen, Bitten, Ziele, Bedürfnisse, Interessen, Kritik, Anweisungen werden *offen* angesprochen und/oder erarbeitet

5.) Gedankenlesen über (=intrigieren) ... wird nicht zugelassen, Gedan-

ken sollen nicht erraten werden – ARBEIT orientiert sich an Realität
6.) Ergebnisse werden festgehalten (Protokolle)
7.) Verlaufskontrolle jederzeit von jedermann möglich
8.) Teilnahme des ganzen Teams sowie Bereitschaft des Chefs nach Einladung an der Gruppe teilzunehmen, ist erforderlich

Durchführung:

Nach zahlreichen Einzelgesprächen wurde in einer abschließenden Vorstellung und Diskussion mit allen Teilnehmern das theoretische Konzept, sowie die Funktion des Gruppenleiters, der sich nicht als Experte, sondern als Berater verstand, erläutert. Alle mündlichen Informationen zur Supervision sowie das theoretische Konzept wurde jedem Teilnehmer auch schriftlich zur Verfügung gestellt.

Wie zu erwarten war, wurde in den ersten Gruppensitzungen trotz ausführlichen schriftlichen und mündlichen Informationen der Gruppenleiter mit dem Anspruch eines Fachmannes, der wie ein Chirurg sofort entscheiden und handeln sollte, versehen. Als sich diese Erwartung der Gruppe nicht erfüllte, wurde die Funktion des Gruppenleiters in Frage gestellt. Durch aggressive verbale Äußerungen, Zynismus, polemische Bemerkungen und Übernahme von Gruppenentscheidungen durch den Oberarzt wurde versucht, den Gruppenleiter zu entmachten („... wir Chirurgen haben keine Zeit für lange Reden – wir sind gewohnt, rasch zu handeln“ etc.). In dieser scheinbaren Position der Schwäche des Gruppenleiters war es mit einiger Mühe möglich, die Gruppe davon zu überzeugen, daß ein Arbeitsvertrag und für alle verbindliche Gruppennormen Voraussetzungen für eine gemeinsame Arbeit sind. In der nächsten Gruppensitzung wurden von allen Anwesenden unter Beratung des Gruppenleiters verbindliche Gruppennormen erstellt (siehe Anhang Tabelle 1).

Um wie Chirurgen möglichst themenzentriert zu arbeiten, wurde empfohlen, auf der Station für jeden zugänglich ein „Weißbuch“, in welches auftretende Konflikte, Probleme und Wünsche für die nachfolgenden Gruppensitzungen eingetragen werden könnten, aufzulegen. Zu Beginn jeder Besprechung wurden die Eintragungen vorgelesen und nach ihrer Bedeutung für die Anwesenden gereiht. Da im ersten Jahr der gemeinsamen Arbeit Sachprobleme vor persönlichen Konflikten standen, wurde das Team im zielorientierten Vorgehen bei der Lösung von organisatorischen Problemen geschult. Der Gruppenleiter achtete strikt darauf, daß immer die Schritte zur Konflikt- oder Problemlösung zielorientiert, nach den Fragen ‚was?‘ – ‚wie?‘ – ‚wozu?‘ eingehalten wurden.

Jeder Schritt auf dem Weg zur Problemlösung wurde auf Tabellen lokalisiert. Diese strenge Strukturierung kam der gewohnten Arbeitsweise eines chirurgischen Teams entgegen. Alle Teilnehmer wurden immer wieder einzeln zur Mitarbeit aufgefordert. Der Supervisor achtete streng darauf, daß nicht bedürfnisorientiert, sondern, wie so oft bei Stationsbesprechungen, zielorientiert gearbeitet wurde. Bei Konflikten wurde immer wieder darauf hingewiesen, daß jede Kommunikation und Kooperation zum Scheitern verurteilt ist, solange sich Kontrahenten nicht akzeptieren.

Zweite Phase: Nach einem Jahr (16 Sitzungen) änderte sich deutlich das Gruppenklima. Der Supervisor interpretierte diese positive Veränderung als eine Folge zunehmender Wertschätzung der verschiedenen Berufsgruppen untereinander. Die für alle Teilnehmer ungewohnte Offenheit, Transparenz und Verständlichkeit, die durch die Analyse gruppendynamischer Prozesse und Durcharbeitung von Teamkonflikten erreicht wurde, hatte zur Folge, daß Konflikte besser verstanden und gelöst werden konnten. Dies führte aber auch dazu, daß nach einem Jahr vermehrt zwischenmenschliche Konflikte zum Thema der Gruppensitzungen werden konnten. Das strikte Vorgehen und Einhalten der gemeinsam erarbeiteten und bewährten Spielregeln entlastete sichtlich alle Teilnehmer und beeinflußte die Arbeitsatmosphäre positiv. Regelmäßig, viermal im Jahr, wurden anonym alle Mitarbeiter schriftlich über die positiven und negativen Veränderungen am Arbeitsplatz befragt. Die Antworten wurden für jeden sichtbar im Dienstzimmer der Station angebracht.

Dritte Phase: Ab der 25. Gruppensitzung im dritten Jahr der gemeinsamen Arbeit trat immer mehr der Patient als Einzelperson in den Mittelpunkt der Besprechungen. Die regelmäßig stattfindenden Gruppensitzungen hatten in dieser Phase den Charakter von Fallkontroll- oder Balintgruppen angenommen. Auf Wunsch des Personals wurden zu den Gruppensitzungen auch stationäre Patienten eingeladen. Durch die Anwesenheit und Äußerungen der Patienten erhöhten sich Sensibilität und Empathie des Personals für das Einzelschicksal. In der Folge wurden häufiger Zimmervisiten durchgeführt, Patienten auf Wunsch in andere Zimmer verlegt, ein Sozialarbeiter und ein Theologe in das Team integriert und auch ein „Weißbuch“ für Patienten mit dem schriftlichen Hinweis, Eindrücke ihres Krankenhausaufenthaltes einzutragen, im Aufenthaltsraum aufgelegt.

Ein weiteres Ergebnis dieser Befragungen war, daß sich die verschiedenen Berufsgruppen, Ärzte, Pflegepersonal, SHD und Reinigungsdienst weit mehr als früher akzeptierten. Durch das geschlossene Auftreten als Gruppe konnte bei Verhandlungen über Umbauten, Gestaltung von Krankenzimmern, Anschaffung von Materialien, etc. bessere Erfolge erzielt werden. Besonders positiv wurde von den Teilnehmern die Kontinuität der Gruppensitzungen bewertet. Da im Unterschied zu üblichen Stationsbesprechungen kein Thema vorgegeben wurde, blieb für die Bearbeitung der „vermiedenen Themata" ausreichend Zeit.

Im Laufe dieser dreijährigen Supervisionstätigkeit konnten an dieser Station zahlreiche Verbesserungen erreicht werden.

Als weiterer Hinweis für eine verbesserte Arbeitsatmosphäre kann die zunehmende Nachfrage der Pflegeschule um Praktikumsplätze gewertet werden.

Von den vielen Veränderungen seien besonders die flexibleren und patientengerechteren Weckzeiten, die geregelten Visitenzeiten sowie die Mitsprache aller Berufsgruppen bei baulichen Änderungen hervorgehoben. So konnten z.B. unter Mitwirkung des Personals die Krankenzimmer nach ökopsychologischen Gesichtspunkten farblich gestaltet werden; dies als der „sichtbare Ausdruck" der Übernahme von Verantwortung des Teams für seinen Arbeitsplatz. Das Team erwartete nicht mehr Veränderungen, sondern arbeitete aktiv an Veränderungen.

In den regelmäßig stattfindenden, anonymen Befragungen des Personals wurden als besonders positiv die offene Diskussion von Problemen, die bessere Kommunikation zwischen Ärzten und Pflegepersonal sowie die wachsende gegenseitige Akzeptanz aller Berufsgruppen, empfunden. Am deutlichsten kommt dies wohl durch ein Zitat des Oberarztes zum Ausdruck: „Ich wußte ja gar nicht, was das Pflegepersonal alles tut und sieht".

Von den zuständigen krankenhausinternen Stellen wurde eine Abnahme der schriftlichen Beschwerden von Patienten und der Versetzunganträge des Personals sowie ein Rückgang der Krankenstände festgestellt. Wurden im ersten Jahr der Supervision 1.327 Gesamtkrankenstunden gezählt, sank diese Zahl im darauffolgenden Jahr auf 440 Stunden. Der durchschnittliche Zeitaufwand für die Supervision entsprach bei 12 Teilnehmern 0,7 % der Gesamtarbeitszeit.

Aufgrund dieses positiven Verlaufes des Modellversuches wurde das für fünf Jahre ausgelegte Projekt „Supervision an den Landeskrankenanstalten (LKA)" genehmigt. Dabei kommen alle bisherigen Erfahrungen der Supervision in Krankenhäusern und Institutionen zur Anwendung. So konnten z.B. in der Vergangenheit Supervisoren, die auf Sicht allein gestellt waren, in der großen Institution Krankenhaus (LKA) trotz Erfolg wenig Beachtung und Unterstützung finden – die Veränderungsvorschläge und Maßnahmen zur Organisationsentwicklung der Supervisoren blieben meist ungehört. Deshalb tritt in diesem Projekt ein Team erfahrener externer Supervisoren geschlossen auf. Die Projektleitung übernimmt die Organisation der Supervision, sie vermittelt zwischen Institution und Supervisoren und schafft die notwendigen formalen Voraussetzungen. Dadurch werden die Supervisoren entlastet und können sich ganz ihrer Aufgabe widmen. Der Verlauf des Supervisionsprozesses wird durch regelmäßige Protokollierung durch die Supervisoren und Supervisanden dokumentiert.

Erste Ergebnisse zeigen, daß durch dieses Vorgehen, über die eigentlichen Aufgaben der Supervision hinaus, institutionelle Veränderungen initiiert werden und Voraussetzungen zur Organisationsentwicklung, wie Verbesserung der Kommunikation und Interaktion zwischen den Mitarbeitern geschaffen werden. Damit bestätigt sich einmal mehr, daß die Supervision eine wertvolle Hilfe für Mitarbeiter und Entscheidungsträger großer Institutionen sein kann. Supervisoren sollten die Problematik kaum lenkbarer, hypertropher Organisationen und Institutionen aufzeigen und als Herausforderung sehen, um neue Konzepte zeitgemäßer Organisationsstrukturen zu entwickeln. Das Konfliktpotential in öffentlichen Einrichtungen, wie Großkrankenhäusern, Schulen und Universitäten lassen diese Forderungen sehr dringlich erscheinen.

ARMUT SCHÄNDET: ARME SUPERVISION VON ARMEN BETREUERN FÜR ARME TRINKER

Peter J. Scheer

Szenario

Herbert S. betritt keuchend mein Zimmer. Sein Vater, so sagt er, habe als zuständiger Referent der Landesregierung die Autos aus dem Gelände des Krankenhauses verbannt. Er ist zu Fuß gegangen. Seit dem letzten Zusammentreffen hat er etwas zugenommen. Er trägt einen qualitativ hochwertigen Anzug und ein Hemd, das ihm beim Sitzen über dem Bauch aufspringt.

Herbert schlägt mir vor, eine Gruppe als Teil der individualpsychologischen Ausbildung für Suchtkrankenberater in Graz zu übernehmen. Ich willige ein.

An einem späten Dienstagnachmittag fahre ich zur Gruppensitzung. Dabei lerne ich den Griesplatz, der als die sündige Meile von Graz gilt, zum ersten Mal kennen.

In einem ehemaligen Prostituiertenhotel ist die Suchtkrankenberatungsstelle. Die Rezeption ist im Stil der 50er Jahre mit edelholzfurnierter Bar ausgestaltet. Jetzt ist sie ein „Saftbeisl". Man kann Kaffee, Limonaden und Semmeln mit Wurst oder Käse kaufen. Der Raum ist stark verraucht. In einer Ecke sitzen 5 Menschen, die ununterbrochen rauchen und reden. Es riecht, wie in einem heruntergekommenen Cafehaus. Es fehlt nur der Geruch nach Fusel und Wein. Der Kaffee, der schon lange auf der Wärmeplatte steht, riecht säuerlich.

In einem Nebenraum der Rezeption, durch eine Glastüre abgeteilt, sitzen 14 Personen mit mir in einem Kreis. Der Boden ist aus Plastik, die Sessel abgeschlagen und unbequem. Kalter Rauch dringt aus dem Nebenraum ein. An der Wand ist ein Plakat mit der Beschreibung der Stufen des gesellschaftlichen Abstiegs als Folge der Alkoholkrankheit angebracht.

Ich lerne Otto kennen. Er soll gekündigt werden. Otto will von den anderen Hilfe. Eine Sozialarbeiterin sagt, daß sie hier nicht mehr arbeiten will, wenn er gekündigt wird. Otto wendet sich an Sepp: „Du bist doch immer mein Freund gewesen, wie kannst du mich jetzt fallenlassen?"

Mein Kontakt zentrierte sich – nachträglich gesehen – bald auf mein Spiegelbild in der Gruppe – Otto –, der genauso klein, wie ich mit Schnurrbart und einer beginnenden Glatze, etwa 10 Jahre älter als ich sein „little man syndrom" in einer gesellschaftlich niedrigeren Position auslebte. Er wollte immerzu herrschen und geliebt werden zugleich. Von dem wollte ich mich nur allzugern abgrenzen. Ich erkannte in ihm jedoch mein Spiegelbild und wollte daher sein Freund sein, aus Trotz und jedenfalls um meine Therapeutenüberlegenheit eindrucksvoll zu demonstrieren. Otto, heute schon tot, von Anfang an als einer der Väter der Suchtkrankenberatung in Graz angesprochen, wurde in den ersten Sitzungen ausgeschlossen. Die Gruppe hatte sich gegen einen der ihren eindrucksvoll abgegrenzt. 5 weitere Teilnehmer folgten, zumeist wegen Unverläßlichkeit, bis ich den Mumm hatte, auch unverläßlich zu sein. Als ich ausgeschlossen werden sollte, dachte man zum ersten Mal über die Art der Bestrafung nach.

Otto hatte sich inzwischen etwas anderes gesucht.

Er wandte sich nach kaum einem Jahr wieder an mich, hatte ein neues Projekt in der Obdachlosenfürsorge der Caritas in der Herrgottwiesgasse 7 begonnen und wollte mich dort wieder als Supervisor. Wieder war er der Problemfall der Gruppe.

Etwa ein Jahr später, frühabends in Graz. Ich fahre mit meinem japanischen Mittelklassewagen in den Süden der Stadt, in das übelbeleumdete Viertel, den Armeleute- und Hurenbezirk. Über den Griesplatz komme ich in die Herrgottwiesgasse, wo der eiserne Vorhang Graz von 1917 bis 1989 von einer blühenden Provinzhauptstadt Österreich – Ungarns zu einer Grenzgarnison gemacht hat.

Ich bin hungrig. Bevor ich mein Amt als Supervisor wieder antrete, gehe ich um die Ecke in das Viktualiengeschäft, ein Verkehrsstand am Fahrbahnrand. Ich nehme eine Käsesemmel und einen Apfel; auf so etwas war man nicht eingerichtet, sonst wird hier eine Leberkässemmel genommen und ein Bier.

Im Haus Nummer 7 ist das neugegründete Männerheim und die Notschlafstelle der Caritas der Erzdiözese Graz-Seckau einquartiert. Das Haustor ist braun, frisch gestrichen. Das Haus grau und trostlos.

„Die Gasse begann von allen Seiten zu riechen. Es roch, soviel sich unterscheiden ließ, nach Jodoform, nach dem Fett von pommes frites, nach Angst. Alle Städte riechen im Sommer. Dann habe ich ein eigentümlich starblindes Haus gesehen, es war im Plan nicht zu finden, aber über der Tür stand noch ziemlich leserlich: Asyle de nuit. Neben dem Eingang waren die Preise. Ich habe sie gelesen. Es war nicht teuer." (R.M. Rilke, Malte Laurids Brigge)

Auf den 4 Stufen, die zur inneren Glastüre führen, liegen zwei Männer. Ihre Mäntel sind abgerissen, sie riechen nach Bier und alten Sachen an denen sich der frische Schmutz und Schweiß nicht mehr absetzen kann, der alte läßt ihm keinen Platz mehr.

Ich läute. Eine geistliche Schwester öffnet mir in ihrer sauberen blauen Tracht mit weißem Kragen. Die zwei Männer werden nicht eingelassen, für Betrunkene ist der Zutritt verboten, wird mir gesagt.

„Ist es möglich, daß es Leute gibt, welche ‚Gott' sagen und meinen, das wäre etwas Gemeinsames? Und sieh nur zwei Schulkinder: es kauft sich der eine ein Messer, und sein Nachbar kauft sich ein ganz gleiches am selben Tag. Und sie zeigen einander nach einer Woche die beiden Messer, und es ergibt sich, daß sie sich nur noch entfernt ähnlich sehen, – so verschieden haben sie sich in ihren Händen entwickelt. (Ja, sagt des einen Mutter dazu: wenn ihr auch gleich immer alles abnutzen müßt.) Ach so: Ist es möglich, zu glauben, man könne einen Gott haben, ohne ihn zu gebrauchen?“ (R.M. Rilke, l.c.)

R.M. Rilke meint hier den individuellen Gott, der nur jedem und nicht allen gehört. Ich zitiere das, weil mein Gott, wie und wer immer das sein mag, niemanden vor der Türe liegen läßt. Vielleicht will ich nicht dort sein, das könnte sein, aber vor der Türe liegen lassen, das würde mein Gott nicht wollen.

Im Gang stehen mehrere Männer. Otto, der mich als Supervisor hierher eingeladen hat, begrüßt mich mit Hallo, Zigarette in der Hand.

„Teamsupervision“, wird gerufen.

Wir gehen in einen Raum mit weißen, leeren Wänden. Neonröhren hängen herunter. In den wenigen Regalen steht nichts. Das ist die Bibliothek, sagt man mir. Man setzt sich in einen Kreis. Kaffee wird mit 5 Tassen auf einem Tablett in die Mitte gestellt, jeder der nunmehr 14 Anwesenden darf sich nehmen. Otto und ich nehmen uns Kaffee. Schweigen.

Es riecht nach frischer Farbe, alten Sesseln, zu starkem, billigen Filterkaffee.

In der Pause zeigt man mir die Einrichtung. Der Leiter des Kiosks führt mich in eine Speisekammer, in der Brot, Tee, Kaffee, Limonaden und Konservenbüchsen gelagert sind.

Brot und Tee sind immer frei, sagt er. Ich frage nach dem besten Menü, es ist Weinbeuschel. Ich nehme eine Büchse. In der Küche darf ich sie mir warmmachen. Es stinkt und schmeckt nach Schwein, Mehl und Salz. Ohne weiterzuessen wasche ich den Topf und den Löffel ab. Die anderen essen Brot und trinken Tee.

Nach der Gruppensitzung gehe ich zu Fuß etwa 1500 Meter in das vornehmste Hotel von Graz. Ich bestelle ein Degustationsmenü im Rittersaal. Eine Flasche Wein wird geöffnet, man beginnt mit der degustation de la cuisine. Es riecht nach Wachskerzen, meine Nachbarn sind Meter entfernt und wie für einen Opernbesuch gekleidet.

Ich atme auf. Wohlige Wärme durchfließt mich, es schmeckt mir, sowohl die Tomatensuppe mit Schlagobershäubchen und Kerbel, als auch das Duett von Seelachs und Seeteufel an Senfsafransauce mit pommes duchess. Beim tricolore des mouse aux chocolade und einem italienischen Mocca mit Amaretto Di Saronno weiß ich – ich gehöre nicht zu denen, bin keiner der Fortgeworfenen. Es trägt mich in das Eis meiner gesellschaftlichen Integration, Ich bin nicht geschieden, habe meine Arbeitsstelle und trinke Wein nicht aus Tetrapackungen.

Ich halte meinen Status aufrecht. Bewege mich zwar zeitweise am Rande dessen, was von einem Arzt und Beamten erwartet wird. Oft komme ich zu spät, oder manchmal, wenn meine Eingebung – vielleicht auch meine Faulheit – mir das rät, überhaupt nicht zum Dienst.

Mit dem Geruch des Hotels in der Nase, im Bauch das gute Essen, den Kopf leicht benebelt, weiß ich – ich gehöre nicht zu denen, ich bin kein *Fortgeworfener*.

Reflexion

Ich wurde von einem alten Bekannten angeheuert, eine Suchtkrankenberaterausbildung in einer mir neuen und fremden Stadt zu beginnen. Ich sollte eine „Berufsbegleitende Supervisionsgruppe" machen. Bald entwickelte sich aus der Supervision eine unentwirrbare Mischung aus Organisationsentwicklung und Gruppendynamik, fein unterzogen von der ständigen Präsenz des Klienten, der durch seine Charakteristika des süchtigen Verhaltens die ununterbrochene Frage der Teilnehmer: Wie grenze ich mich ab? geradezu aufzwang.

Einige Ebenen sind zu erwähnen:
1. Meine unmittelbare Betroffenheit
2. Meine Identifikation mit Otto
3. Die Gleichsetzung von Otto und mir in der Gruppe
4. Der Umgang mit den Anderen
5. Die Verarbeitung, die mir mit Hilfe Rainer Maria Rilkes schönem Prosatext „Malte Laurids Brigge" gelang
6. Eine systemische Synthese
7. Die Wiederentdeckung von mir und der Gruppe nach einem Jahr: Arme besuchten wieder Arme und stellten fest, daß sie es satt hatten, arm zu sein.

Wie kann man so etwas Komplexes darstellen? Mit psychologisch-psychodynamischen Füllworten vielleicht? Oder gar systemisch? So mit gestelzten Bewegungen, wie sie am französischen Hof unter Louis XIV. vielleicht üblich gewesen sein können. Wie etwa: „Die systemische Verwicklung so vieler Ebenen hat zu folgender Analyse geführt ...", oder „Die Punkte 3 und 4 wirkten aufeinander so und so ein".

Nein, so ging's nicht.

Es wurde stattdessen ein literarisch unterlegtes Riechbild, daher stark auf den Autor und seine Empfindungen zentriert. Es wird ein Durchkosten von R.M. Rilkes Malte Laurids Brigge und so ein Vexierbild der Armut.

1. Meine unmittelbare Betroffenheit

Zuerst ist meine Spannung zwischen eigener, beinahe kreatürlicher Angst vor Armut und der Möglichkeit durch einen Dichter Abstand davon zu nehmen zu erwähnen:

Rainer Maria Rilkes „Malte Laurids Brigge", der meine frühen Studentenjahre mitbegleitet hatte und dessen Plattenaufnahme mit Helmut Lohner meinem kargen Jahr als Zivildiener Worte geliehen hatte, brachte mir Hilfe in der eigenen Wahrnehmung, Abstand zum Gesehenen, da es so wunderschöne, lyrische Worte bekommen hatte.

„Aber sieh nur, was für ein Schicksal, ich, vielleicht der armseligste von diesen Lesenden, ein Ausländer: ich habe einen Dichter. Obwohl ich arm bin."

Die Möglichkeiten der systemischen Betrachtung kamen noch hinzu. Psychodynamisch-systemisches Denken mag helfen, ohne Rilke bliebe es farblos, phantasielos, objektivierend. Sich derart Abstand verschaffen zu müssen, würde mir die Macht des Wortes entwinden und den Versuch darstellen durch Anwendung eines Theoriegebäudes subjektive Überlegenheit, jedenfalls aber Abstand zu gewinnen. Daher mache ich auch diesen Versuch.

Sucht und Armut in ihrem Wechselspiel ziehen eine Betreuung nach sich, die die Auswegslosigkeit zu ihrer Selbstbestimmung macht. Kein Loch ist ihr zu schmutzig, kein Keller zu dunkel. In diesem Umfeld beginnt diese Tätigkeit, sich als Arm gegenüber den gesellschaftlichen Institutionen, von denen sie Hilfe und Unterstützung erwarten, zu organisieren. Politiker als Vertreter solcher unterstützender Einrichtungen erleben, riechen Armut, und erfüllen den empfundenen ideellen Auftrag:

Sie fördern die Arbeit gerade so, daß sie an der Grenze des Existenzminimums vegetieren kann. Immer so, daß das Überleben unsicher ist, daß es unklar bleibt, ob es die Hilfseinrichtung morgen noch geben wird können.

2. Meine Identifikation

Identifikation mit den Klienten (hier die Suchtkrankenberater), aber auch mit den Klienten der Klienten (hier die Obdachlosen und/oder Alkoholkranken) riß bei mir Ängste und Verwirrungen auf.

Erinnere ich mich an die Supervisionstätigkeit, bemerke ich, daß ich als der gelungenere, bessere „Bruder" eines Klienten – Otto – fungiert habe. Otto geleitet mich in seine Welt, die von meiner schon durch die Berufsausbildung gänzlich verschieden war: nach einer Lehre und anschließender Gesellentätigkeit hatte er zuviel Bier getrunken und wurde so zum „user". Er befreite sich daraus, wurde Sozialarbeiter und Begründer der

Suchtkrankenselbsthilfegruppen in der Steiermark. Sein Konflikt zwischen seinen Lebenserfahrungen, die ihn hatte schwierig werden lassen und der Achtung, die er als der „Vater der Alkoholhilfe in der Steiermark“ forderte, bestimmt einen Teil seiner Probleme. Nie gelang es ihm ganz seine Armut zu leugnen, zu den Besseren zu gehören.

In der Supervision ging ich durch viele Seh- und Geruchsräume. Ich roch manches. Riechen ist die ursprünglichste Sinneserfahrung. Sie ist fast unbezwinglich. Sie ist ursprünglich und daher vereinzelnd. Sie wirft einen auf sich selbst zurück. Geruch ist schwer vermittelbar, entweder einer riecht's, oder er tut's nicht.

Armut, so nahm ich wieder wahr – stinkt. Alkoholkranke und ihre Betreuer scheinen sich in stinkenden Räumen wohl zu fühlen. Ich werde durch den Geruch von ihnen abgehalten. Diese Art Männlichkeit – Tabaksstinken und Alkoholfahne – ist nicht die meine.

Ich lernte, daß ich durch Ottos Augen nicht schauen will, nicht durch seine Nase riechen kann. Das Angebot, das Otto mir machte, in ihm das Beispiel des „ex-users“ kennenzulernen, der es geschafft hat, wieder in die „normale“ Gesellschaft einzusteigen, habe ich nicht benützen können.

Ich sah mich in Otto. Er ist der erste Ex-user, der die Selbsthilfebewegung für Alkoholkranke hier in der Steiermark aufgebaut hat. Er ist gleich klein wie ich, trägt einen dunklen Schnurrbart, hat braune Zähne vom vielen Rauchen. Er ist zirka 45 Jahre alt, leichter Bauchansatz, trägt ein Sweatshirt in Dunkelblau, darunter ein T-Shirt, Jeans und braune, abgestoßene Slippers.

Ich könnte sein jüngerer Bruder sein, der es leichter hat im Leben. Um ihm zu helfen, bin ich hierhergeraten, denke ich – und um an ihm zu versagen, bin ich hierhergekommen. Otto wird ausgeschlossen und bekommt einen neuen Job. Er ersucht mich die Supervision zu übernehmen.

Es handelt sich um eine Supervision, in der es mir nicht gelang deutlich zu machen, daß die Abgrenzungsbedürfnisse der Teilnehmer auch meine eigenen waren. Ich wollte jedoch erreichen, daß dieses Abgrenzungsbedürfnis als ein Teil der eigenen Notwendigkeit sich selbst als einen anderen, als einen dem das nie passieren kann, nie passieren wird, weil er ein braver, anständiger Mann und Staatsbürger ist, oder weil er eine Frau ist, die sich ganz der Kirche verschrieben hat, eine Braut Jesus, für die er und seine Kirche hiniden immer sorgen wird.

Wie bin ich nun in diese Supervision hineingeraten, was trieb mich zu dieser Erfahrung, zuerst zu den Süchtigen, dann zu den Obdachlosen und zuletzt in das rettende, noble Hotel?

Rilkes Bemerkungen zu meiner Frage

Ich lernte R.M. Rilkes „Malte Laurids Brigge“ besser verstehen, der mir als Jugendlicher so gut gefallen hat. Rilkes Malte ist arm. Er sieht Paris, er ist arm. Aber Malte Laurids Brigge hat einen Dichter, kann in die Bibliotheque Nationale gehen, kann über Verse nachdenken und über sich.

Malte lernt sehen, so wie R.M. Rilke, der Sekretär Auguste Rodins ist. Er zeigt, daß die Armut der Reichen, der Gebildeten nie die Armut der Armen ist und sein kann. Malte Laurids Brigge ist verzweifelt arm, aber er sieht, er kann lesen und denken. Er riecht und sein Geruchsorgan ist fein geblieben. Er muß es nicht verschließen, es steht ihm zur Verfügung und hilft ihm wahrnehmen.

Das Lernen, vielleicht auch die positive Ausstrahlung, die Armut für den dänischen Adelssohn hatte, führte ihn nach Paris an die Seite Rodins. In seinem Prosastück „Malte Laurids Brigge“ berichtet er, vor allem auf den berühmt gewordenen ersten 30 Seiten über seine Erfahrungen. Rilke bemüht sich dabei, seine Wahrnehmungen sichtbar zu machen, sie, wie der Bildhauer des Denkers zu modelieren, seine Erlebnisse expressiv darzustellen.

„Obwohl ich arm bin. Obwohl mein Anzug, den ich täglich trage, anfängt, gewisse Stellen zu bekommen, obwohl gegen meine Schuhe sich das und jenes einwenden ließe. Zwar mein Kragen ist rein, meine Wäsche auch, und ich könnte, wie ich bin in eine Konditorei gehen, womöglich auf den großen Boulevards, und könnte mit meiner Hand getrost in einen Kuchenteller greifen und etwas nehmen. Man würde daran nichts Auffälliges finden und mich nicht schelten und hinausweisen, denn es ist immerhin eine Hand aus guten Kreisen, eine Hand, die vier- bis fünfmal täglich gewaschen wird. Ja, es ist nichts hinter den Nägeln, der Schreibfinger ist ohne Tinte, und besonders die Gelenke sind tadellos. Bis dorthin waschen arme Leute sich nicht, das ist eine bekannte Tatsache. Man kann also aus ihrer Reinlichkeit gewisse Schlüsse ziehen. Man sieht sie auch. In den Geschäften sieht man sie. Aber es gibt noch ein paar Existenzen, auf dem Boulevard Saint-Michel zum Beispiel und in der rue Racine, die lassen sich nicht irremachen, die pfeifen auf die Gelenke. Die sehen mich an und wissen es. Die wissen, daß ich eigentlich zu ihnen gehöre, daß ich nur ein bißchen Komödie spiele. Es ist ja Fasching. Und sie wollen mir den Spaß nicht verderben; sie grinsen nur so ein bißchen und zwinkern mit den Augen. Kein Mensch hats gesehen. Im übrigen behandeln sie mich, wie einen Herrn. Es muß nur jemand in der Nähe sein, dann tun sie sogar untertänig. Tun, als ob ich einen Pelz anhätte und mein Wagen hinter mir herführe. Manchmal gebe ich ihnen zwei Sous und zittere, sie könnten sie abweisen; aber sie nehmen sie an. Und es wäre alles in Ordnung,

wenn sie nicht wieder ein wenig gegrinst und gezwinkert hätten. Wer sind diese Leute? Was wollen sie von mir? Warten sie auf mich? Woran erkennen sie mich? Es ist wahr, mein Bart sieht etwas vernachlässigt aus, und ein ganz, ganz klein wenig erinnert er an ihre kranken, alten, verblichenen Bärte, die mir immer Eindruck gemacht haben. Aber habe ich nicht das Recht, meinen Bart zu vernachlässigen? Viele beschäftigte Menschen tun das, und es fällt niemandem ein, sie deshalb gleich zu den *Fortgeworfenen* (Hervorhebung PJS) zu zählen. Denn das ist mir klar, daß das die Fortgeworfenen sind, nicht nur Bettler; nein, es sind eigentlich keine Bettler, man muß Unterschiede machen. Es sind Abfälle, Schalen von Menschen, die das Schicksal ausgespieen hat. Feucht vom Speichel des Schicksals kleben sie an einer Mauer, an einer Laterne, an einer Plakatsäule, oder sie rinnen langsam die Gasse herunter mit einer dunklen, schmutzigen Spur hinter sich her."
(Rainer Maria Rilke: Die Aufzeichnungen des Malte Laurids Brigge.)

6. Synthese

Da ich nun einen Dichter gehabt habe, habe ich mich in meinem Geist aus der Armut befreien können. Dennoch ging mir die Frage nicht aus dem Kopf, was ich dort in ihrer Nähe zu suchen hatte.

War ich angezogen von der dort vermittelten unzweifelbaren Stellung des Besseren, der es geschafft hat?

War die Faszination, einmal das Andere zu sehen, die die es nicht geschafft haben?

Wollte ich die „gute Tat" ständig tun?

Wieso habe ich meinen sicheren Boden der universitären Karriere wenigstens zeitweise verlassen, wieso mir meine Nebenbeschäftigungen nicht – so wie früher – in den Führungskräfteschulungen mit Erfolgreichen gesucht?

Warum wollte ich nicht mehr verdienen, warum nicht erfolgreicher sein?

Die Attraktion der Armut für mich, vielleicht auch in vermessener Identifikation mir R.M. Rilke mag darin bestanden haben, das dünne Eis zu spüren, doch einmal ein kleines, kalkulierbares Risiko einzugehen, an den Rand der Sicherheit zu gehen und dort in die Abgründe zu schauen, fasziniert und mit dem sicheren Gefühl woanders hinzugehören.

Armut schändet. Macht krank und unbeachtet. Was heißt dort noch verlieren, was heißt dort noch Angst – wovor denn, vor dem sozialen, oder dem kreatürlichen Tod?

Supervision übernimmt diese Angst – macht sich frei – zieht sich zurück.

Macht Betrachten frei – oder das Anlegen einer Theorie? Lesen hilft, macht lockerer.

Ist es gut, sinnvoll, notwendig hier erfolgreich zu sein?

Betrachte ich es aus der Sicht der Systeme, so kann ich meine Rolle als das Gegenteil der Fortgeworfenen definieren, so wie Rilke durch seinen Dichter ein Besserer, ein Anderer ist.

Das System der Betreuung der Armen, die die es selbstverschuldet zu haben scheinen und die, denen es widerfahren ist, fußt darauf, daß es „Drehtürenpersonen“ gibt, die sowohl mit denen, die zur Gesellschaft dazugehören, als auch mit denen, die am Rand sind können, beiden Bereichen zugehören.

Wenn Otto mich in seine Welt entführen wollte, so wollte ich ihn sicher ebenso in meine blicken lassen.

Zwei Jahre später kamen wieder einige der Gruppenmitglieder zu mir. Wir machen jetzt wieder Supervision. Die Themen der ersten Stunde waren:

Eine Teilnehmerin grenzte sich so stark ab, daß sie eine Gruppe von Frauen mit Eßstörungen ganz verlor.

In der nächsten Sitzung besprachen wir die Freuden, die daraus kommen, daß man sich immer unter Ärmeren bewegt, als man selbst ist. Dazu gehören aber auch die Leiden, zu „denen“ zu gehören. Heute sprechen wir immer mehr über den Konflikt zwischen Beziehungs- und „Bedingungstherapie“. Es zeigt sich, daß die Teilnehmer mehr und mehr eine Beziehung zu ihren Klienten aufbauen, die es auch aussichtsreicheren Klienten ermöglicht, die Beratung aufzusuchen. So ergibt sich, daß die Eintrittsbedingungen (der Fahrschein wie z.B. Alkoholabstinenz, oder Verläßlichkeit) zur Beratung gerade jene abgehalten hat, die ihn hätten lösen können. Die Verlautbarung der Bedingungen mußte jede abschrecken, die von ihnen gar nicht betroffen waren.

Der Chilene Maturana gibt eine, von Alkoholbetreuern aufgegriffene Hypothese für solche Systeme an. Er denkt in Strukturanalysen. Er behauptet, daß sich Systeme in der ihnen eigenen Logik und Bewegungsart präsentieren. Das System der Suchtkrankenberater mit ihren Süchtigen könnte man unter diesem Gesichtspunkt als gemeinsames System wahrnehmen, das sich entlang der Armut – Opfer – Sucht – Selbstvernichtung – Vernichtung – Rand der Gesellschaft – nicht Teilnahme an der Gesellschaft Schiene bewegt und letztlich in seiner Art der Bewegung eine gewisse Form der Zufriedenheit erlangt. Die Versuche Einzelne aus diesem System „herauszuretten“, oder selbst nicht dazu zu gehören, verlaufen für die Betreuer immer frustrierend. Indem sie sich ganz dem Rettungsgedanken verschrieben haben, planen sie ihre Mißgeschicke. Noch schlimmeres geschieht durch den Krankheitsgedanken. Indem man den Alkoholismus als Krankheit definiert und nicht mehr als persönliche Schuld (und noch nicht als eine Art des Leben, in aller Unvollkommenheit zu leben), gelangt man zwar zu Betreuungseinrichtungen, aber diese scheitern, wenn sie das Beenden der Sucht als ihren einzigen Erfolg definieren. Vielleicht sollte man den Auftrag der Betreuungseinrichtungen neu definieren. Humane Alkohol-Begleiter, wäre ein Vorschlag. Man sage jetzt nicht, daß das niemand zahlen wird. Wer hätte vor dem 2. Weltkrieg Alkoholtherapiezentren bezahlt? Es ist alles eine Frage der Einstellung. Jedenfalls ist es an der Zeit aufzuhören, über die schlechten Ergebnisse der Therapien zu lächeln, oder zu schimpfen und frustrierte Betreuer mit trinkenden Klienten bei Wasser und Brot zu halten. Man muß den Auftrag verändern und damit das Ziel. Ein neues Ziel muß her. Fröhliche Trinker etwa, oder lachende Betreuer, die nicht mehr um ihre Existenz kämpfen müssen.

Ich denke heute – kann sich in so einem System überhaupt etwas ändern? Soll sich dort was ändern? Und wenn, was und vor allem wer?

Literatur:

EFRAN, J.S., HEFFNER, K.P., LUKENS, R.J.: Alkoholismus als Auffassungssache. Struktur-Determinismus und Trinkprobleme, Z.system. Ther. 6(3), 180-191, 1988

RILKE, R.M.: Die Aufzeichnungen des Malte Laurids Brigge, 1987

SCHEER, P.: Und da Familientherapie? Grenzen und Möglichkeiten der systemischen Familientherapie, in: Kropiunigg, U. (Hrsg.): Umfelder der Medizin, Wien, 1984

SCHEER, P.: Alternativbewegungen im Bereich der Medizin. Thesen zur Frage der wissenschaftstheoretischen ganzheitlicher Heilmethoden, in: Huber, J. (Hrsg.): Materialien zu Alternativen Wissenschafts- und Forschungsansätzen, Wien, 1981

SCHEER, P.: Bemerkungen zur Kritik am ganzheitlichen Gesundheitsbegriff, in: Krainz, E.E. (Hrsg.): Materialien zu Alternativen Wissenschafts- und Forschungsansätzen II, Wien, 1984

III. TEAMBEZOGENE SUPERVISION

KONSTRUKTIVISTISCHE TEAMSUPERVISION ODER: WIE STÖRE ICH EIN ARBEITSSYSTEM?

Heinz J. Kersting
mit supervisorischen Anmerkungen von Lothar Krapohl

„Nicht die Dinge selbst beunruhigen die Menschen, sondern die Ansichten über die Dinge" (Epiktet).

Im folgenden Beitrag berichte ich zunächst, was ich meinen Supervisanden/innen[1] und mir einrede, wenn ich mich als Teamsupervisor ausgebe. Danach erzähle ich eine Geschichte über eine Teamsupervision. In der Geschichte tue ich so, als ließe ich meine Leser in meine und meines Kollegen[2] Werkstatt hineinschauen.

Einredungen zu einer konstruktivistischen Teamsupervision

Meinen Supervisanden gegenüber verheimliche ich nicht, daß ich die Erkenntnistheorie des Konstruktivismus als äußerst brauchbar ansehe. Wenn ich dann von ihnen gefragt werde, was ich unter Konstruktivismus verstehe, pflege ich folgendes (hier etwas verkürzt wiedergegebenes und der jeweiligen Situation angepaßtes) Konstrukt zu entwickeln: Nach der Erkenntnistheorie des Konstruktivismus ist jede menschliche Wirklichkeit durch Sprache konstruierte Wirklichkeit. Supervisanden konstruieren demnach in ihren Institutionen und Praxissituationen Wirklichkeiten. Wenn in den Arbeitssystemen Probleme auftauchen, sind möglicherweise die Wirklichkeitskonstrukte unbrauchbar geworden. Die Versuche, das Problem zu lösen, sind häufig selbst zum Problem geworden. In der Supervision nun verwende ich Interventionen, die ich auswähle unter dem Gesichtspunkt, ob sie in der Lage sind, eingefahrene Handlungsabläufe so zu unterbrechen, daß die Komplexität menschlicher Deutungsmöglichkeiten wieder sichtbar wird und andere, vielleicht brauchbarere Wirklichkeiten konstruiert werden können.

Gegenstand des Beratungsprozesses in der Teamsupervision ist kurz gesagt „der Mensch in seiner Arbeit". Inhalte sind also die Probleme, Aufgaben und Konflikte beruflicher Interaktion und nicht das, was gemeinhin unter Therapie verstanden wird. Für Teamsupervision gilt, daß sie eine „spezielle Form von Gruppensupervision" (Conrad/Pühl, 1985, 11) ist. Im Unterschied zur Gruppensupervision sind die Teilnehmer der Teamsupervision jedoch alle Mitarbeiter derselben Institution mit einem gemeinsamen Aufgabengebiet. Sie kennen sich durch die gemeinsame Berufspraxis und sie arbeiten nach Beendigung der Supervisionssitzung und des Supervisionprozesses weiterhin zusammen. (vgl. Kersting/Krapohl, 1990)

Im Unterschied zur Einzel- und Gruppensupervision geschieht Teamsupervision nicht in der geschützten Beratungspraxis des Supervisors sondern im Lichte öffentlicher, gesellschaftlicher Auseinandersetzung um Arbeit. Der Teamsupervisor verläßt in der Regel seine intime, durch Schweigepflicht geschützte Beratungsstube und geht wie der Organisationsentwickler (vgl. Vogel, 1988) in die Organisation. Was in der Teamsupervision stattfindet, bestimmen nun nicht mehr Supervisoren und Supervisanden allein, sondern ebenfalls und ganz entscheidend die institutionellen Organisationen, in denen die Supervision durchgeführt wird (vgl. Leuschner 1988, 9).

Die Supervisandinnen (das zu störende System, die Verstörten, die Selbst-Störerinnen)

Das zu supervidierende System besteht aus Teilsystemen eines Berufsverbandes. Dieser Berufsverband umfaßt Führungskräfte. Fast alle Mitglieder sind Frauen. Ein Drittel aller möglichen Fachkräfte dieser Berufsgruppe in der Bundesrepublik sind in diesem Berufsverband organisiert. Der Verband besteht seit ca. 18 Jahren und bietet Hilfestellung bei tarifrechtlichen Fragen und Auseinandersetzungen, wirkt mit an den Prüfungen in diesem Berufszweig und ist bei öffentlichen und privaten Trägern als Verhandlungspartner anerkannt. Außerdem bietet er den Mitgliedern kollegialen Austausch und Weiterbildung an. Zu diesem Zweck gibt es auf regionaler Ebene Gruppen, die von besonders engagierten und mit den Zielen des Verbandes identifizierten Frauen geleitet werden. Für diese Gruppenleiterinnen ist eine Referentin zuständig, die Mitglied des Präsidiums ist. Der Verband besitzt außerdem eine förderale Struktur. In jedem Bundesland gibt es einen Landesverband. Die Anbindung der Regionalgruppen an die Landesstruktur ist jedoch sehr locker.

Bei der Supervision anwesend sind der größte Teil des Präsidiums, bestehend aus der ersten und zweiten Vorsitzenden, einigen Referentinnen (u.a. die für die Regionalgruppenleiterinnen zuständige Referentin) und einige Landesverbandsvorsitzende, außerdem die Mehrzahl der Regionalgruppenleiterinnen, die im Berufsverband tätig sind und einige stellvertretende Gruppenleiterinnen. Im Ganzen waren es 30 Frauen. Alle Frauen sind im Alter von 24 bis 40 Jahren, wobei die Mittzwanzigjährigen überwiegen. Die Frauen des Präsidiums sind im Durchschnitt älter als die Regionalgruppenleiterinnen. Ein Teil der Frauen ist verheiratet, die meisten haben noch keine Kinder. Die Supervisionsveranstaltung findet in einem Bildungshaus (Heimvolkshochschule) von Freitag nachmittags bis Sonntag mittags statt. Alle Teilnehmer übernachten in dem Tagungshaus. Die Selbstdeutung der Referentin für die Regionalgruppenarbeit: „Wir sind ein unheimlich toller Frauenverband!"

Die Vorgeschichte

Der Verband führt seit Jahren einmal jährlich ein Treffen für die Leiterinnen der Regionalgruppen durch. Wegen der erklärten Bedeutung, die die Verbandsspitze den regionalen Gruppen zuschreibt, nehmen an diesem Treffen außer der zuständigen Referentin und deren Stellvertreterin möglichst viele Mitglieder des Präsidiums teil. Ein Präsidiumsmitglied war mit Supervision vertraut und schlug dem Präsidium und der Referentin vor, zur nächsten Tagung der Gruppenleiterinnen einmal zwei Supervisoren einzuladen, die in der Lage wären, sowohl den Gruppenleiterinnen etwas „Allgemeingültiges" zur Gruppenarbeit beizubringen, als auch auf ganz konkrete Probleme, die einzelne Leiterinnen mit schwierigen Gruppenmitgliedern haben, in der Form der supervisorischen Beratung einzugehen. Wegen der bei uns vermuteten Kompetenzen in Gruppenarbeit und Supervision verfielen sie auf meinen Kollegen und mich.

Das erste Treffen entsprach den Erwartungen der Auftraggeberinnen. Übungen und Reflexionen zur Gruppenarbeit wechselten mit Einzelberatungen in Anwesenheit der Gesamtgruppe ab. Bei diesen Beratungen und in den anschließenden Reflexionsgesprächen wurde ein Problem immer wieder genannt und von uns behutsam in zirkulären Fragen herausgearbeitet: die hohen Anforderungen, die die Leiterinnen der Regionalgruppen einerseits an sich selbst stellen und die Überforderungen, denen sie sich andererseits von den Präsidiumsfrauen ausgesetzt sahen. Unsere Hypothese war, daß das systemstabilisierende Symptom die Überforderung war. Symptomträger schienen uns die Leiterinnen der Regionalgruppen zu sein. Wir brachten probehalber dieses Symptom in Verbindung mit der merkwürdigen Selbstbeschreibung als *unheimlich toller Frauenverband.*

Einen Beziehungskonflikt zwischen der ersten Vorsitzenden und einer anderen Präsidiumsfrau, die Vorsitzende eines Landesverbandes ist, registrierten wir. Wegen der Kürze der Zeit (ebenfalls nur von Freitag nachmittags bis Sonntag mittags) und der abgesprochenen Zielsetzung der Verbesserung der Regionalgruppenarbeit, problematisierten wir diesen Konflikt nicht. Die Deutung vieler Teilnehmerinnen, daß es sich hier um die Unverträglichkeit zweier Persönlichkeitsstrukturen handele, hörten wir uns an, ohne dazu Stellung zu beziehen.

Es wurde mit der zuständigen Referentin vereinbart, das nächste Treffen mit den Leiterinnen der Regionalgruppen unter das Thema zu stellen: Verbesserung des Informationsflusses zwischen Präsidium und Regionalgruppen. Aus der Sicht des Präsidiums war es zum Beispiel wichtig, die jeweils beschlossenen Jahresthemen an die Basis zu transportieren. So ähnlich formulierte es auch das Einladungsschreiben an die Gruppenleiterinnen.

Die Supervisionsgeschichte

Mit wenigen Ausnahmen waren dieselben Personen wie beim ersten Treffen zusammengekommen. In einer ersten Gesprächsrunde, in der alle Teilnehmerinnen ihre Befindlichkeit äußern und den Bezug zum letzten Jahrestreffen herstellen sollten, stellten die Supervisandinnen fest, daß sie viel gelernt hätten. Die Leiterinnen der Regionalgruppen bestätigten die Brauchbarkeit des Gelernten für ihre Gruppenarbeit. All das erfreute das Herz der Supervisoren. Die Supervisandinnen seien mit großen Hoffnungen auf weitere Lernerfahrungen für ihre Gruppenarbeit in den Regionen und für ihre Präsidiums- und Landesverbandsarbeit gekommen. Außer von einigen Präsidiumsfrauen wurde das in der Einladung erwähnte Thema „Verbesserung des Informationsflusses zwischen Präsidium und den Gruppen an der Basis“ nicht erwähnt. Es kamen aber die beim letzten Treffen geäußerten hohen Anforderungen der Regionalgruppenleiterinnen wieder zur Sprache und zwar bezogen

- auf sich selbst,
- die Gruppenmitglieder,
- das Präsidium als Ganzes,
- einige Präsidiumsmitglieder.

Zwischen den Arbeitseinheiten reflektierten wir Supervisoren. Wir gestatteten uns, die Sitzungen für Reflexionspausen zu unterbrechen. In unserer ersten Reflexion nach der Arbeitssitzung beschlossen wir, unserer bereits beim ersten Treffen aufgestellten Hypothese zu folgen, nämlich, daß es die beklagten Überforderungen seien, die das System stabilisieren. Problematisch war für uns, daß jetzt auch die Präsidiumsfrauen ihrerseits von Überforderung gesprochen hatten. Bisher waren in unserer Diagnose die Regionalgruppenleiterinnen eindeutig als die Träger des Symptoms aufgetreten. Wir wurden verwirrt und stellten zu unserem eigenen Erstaunen fest, daß nun auch wir uns überfordert fühlten. Ein überfordertes System, das – so unsere Deutung – durch Überforderung stabilisiert wurde, begann seine Supervisoren zu überfordern. Wir standen in der Gefahr, Teil des Systems zu werden.

Unser Ziel war es, die einseitige Opfer-Täter-Aufspaltung in Überforderte und Überforderinnen zu stören. Wir akzeptierten unsere Überforderung und um uns selbst zu entwirren, beschlossen wir, bei unserer ursprünglichen Zuschreibung (die Regionalgruppenleiterinnen als die Symptomträger zu sehen) zu bleiben. Da in diesem System – unserer Diagnose nach – Über-Forderungen wechselweise hin und her geschoben werden, hofften wir, daß durch unsere Intervention sich im System neue Beziehungsmuster bilden würden. So würde den Systemmitgliedern es vielleicht ermöglicht, klare Forderungen auszusprechen, die dann ohne Opfer-Täter-Schuldzuschreibungen im System verhandelbar sein könnten. Wir waren neugierig darauf geworden, was den „tollen Frauenverband" so „un-heim-lich" macht.[3]

Strategisch stellten wir uns die Aufgabe, auf der einen Seite die Komplexität der Deutungsmuster so zu vermehren, daß auf der anderen Seite aufgrund dieser Störung sich für das System die Chance eröffnete, zu einer brauchbareren Reduktion der Bedeutungsfülle zu kommen. Angestrebt wurde die Veränderung der „inneren Landkarte" des Systems in der Form von Umdeutung. Wir wollten das System zwar wirkungsvoll stören, aber da dieses System in dieser Zusammensetzung sich erst wieder in einem halben Jahr treffen wird, nicht so verstören, daß es in der von uns initiierten Verwirrung sich selbst zerstört. Bei der Größe der Gruppe und der Kürze der zur Verfügung stehenden Zeit war dies ein gewagtes Unterfangen.

Wir beschlossen daher, für unsere Interventionen eine Struktur zu schaffen, mit der wir in vergleichbaren Situationen bereits Erfahrungen gesammelt hatten. Wir luden die Teilnehmerinnen ein, mit uns zusammen ein ernstes Spiel zu spielen: Wir schlugen den Leiterinnen der Regionalgruppen vor, mit uns Supervisoren eine Beratungsfirma zu gründen. Die beiden Supervisoren sollten die Chefmanager der Firma sein. Das Präsidium hätte die Möglichkeit, diese Firma zu engagieren, um sich Rat zu holen für die Lösung der Probleme, die es mit den Regionalgruppen und deren Leiterinnen hat.

Im „Beratungsspiel", für das die Supervisoren Regeln festlegen würden, sollten das Präsidium sich selbst spielen, also in der herkömmlichen Wirklichkeit der Organisation bleiben. Das andere Teilsystem, die Leiterinnen der Regionalgruppen, sollten distanziert zu ihrer bisherigen Organisationswirklichkeit in die Rolle von Beraterinnen schlüpfen, also eine neue Wirklichkeit für sich und für die Organisation schaffen. Dieser

Prozeß, so hofften wir, würde in den Aussagen der Beraterinnen und der Reaktionen der Präsidiumsfrauen sicherlich Ansichten über die Strukturen des Verbandssystems offenlegen. Wir erwarteten aber auch, daß es in diesem zirkulären Prozeß rekursiver Wechselbeziehungen der Teilsysteme zu einander erforderlich würde, das System neu an die durch es selbst veränderte Umwelt anzupassen. Im günstigsten Fall würden die Spielerinnen zusammen mit den Präsidiumsfrauen neue brauchbare Regeln für ihr alltägliches „Organisationsspiel" entwickeln.

Die Beratungsfirma: Consulting GmbH

Wie bereits beschrieben, bildeten die Leiterinnen der Regionalgruppen zusammen mit den Supervisoren die Beratungsfirma. Vor der ersten „Sitzung" mit dem Präsidium, das diese „Firma" engagiert hatte, gaben die „Chefs" der „Firma" eine Struktur für die zu lösende Aufgabe. Angeblich hatte sich das Präsidium brieflich an die „Consulting GmbH" gewandt, um einen Rat für die Verbesserung der Zusammenarbeit zwischen Regionalgruppenleiterinnen und dem Präsidium zu erhalten. Ratgeben aber kann die „Consulting GmbH" nur aufgrund einer gründlichen Diagnose. Entsprechend bestimmter Diagnosekriterien wurden vier gleich große „Abteilungen" gebildet:

- 1. Abteilung: „Zielsetzung und Ideologie des zu beratenden Systems",
- 2. Abteilung: „Struktur des Systems",
- 3. Abteilung: „Mitglieder des Systems",
- 4. Abteilung: „Arbeitsabläufe und Informationsflüsse des Systems".

In der ersten Sitzung präzisierte das Präsidium sein Problem dahingehend: Wie können wir am besten die Ziele des Verbandes („die Verbandspolitik") in den Regionalgruppen verwirklichen? Die „Chefs" hatten Beobachtungsaufgaben mit den Beraterinnen vereinbart: z.B.:

- Wer vertritt im Präsidium was mit welchem Nachdruck?
- Wie stellt sich die Kommunikationsstruktur des Präsidiums dar?
- Welche Hierarchien, Koalitionen, Konflikte bilden sich im Präsidium ab?
- Worüber wird nicht gesprochen?

Die Mitglieder der Consulting GmbH sollten auf dem Hintergrund ihrer Abteilungszugehörigkeit zur Darstellung des Präsidiums Fragen stellen. Bei dieser Gelegenheit achteten die beiden Chefs darauf, daß die Firmenangehörigen in ihrer neutralen Interviewerrolle blieben. Das machten wir in sehr rigider Form. So fuhren wir z.B. bei inquisitorischen/moralisierenden Fragen oder emotionalen Färbungen der Aussagen von Beraterinnen dazwischen mit Bemerkungen wie z.B. „Unser Kunde ist König", „Werte Frau Kollegin, wir sind an dem Auftrag interessiert, Sie sind wohl noch allzu neu in unserer Firma", „Wenn Sie sich nicht zurückhalten, werden wir uns in der Probezeit von Ihnen trennen müssen". Auch die Präsidiumsmitglieder wurden angehalten, die Beraterinnen in ihrer Rolle ernst zu nehmen. So wurde in den Fällen, wo sich Teilnehmerinnen des Spiels duzten, ein durchgehendes Siezen abgefordert. Den Supervisoren kam es darauf an, daß vor allem von Seiten der interviewenden Beraterinnen, die – das darf nicht vergessen werden – in der bisherigen Realität die Hauptbetroffenen sind, in der neuen Realität des Spielsystems konsequent Neutralität gewahrt blieb. In ihrer Rolle als distanzierte Beraterinnen konnten sie gar nicht anders, als sich in „positiver Konnotation" zu den dargestellten Problemen des Präsidiums zu üben, zu Problemen also, die das Präsidium mit ihnen im alltäglichen Organisationssystem hat.

Erinnern wir uns: Die Supervisoren hatten die Leiterinnen der Regionalgruppen hypothetisch als die Symptomträger und damit als das stabilisierende Element des Systems identifiziert. Indem sie im Beratungsspiel die Kontexte änderten, störten sie das System, sie unterbrachen gleichsam die bisherigen Handlungsabläufe.

Nach der Befragung des Präsidiums verabredeten sich die beiden Partner (ratsuchendes Präsidium und Consulting GmbH) zu einem weiteren Treffen „für die nächste Woche". (Im Spiel bedeutete das: in einer Stunde). Die einzelnen Abteilungen erhielten nun die Aufgabe, gezieltere Fragen auszuarbeiten auf dem Hintergrund ihres Abteilungsthemas: Zielsetzung/Ideologie; Struktur; Mitglieder; Arbeits- und Informationsabläufe. Die Antworten auf diese Fragen sollten das Bild der Organisation für eine zu erstellende Diagnose präzisieren.

Während der nachfolgenden Befragung des Präsidiums zeigte sich, daß die Interviewerinnen sehr klare Fragen stellen konnten, die zum Aufdecken von Mustern und Strukturen des Systems führten. Die beiden Supervisoren waren sich einig darüber, daß sie hierzu einen langen Prozeß zirkulären Fragens benötigt hätten, während die Betroffenen dieses wie in einem Zeitraffer abkürzten. Die Befragerinnen als Betroffene konnten die „distanzierte Neutralität" wahren. Die Lust am Spiel wuchs. Der Ehrgeiz, gezielte Fragen zu stellen, verführte offensichtlich dazu, auch bisher tabuisiertes Betriebswissen, Vermutungen und Zuschreibungen in nüchterne Fragen zu kleiden und Antworten des Präsidiums zu provozieren, die im Organisationsalltag so kaum gegeben würden. In dieser Phase des Spiels war nichts zu spüren von moralischen Abwertungen. Die Äußerungen des Präsidiums wurden sachlich aufgenommen, als kämen sie wirklich aus einem fremden System.

Nach der gezielten Befragung des Präsidiums zur Datengewinnung verabredeten sich die beiden Partner im Spiel wieder zu einem weiteren Treffen „in der nächsten Woche". In diesem Treffen versprach die Consulting GmbH ihre Diagnose der Organisation vorzulegen. Die

Supervisoren (ausdrücklich in der Supervisorenrolle) schlugen dem Präsidium vor, in der Zeit, in der die Beratungsgruppe ihre Diagnose ausarbeiten würde, selbst aufgrund der gezielten Fragen und ihrer Antworten eine Diagnose der Organisation zu erstellen. Die Supervisoren, obschon im Spiel Firmenchefs, beteiligten sich weder an der Befragung durch die Beraterinnen, noch an deren Diagnosenstellung.

Die von den Beraterinnen vorgestellte Diagnose der Organisation brachte eine große Erschütterung. Sie stellten kritisch die Helferideologie des Berufsverbandes heraus. Als Hauptproblem wurde die übergroße Spannung zwischen mütterlich-sorgenden und väterlich-leitenden Anteilen in der Berufsrolle aufgezeigt, die auch die gesamte Verbandsarbeit mit ihren Überforderungen auf allen Ebenen kennzeichne. Es wurde ein ständiger Kreislauf festgestellt:

– Überforderung – Verletzung – Schuldzuweisung – Aggression – Resignation – Depression – Überforderung – usw.

Im System selbst stellten die Leiterinnen der Regionalgruppen die Pufferzone zwischen Basis und Präsidium dar. Die Leiterinnen der Regionalgruppe seien zwar nicht ohnmächtig, denn sie hätten eine machtvolle Schlüsselposition inne, aber sie fühlten sich von beiden Seiten in die Zange genommen. Alle zerrten an den Gruppenleiterinnen. Auf sie müßte mehr Augenmerk gelegt werden. Das Präsidium selbst sei stark überarbeitet und mache sich dazu noch das Leben schwer, indem es Themen, die für den Verband und dessen Politik wichtig seien, die aber die Basis nicht interessierten, von oben nach unten zu transportieren suchten.

Die 1. Vorsitzende erlebte die Diagnosen als Vorwürfe gegen ihre Amtsführung und als Kritik an ihrer Person. Die Betroffenheit des Präsidiums kulminierte, als die 1. Vorsitzende auf eine kritische Bemerkung einer Landesverbandsvorsitzenden hin wütend den Raum verließ.

Die Supervisoren fuhren im Spiel fort und gaben der Beratungsgruppe den Auftrag, Strategien zur Problemlösung zu entwickeln. Zu diesem Zweck lösten sie die alten Abteilungen der Consulting GmbH auf und bildeten vier neue Gruppen. In jeder Gruppe waren jeweils Mitglieder aller vorherigen Abteilungen vertreten. Das Präsidium traf sich nicht. Einzelne Mitglieder des Präsidiums bemühten sich um die 1. Vorsitzende.

Man versammelte sich wieder, um die Vorschläge der Beratungsgruppe zu hören. Es wurden viele praktische Vorschläge zur Verbesserung der Informationsstruktur gemacht. Bezeichnend war aber, daß die Beraterinnen kaum Lösungen für die Probleme der Regionalgruppenleiterinnen anboten, obschon sie in der Diagnose diese als so bedrängend dargestellt hatten. Von den in der Diagnose versteckten Bedürfnissen und Forderungen (die in der Alltagssituation ihre eigenen sind) wurde nichts konkretisiert.

Die Supervision

An dieser Stelle brach mein Kollege das Spiel ab. Wir nahmen ausdrücklich wieder die Supervisorenrolle ein und machten aufmerksam auf den Widerspruch zwischen der deutlichen Diagnose und den mangelhaften Vorschlägen zur Lösung des Problems. Der Widerspruch, so sagten einige der Gruppenleiterinnen, sei ihnen bewußt. Sie wüßten aber, wie überlastet das Präsidium sei und welche aufopfernde Tätigkeiten das Präsidium und vor allem die beiden Vorsitzenden ausübten. Sie wollten auf keinen Fall ihre Probleme hochspielen. Im Vergleich zu den Problemen des Präsidiums seien ihre Bedürfnisse geradezu lächerlich. Überhaupt läge ihnen viel an der Stärke des Verbandes und sie haben Sorge, mit unangemessenen Forderungen den Verband zu schwächen.

Die letzteren Äußerungen wurden von meinem Kollegen problematisiert. Er erklärte, daß nur ausgesprochene Bedürfnisse und Forderungen verhandelbar seien. Diese Intervention rief die 1. Vorsitzende auf den Plan. Sie warf den Supervisoren vor, daß sie mit ihren Störungen (so wörtlich) „den Verband zerstören" würden. Sie weigere sich, noch weiter mit den Supervisoren zu reden. Mein Kollege stellte die Frage, was sie denn zu der Situation sagen würde, wenn sie sich nicht weigern würde zu sprechen? Es gelang ihr tatsächlich, weiter zu sprechen. Es kam im Plenum noch einmal das Problem des Kreislaufes von Überforderung, Verletzung, Schuldzuweisung usw. zur Sprache. Es wurde von Teilnehmerinnen exemplifiziert an dem Gefühl, das sie befallen habe, als nach der Diagnosenstellung die 1. Vorsitzende den Raum verlassen habe. Sie sprachen von Schuldgefühlen und darüber, wie sie sich dagegen wehren.

Während dieser Phase leitete ich das Gespräch. Mein Kollege, der inzwischen aus dem Gesprächskreis hinausgetreten war, unterbrach uns und teilte seine Beobachtung mit, daß sich unser Gespräch inzwischen ebenfalls im Kreise drehe. Er schlug vor, die Sitzung zu beenden, da uns ja noch am nächsten Tag der Vormittag zur Verfügung stehe. Diesem Vorschlag stimmten alle erschöpft und auch erleichtert zu.

Regieanweisungen für ein magisches Theater

Ich möchte an dieser Stelle noch einige Bemerkungen zu unserer Arbeitsteilung in Intervenierer und Beobachter nachtragen. Obwohl mein Kollege und ich schon viele Gruppen gemeinsam supervidiert haben und uns verhältnismäßig gut kennen, sind wir beide keine Gedankenleser. Wir schreiben uns darum wechselseitig die Rolle des Beobachters und der Intervenierers zu. Der beobachtende Kollege bleibt im Raum, da in der Supervisionstradition, aus der wir kommen, der Einwegspiegel unbekannt ist. Ebenfalls ist es in unserer Tradition sehr selten, eine Gruppe von mehreren Supervisoren zu supervidieren. Wir haben für uns eine Reihe von Verfahren entwickelt, mit Hilfe derer wir so tun, als würde sich der beobachtende Kollege außerhalb des Geschehens stellen. So erklären wir den Supervisanden zu Anfang unserer Arbeit, daß wir uns die Aufgaben des Intervenierens und des Beobachtens teilen. Weiter verläßt der beobachtende Supervisor manchmal den Stuhlkreis, steht außerhalb, geht hinter der Gruppe im Raum umher und beobachtet die Supervisionsgruppe räumlich aus verschiedenen Blickwinkeln. Der intervenierende Kollege kann jederzeit die Beobachtung des anderen Kollegen abrufen, der Beobachter kann den Kollegen unterbrechen, um seine Beobachtungen mitzuteilen.

Früher haben wir bei solchen Unterbrechungen eine Pause eingelegt und uns außerhalb der Gruppe beraten. Heute gibt der Beobachter seine Deutungen im Beisein der Gruppe, auch der intervenierende Supervisor stellt seine Fragen öffentlich. Wir unterhalten uns über die Supervisanden in deren Beisein. Wir nennen diese Form der Kommunikation die „Odysseus-Schweinehirt-Kommunikation". Der nach Ithaka heimkehrende Odysseus erzählte nämlich die Geschichte seiner Irrfahrt dem Hirten, eigentlich aber war sie für den anwesenden und zuhörenden Sohn bestimmt.

Der beobachtende Supervisor macht seinen Kollegen z.B. aufmerksam auf einen Affekt, der seiner Meinung nach nicht in die Situation paßt. Übertragung und Gegenübertragung werden so für die Intervention nutzbar gemacht, wenn sie an Ort und Stelle ihrer Entstehung bearbeitet und in die Wirklichkeitskonstruktion bewußt und unmittelbar miteinbezogen werden können. Die Kommunikationsstruktur kann sofort verändert werden, und oft kalibriert sich das System in seinen Beziehungen gleich während der Sitzung neu.

Manchmal bittet der intervenierende Supervisor den beobachtenden Kollegen um Supervision. Zuweilen setzen wir uns dazu in die Mitte des Kreises der Supervisanden. Ab und zu erweitern wir diese „Supervisionssitzung" in der Supervision zu einer „open-staff-Sitzung", einem Verfahren, das wir aus der gruppendynamischen Tradition entlehnt haben. Wir stellen einen dritten Stuhl zu unseren beiden Stühlen, auf diesen kann sich dann jeder Supervisand setzen, der sich an dem Gespräch der Supervisoren beteiligen will.

Unterbrechungen sind auch dann möglich, wenn der intervenierende Kollege das Gefühl hat, nicht mehr weiter zu kommen, sich mit seinen Interventionen in Widerstände zu verheddern und/oder in das Spiel des Systems verwickelt zu werden. Der intervenierende Supervisor bittet den beobachtenden Kollegen, die Rollen zu tauschen. Manchmal übernimmt der beobachtende Kollege sofort, manchmal erläutert der intervenierende Kollege öffentlich, welche Spur er verfolgt hat, welche

Gefühle ihn tangiert haben und an welchen Stellen ihm Zweifel an der Hypothese gekommen sind.

Auf diese Weise nutzen wir mit Hilfe dieser öffentlichen Reflexion auf einer weiteren metakommunikativen Ebene das in-sich-kreisende System zu stören. Wir konfrontieren unsere konstruierte Supervisorenwirklichkeit mit den von den Supervisanden konstruierten Systemwirklichkeiten. Mit unseren Verfahren spielen wir „Theater im Theater", wie es Shakespeare so meisterhaft verwendet hat. In unserem „Konfrontationstheater" reflektieren wir die Kommunikationsspiele in der Supervision. (vgl. Kersting-Lehmenkühler-Leuschner, 1988, 120 ff.)

Es versteht sich von selbst, daß die Supervisoren ihre Reflexionen als Wirklichkeitsdeutungen selektiv aussprechen, da diese mitbestimmt werden durch die Anwesenheit der Adressaten, über deren Wirklichkeitskonstruktionen kommuniziert wird. Wir versuchen, auch in diesen Reflexionen Neutralität zu wahren. Wo das Verlieren der Neutralität des agierenden Supervisors zum Thema wird, soll das ausdrücklich durch den supervidierenden Kollegen herausgearbeitet werden, um für den weiteren Verlauf erneut Neutralität zu re-konstruieren.

Diese Unterbrechungen, Konfrontationen, Störungen des gewohnten Ablaufs verführen über das situative Geschehen hinaus zum Lernen durch Identifikation. Der Umgang mit Störungen und das Neukonstruieren, wie es die Supervisoren in ihren öffentlichen Reflexionen vorspielen, fördern das Modellernen. Das gilt besonders für solche Supervisanden, die selbst eine Beratertätigkeit in ihrem Alltagsgeschäft ausüben. Das „Theater im Theater" nimmt häufig die Form einer nach außen gekehrten und veröffentlichten Introspektion (Kohut, 1977) an, wenn es sich z.B. um ein Phänomen handelt, das von den Supervisoren als Übertragung bzw. Gegenübertragung gedeutet wird. An den Analogien, die die Teilnehmer der Supervision zu ihren eigenen Beratertätigkeiten konstruieren, lassen sich neue Kommunikationsmuster entwickeln. Erweisen sich diese in der konkreten Arbeit der Supervisanden als brauchbar, sprechen wir von einem geglückten Transfer. Damit haben die Supervisanden gelernt, oder genauer, sie beziehen ihr neues Handeln auf das Handeln in der Supervisionssitzung. Sie schreiben z.B. Die brauchbarste Form des Lernen ist, so definieren wir, wenn ein System sich in die Lage versetzt, in Zukunft ohne Hilfe von außen sich selbst so effektvoll zu stören, daß es die festgefahrenen, gleichsam von selbst laufenden Handlungsabläufe, die als Problemlösungsversuche selbst zum Problem geworden sind, eigenhändig unterbrechen kann. In diesem Idealsinn sind Supervisoren nicht nur Leute, die stören, sondern Störer, die das Stören lehren, damit die gestörten Lernenden das Stören bei sich selbst ausführen können.

Allerdings spielt bei größeren Systemen, die wir supervidieren, das Einbringen der eigenen Person als eine „korrigierende Erfahrung" in unseren Überlegungen und im „Planen" von Interventionen eine geringe

Rolle. Die von uns angestrebte Neutralität gilt im Alltag allenfalls als Modell für Berater. Bei Teamproblemen, die häufig als Beziehungs- und Kooperationsprobleme identifiziert werden, ist es oft brauchbarer für Neukonstruktionen, wenn in einem Team klar ausgemacht wird, welche unterschiedlichen Interessen die einzelnen Rollenträger verfolgen, welche Konsequenzen die Parteilichkeit der einzelnen beinhaltet und wie neue Verträge für ein geeigneteres Zusammenspiel der einzelnen Mitglieder eines Systems ausgehandelt werden können.

Aus diesem Grund liefern wir Informationen und scheuen uns nicht, neue Ideen einzubringen, oder regen die Kreativität der Supervisanden an, sich neue Ideen und Informationen zu beschaffen. Auch dies sind Störungen von außen, ähnlich dem „Supervisionstheater im Supervisionstheater". Wir erzählen Geschichten als Parabeln, Gleichnisse, Märchen, Legenden und Anekdoten. Wenn uns ein passender Witz oder ein treffendes Haiku einfällt, verwenden wir sie. Manchmal übertreibt einer von uns die Situation in der Art einer Clownerie und versucht so, ein Muster ad absurdum zu führen. Wie Farrelly und Brandsma (1974) gezeigt haben, aktiviert die Übertreibung die eigenen Abwehrkräfte eines Systems gegenüber solchen Störungen, und oft findet das so provozierte System eine brauchbarere Neudefinition.

Parabeln, Anekdoten, Märchen, Legenden, Gleichnisse usw. verfremden zunächst die Situation, stellen die gewohnten Zusammenhänge in einen veränderten Kontext, sie stellen aber leichter als jede theoretische Abhandlung einen „konsensuellen Bereich" her, der schneller eine „strukturelle Koppelung" ermöglicht, die zu Neukonstruktionen führen kann.

Mit unserem Verfahren, die Beobachtungen des Supervisors und die Reflexionen des intervenierenden Supervisors öffentlich zu machen, verlassen wir die Linearität von Diagnosenbildung, Planung und nachfolgender Intervention. Die Beobachtungen werden zu zirkulären Deutungen verknüpft, eine reziproke Interaktion entsteht sofort und nicht erst in einer weiteren Sitzung. All das kann Voraussetzung einer „strukturellen Koppelung" zwischen Supervisoren und Supervisanden werden (vgl. Maturana/Varela, 1987, 210). Die Geschichten (Parabeln, Anekdoten, Witze, Sketche usw.) ermöglichen auf spielerische, leichte Weise reziproke Interaktionen, da sie selbst Konstrukte sind, die nicht versuchen, Wirklichkeiten linear abzubilden, sondern neue Wirklichkeiten zu konstruieren, die der Zuhörer mit seinen Wirklichkeitskonstrukten verbinden kann oder die er ablehnend für sich neu konstruiert:

„Heute nacht von vier Uhr an magisches Theater
– nur für Verrückte –
Eintritt kostet den Verstand,
Nicht für jedermann". (Hesse 1974, 179)

„Der Fliege den Ausweg aus dem Fliegenglas zeigen" (Wittgenstein, 1958, 162)

Am nächsten Morgen schlugen die Supervisoren vor, in vier Gruppen zu arbeiten. Drei Gruppen sollten sich die Regionalgruppenleiterinnen unterschieden nach ihren Arbeitsorten im Norden, in der Mitte und im Süden der Bundesrepublik zuordnen. Arbeitsauftrag war: Wie gehe ich mit meinem Bedürfnis nach größerer Zuwendung und Beachtung seitens des Präsidiums um und welche Forderungen stelle ich? Wir stellten ihnen für ihre Überlegung die Bedingung, daß sie Lösungen entwickeln sollten, ohne das Präsidium zu belasten. Wir wollten von uns auf keinen Fall die im Verband schon vorhandene Überforderungssituation vergrößern. Wir wollten damit eine Lösung erster Ordnung (vgl. Watzlawick 1974, 51 ff), die nur ein „Mehr desselben" bedeutet und als Lösung selbst das Problem (der Überforderung) darstellt, von vornherein ausschließen.

Die vierte Gruppe sollte vom Präsidium gebildet werden. Wir baten es ebenfalls, Überlegungen anzustellen, wie das Präsidium den Bedürfnissen der Leiterinnen entgegenkommen könnte, ohne sich selbst stärker zu belasten. Alle Untergruppen tagten im selben großen Raum. Auf diese Weise bekamen die Supervisoren mit, daß das Präsidium ein ganz anderes Thema diskutierte: Das Verhältnis zwischen Landesverbandsvorsitzenden und übrigen Präsidiumsmitgliedern. Der Beziehungskonflikt zwischen der einen Landesverbandsvorsitzenden und der 1. Vorsitzenden des Verbandes, der immer schon einmal aufgeflammt war, dehnt sich aus und polarisierte die anwesenden Landesverbandsvorsitzenden und die übrigen Präsidiumsfrauen, die der Bundesebene zuzurechnen sind. Der Konflikt war zum Strukturkonflikt im Präsidium geworden. Unsere vorläufige Diagnose war: 1. Durch die von uns initiierte Regionalisierung (Nord, Mitte, Süd) wurde das Verhältnis von Landesverbänden (personalisiert in den Landesverbandsvorsitzenden) und dem Bundesverband (personalisiert durch die übrigen Präsidiumsfrauen) symbolisch angesprochen und ein bereits seit langem schwelender Konflikt wachgerufen. 2. Durch die von uns ermöglichte Emanzipation der Regionalgruppenleiterinnen verlor das System die Gruppe, die ihm bisher als Stabilisierungsfaktor gedient hatte.

Die regional zusammengesetzten Arbeitsgruppen der Leiterinnen schlugen in der anschließenden Plenumsrunde vor, sich als eigene Gruppen ohne Präsidiumsmitglieder regional zu organisieren. Sie wollten die bei dieser Supervisionsveranstaltung nicht anwesenden Leiterinnen und Stellvertreterinnen hinzugewinnen. Zum Teil hatten sie schon regelrechte Organisationsformen entwickelt, Themen und Termine verabredet. Vom Präsidium erwarteten sie die Erstattung der Fahrtkosten, Unterkunft und Verpflegung wollten sie selbst tragen.

Die Landesverbandsvorsitzenden versuchten, die Fahrtkostenregelung zu torpedieren, mit den formalen Hinweisen, daß diese Versammlung keine finanziell bindenden Beschlüsse fassen dürfe. Die 1. Vorsitzende griff regelnd ein. Sie fände es gut, wenn die Leiterinnen der Regionalgruppen Eigeninitiative entwickelten und eine Regelung zur Befriedigung ihrer aus ihrer Sicht berechtigten Bedürfnisse gefunden hätten, die das Präsidium nicht weiter belaste. Die Bedenken der Präsidiumsmitglieder hinsichtlich der Beschlußlage seien begründet, sie wolle sich aber in der nächsten Präsidiumssitzung dafür stark machen, einen Beschluß über die Erstattung der Fahrtkosten herbeizuführen.

Bei der Verabschiedung im Plenum erklärte die Referentin für die Regionalgruppenleiterinnen, die das Diktum vom „unheimlich tollen Frauenverband" geprägt hatte, daß ihr vieles jetzt nicht mehr unheimlich sei, da ihr manches bewußter, offener und klarer geworden sei. Ein bißchen toll im Sinne von verrückt wäre der Verband schon, daß er sich auf solch verrückte im Sinne von ver-rückende Supervisionsspiele einließe. Sie selbst sei stolz, daß sie einem so „großartigen Frauenverband" angehöre. Letzteres wurde von der Mehrzahl der Teilnehmerinnen bestätigt.

Die Supervisoren fuhren nach Hause und spekulierten während der Fahrt darüber, ob sie es jetzt, nachdem ein Teil der „Heimlichkeiten" aufgedeckt worden war, in Zukunft mit einem „großen *artigen* Frauenverband" zu tun bekämen. Mein Kollege berichtete von einer Selbstdeutung einiger Präsidiumsfrauen, die sich selbst als die „Müttergeneration" bezeichneten, die vor Jahren in großen Kämpfen mit der Gründergeneration (den „Großmüttern") die Macht im Verband erstritten hätten. Jetzt seien die Töchter, eben die Leiterinnen der Regionalgruppen (die tatsächlich im Altersdurchschnitt jünger sind als die Präsidiumsfrauen) dabei, sich zu emanzipieren. Wir Supervisoren spekulierten nun darüber, ob man zu diesem Zweck zwei Männer engagiert hätte. Besteht doch in einer Vielzahl von Familien eine Arbeitsteilung, daß die Mütter zwar die Kinder zur Welt bringen, die Väter sie aber endgültig in die Welt setzen müssen. Mit Erzählungen über unsere wirklichen Töchter, denen wir entgegenfuhren, verging die Zeit der Heimfahrt.

Inzwischen hat uns das Präsidium um Supervision gebeten. Der bei der Tagung aufgeflammte Konflikt zwischen Bundes- und Länderebene soll das Thema sein. Also keine Familienmodellähnlichkeit, oder doch?

Systemische Anmerkungen zur geschilderten Teamsupervision aus konstruktivistischer Sicht oder: Es könnte auch ganz anders sein!

Hinausgehend über die von den beiden Supervisoren benannten Deutungen und Konstrukte möchte ich nachfolgend kurz solche aufzeigen, die geeignet erscheinen, die „Störer" zu stören, und die die Komplexität auf ihrer Seite wieder erhöhen können.

Folgt man der Hypothese der beiden Supervisoren, daß die benannte Überforderung den systemstabilisierenden Faktor darstellt, kann man als Symptom hierfür auch die gestörte Beziehung zwischen der 1. Vorsitzenden und der Landesverbandsvorsitzenden ausmachen.

Es fällt auf, daß dieser Beziehungskonflikt bereits beim ersten Treffen präsentiert wurde, sich durch die bisherige Supervisionsarbeit durchzieht und noch ungelöst ist. Die von den Teilnehmerinnen angebotene Deutung der Unverträglichkeit zweier Persönlichkeitsstrukturen läßt sich auch (unschwer) als Strategie begreifen, die – über die Variante der Individualisierung von Konflikten – dazu führt, daß das System selbst nicht in Frage gestellt werden braucht – also stabil bleibt. Definiert man nun diese beiden als Symptomträgerinnen, dann bieten sich z.B. folgende Deutungen (Konstrukte) an:

Möglicherweise ist der Hintergrund dessen, was sich hier als „Beziehungskonflikt" äußert ein struktureller Konflikt, und die beiden Personen stehen – quasi stellvertretend – für die jeweilige Ebene, die sie repräsentieren; also Konflikte zwischen Bundes- und Landesebene?

Als Thema hinter dem Thema Beziehung läßt sich Macht vermuten. Ist das Machtthema vielleicht das Tabuthema im unheimlich tollen Frauenverband? Wenn die Helferideologie dominiert und systemstabilisierende Funktion hat, dann darf Macht und Leitung im Verband vielleicht nicht Thema werden. Mit anderen Worten: Macht könnte das „unheimliche" Thema, die „heimliche" Ideologie, der „heimliche" Anteil im System sein und dessen Endtabuisierung ist dermaßen angstauslösend, daß mit einer solchen Störung Überforderung und Zer-störung assoziiert werden. Was darf im System also nicht gemerkt werden? Heißt das Motto vielleicht: was nicht sein darf, das nicht sein kann? Machtgelüste im Gewande von selbstloser Hilfe bzw. Helfersyndrom? (vgl. Schmidbauer, 1980).

Wenn Macht nicht als institutionelles Phänomen gesehen wird, mit dem ein System allerdings brauchbar oder mißbräuchlich in bezug auf den vereinbarten Sinn der Organisation umgehen kann, sondern Macht an sich schon moralisch negativ besetzt ist, wie meist bei Helferideologien, dann muß das zu Schuldgefühlen führen. Die Diagnose der Consulting Abteilungen weist in Richtung ‚Macht'. Der Kampf um die Fahrtkostenregelung könnte hierfür ebenso Indiz sein, wie das gewünschte, dann aber nicht mehr erwähnte Einladungsthema: „Verbesserung des Kommunikationsflusses". – Wer will dieses Thema eigentlich? Was ist das erkenntnisleitende Interesse? Von wo nach wo soll verbessert werden (von unten nach oben oder umgekehrt)?

In Anlehnung an die Hypothese der Überforderung als Symptom läßt sich dieses Symptom als Spiegelungsphänomen (vgl. Roth, 1984, 124 ff) begreifen, das über alle Ebenen des Systems reicht, bis hin zum Supervisionssystem, an dessen Spitze die beiden Supervisoren stehen.

In diesem Zusammenhang ist für mich die Frage interessant, wie das System an das Symptom kommt – oder anders formuliert: von wo nach wo verläuft die Spiegelung?

Wie aus den Fallschilderungen hervorgeht, sind die Supervisandinnen alle Mitglied in einem Berufsverband. Das, was sie also miteinander verbindet, ist ihre Berufsrolle. Die Motive der Gründung bzw. Zugehörigkeit zu diesem Verband entstehen demnach aus dem beruflichen Alltag dieser Frauen. Weiterhin wissen wir, daß die Berufsrolle der Frauen den helfenden Professionen zuzurechnen ist, und sie in leitenden Positionen stehen. Die Störung der Supervisoren führte zur kritischen Herausstellung der Helferideologie des *Verbandes*. Wenn nun der Entstehungsort des Überforderungsphänomens der berufliche Alltag der einzelnen Mitglieder ist – also die konkrete Institution vor Ort, und die entsprechende Helferideologie bereits dort zur Überforderung führt, dann ist es fragwürdig, ob die Störung des Systems Verband ausreichend war, um auch die Subsysteme – hier die einzelnen Institutionen, in denen die Frauen arbeiten – diesbezüglich zu stören. Das ist auch insofern mehrerer Fragen würdig, als es sich bei den Verbandsmitgliedern um Leiterinnen von Service-Systemen handelt und somit Helfen und Leiten dominante Erwartungen sind, die an ihre Berufsrolle geknüpft sind. Je nach dem, wie die Ideologie des Helfens und die des Leitens konkret aussehen, muß das zwangsläufig zu Intra- und/oder Interrollenkonflikten, also zur Überforderung führen.

Helfen und Leiten sind auch die Erwartungen, die die Mitgliederinnen an ihren Berufsverband und seine Funktionsträgerinnen stellen. Je nach dem, wie die Ideologie des Helfens und die des Leitens konkret aussehen – sowohl was die Selbstdefinition als auch was die Definition von Trägern, Personal und Adressaten der Serviceleistungen angeht – muß das zu Rollenkonflikten führen. Helfen und Leiten erwartet das System auch von den Supervisoren und Überforderungsgefühle stellten sich zu Beginn auch bei ihnen ein. Meine Fragen an die Störer sind:

– welche Helfer- und Leiterideologie sie selbst als Supervisoren haben?
– gibt es einen Intrarollenkonflikt in der Teamsupervisorenrolle?
– gibt es möglicherweise auch einen Interrollenkonflikt (Teamsupervisor, Organisationsberater, Mann, Vater, Chef usw.)?
– welche Störung(en) und Konstrukte sind geeignet, Wirkungen zu erzielen, die bis hin zu dem Subsystem – hier die jeweiligen Institutionen vor Ort, in denen die Frauen arbeiten – reichen?
– hat der bisherige Störungsprozeß wirklich zu brauchbareren Konstrukten geführt oder nur zu einer Problemverschiebung, so daß der „neue" Symptomträger das Präsidium wird?

Geradezu symptom-atisch erscheint mir die Aussparung, Ausgrenzung bzw. Nicht-Bearbeitung der Beziehungsdimension. Ein Blick auf die

Abteilungen der Consulting GmbH zeigt, daß die 5. Abteilung „Beziehung“ oder „Beziehungsgestaltung im System“ fehlt. Diese Dimension wird von den Supervisoren über-sehen; d.h. sie sehen darüber hinweg, und die Supervisandinnen scheinen sich diesbezüglich durch (systemstabilisierende?) Ignoranz auszuzeichnen. Mangelt es im System vielleicht an einem brauchbaren Modell für *klare* Beziehungen – also für Beziehungsklärung und Lösung von Beziehungskonflikten? Vielleicht liegen genau hier die (heimlichen?) Erwartungen des Systems und auf diesem Hintergrund verpflichtet man die Supervisoren ein weiteres Mal? Vielleicht ist aber auch alles ganz anders? Das nächste Treffen wird's zeigen.

Anmerkungen

1 Ich habe in den letzten Jahren in Aufsätzen, die ich dem wissenschaftlichen Genre zurechne, manche Sprachkünstelei versucht, um die „Frauenbenachteiligung“, die in unserer deutschen Sprache inkorporiert zu sein scheint, aufzubrechen und zu vermeiden. Einzig um der flüssigeren Lesbarkeit willen vermeide ich in diesem Aufsatz, bei jedem männlichen Substantiv das mögliche weibliche hinzuzufügen. So lange die Deutschen ihre Sprache nicht ändern und mehr Vokabeln zur Verfügung stellen, die geschlechtsneutral sind, werde ich so verfahren. Etwas Brauchbareres fällt mir z.Zt. nicht ein.

2 Mein Kollege Georg Nebel hat mir erlaubt, meine subjektiven Ansichten über unsere gemeinsame Arbeit zu veröffentlichen.

3 Wir „wortspielten“ mit den Worten: Unheimlich: ohne Heim, heimatlos, nicht geborgen, oder positiv konnotiert: nicht verborgen, kein Heimchen am Herd; toll: verrückt, positiv konnotiert: großartig. Wir stellten Bezüge zu der Berufstätigkeit der Mitglieder her, die einen typischen Frauenberuf ausüben und gleichzeitig eine Leitungs- und Führungsposition einnehmen, was ja etwas un-heimliches im Sinne von nicht geheimen ist. Wir fragten, wozu sich die Präsidiumsfrauen zwei Männer geholt haben?

Literatur:

CONRAD, G., PÜHL, H.: Teamsupervision. Gruppenkonflikte erkennen und lösen, Berlin, Marhold, 1985

EPIKTET: Enchereidion, deutsch: Die Kunst, vernünftig zu leben, Zürich und München, Artemis Verlag, 1958

FARRELLY, F., BRANDSMA, J.M.: Provocative Therapy Cupertino, CA 95015 USA, Meta Publications, Inc., 1974, deutsch: Provokative Therapie, Berlin, Heidelberg, New York, Springer-Verlag, 1986

HESSE, H.: Der Steppenwolf, Frankfurt/M., Suhrkamp, 1974

KERSTING, H.J.: Kommunikationssystem Gruppensupervision. Aspekte eines Lernlehrverfahrens, Freiburg i.Br., Lambertus, 1975

KERSTING, H.J.: Analogie-Lernen in der Lehrsupervision, in: Boettcher, W., G. Leuscher (Hrsg.): Lehrsupervision. Beiträge zur Konzeptionsentwicklung, Aachen, Verlag des Instituts für Beratung und Supervision, 227-235, 1989

KERSTING, H.J., KRAPOHL, L.: Tendenzen zur Teamsupervision in der Bundesrepublik, in: Pühl, H. (Hrsg.): Handbuch zur Supervision, Berlin, Marhold, 1990

KERSTING, H.J., LEHMENKÜHLER-LEUSCHNER, A.: Konfrontation in der Supervision, in: Kersting, H.J., L. Krapohl, G. Leuschner (Hrsg.): Diagnose und Intervention in Supervisionsprozessen, Aachen, Verlag des Instituts für Beratung und Supervision, 114-123, 1988

Kohut, H.: Introspektion, Empathie und Psychoanalyse, Frankfurt/M., Suhrkamp, 1977

LEUSCHNER, G.: Fragen zum gesellschaftlichen Standort von Supervision, in: Kersting, H., L. Krapohl, G. Leuschner (Hrsg.): Diagnose und Intervention in Supervisionsprozessen, Aachen, Verlag des Instituts für Beratung und Supervision, 8-22, 1988

MATURANA, H.R., VARELA, F.J.: Der Baum der Erkenntnis, Bern, München, Wien, Scherz, 1987

ROTH, J.K.: Hilfe für Helfer: Balint-Gruppen, München, Zürich, Serie Piper, 2, 1985

SCHMIDBAUER, W.: Die hilflosen Helfer – Über die seelische Problematik der helfenden Berufe, Hamburg, Rowohlt, 1980

VOGEL, H.-Ch.: Organisationsentwicklung als Begleitung selbstorganisierter Lernprozesse: Konstruktivistische Anmerkungen zur Planbarkeit von Veränderungsprozessen, in: Zeitschr. der Gesellsch. f. Organisationsentwicklung (ZOE), 7.23-38, 1988

WATZLAWICK, P., WEAKLAND, J.H., FISCH, R.: Lösungen. Zur Theorie und Praxis menschlichen Wandels, Bern, Hans Huber, 1974

WITTGENSTEIN, L.: Philosophische Untersuchungen, Frankfurt/M., Suhrkamp, 1971

SYSTEMISCHE ASPEKTE DER TEAMSUPERVISION: EIN TEAMGESPRÄCH

Harry Merl, Christl Merl und Hannes Brandau

Hannes: Vor ziemlich genau zehn Jahren hatte ich bei Dir, Harry, die erste Supervision im Rahmen meiner familientherapeutischen Ausbildung. Seit damals hat sich in der systemischen Szene doch einiges verändert. Die zentralen Begriffe waren seinerzeit Homöostase, Rückkoppelung, Lösung 2. Ordnung, Paradoxe Intervention, Sculpting usw. heute sind Begriffe wie Autopoiese, Problemsystem, Circuläres Fragen, Reflecting Team, zielgerichtete ressourcenorientierte Kurzzeittherapie modern. Hat sich diese Wende von der Kybernetik 1. Ordnung zur Kybernetik 2. Ordnung in eurer konkreten Arbeit als Teamsupervisoren ausgewirkt?
Harry: Sicher verändert hat sich meine Arbeitsweise von der Problemorientiertheit zur Zielorientierung hin und auch das Hervorheben der positiven und funktionierenden Aspekte all dessen, was ein Team zusammenhält, spielt heute eine viel zentralere Rolle. Die Kybernetik 2. Ordnung mit der wesentlichen Annahme, daß der Therapeut im System einbezogen ist und keine objektive Position hat, ist für mich schon als Psychoanalytiker vertraut gewesen. Früher bin ich jedoch sehr auf die persönlichen Probleme und die individuelle Dynamik von Teammitgliedern eingegangen. Jetzt gehe ich überhaupt nicht mehr auf die persönliche Geschichte und deren Verstrickungen ein, sondern behandle wirklich die organisatorischen Verkettungen eines Teams. Damit lösen sich die Probleme komplikationslos auf.
Hannes: Also ist für Dich ein Durcharbeiten von Gegenübertragungen, Rekonstruieren vergangener Einschränkungen und Selbsterfahrung in der Teamsupervision kein Thema mehr.
Harry: Genau
Christl: Dazu möchte ich etwas sagen. Ich bin vielen Teams begegnet die von dieser Art der Supervision, wo ständig in die Selbsterfahrung gegangen wurde, einen Schock erlebt haben. Manche hätten gerne eine Teamsupervision gehabt von jemanden, der außerhalb der eigenen Institution steht. Sie haben sich aber nicht getraut, weil es ihnen unangenehm war, in ihrem Arbeitsbereich über ganz persönliche Angelegenheiten reden zu müssen. Deshalb bespreche ich sehr klar meine Vorstellung von Supervision. Wenn sich das Team mit diesem Konzept einverstanden erklärt, ergibt es sich zumeist von selbst, daß auf dieser zielorientierten und eher sachlichen Ebene nach einiger Zeit große Offen-

DAS WICHTIGSTE IST, DASS SICH JEDER ÖFFNET !
-BRAGO-

heit entsteht und Beziehungen wirklich geregelt und verändert werden, ohne daß sie direkt angesprochen werden.
Hannes: Das ergibt sich dann als Produkt dieser Atmosphäre.
Christl: Ja, als Produkt dessen.
Hannes: Ist es auch für die Einzelfallsupervision so, daß die Auflösung von Gegenübertragungen und die Rekonstruktion hinderlicher persönlicher Muster nicht mehr relevant sind?
Harry: Bei Fallsupervisionen ist es genauso. Ich bin immer mehr daraufgekommen, daß es ungesund ist, wenn man jemanden auf sein persönliches Problem anspricht, weil es in erster Linie ja darum geht, was der Klient mit dem Therapeuten macht und was der Therapeut anderes tun kann. Wir sind als Supervisoren keine Analytiker. Ich verstehe mich als Veränderer und deshalb frage ich, was kannst Du anderes machen als bisher. Dabei ist es mir auch wichtig, dem Supervisanden zu helfen, andere Sachen auszuprobieren.
Hannes: Nach der Theorie Maturanas gibt es aber keine instruktive Interaktion, das heißt, Du kannst nichts direkt bei den Supervisanden verändern. Ist da nicht der Ausdruck „Veränderer" zu stark. Ich persönlich erlebe mich da eher als Impulsgeber.
Harry: Ja, ich glaube, Impulsgeber ist der bessere Ausdruck.
Christl: Ja, für mich stimmt das auch. Ich habe in vielen Situationen von Supervision erlebt, daß oft ganz wenig genügt, um jemanden in Bewegung zu bringen. Wenn ich einem Bewährungshelfer mein Verständnis ausdrücke, daß er sich schwertut, wenn sein Klient nicht mit Geld umgehen kann, genügt es unter Umständen, daß er auf Ideen kommt, wie er mit dem Probanden in Zukunft umgeht. Ich brauche nicht in seiner Familie herumforschen, wie dort mit Geld umgegangen wurde.
Hannes: Kehren wir wieder zum Thema Teamsupervision zurück. Es gibt da ja viele Aspekte, an denen man sich als Systemiker orientieren könnte. So gibt es in Teams offene oder verdeckte Hierarchien, Koalitionen, starre oder diffuse Grenzen nach außen bzw. innen, Regeln wie „Wer nicht dafür ist, ist dagegen! Sei freundlich! Sei gegen den Chef und liebe das Chaos!" usw. und es gibt widersprüchliche Regeln, die in „Double Bind Situationen" führen können und es zeigen sich einem verhärtete, rigide oder chaotisch, aufgeweichte Realitätskonstruktionen. Man könnte sicher noch eine Reihe von Defensivstrategien dazu nehmen, so daß ich mich frage, was sind für euch die wesentlichen Orientierungspunkte und Phasen bei der Teamsupervision.
Harry: Wenn ich anfange, mit einem Team zu arbeiten, versuche ich einmal herauszufinden, wo das Team steht, in welchen Verhältnissen es lebt, welche Aufgaben es hat und welche Kompetenzen die einzelnen Mitglieder dabei haben. Also ich schau mir alle wesentlichen Vernetzungen an und welche Funktionen es im Team gibt.

Und von dort weg gehe ich eigentlich gleich in die Zielsetzung innerhalb der Vernetzung. Es ist mir wichtig, dem Team als erstes Visionen zu verschaffen, wie es sein wird, wenn es das Ziel der Supervision erreicht hat und wie sich diese Vision in der Vernetzung auswirkt. Also z.B.: könnte ich fragen, wie wird es dir zuhause gehen, wenn du dich im Team und bei der Arbeit wohl fühlst? Könnte das auch Nachteile haben? Dieser Prozeß wiederholt sich dann in fast jeder Sitzung. Wenn ein Team wiederkommt, dann ist immer meine Frage: „Was ist heute euer Ziel, was möchtet ihr behandelt haben, und wenn ihr das erreicht habt, was wird sich dann für euch verändert haben?

Hannes: Du stellst also vorwiegend zukunftsorientierte, circuläre Fragen und spielst da alle Varianten durch. Ich frag mich halt, was Deine langjährige analytische Seele tut, wenn vielleicht so verlockende Angebote von Teilnehmern kommen, etwas durchzuarbeiten?

Harry: Die analytische Seele rennt daneben mit. Aber ich brauche nicht mehr analytisch zu arbeiten, weil sich anhand dieser Zukunftsvorstellungen und der ständigen Anerkennung von dem, was eigentlich passiert, der Prozeß von selber entfaltet.

Christl: Ich möchte gerne noch etwas zu den Arbeitsphasen ergänzen. Supervision ist etwas, was jetzt sehr im Kommen ist und viele Gruppierungen haben entdeckt, daß sie so etwas brauchen könnten. Ich glaube, daß nicht alle Leute einer Institution die gleiche Motivation haben und daß manche zu einer Supervision verdonnert werden. Sie sind aber innerlich gar nicht dazu bereit, oftmals weil sie sich darunter gar nichts vorstellen können. Ich nehme mir deshalb zu Beginn einmal wirklich viel Zeit, um abzuklären: „Wollen sie überhaupt Supervision oder vielleicht etwas ganz anderes? Was ist das, was sie eigentlich wollen?" Ich gebe ihnen dazu auch viel Zeit, das für sich zu klären. Da lege ich auch Wert darauf, daß alle Leute grundsätzlich mit meiner Person einverstanden sind. Es kann ja sein, daß ein Teil der Gruppe jemanden anderen will.

Hannes: Führt Ihr auch zeitliche Begrenzungen ein?

Harry; Ich habe entdeckt, daß einmal im Monat auch bei ganz schwierigen Teams völlig ausreicht und ganz erstaunliche Veränderungen nach einem Monat passieren können. Das überrascht mich immer wieder selbst. Ich will ja auch, daß die bald wieder von mir unabhängig werden. Ich erlebe, daß Teams als Systeme sehr flexibel sind und es überhaupt keinen Zwang gibt, daß ein bestimmtes Zeitangebot sein muß. Sondern das Team stellt sich automatisch auf das Zeitangebot ein.

Hannes: Ich glaube auch, daß da die selbstorganisierenden Kräfte des Systems mehr zu arbeiten beginnen, als wenn ein Supervisor als fixer Entstördienst von Konflikten eingekoppelt wird. Für mich ist jedoch noch ein wichtiger Punkt, daß Teams innerhalb einer Institution eine bestimmte Funktion haben, z.B.: als Puffer oder Sündenbock, so daß manche Supervisionen scheitern müssen, wenn die Stabilität der Institution nicht gefährdet werden soll. Sobald die institutionellen Zusammenhänge mitreflektiert werden, kann aus der Spielwiese „Supervision" ein „heißes Eisen" werden. Supervision wird dann politisch, der Supervisor würde unethisch handeln, wenn er sich auf eine neutrale Position zurückziehen würde.

Harry: Ich glaube, man kann als systemischer Supervisor gar nicht anders, als politisch sein. Sobald man die Vernetzungen anschaut, kommt man auf hinderliche Umstände, die eine fruchtbare Teamarbeit stören. Zumeist kann es aber nicht im Interesse des Arbeitgebers sein, daß ein Team schlecht funktioniert. Es kann aus verschiedenen Umständen schlecht funktionieren, vielleicht auch deshalb, weil es noch gar kein Team ist, sondern nur eines sein soll. Systemisch denken heißt für mich politisch denken.

Hannes: Gibt es irgendwelche Arbeitsschritte am Ende oder Beginn der Teamsupervision, die wesentlich sind?

Harry: Die Anerkennung für die abgelaufene Sitzung ist für mich sehr wichtig. Ich betone nochmals, was alle gut machen oder gut gemacht haben, wie jeder was beigetragen hat und gebe dann zumeist eine Aufgabe bis zur nächsten Stunde.

Hannes: Eine Beobachtungsaufgabe, die sich auf Ressourcen bezieht?

Harry: Ja

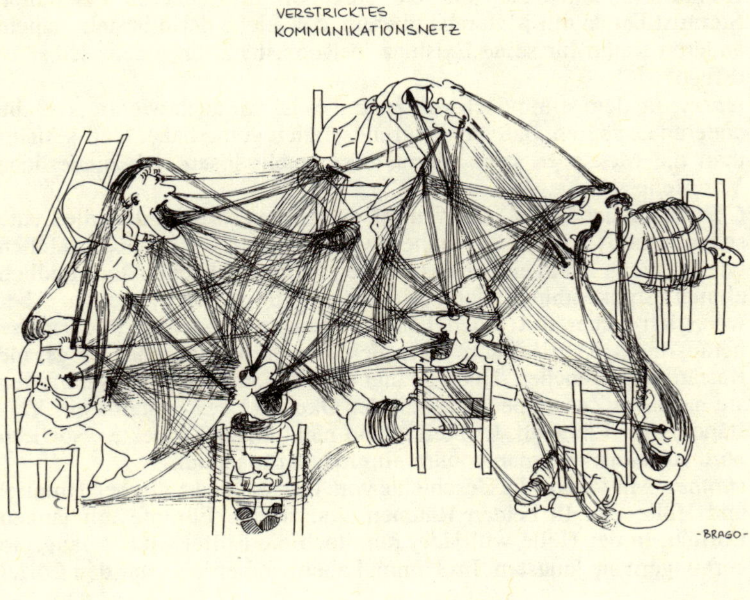

Hannes: In einem Deiner Artikel, „Liebe in Systemen"[1], weist Du auf die Gefahr hin, daß Liebe in der komplexen Vernetzung humaner Ökosysteme bedroht ist und das aktive Bemühen, zu lieben, liebevolleres Verhalten z.B. in einem Team wahrscheinlicher machen wird. Dies sei zwar dem sogenannten „stochastischen Prozeß" in Systemen ausgesetzt, aber durch das aktive Bestreben, zu lieben, steigen die Chancen, daß Katastrophen ausbleiben.
Harry: Ich glaube, daß ich meine Zuneigung durch die Art, wie ich mit Menschen umgehe, klar ausdrücke. Deshalb ist mir das Prinzip der Anerkennung so wesentlich. Ich erlebe, daß dadurch die Liebe in Systemen sehr schnell zunimmt.
Hannes: Kann man zusammenfassend sagen, daß es Dein letzter und höchster Wert ist, die Liebe in Systemen zu fördern und zum Fließen zu bringen?
Harry: Ja, das ist meine Vision und ich weiß auch, daß es geht. Mit wem immer man arbeitet, ob mit Teams, Familien oder einzelnen, wenn die Liebe in Fluß kommt, sind unglaubliche Dinge möglich.
Hannes: Mir fällt dazu die Annahme Maturanas ein, der meint, daß Liebe die Grundlage und nicht die Folge sozialer Phänomene ist. Manche hätten es gerne, daß Beziehungen, die Liebe zerstören, ebenso ethisch und sozial berechtigt wären und konstruieren deshalb lieber die Liebe als Folge sozialen Verhaltens. Maturana meint aber, daß Konkurrenz antisozial und die Negation des anderen beinhaltet. Stimmst Du da mit Maturana überein, daß Liebe darin besteht, einem anderen Raum für seine Existenz in Koexistenz mit einem selbst zu öffnen?
Harry: Ja, dem stimme ich voll zu und es ist mir auch wichtig, daß die anderen es spüren, daß ich sie grundsätzlich gerne habe. Und je mehr man die Menschen kennenlernt, desto mehr lösen sich hinderliche Vorurteile auf.
Christl: Ich habe häufig das Gefühl, daß Liebe etwas ist, dem die Leute sehr mißtrauisch gegenüberstehen, wenn man das so in den Raum stellen würde. Wenn ich in einem Team sagen würde „gebt euch doch endlich einmal Anerkennung", dann würden alle die Haare aufstellen. Aber wenn ich selber mit ihnen liebevoll umgehe und ihre Bedürfnisse herausfinde, dann kommt eigentlich immer heraus, daß sie gerade Bestätigung brauchen. Und so fängt über den Hunger und Bedarf, den sie haben in Zusammenhang mit der Ökologie des Systems ein Verständnis für Liebe an. Es bleibt dann nicht etwas Suspektes, sondern wird zu etwas, was man konkret füreinander tun kann.
Hannes: Mir fällt da die Geschichte vom Unterschied zwischen Himmel und Hölle ein. In beiden Räumen sind riesige Eßtöpfe mit langen Löffeln. In der Hölle will jeder ran, doch die Löffel sind zu lang. So verhungern sie langsam. Im Himmel aber nehmen ein paar den Löffel

um die anderen zu ernähren. Dann wäre doch eine Aufgabe von Teamsupervision, daß alle im Team mit den Löffeln so umgehen, daß alle satt werden.
Harry: Ja, genau. Mir fällt aber jetzt noch etwas ein, was zu meinen Werten gehört, nämlich Gesundheit. Das ist auch etwas, wo die Liebe eigentlich hinführt. Die Gesundheit als Bild und konkrete Vision. Viele Leute haben dieses konkrete Bild nicht. Deshalb finde ich es wichtig, sie zuerst einmal diese Vision möglichst sinnlich erleben zu lassen, wie gut das tut.

Anmerkungen

1 Merl, H.: Liebe in Systemen, in: Systeme, S. 68, 4, Literas-Uni-Verlag, Wien, 1990

SUPERVISION VON SUPERVISOREN

Ingrid Derra-Wippich

Vorspann:

Seit März 1985 haben sich 4 Psychologen, die alle überwiegend als Seminarleiter und Supervisoren in verschiedenen Institutionen tätig sind, zu einem Fachteam zusammengefunden. Bislang liegen Erfahrungen des Teams über Supervision in folgenden Tätigkeitsfeldern vor: Psychosomatische Kliniken, Psychiatrische Landeskliniken, Krankenpflegeschulen, Kinderkliniken, Kinder- und Jugendheime, Jugendwohngruppen, Psychosoziale Dienste und Beratungsstellen, sowie Einzelsupervision und Coaching im Management. Neben der regelmäßigen kollegialen Supervision im Team werden in Abständen verschiedene, erfahrene Supervisoren zu einem Arbeitstreffen eingeladen. Hierbei werden Supervisionsgruppen der einzelnen Supervisoren in einer ca. 1 1/2 stündigen Sitzung life vorgestellt. Danach wird der Supervisionsprozeß, die Dynamik der Gruppe sowie das „Supra-System“: Supervisor-Organisation reflektiert. Am Abschluß eines solchen Supervisionstages entstand Anfang Oktober 1989 das unten folgende Interview mit Dr. Tony Manocchio.

Ideologische Grundlagen der Teammitglieder sind die Erkenntnisse des Neurobiologen H. Maturana, des Physikers H.v.Foerster, die praxisbezogene Arbeit des Psychiaters und Hypnotherapeuten M.H.Erickson und die damit verbundene strategische Therapie J. Haleys und T. Manocchios. Von großer Bedeutung für das Team sind die Grundhaltungen der Humanistischen Therapeuten C.R.Rogers und V.Satir. Die Systemische Therapie Mailänder Orientierung ist in der von Max v.Trommel vertretenen Form wichtig. Das von J.Grinder und R.Bandler gefundene Konzept des Neurolinguistischen Programmierens wurde als Neurolinguistische Selbstorganisation umdefiniert, um den Erkenntnissen und/oder Grundhaltungen der o.g. Lehrmeister gerecht zu werden, und so u.a. die Entdeckung der autopoietischen Organisation eines lebenden Systems (H. Maturana) mit der Idee der Selbstaktualisierungstendenz (M.H.Erickson) für die praktische Arbeit mit Einzelpersonen, Gruppen und Supervisionsteams integrieren und nutzen zu können.

Für die Supervision nach diesem Ansatz lassen sich folgende Merkmale charakterisieren: Supervisionsteams sind lebende Systeme mit rekursiven Interaktionen. Das Ganze steht in Beziehung zu seinen einzelnen Teilen, d.h. Supervision beinhaltet auch Beziehungsarbeit im

Hier und Jetzt. Fallsupervision stellt die Beziehung der einzelnen Mitarbeiter zum Fall heraus, Teamsupervision u.a. die Beziehung des Teams zur Institution. Ziel der Supervision ist das Freisetzen der autopoietischen Kraft des jeweiligen Teams, wobei die Ressourcen im System genutzt, „utilisiert" und transformiert werden. Dies geschieht einmal durch Veränderung der Bedeutung (Methoden der Mailänder Schule, reflektierendes Team nach M.v.Trommel, NLP-Reframing-Prozesse, ericksonische Trance- und Metapherarbeit, NLP-Metafragen etc.) und/oder durch Veränderung der Handlung (Methoden der strategischen Therapie, Paradoxe Aufgaben, ericksonische Ordeale und Rituale). Ist kein Widerstand vorhanden, sind nicht-paradoxe Interventionen sinnvoll. Der Supervisor unterstützt das Team mit Hilfe von sinnesbezogenen Metafragen darin, einen Problem-/bzw. Zielrahmen zu schaffen und die Aufgabe klar werden zu lassen und initiiert einen Prozeß der eigenständigen Problemlösung außerhalb der Supervision. Die Beziehung Supervisor-System darf nicht zum Problem werden. Ziel des Supervisors ist, sich möglichst bald überflüssig zu machen. In diesem Sinne ist Supervision vergleichbar mit interkultureller Arbeit: Jedes Team/System hat seine eigene Sprache, seine eigenen Regeln und Riten, seine eigenen Visionen, die der Supervisor bewußt/unbewußt wahrnehmen und lernen sollte. Seine Methoden und Strategien haben lediglich transformatorische und übersetzerische Funktionen. Ist seine Aufgabe erfüllt, sollte sich der Supervisor im Respekt und der Achtung vor dieser eigenständigen Kultur zurückzuziehen wissen.

Auszüge aus einem Interview zur Supervision in strategischer Therapie mit Tony Manocchio

Interviewer: Ingrid Derra-Wippich, Dr. Peter Buluschek, Maria Fichtinger-Buluschek, Jürgen Wippich.

Ingrid Derra-Wippich (I.D.-W.): Supervision ist zur Zeit in aller Munde. Und wir haben in unserem Supervisorenteam verschiedene Erfahrungen mit Supervision und Supervisionsstilen gemacht, z.B.: Provokative Supervision, systemische Supervision, klientenzentrierte Supervision, Gestalt-Supervision, Balint-Supervision etc. Was ist Dein Modell, Deine Idee von Supervision?

Tony Manocchio (T.M.): Meine Idee von Supervision ist von den Supervisanden ihre Ziele, ihre Erwartungen, das, was sie von der Supervisionssitzung möchten, ganz klar zu erfahren; daß sie sehr klar die Problembereiche definieren, in denen sie arbeiten; sei es in der Arbeit mit Klienten, auf einer Station oder mit Familien. Dabei ist das Setting ziemlich unwichtig, aber es müssen vorerst die Problembereiche klar definiert werden. Wenn das definiert ist, dann arbeite ich gerne mit den Ressourcen der Supervisanden, mit dem, was sie selbst zur Supervisionssitzung beitragen können.

Ich mache einen Unterschied zwischen Supervision und Therapie. Denn meine Vorstellung ist während einer Supervisionssitzung Supervision zu machen und nicht Therapie. Einige Supervisoren tendieren dazu, das zu mischen. Es endet dann in einer Therapie. Ich möchte das nicht, denn ich denke, es paßt nicht zum Konzept der Supervision. Wenn z.B. jemand in einer Supervisionssitzung sagt: „Ich habe ein sehr persönliches Problem." Dann sage ich: „Mag sein, daß Du recht hast, aber es gehört nicht hierher, sondern muß woanders bearbeitet werden." Das ist ein gesonderter Bereich.

Ein weiterer Bereich meines Supervisionsstils ist es, Vorschläge zu machen. Wenn es in einer Klientengruppe z.B. ein Problem gibt, und die Supervisanden damit nicht fertig werden, dann rate ich ihnen, dies oder jenes auszuprobieren. Ich mache Ihnen einige konkrete Vorschläge, die sie dann ausführen können.

I.D.-W.: Würdest Du das, was Du tust strategische Supervision nennen? Oder mit welchem anderen Terminus, z.B. paradoxe Supervision, könnte man Deine Art Supervision zu machen bezeichnen?

T.M.: Nun, es ist mehr dem strategischen Ansatz verbunden. Es ist eine Art von Strategie, die den Schwerpunkt auf den Prozeß richtet. Der Prozeß ist für mich im Hinblick auf die Frage wichtig, welche Art von Vorgang in der Gruppe, mit der ich gerade arbeite abläuft. Daher ist der Prozeß ein wichtiges Element meines Stils.

I.D.-W.: Ist es eine prozeß-orientierte Supervision?

T.M.: Ja, sie ist eindeutig prozeßorientiert ...

I.D.-W.: ...und nicht so sehr auf die Details bezogen?

T.M.: Von meiner Perspektive her denke ich, daß die Fähigkeit Prozeßfragen zu stellen das Wichtigste ist, was ein Supervisor mitbringen sollte. Z.B.: Was denkst Du, was gerade passiert? Wie möchtest Du das Problem lösen? Welche Art von Regeln gibt es in dieser Gruppe? Dies alles sind Prozeßfragen. In den meisten Fällen habe ich mich von den „WarumFragen" gelöst. Ich frage kaum nach dem WARUM. Ich bemühe mich beim Prozeß zu bleiben und zu fragen: WER ist verantwortlich? WIE möchtest Du das machen? WAS GENAU möchtest Du in dieser Situation tun? Auf welche Art und Weise willst Du das Problem bewältigen? – Prozeßfragen sind die wichtigsten Techniken, die man mitbringen sollte.[1]

Jürgen Wippich (J.W.): Das bringt mich auf eine andere Frage. Während Du mit den verschiedenen Stationen gearbeitet hast, konnte ich mehrere Dinge beobachten: Zum einen die Prozeßarbeit, deren Hauptziel wohl ist, die momentane Struktur zu erfassen und die Gruppe mit der Ebene zu konfrontieren, auf der sie sich augenblicklich befindet. Ich denke, dies ähnelt Deiner Arbeit mit Familien oder einzelnen

Klienten. Zum anderen habe ich das Gefühl, daß Du die Gruppe zu einer Entscheidung bringen möchtest, indem Du sie eine Aufgabe, vielleicht eine Paradoxe Aufgabe erfüllen läßt. Aber die Entscheidung darüber sollte die gesamte Gruppe treffen. Heißt das, daß Du die Gruppe, die Station oder das Team als ein Ganzes begreifst, welches aus Teilen besteht, so wie eine Person in ihrer Ganzheit Teile hat? Die ganze Person muß die Entscheidung treffen, um eine Paradoxe Aufgabe zu erfüllen oder nicht. Da gibt es eine Reihe von Parallelen zwischen Gruppenarbeit und Einzelarbeit...

T.M.: Ja sicher, wenn Du in Teambegriffen denkst und Vorschläge machst, z.B. therapeutische Vorschläge, die Teil der Supervision sein können, – ebenso wie in der Arbeit mit einem Klienten, – dann brauchst Du die Kooperation des Teams. Z.B. indem Du sagst: „O.K. wir können das machen." Und dann sagst Du zu den Leuten: „Hört zu, das wird nur funktionieren, wenn ihr alle mitmacht. ... um das zum Laufen zu bringen, müßt ihr alle kooperieren, sonst wird es nicht funktionieren." In dieser Situation sollten Deine Forderungen ganz klar sein.

Als Teil dieses Supervisionsmodells benutze ich außerdem auch die Konfrontation. Ich konfrontiere die Leute mit dem, was gerade passiert, indem ich sie sagen lasse, was sie denken, das sie tun...und sage ihnen dann, daß ich nicht denke, daß sie das tun, was sie sagen... Ich sage Ihnen, wenn sie meiner Meinung nach kein richtiges Team sind, und ich lege Regeln fest, die sie brauchen, um ein Team zu werden. Ich sehe das als einen wichtigen Teil meiner Supervision an. Einige Supervisoren würden das nie tun; sie würden nie Vorschläge machen oder Ratschläge geben. Ich denke, daß ich dafür verantwortlich bin, meine Erfahrung, die ich mir über lange Zeit angeeignet habe, mit ihnen zu teilen.

Ich denke, es ist wichtig für mich zu sagen: „Leute, Ihr macht etwas falsch, und ich kann Euch helfen. Aber Ihr müßt tun, was ich sage. Ihr könnte es tun oder lassen." Wenn sie sagen: „Dieser alte Mann weiß nicht, worüber er spricht!", dann akzeptiere ich das genau so. Wenn sie sagen: „Das könnte eine Idee sein, laß es uns versuchen." Fein, dann akzeptiere ich das ebenso.

J.W.: Ist es eines Deiner Hauptziele, sie zu einer Entscheidung zu bringen, die sehr schnell zu einer Handlung führt?

T.M.: Ja, das ist richtig. Das Konzept des Handelns ist für mich sehr bedeutsam. Ich denke, es ist wichtig, daß die Leute nicht nur herumsitzen und reden, kritisieren oder schimpfen. Ich denke, es ich wichtig zu sagen: "He, wie können wir dieses Problem lösen. Es gibt da ein Problem. Wie können wir es anpacken." Das ist ein Handlungskonzept. Wenn ich ein Etikett dafür verwenden sollte, würde ich es Handlungslernen nennen. Handlungslernen ist Lernen durch Tun. Meiner Meinung nach ist es das beste, existierende Modell. Es ist das alte John Dewey

Modell.[2] (Ein amerikanischer Philosoph: Learning by doing, actional learning). OK.

Maria Fichtinger-Buluschek (M.F.-B.): Was denkst Du über die Annahme, daß der Supervisor von einer Institution für eine Position, die nicht von der Institution selbst ausgefüllt wird, als Ersatz mißbraucht wird?

T.M.: Das wäre Rollenkonfusion. Die Rolle des Supervisors sollte sehr klar sein, er macht keine Konzeptarbeit, behandelt keine Klienten, er erfüllt ausschließlich seine Supervisionsaufgabe.

P.B.: Aber auf der anderen Seite sagtest Du, daß es eine Funktion von Supervision ist, in der Gruppe Führungen zu übernehmen. Ist es dann nicht normal, wenn das Management von einem Supervisor will, daß er die Führungsaufgaben übernimmt, die sie nicht selbst ausfüllen?

T.M.: Nein, das ist eine andere Vorstellung von Führung. Ich rede von einer Führung nur in dieser Gruppe. Das bedeutet, daß Du Deine Rolle, die Regeln der Gruppe, wen Du dabei haben möchtest, wen nicht, die Zeit, den Ort, für Dich selbst definierst. Aber das ist keine Führungsrolle innerhalb der Institution, sondern lediglich in der Gruppe. Das ist ein ganz unterschiedliches Konzept von Führung, es hat nichts mit Management zu tun. Ist das klar?

P.B.: Hängt es nicht ebenso davon ab, wie ich Führung in einer Institution verstehe; daß ich Führung in einer Institution nicht nur als das Vorgeben von Zielen oder Inhalten definiere, sondern auch als das Vorgeben von Regeln?

T.M.: Ja, er tut das in der Gruppe, aber es hat nichts mit den Regeln außerhalb der Gruppe zu tun. Es ist eine Führung ausschließlich für 1-2 Stunden in dieser Gruppe. Das ist alles!

P.B.: Wenn nun der Direktor einer Klinik mich ruft und sagt, es müsse hier in der Klinik etwas für die Motivation und für das Klima getan werden, dann schickt er mich mit Sicherheit auf spezielle Stationen, und ich arbeite mit den Stationen. Sein Interesse ist ja etwas für das Gesamte zu tun und nicht nur für die einzelne Station. Er möchte Innovation für das gesamte Spital..

T.M.: Nun, das ist dann nicht klar. Hierbei handelt es sich um eine andere Ebene. Das ist Organisationsberatung. Wenn jemand zu mir sagt, ich möchte das Image des Krankenhauses verbessern, dann kann ich nicht in kleinen Gruppen herumsitzen und Supervision machen. Das ist dann nicht meine Aufgabe.. Ich muß auf einer anderen, spezifischen Ebene operieren und auf dieser dann auch einsteigen. Ich würde z.B. folgenden Kontrakt vorschlagen: „Ich brauche 3 oder 6 Monate, in denen ich hier, in der Klinik sein werde. Meine Bedingung ist, daß ich während dieser Zeit im Krankenhaus überall dahin gehen kann, wo ich hingehen möchte und mit jedem reden kann, mit dem ich reden möchte. In 3, 4 oder 5 Monaten werde ich dann mit einigen Ideen auf Sie zukommen, um Ihnen Feedback zu geben. Allmählich werde ich dann Vorstellungen entwickeln, was Sie tun müssen, um das Image, das Klima des Krankenhauses zu verändern." Das ist Beratungsarbeit, nicht Supervision!

P.B.: Das ist für mich interessant, daß Du hier eine klare Unterscheidung triffst. Es wird hier häufig diskutiert, daß Supervision auch Institutionsberatung sein sollte, oder daß Supervision ohne Institutionsberatung nicht funktioniert.

T.M.: Das sind 2 verschiedene Modelle. Ich habe beides gemacht. Das eine ist Supervision, das andere ist Beratung. Es sind tatsächlich 2 verschiedene Modelle. Das ist nicht das Gleiche. Supervision ist das eine, Beratung das andere. Therapie ist wiederum etwas anderes. Das sind 3 verschiedene Modelle und es ist wichtig, die Unterscheidung klar zu treffen.

M.F.-B.: Das wird oft vermischt.

T.M.: Ja.

I.D.-W.: Nun, wir vier arbeiten in diesen Bereich, und eines der Themen unserer Fachteamarbeit ist die Supervision der Supervision. Zu Beginn des Interviews sagtest Du, daß Du einen Unterschied zwischen Therapie und Supervision machst. Meine Frage ist nun die, ob Du auch einen Unterschied zwischen Supervision und Supervision der Supervision machst. Was sind die Unterschiede, was sind die Gemeinsamkeiten?

T.M.: Bei der Supervision der Supervisoren operieren wir auf verschiedener Ebene. Die professionelle Ebene der Supervisoren ist höher. Ihr habt eine Menge Training und müßt daher auf einer anderen Ebene behandelt werden. Die Anforderungen sind höher. Man kann mehr Klarheit, mehr Erfahrung und mehr Ressourcen erwarten. Es ist auf manche Weise einfacher, mit erfahrenen Supervisoren zu arbeiten. Wenn Du Supervision in einer Gruppe mit Leuten machst, die mit Klienten arbeiten, so ist das eine völlig unterschiedliche Ebene. Du wirst mehr Unstimmigkeiten, mehr Kämpfe, mehr Aggression haben, und daher muß man auf einer anderen Ebene arbeiten. Wenn man mit Supervisoren arbeitet, können diese Leute bereits besser über sich selbst reden. Sie müssen nicht gedrängt werden, sie sprechen freiwillig über ihre Gedanken und das auf eine sehr klare Art. Da gibt es viel weniger Widerstand.

Ganz anders war es in der einen Gruppe, die wir heute sahen. Einige sprachen, die anderen sprachen nicht; einige sprachen zuviel, die anderen zuwenig; und noch andere wiederum auf verschiedenen Ebenen. Das passiert in normalen Supervisionsgruppen. In den Supervisionsgruppen von Supervisoren gibt es mehr Einheitlichkeit in Bezug auf die Erfahrungsebene. Man respektiert sich stärker, man hat differenzierte Beziehungen zu den Geschehnissen.

P.B.: Was denkst Du, welche Qualifikation ein Supervisor haben sollte. Es entstehen ja gerade verschiedene Schulen und entsprechende Verbände. Was denkst Du, sollte ein guter Supervisor lernen?

T.M.: Ich denke das Allerwichtigste, das Grundlegende, was ein Supervisor lernen sollte, ist, daß er in dem Modell kompetent ist, in dem er und mit dem er supervidiert. Wenn er z.B. Gruppenarbeit supervidiert, muß er etwas über Gruppenarbeit wissen. Wenn er Familienarbeit supervidiert, hat er hoffentlich selber Familientherapie gemacht. Hoffentlich! (Das ganze Team lacht laut)

J.W.: Meine Frage ist etwas theoretisch, aber auch von praktischem Nutzen, Maturana sagt, daß jedes System autopoietisch ist. Diese Idee finden wir auch bei den Klinikern. Die humanistischen Therapeuten wie C.R.Rogers sprechen von der Selbstaktualisierungstendenz. Das Milano Modell vertraut auf die Kraft der Familie. Maturana sagt, daß niemand in der Lage ist, ein System direkt zu kontrollieren. Das System kontrolliert sich selbst.[3]

T.M.: Ja, es ist selbstreferentiell.

J.W.: Ja, und das ist vielleicht das Ziel der Kliniker, ich denke, daß das, was Du machst, eine Paradox ist: Du kontrollierst den Prozeß. Du kontrollierst das Ergebnis. Da muß es sehr schnell ein positives Ergebnis geben. Es ist ja das Wichtigste, den Prozeß zu kontrollieren. Du machst es sehr ähnlich wie M.H.Erickson: Du übernimmst die Macht nur für eine bestimmte Zeit. Aber das Ziel bestimmt die Gruppe. Ich denke, daß dieses Prinzip auch in der Politik recht modern ist. Z.B. bei Gorbatschow: er arbeitet mit einem ähnlichen Paradox. Das, was er macht ist einfach genial. Er sitzt an der Spitze, und er hat große Macht. Aber es tut alles, um sich systematisch zu entmachten. Ist es das gleiche, was Du tust? Du übernimmst die Macht für eine bestimmte Zeit. Du tust so, als ob Du die Macht hättest, und Du kontrollierst sehr direkt – sowohl im industriellen, wie auch klinischen Feld, – Du kontrollierst den Prozeß mit Deiner Macht/Kraft, aber die Macht ist trotzdem im System.[4]

T.M.: Ja, das stimmt, die Macht ist in der Gruppe. Ich meine, daß es sehr gut ist, ihnen eine Menge Ideen zu geben, vielleicht sogar eine Krise in der Gruppe auszulösen. Das ist vielleicht heute passiert. Und dann verlassen sie die Sitzung mit einer Erfahrung. Es ist so, Du mußt die Vorstellung haben, daß etwas passiert ist, sonst sagen sie, es ist nichts passiert, wir haben eineinhalb Stunden miteinander verbracht, und es ist nichts passiert. Und ich möchte, daß etwas geschieht. Das ist das, was ich mit einem handlungsorientierten Modell meine. Es bedeutet nicht, daß es das Problem löst. Die Gruppe ist nur für eineinhalb Stunden hier. Was gemeint ist, ist, daß Du etwas einleitest, so daß ein Prozeß beginnt. Wenn die Leute auf die Station zurückgehen, können sie über dies und jenes reden. Sie können überlegen, wann sie diese oder jene verrückte Idee versuchten umzusetzen. Z.B. jene Frau in ein Einzelzimmer zu bringen, wenn sie Probleme bekommt, um dann zu sehen, was geschieht. Wie immer sie es tun, ob sie es falsifizieren oder bestätigen, es ist ein Handlungskonzept. Und das ist eine der Vorstellungen, die ich von Supervision im industriellen und auch im klinischen Feld habe. Ich denke, Leute sollten in der Lage sein, etwas zu tun. Es ist ein wenig wie in der Therapie. Du mußt sagen, ob der Klient beispielsweise Alkoholprobleme hat. Du mußt Dich fragen, was Du tun kannst, wie Du es lösen kannst, was Du damit machen möchtest.

J.W.: Das Ziel ist, vermute ich, das System zu einer Entscheidung zu bringen, um alte Begrenzungen und Strukturen zu verändern oder zu verlassen. Und man kann das nur durch Handlungen erreichen, nicht durch Nachdenken über das Problem.

T.M.: Ja, es ist eine Form von Handlung, das stimmt. Es ist nicht intellektuell.

M.F.-B.: Fragst Du aus dem gleichen Verständnis heraus bei der Supervision der Supervisoren mehr nach dem „Was man tun kann“ und weniger so, wie ich es von anderen Supervisoren kenne, nach dem „Wo ist Dein Eigenanteil, was hat es mit Dir und Deiner Geschichte zu tun?“

T.M.: Ja das stimmt. Das andere wäre Therapie, und das mache ich nicht. Ich sage nicht, daß es falsch ist, wenn Leute so arbeiten. Ich möchte aber so nicht arbeiten. Für mich kommt dabei nichts heraus. Ich bin nicht sicher, ob die auf diese Art fragende Person wirklich weiß, daß das eine „Warum-Frage“, eine kausale Frage ist: „Warum machst Du das?“ Ich bekomme dann natürlich „Warum-Antworten“. Dann müßte ich mich wiederum fragen, ob das wirklich die Antwort ist, und genau das lehne ich aber ab. Ich denke, daß so etwas in einer Supervisionssitzung wenig hilfreich ist. Daher mache ich es nicht. Es ist nicht mein Stil, und ich möchte es nicht.

I.D.-W.: Ich bemerke, daß wir heute alle bereits seit über 14 Stunden aktiv sind und denke, daß wir mit einer letzten Frage zu einem Ende kommen sollten.

M.F.-B.: Denkst Du, daß Supervision auch negative Effekte haben kann?

T.M.: Ja, wenn der Supervisor nicht kompetent ist. Das Problem ist, daß jemand immer sagen kann, der Supervisor hat ja dies und jenes gesagt. Wenn das schlecht ist, ist es auch eine schlechte Supervision. Man kann böse Fehler machen. Und in diesem Sinne ist es gefährlich. Es ist nicht fair, den Supervisanden und den Klienten gegenüber, wenn der Supervisor etwas vorschlägt, was problematisch ist. Das ist es, was ich mit „nicht kompetent“ meine. Ich sage nicht, daß man keine Fehler machen darf. Der Supervisor kann sicherlich Fehler machen. Aber wenn er einen Fehler macht, muß er in der Lage sein zu sagen: „Gut, ich habe einen Fehler gemacht. Laßt ihn uns anschauen und von meinen Fehlern lernen.“ Wenn es zu oft passiert, und er nicht kompetent ist, dann ist es eine schlechte Supervision, und schlechte Supervision kann riskant sein. Das ist wie vieles andere auch. Wenn Du zu einem Brückenbauer gehst, und es ist ein schlechter Brückenbauer, dann wird die Brücke einstürzen. Das gleiche gilt für die Supervision, Du brauchst Kompetenz.

M.F.-B.: Und Supervision ist auf eine Art wie Brückenbauen...

T.M.: Ja, das stimmt.

I.D.-W.: Ich denke, das ist eine schöne Schlußmetapher. Danke für das Interview.

Anmerkungen

1 Vergl. Tony Manocchio: Paradoxe Interventionen, in: Wippich, Jürgen: Hypnotherapie und Neurolinguistische Selbstorganisation, Bd. 1, Konstanz, Rößler und Partner, 1990

2 Dewey, John: Erziehung durch und für Erfahrung. Reihe:

3 Vergl. Wippich, Jürgen: Begegnung. Ökologie der Veränderung. Eine Einführung in das Neurolinguistische Programmieren und in die Hyponotherapie M.H.Ericksons. Konstanz, Rößler & Partner, 2. Auflage, 1985

4 Vergl. Wippich, J. u. Derra-Wippich, I.: Frank Farrelly – Playing the devil's advocate/des Teufels Advokat spielen. Konstanz, Rößler & Partner, 1989

IV. FALLBEZOGENE SUPERVISION

WEGE AUS DER SACKGASSE: VON DER KONROLLANALYSE ZUR SYSTEMISCHEN LEHRSUPERVISION

Robert Schigutt

1. Das psychoanalytische Modell. Die Kontrollanalyse

Das Hauptinstrument zur Ausbildung eines angehenden Psychoanalytikers ist die Lehranalyse. In den Anfängen der Psychoanalyse war diese nur kurz bemessen; der Kandidat sollte nur anhand eigener Erfahrungen die Technik der Analyse kennenlernen. Später ist sie immer ausführlicher geworden, es wird in der Literatur immer wieder betont, daß sie sich praktisch nicht von einer therapeutischen Analyse unterscheidet.

In der Analyse wird das „Material" bearbeitet, das der Pat. bringt: Erinnerungen, Träume, Assoziationen. Wichtigster Inhalt der therapeutischen Arbeit ist jedoch die Analyse der Interaktion zwischen Analysanden und Analytiker: das analytische Setting mit der abstinenten Haltung des Analytikers bringt es mit sich, daß der Analysand die Interaktionen mit wichtigen Bezugspersonen aus seiner Geschichte in den Interaktionen mit dem Analytiker wiederholt (Übertragung). Systemisch gesehen heißt das, daß der Analysand zusammen mit dem Analytiker in wechselnden Rollen sein Familiensystem aufbaut. Der Analytiker, der diesen Prozeß „in gleichschwebender Aufmerksamkeit" verfolgen soll, ist in Gefahr, in das System hineingezogen zu werden (Gegenübertragung), seine Aufgabe ist es jedoch von einer beobachtenden Position aus (Metaposition) den Prozeß zu bewerten und durch Deutungen dem Analysanden zur Klarheit zu verhelfen, in welchen Erlebniszusammenhang seine Reaktionen in der Analyse gehören.

Die Kontrollanalyse ist die supervisorische Begleitung der ersten Analysen, die der Kandidat vornimmt. Sie beginnt nach Abschluß der Lehranalyse oder kurz davor. Über ihre Funktion gibt es zwei Auffassungen. Die eine geht davon aus, daß der Kandidat durch seine Lehranalyse die nötige Distanz zu seinen emotionellen Reaktionen erlangt hat, sodaß er das Übertragungsverhalten seines Patienten klar als solches erkennen kann und vor Gegenübertragungsreaktionen gefeit ist. Nach dieser Auffassung besteht die Kontrollanalyse im wesentlichen in einer technischen Wegleitung: es wird das vom Patienten gebrachte „Material“ besprochen, die Deutungen des Kandidaten bewertet und andere mögliche Deutungen diskutiert, ferner werden die Interventionsstrategien des Kandidaten geprüft und in ihrer Wirksamkeit beurteilt.

Übertragungs- und Gegenübertragungsphänomene werden bei dieser Art von Kontrollanalyse wohl angesprochen, aber nicht mit dem Kandidaten durchgearbeitet. Für diese Durcharbeitung wird der Kandidat an seinen Lehranalytiker verwiesen.

Die andere Auffassung geht davon aus, daß sich der Kandidat auf einem Ausbildungsniveau befindet, wo er noch nicht die nötige Distanz zur Übertragungsdynamik des Patienten haben kann. Nach dieser Auffassung ist die wesentlichste Aufgabe der Kontrollanalyse, Gegenübertragungsreaktionen nachzugehen und deutend mit dem Kandidaten zu bearbeiten.

Bei dieser Haltung des Kontrollanalytikers ist es unvermeidlich, daß auch die Interaktion zwischen ihm und dem Kandidaten zum Thema gemacht und besonders hinsichtlich Übertragung und Gegenübertragung durchleuchtet wird.

Dabei ist immer wieder ein Parallelismus zwischen den Interaktionen Patient-Kandidat und Kandidat-Kontrollanalytiker aufgefallen. Während in der früheren Literatur dieses Phänomen als „Spiegelung“ oder „Dominostein-Effekt“ beschrieben wird (Searles), wird später die Gruppierung Patient-Kandidat-Kontrollanalytiker als Triade aufgefaßt (Ekstein und Wallerstein, 1958, Gediman und Wolkenfeld, 1980). Hier sind also Ansätze systemischen Denkens zu erkennen.

2. Supervision in der Gestalttherapie

Meine eigene Erfahrung bezieht sich auf Lehrsupervision im Rahmen der gestalttherapeutischen Ausbildung, die innerhalb des österreichischen Arbeitskreises für Gruppentherapie und Gruppendynamik angeboten wird. Für die Supervision ist kein verbindliches Modell vorgeschrieben. So hatte ich die Möglichkeit, bei meiner supervisorischen Arbeit zu verwerten, was ich an therapeutischer Methodik gelernt habe. So wird ja in der Supervision üblicherweise vorgegangen (vgl. dazu Pühl und Schmidbauer, 1988, Richter und Fallner, 1989, Schoppig, 1987). Da ich in Psychoanalyse, Gestalttherapie und Familientherapie ausgebildet bin, ergab sich für mich die Möglichkeit eines breit gefächerten Angebots.

Dabei ist besonders die Einführung systemischer Gesichtspunkte in der gestalttherapeutischen Lehrsupervision ohne methodischen Bruch möglich, da beiden Methoden eine ganzheitliche, nicht-kausale Sichtweise zugrundeliegt.

Im Mittelpunkt des gestalttherapeutischen Denkens steht der Organismus, der nur überleben kann, wenn er seine Bedürfnisse im Kontakt mit der Umwelt befriedigt. Perls (1979) weitet dabei die gestaltpsychologischen Wahrnehmungstheorien auf die Innenwahrnehmungen des Organismus aus: das jeweils dringendste Bedürfnis bildet den Vordergrund so lange, bis die Befriedigung erreicht ist, dann kann es in den Hintergrund treten und anderen Innenwahrnehmungen Platz machen. Störungen treten ein, wenn der zur Befriedigung nötige Kontakt mißlingt.

Solche Störungen können sich im Rahmen der Entwicklung des Organismus ergeben. Zu Beginn seiner Entwicklung ist ein Organismus darauf angewiesen, daß seine Bedürfnisse zum größten Teil von seiner Umgebung befriedigt werden. Die Entwicklung geht zu immer größerer Autonomie, der Organismus wird mehr und mehr fähig, seine Bedürfnisse ohne fremde Hilfe zu befriedigen.

Dabei kann die Situation eintreten, daß der Organismus keine Hilfe mehr von außen bekommt, aber noch nicht die Fähigkeit hat, auf einem bestimmten Gebiet für sich selbst zu sorgen. Er ist dann gezwungen, die Umgebung zu manipulieren, damit sie ihm diese Hilfe zukommen läßt. Diesen Punkt, wo ein Organismus in seiner Entwicklung gewissermaßen „steckenbleibt", nennt Perls (1976) den „impasse", die Sackgasse.

Die Arbeit an der Situation der Sackgasse ist in der Gestalttherapie zentral (siehe auch Staemmler und Bock, 1987). Dabei wird nicht nach Ursachen gesucht, wieso der Patient in die Sackgasse gekommen ist. Der Therapeut geht in „skillful frustration" auf die Manipulationen des Patienten nicht ein, sondern spielt mit ihm neue Möglichkeiten des Kontaktes zu sich selbst und zur Umwelt durch. Dadurch wird sein schöpferisches Potential mobilisiert und er kann in einem Bereich Verantwortung übernehmen, wo er sich bisher als machtlos erlebt hat.

Auch die Therapie wird als eine Entwicklung betrachtet, als ein Stück Leben, das der Patient mit dem Therapeuten gemeinsam lebt. Eine gelungene Therapie bringt inneres Wachstum des Patienten mit sich.

Dadurch kann aber auch die Therapie in eine Sackgasse kommen, besonders wenn sich der Therapeut durch die Manipulationen des Patienten dazu verführen läßt, seine Bedürfnisse in irgendeiner Form zu befriedigen. Wenn es dem Therapeuten nicht gelingt, die Therapie aus der Sackgasse zu bringen, kann er dies zusammen mit einem Supervisor versuchen.

Wenn der Supervisand von einer Therapie berichtet, die seiner Meinung nach steckengeblieben ist, wird der Supervisor zunächst versuchen, den Prozeß ins Hier und Jetzt zu bringen und anschaulich zu machen. Das kann z.B. durch ein Rollenspiel geschehen, bei dem der Supervisand abwechselnd sich selbst und den Patienten spielt und auf diese Art eine Passage der Therapie darstellt. Dabei kann prägnant werden, was den Prozeß ins Stocken gebracht hat. Auf Grund dieser Erfahrung kann dann der Supervisand neue Möglichkeiten therapeutischen Vorgehens erproben.

3. Systemische Ansätze in der gestalttherapeutischen Lehrsupervision

3.1. Systemische Betrachtung der therapeutischen Beziehung

Über die therapeutische Beziehung gibt es eine umfassende Literatur, praktisch alle Schulen haben diese Beziehung im Rahmen ihrer Methode durchleuchtet (Petzold, 1980). Grundlegend und unersetzbar sind die Beschreibungen von Übertragung und Gegenübertragung, wie sie in der psychoanalytischen Literatur gemacht werden (z.B. Menninger und Holzmann, 1977). Die entsprechenden gestalttherapeutischen Ansätze habe ich weiter oben kurz angedeutet, im übrigen verweise ich auf Greenwald (1980).

In der Supervision ist es wichtig, viele verschiedenartige Modelle zur Verfügung zu haben, um den vielfältigen Verstrickungen, die in therapeutischen Beziehungen passieren, gerecht werden zu können. Oft wird auch die therapeutische Sackgasse durch die Einseitigkeit eines (ungeschickt gehandhabten) Therapiesystems gebaut, und der Supervisor zementiert sie, wenn er sich nur im Gedankenkreis des einen Systems bewegt.

Alle die vielfältigen Betrachtungsweisen der therapeutischen Beziehung haben etwas „Systemisches" an sich, indem immer wieder Zirkularität anvisiert wird, etwa in der Frage, ob Gegenübertragung eine Übertragung des Therapeuten auf den Patienten oder eine Reaktion auf dessen Übertragung sei. Trotzdem wäre es eine Überdehnung des Begriffs „systemischer Ansatz", wenn man hier überall von systemischer Betrachtung sprechen wollte.

Systemische Betrachtung liegt dann vor, wenn man Therapeut und Patient in ihrer Interaktion als Einheit betrachtet und es gelingt, für die Interaktionsabläufe Regeln aufzustellen.

Eine Supervisandin berichtet von einer Patientin, die in einer schwierigen Ehesituation lebt und außerdem durch Beruf und Haushalt sehr belastet ist. Die Supervisandin schildert die Therapie als schwierig und wenig ergiebig, die Fortschritte sind gering, obwohl sich die Supervisandin sehr bemüht. Sie macht beim Bericht über ihre Arbeit einen erschöpften und irgendwie gequälten Eindruck.

Als sie aufgefordert wird, die Patientin zu spielen, fällt die Ähnlichkeit im Verhalten von Patientin und Therapeutin auf.

Gemeinsam mit der Gruppe werden die Regeln gesucht, unter denen das therapeutische System steht. Wir kommen zur Formulierung: „nur durch Ernst und große Anstrengung ist etwas zu erreichen“.

Offensichtlich ist ein solches System nicht geeignet, die Patientin zu einer Änderung ihres Verhaltens zu bringen. Es wird beschlossen, durch Einsatz künstlerischer Medien einen spielerischen Einschlag in das System zu bringen (natürlich ohne Wertung und Leistungsdruck). Die Stimmung in der Therapie ändert sich rasch und die Patientin kann Fortschritte machen.

Zur Erkennung von Systemregeln und von zirkulären Prozessen eignet sich die Technik des Sculpting auch gut in der Supervision.

Ein Supervisand arbeitet in einem Erziehungsheim. Er bekam die Aufgabe, einen Jugendlichen intensiver zu betreuen, der straffällig geworden ist. Der Supervisand strebt es zunächst an, ein Vertrauensverhältnis zu dem Jugendlichen zu gewinnen. Es gelingt aber nur ein oberflächlicher Kontakt, der Jugendliche zieht sich stark in sich selbst zurück.

Der Supervisand soll die therapeutische Beziehung in einer lebenden Skulptur zusammen mit einem Gruppenmitglied darstellen. Er kennt die Technik des Sculpting, wählt sich einen Kollegen aus, stellt ihn in einiger Distanz von sich auf und betrachtet ihn nachdenklich, offenbar überlegend, wie er die Skulptur gestalten soll. Dabei fällt auf, daß der Kollege, der den Jugendlichen darstellt, unter seinem Blick zu schrumpfen scheint. Er wird befragt, wie es ihm geht, und er gibt an, daß ihn der nachdenkliche Blick des Therapeuten völlig lähmt, und daß er in sich die Tendenz spürt, sich zu verkriechen.

Die Dynamik der therapeutischen Beziehung hat sich also schon gezeigt, bevor der Supervisand mit dem eigentlichen Sculpting begonnen hat. Gemeinsam mit dem Kollegen, der sich inzwischen gut in den Jugendlichen einfühlen konnte, sucht er nach einer alternativen Skulptur, die eine förderliche therapeutische Beziehung mit diesem Jugendlichen ausdrückt. Zuletzt finden sie eine Darstellung, in der sich beide wohlfühlen: sie stehen nebeneinander, blicken in die gleiche Richtung, der Therapeut hat die Hand locker auf die Schulter des Patienten gelegt, mit der anderen Hand zeigt er auf etwas, das vor beiden liegt.

Mit dieser geänderten inneren Haltung gelang es dann dem Supervisanden, einen guten Kontakt zu Patienten herzustellen.

3.2. Das therapeutische System als „Problemsystem“.

Dieser dritte Gesichtspunkt ist für mich der wichtigste in meiner systemisch orientierten Arbeit geworden. Er hat sich für mich ergeben, indem ich versuchte, die neuesten Entwicklungen systemischen Denkens (Goolishian und Anderson, 1988, Ludewig, 1988) nachzuvollziehen und in meiner Arbeit fruchtbar zu machen. Die genannten Autoren gehen davon aus, daß ein System niemals unabhängig von einem Beobachter existieren kann. Wenn von einem System die Rede ist, muß also immer der Beobachter in die Betrachtung einbezogen werden. In diesem Sinne ist alles, was ich oben unter 4.1. und 4.2 dargestellt habe, Beschreibung eines Beobachters: zunächst des Supervisanden, der über seine Therapie berichtet, und dann meine Beschreibungen von Veränderungen in einem System, mit dem ich aber verbunden bin. Somit existiert die therapeutische Sackgasse auch nur in der Beschreibung des Therapeuten, resp. in meiner Beschreibung als Supervisor, wenn ich mich mit dieser Sackgasse beschäftige.

Das klingt zunächst wie eine Spitzfindigkeit, hat aber bei näherem Zusehen eine eminente praktische Bedeutung. Es räumt endgültig die Illusion aus, daß es ein irgendwo festgeschriebenes Wissen geben könnte, wie ein System zu funktionieren hat, und daß es Menschen gibt, die über dieses vorausgesetzte Wissen in höherem Maße verfügen als andere. Daß ein zwischenmenschliches System „Probleme" hat, daß es also z.B. in einer Entwicklung in eine Sackgasse gekommen ist, dafür kann es die Maßstäbe nur aus sich selbst heraus produzieren. Das gilt für den oder die Menschen, die zum Therapeuten kommen, es gilt aber auch für den Therapeuten, der zum Supervisor kommt. Es ist also nicht so, daß die Sackgasse entsteht, wenn der Therapeut bestimmte Fehler gemacht hat, die dann der Supervisor auf Grund seines umfassenderen Wissens mit dem Rotstift anstreichen kann, damit sie der Supervisand korrigiert. Die Sackgasse drückt eine bestimmte Befindlichkeit zwischen Therapeut und Patienten aus, die nur von den Beteiligten als solche erkannt und bestimmt werden kann. Die Überlegenheit des Supervisors (wenn vorhanden) kann sich nur darin zeigen, daß er weiß, wie zwischenmenschliche Sackgassen entstehen: aus Bedeutungszuschreibungen, die von den Beteiligten konstruiert werden. Und daß er es versteht, einen Prozeß neuer Bedeutungsgebung einzuleiten, der zu einer Situation führt, in der die Einengungen überwunden sind.

Für diese Art des Umgangs mit Problemen besondere Beispiele zu geben, ist schwierig, weil es sich um eine Grundhaltung handelt, zu der man als Therapeut oder auch als Supervisor hinstreben kann. Im Grunde können also alle bisher gebrachten Beispiele zur Veranschaulichung dieser Haltung dienen, denn in keinem Fall habe ich mich darum bemüht herauszufinden, was der Supervisand „falsch" gemacht hat oder wie es „richtig" gehen könne. Ich habe jedesmal einen Suchprozeß eingeleitet und so lange gearbeitet, bis mir der Supervisand mitteilte, daß er jetzt Lösungsmöglichkeiten sieht, daß er sich also nicht mehr in einer Sackgasse befindet. Ob sich das komplette therapeutische System tatsächlich durch diese Arbeit verändert hat, konnte sich natürlich erst bei seinen nächsten Begegnungen mit dem Patienten herausstellen, in vielen Fällen war aber durch die Arbeit in der Supervision die Sackgasse aufgelöst.

Die Arbeit mit dem Konzept des „Problemsystems" hat sich in der Therapie gut bewährt und ich kann ergänzen, daß es auch im Bereich des Lernens (denn bei der Supervision handelt es sich ja um eine Lernsituation) große Vorteile aufweist.

Im ersten Bereich nimmt es dem Therapeuten die Rolle des überlegenen Wissenden, der den oder die Patienten auf ihre Fehler hinweist und ihnen zeigt, wie sie „richtig“ funktionieren müssen.

Im Lernbereich schafft es eine Grundhaltung der Akzeptanz und positiven Bewertung, die ja bekanntlich die beste Voraussetzung für den Lernfortschritt ist. Die Bewertung, ob etwas funktioniert oder nicht, trifft nicht der Lehrer, sondern der Schüler; vom Schüler wird lediglich verlangt, daß er in der Lage ist, seine Arbeit in Frage zu stellen und zum Problem zu machen. Damit fällt auch viel Konkurrenz unter den Supervisanden in einer Supervisionsgruppe weg. Auch Offenheit wird angeregt. Es geht nicht darum, vor Kollegen zu deklarieren, in was für Schwierigkeiten man auf Grund seiner mangelhaften Erfahrung und seiner mangelhaften Fähigkeiten geraten ist, sondern um Einübung einer der Grundfähigkeiten eines Therapeuten: sich selbst als Beteiligten in einem Problemzusammenhang zu sehen.

6. Diskussion

Den vorangehenden Ausführungen möge man die Skizzenhaftigkeit entschuldigen, es sind erste Versuche, Erfahrungen in einem noch wenig begangenen Bereich zu reflektieren. Sie drücken wohl auch die Bemühungen eines Praktikers aus, mit der rasanten Entwicklung der Psychotherapie in unserer Zeit Schritt zu halten.

Zwei Ergänzungen scheinen mir aber wichtig, um meine Darstellung nicht einseitig werden zu lassen. Die von mir beschriebene Einbeziehung systemischer Ansätze in die Lehrsupervision von angehenden Gestalttherapeuten läßt sich meiner Ansicht nach ohne methodischen Bruch vollziehen, da es sich in beiden Fällen um Methoden handelt, die auf eine ganzheitliche Betrachtungsweise zurückgehen. Im Laufe meiner Arbeit als Supervisor bin ich jedoch immer wieder in Situationen gekommen, wo ich mich genötigt sah, auf Interventionen zurückzugreifen, die aus anderen Sichtweisen kommen. Es kommt hier die Problematik des systemischen Ansatzes zum Tragen (der auch für den gestalttherapeutischen Ansatz gilt), daß auf lineares Denken nicht verzichtet werden kann.

So kann es (besonders für einen ärztlichen Supervisor) unumgänglich werden, die Frage zu stellen, ob bei einem Patienten nicht eine Psychose oder ein organisches Leiden vorliegt.

Es kann aber auch nötig werden, auf Phänomene von Übertragung und Gegenübertragung hinzuweisen. Damit sind wir voll außerhalb des zirkulären Denkens, denn Übertragung und Gegenübertragung sind lineare Abläufe. Methodisch ist dazu zu sagen, daß in der Gestalttherapie Übertragung und Gegenübertragung keine so große Rolle spielen wie in der Psychoanalyse, weil das Setting der psychoanalytischen Arbeit das Auftreten dieser Erscheinungen begünstigt und das gestalttherapeutische nicht. Trotzdem kommen sie natürlich in der Gestalttherapie ebenso wie in anderen therapeutischen oder didaktischen Zusammenhängen vor. Es ist genauso ein Fehler, sie in der Gestaltarbeit zu leugnen, wie es in der Psychoanalyse ein Fehler ist, die reale Beziehung zwischen Analytiker und Analysanden zu vernachlässigen.

Hier befinden wir uns nicht nur im Bereich des linearen Denkens, sondern auch im Bereich von „wahr" und „falsch". Denn die Übertragung ist nach Freud (1895) eine „falsche Verknüpfung": Erlebnisse aus der Vorgeschichte des Analysanden werden in der analytischen Situation in unangemessener Weise neu belebt. Wenn ich als Therapeut oder als Supervisor eine Übertragungsdeutung mache, dann mute ich mir zu zu wissen, wie die „richtige Verknüpfung beschaffen sein müßte.

Noch stärker bin ich als Supervisor gefordert, wenn ich bei meinem Supervisanden Verhaltenweisen sehe, von denen ich weiß, daß sie für den Therapieverlauf abträglich sind, etwa die Vermischung von privater und therapeutischer Sphäre. Auch hier ist es nicht zu vermeiden, ein Wertsystem „richtiger" Verhaltensweisen an den Supervisanden heranzutragen.

Systemische Arbeit ist also auch in der Supervision nur innerhalb bestimmter Grenzen möglich; es ist in die Verantwortung des Supervisors gestellt zu entscheiden, wann diese Grenzen erreicht sind.

Das zweite Problem tritt in der Situation auf, wenn der Supervisor auf Grund seiner Einbindung in das Ausbildungssystem sein Urteil über den Supervisanden abgeben soll, sobald dieser eine Graduierung möchte. Hier muß er unvermittelt Wertungen durchführen, die er zum Zwecke eines guten Lernklimas während der Arbeit selbst weitgehend unterlassen hat.

Dieses Problem existiert, seit es psychotherapeutische Ausbildung gibt. Die systemische Betrachtungsweise kann es auch nicht lösen, nur auf seine Existenz hinweisen. Als einziger Ausweg, der den Supervisor davon befreit, ein Vertrauensverhältnis zuerst zu schaffen und dann zu mißbrauchen, scheint nur darin zu liegen, daß der Supervisor davon entbunden wird, eine Bewertung des Kandidaten vorzunehmen. Das einzige, was er bestätigen könnte, wäre die Teilnahme des Kandidaten an den Supervisionsveranstaltungen im vorgeschriebenen Umfang und seine Bereitschaft, sein therapeutisches Handeln in Problemzusammenhänge einzubeziehen. Mehr kann ein Supervisor eigentlich nicht sagen, ohne in Loyalitätskonflikte zu geraten. Es ist damit über den Kandidaten einiges ausgesagt, für die Beurteilung seiner Eignung zur Graduierung genügt das freilich nicht. Hier sollte man andere Wege der Beurteilung finden, um die Supervision in der Ausbildung von diesem Dilemma zu entlasten.

Literatur:

DELL, P.: „In defence of ‚lineal causality'". Fam. Proc. 25, 513-521, 1986

ECKSTEIN, R., WALLERSTEIN, R.: The Teaching and Learning of Psychotherapy, New York, 1958

GEDIMAN, H.K., WOLKENFELD, F.: The Parallelism Phenomenon in Psychoanalysis und Supervision: its Reconsideration as a Triadic System. Psychoanalytic Quarterly, 49/2 (1980), S. 234-255. GOOLISHIAN, H.A., ANDERSON H.: Menschliche Systeme. Vor welche Probleme sie uns stellen und wie wir mit ihnen arbeiten, in: Reiter et al. (Hrsg.) Von der Familientherapie zur systemischen Perspektive, Berlin-Heidelberg, 1988

GREENWALD, J.: Rolle und Funktion des Gestalttherapeuten in der klassischen Gestalttherapie, in: Petzold (Hrsg.): Die Rolle des Therapeuten und die therapeutische Beziehung, Paderborn, 1980

LUDEWIG, K.: Problem-‚Bindeglied' klinischer Systeme, in: Reiter et al. (Hrsg.) Von der Familientherapie zur systemischen Perspektive, Berlin-Heidelberg, 1988

MENNINGER, K.A., HOLZMAN, P.S.: Theorie der psychoanalytischen Technik, Stuttgart-Bad Cannstatt, 1977

PERLS, F.S., HEFFERLINE, R.F., GOODMAN, R.: Gestalt-Therapie, Stuttgart, 1979

PERLS, F.S.: Gestalt-Therapie in Aktion, Stuttgart, 1976

PETZOLD, H., (Hrsg.): Die Rolle des Therapeuten und die therapeutische Beziehung, Paderborn, 1980

PÜHL, H., SCHMIDBAUER, W. (Hrsg.): Supervision und Psychoanalyse, München, 1986.

RICHTER, K.F., FALLNER H.: Kreative Medien in der Supervision, Hille, 1989

SCHOPPIG, L.: Systemtherapeutische Supervision im Kinder- und Jugendheim, Konstanz, 1987

STAEMMLER, F.M., BOCK, W.: Neuentwurf der Gestalttherapie, München, 1987

NLP UND SYSTEMISCHE „SUPER VISIONEN" IN TRANCE

Hannes Brandau

I Einführung und Definition der Begriffe

Der Schriftsteller Henry Miller schreibt in seinem Roman „Sexus":

„Zuerst müssen wir Vision erlangen, dann Disziplin und Durchhaltevermögen, bis wir die Demut verwirklicht haben, eine Vision anzuerkennen, welche die unsere übersteigt. Bevor wir nicht Glauben und Vertrauen haben in überlegene, innere Kräfte, muß der Blinde den Blinden führen. Menschen, die glauben, daß nur Arbeit und Hirn etwas erreichen, werden für immer durch die Donquichotterien und jede unvorhergesehene Wende im Gang der Dinge betrogen werden."

Dieses Zitat, das von einem Zen-Mönch stammen könnte, beschreibt unübertrefflich das Ziel meiner Arbeit: Supervision als gemeinsames Finden und Erfinden von kraftgebenden Visionen, die dem Supervisanden Auswege aus seinem Problem ermöglichen. Kreative Visionen sollen zu flexiblem Verhalten inspirieren, das Los-lösen vom Problem erleichtern und neue Perspektiven aufzeigen. Durch Aktivierung des unbewußten Potentials in Trance soll dieser Prozeß der Selbsterkenntnis spielerisch und mühelos gestaltet werden.

Wie Konfuzius fragte: „Der Weg hinaus geht durch die Tür. Wie kommt es, daß niemand diesen Ausgang benützt?", sehen Therapeuten diese „Türen" dann nicht mehr, wenn sie von ihren Klienten oder ganzen Systemen so hypnotisiert werden, daß sie zunehmend „erstarren.". In dieser Problemhypnose mit vielleicht leichten Anzeichen von Katalepsie oder Konfusion verlieren sie ihre Flexibilität und Handlungsfähigkeit. Systemische „super Visionen" können demnach als Wege von der „Problemhypnose zur Lösungstrance" konzipiert werden (Schmidt, 1989).

Die neueren systemtherapeutischen Konzepte (Boscolo, 1988; de Shazer, 1989, Anderson, 1987; Goolishian, 1987) rücken immer weiter von naturwissenschaftlichen Systemmodellen (Prigogine & Stengers, 1981; Maturana & Varela, 1987) ab und konzentrieren sich zunehmend auf die wirklichkeitsschaffende und systemgestaltende „Macht von Sprache". Zur Erläuterung eine Zengeschichte:

Ein Meister zeigte seinem Schüler einen Stock und sagte: „Wenn du nun sagst, daß es diesen Stock gibt, werde ich dich schlagen. Wenn du sagst, daß es ihn nicht gibt, schlage ich dich auch!" Der fortgeschrittene Schüler ergriff blitzschnell den Stock und entwand sich so der unentrinnbar erscheinenden „Wirklichkeit“.

Um der verrücktmachenden, suggestiven Zwickmühle des Meisters zu entgehen, mußte der Schüler in einer geistesgegenwärtigen Lösungstrance die Ebene des ausweglosen Problemsystems loslassen, Sprache als sinnvolle Kommunikation aufgeben und in einer „super Vision“ die ent-scheidende Handlung vollziehen. Therapie wird nach neuerer Auffassung mehr als eine Kunst des Umganges mit Sprache angesehen als eine planbare Sozialtechnologie.

Im folgenden Beitrag geht es um die Erforschung der Eigenheiten systemischer Supervision. Mit welcher Sprache und welchen nonverbalen Möglichkeiten führen systemische Supervisoren (SV) ihre Supervisanden (SD) aus der Problemhypnose in die Lösungstrance. Um diese Fragen genauer zu untersuchen benützte ich das Instrumentarium des NLP.

Was ist NLP?

NLP ist die Abkürzung für das Wortungetüm Neurolinguistisches Programmieren, ein Begriff, der leichter in Aktionen als in Worten auszudrücken ist. NLP beschäftigt sich mit Modellen der subjektiven Erfahrung und den Interaktionen zwischen Sprache und Nervensystem. Es bietet subtile Werkzeuge zur Erforschung und Beeinflussung menschlicher Interaktionen an. Diese Techniken wurden von Richard Bandler und John Grinder aufgrund präziser Beobachtungen und Analysen der Therapie und Kommunikation von großen Meistern wie Milton Erickson, Virginia Satir, Fritz Perls, Moshe Feldenkreis u. a. entwickelt. Die gemeinsamen effektiven Muster der Veränderung wurden in schrittweise strukturierte Programme integriert und mit neuen Etiketten versehen. Das Resultat dieser neurolinguistischen Programme waren verblüffend schnelle Therapieerfolge. Damit avancierte NLP zu einem wesentlichen Verfahren der Kurzzeittherapie. Ist also NLP nur eine Kommunikationstechnologie, die aus abgeschauten Kopien brillianter Therapeuten integriert wurde?

Nein, denn durch diese fälschliche Festschreibung verläßt NLP seine ursprüngliche Intention, nämlich die Erforschung der subjektiven Erfahrung. Aus diesem noch immer andauernden Forschungsprozeß wurden einzelne Strategien als „Kochrezepte“ verdinglicht und von uninformierten „Usern“ mit NLP identifiziert. So meinte Richard Bandler erst kürzlich bei einem Fortbildungsseminar in Heidelberg (1989) „NLP is an attitude, backed by a methodology that leaves behind a trial of techniques“.

Was hat Trance mit systemischen Super-Visionen zu tun?

Hirnforscher entwickelten in den 70er Jahren die Theorie, daß es zwei Arten von geistigen Prozessen gibt: rechtshemisphärisches und linkshemisphärisches Bewußtsein (Sperry, 1968; Gazzaniga, 1970). Dabei scheinen die rational-sprachlichen Prozesse in der linken Gehirnhälfte zu dominieren, während rechtshemisphärisch ganzheitlich, intuitive und bildhafte Bewußtseinsprozesse vorherrschen. Obwohl neuere Theorien bereits von einem „Multimind" sprechen (vgl. Ornstein, 1986) und eine Vielzahl von hochspezialisierten und voneinander relativ unabhängig funktionierenden „Geisten" annehmen, hat dennoch die Theorie der Hemisphärenspezialisierung ihre Gültigkeit. Kommunikationsprozesse in sozialen Systemen erscheinen als ständig fließende, vernetzte, kreis- oder spiralförmige Interaktionsabläufe, die schwer in der linearen Struktur unserer Sprache zu beschreiben sind. Trance begünstigt die Aktivität der rechten Hirnhemisphäre und erleichtert somit simultanes, bildliches und ganzheitliches Erfassen und Verarbeiten solcher Prozesse (Rossi & Cheek, 1988). Wie wichtig ein Entrinnen aus den Fesseln der sprachlichen Konditionierung für systemisches Denken ist, zeigt auch ein Zitat Albert Einsteins:

„Mein Denken baut auf mehr oder weniger klaren Bildern auf, die bald sichtbar, bald spürbar sind....Die Wörter und Sätze, wie sie geschrieben oder gesprochen werden, scheinen in meinen Denkmechanismen keine Rolle zu spielen."

Ericksen und Rossi (1981) schlagen folgende Definition von Trance vor: *„Die therapeutische Trance ist ein Zeitabschnitt, während dem die Beschränkungen der eigenen gewohnten Bezugsrahmen und Überzeugungen vorübergehend aufgehoben werden, so daß der Betreffende für andere Assoziationsmuster und Funktionsweisen empfänglich ist..."*

II Ergebnisse der Untersuchung: gemeinsame Muster erfolgreicher systemischer Supervisoren in effektiven Supervisionsprozessen

Die Methodologie des NLP nennt sich „Modeling". Modeling ist der Prozeß, mit dem die exzellenten Fähigkeiten von Erickson und Satir erfaßt, analysiert und in lehrbare Schritte transformiert wurden. Dabei sind aber die wesentlichen Werte und inneren Prozesse, die für das brillante Therapeutenverhalten mitentscheidend waren, relativ stiefmütterlich behandelt worden. Welche Rolle Ericksons tiefer Respekt vor der Einzigartigkeit jedes Individuums und seine Farbenblindheit für die subtile Wahrnehmung feinster körperlicher Veränderungen spielte oder welche Bedeutung Satirs spirituelle Werte in ihrer Begegnung mit

Menschen hatte, blieb undifferenziert erforscht und auf bloße Methoden wie z.B. „Reframing" oder die Verwendung besonderer Sprachmuster reduziert. Ich möchte beim Modelling systemischer Supervisoren besonders auf die Bedeutung der Werte und inneren Wahrnehmungsstrategien für den Supervisionsprozeß eingehen.

Der erste Schritt des Modeling-Prozesses besteht in der Auswahl geeigneter Modelle, d.h. exzellenter Experten. Eine der wesentlichen Fragen des Projekts war: Worin genau unterscheiden sich unbefriedigende systemorientierte Supervisionen von besonders effektiven? Zur Beantwortung dieser Frage wurden folgende Informationsquellen verwendet.

+ Strukturierte Interviews von Experten auf der Basis des NLP über Wahnehmungsprozesse, Strategien, Glaubenshaltungen und Werte beim systemischen Supervidieren[1]
+ Interviews über Prozesse der Selbstreflexion und „Selbstsupervision"
+ Verhaltensbeobachtung und Analyse von Videobändern
+ Analyse von wichtigen Zitaten bekannter Systemtherapeuten
+ Rückmeldungen über die Effizienz von Supervisionen als SV, die ich seit Jahren von meinen SD einhole.
+ Vergleiche von persönlich erlebten Supervisionen über einen Zeitraum von 8 Jahren in der Rolle des SD.

Aus der vergleichenden Analyse der Beobachtungen und Interviews von effektiven und weniger effektiven Supervisionen kristallisierten sich trotz vieler Unterschiede zwischen den Supervisoren dennoch bemerkenswerte Gemeinsamkeiten heraus. Ich möchte die gemeinsamen Muster, die auf umfangreichem Informationsmaterial basieren, in eine übersichtliche Ordnung bringen. Dabei bediene ich mich eines Ordnungsrahmens, der von Robert Dilts in das NLP eingeführt wurde (Dilts, 1988). Gregory Batesons hierarchisch angeordnete Lerntypen haben die Bildung dieses Modells inspiriert. Dabei beeinflussen die jeweils höheren Lernniveaus die tieferen, während das jeweils tiefere Lernniveau nur sehr bedingten Einfluß auf die höheren nimmt. (Bateson, 1981, S. 293) Ich möchte nun die verschiedenen Ebenen von unten nach oben beschreiben:

Umgebung:
alle äußeren Bedingungen, die den Prozeß der Supervision beeinflussen. Diese Ebene wurde nicht untersucht.

Verhalten:
bezieht sich auf beobachtbare Reaktionen und Aktivitäten der Teilnehmer. Diese Ebene bezieht sich auf die Frage, was SV konkret tun und welche Verhaltensweisen sie zeigen.

Fähigkeiten:
die inneren geistigen Strategien und „Landkarten", die Menschen entwickeln, um bestimmte Verhaltensweisen zu steuern. Diese Ebene zielt auf die Frage, wie Supervisoren das tun, was sie tun und wie sie innerlich ein Verhalten vorbereiten und auswählen.

Einstellungen:
Glaubenshaltungen, Werte und Wahrnehmungsgewohnheiten. Die Art und Weise, in der ein Lernangebot zu den Glaubenshaltungen, Werten und Wahrnehmungsgewohnheiten des SD paßt, bestimmt den Grad des Lernzuwachses. Glaubenshaltungen und Werte unterstützen, erlauben und verbieten das Ausführen von Fähigkeiten.

Metaprogramme filtern und sortieren unsere Wahrnehmungen. Sie steuern die Richtung der Aufmerksamkeit, mit der wir Information aus der Umwelt auswählen und verarbeiten. Sie steuern unser „Haupt-Augen-Merk".

Identität:
noch genereller und umfassender als Glaubenshaltungen und Werte. Sie hat mit der allumfassenden Vision, Mission und Sinngebung im Leben zu tun. Sie formt und prägt die Einstellungen mit.

Spiritualität:
die Erfahrung, daß wir Teil eines umfassenderen Systems sind, das über unsere Identität hinausgeht, diese aber wiederum auch mitformt. Mehr als die Hälfte der befragten Supervisoren fühlen in exzellenten Momenten ihrer Tätigkeit eine tiefe Verbindung zu einem „Ganzen" und „Höheren".

Gemeinsame Muster erfolgreicher systemischer Supervisoren bei effektiven Supervisionsprozessen

Ebene der psychischen Organisation

Spiritualität
* Tiefe Verbindung zu einem umfassenderen und „höherem" System

Identität
* Partner und Begleiter für Menschen
* Ein Heiler im Sinne des Auslösens der Selbstheilungskräfte
* Selbstdefinition als sich ständig Entwickelnder und Lernender

Einstellungen

Werte
* sich selbst in seiner Arbeit und als Mensch wert-schätzen
* Liebe, Freiheit, Neugier, Humor, Toleranz, Verantwortlichkeit
* Respekt vor der Autonomie des anderen und anderer Systeme

Glaubenssätze
* Selbstreflexion gehört zur ethischen Verantwortung eines Therapeuten und Supervisors
* Innere Erlaubnis zur Selbstumsorgung (self-care)
* Los-lassen von Macht und Machen zugunsten eines Respekts für die Eigendynamik des Systems
* Die Orientierung an den Ressourcen des SD und der Entwicklung einer Situation, die dem SD das autonome Finden seiner Lösungen möglich macht

Wahrnehmungsgewohnheiten oder Metaprogramme
* ganzheitliches Wahrnehmen von Mustern
* Aktionen sind auf ein positives Ziel ausgerichtet
* Haupt-Augen-Merk liegt auf der Zukunft und zukünftigen Möglichkeiten
* neugierige Zuwendung gegenüber der eigenen Person und der Wirkung auf andere
* flexibles Pendeln in allen anderen Metaprogrammen

Fähigkeiten
* genaue Abklärung des Kontextes und Ziels der Supervision
* durch zirculär-reflexive Fragen beim SD innere Suchprozesse auslösen
* durch die Darstellung mit Skulpturen, Rollenspiel und Metaphern eine erlebnisnahe Erprobung zukünftiger Handlungsmöglichkeiten anbieten
* den SD in andere Rollen einfühlen lassen und flexibles Wechseln der Wahrnehmungsperspektiven ermöglichen
* durch Tranceinduktionen intuitive und kreative Reserven des SD aktivieren
* Sackgassen und Schwierigkeiten als Informationsgeschenk nützen
* kreative Nutzung von blockierenden Gefühlen
* den SD die eigene Rolle im Systemgeschehen immer wieder distanziert (dissoziiert) reflektieren lassen.

Verhalten
* aufrechte lockere und symmetrische Körperhaltung
* fließende Atmung

* körperliche Beweglichkeit
* geringere Sprechzeit im Vergleich zum SD
* Augen manchmal defokussiert (erfassen im periphären Gesichtsfeld das gesamte Bewegungsgeschehen des Systems)
* Dominierende Sprachform sind zirculäre zukunftsorientierte Fragen
* Unterbrechen konfusen Sprechens oder Agierens des SD

Das Reflektieren der eigenen Rolle im System erscheint eine besonders wichtige Fähigkeit zu sein, um in blockierenden und kritischen Situationen wieder Handlungsfähigkeit zu erlangen. Deshalb wurde diese Strategie der Selbstsupervision speziell analysiert. Dabei kristallisierten sich auf der Ebene der Fähigkeiten folgende Muster heraus, die systemische Supervisoren bei sich selbst erfolgreich anwenden:

* Visualisierung des Systems und all seinen Mitgliedern in Bewegung und in unterschiedlicher Geschwindigkeit
  (Ich konnte schon oft beobachten, daß Videofeedback mit abgeschaltetem Ton und im Zeitraffer die Wahrnehmung systemischer Muster prägnanter werden läßt. Was also für die Wahrnehmung äußerer Filme gilt, dürfte auch für die „inneren Filme“ gelten)
* Simultane Visualisierung von relevanten Systemvorgängen auf mehreren Ebenen
  (vgl. Interviews mit Frank Farrelly, Terry Tafoya und Maria Bosch)
* Sich distanziert und von verschiedenen Perspektiven aus in Interaktion mit anderen Mitgliedern des Systems visualisieren
* Bilden von metaphorischen Analogien, um Systemabläufe und Muster besser zu formulieren und der Tyrannei sprachlicher Konditionierung auszuweichen
  (vgl. Interviews mit Schmidt, Zeig, Farrelly)
* Flexibel zwischen verschiedenen Rollen und Perspektiven wechseln
  (vgl. Interview mit Stephen Lankton)
* Kurzes Hineinversetzen in einen Trancezustand, um unbewußte oder überbewußte „Weisheit“ zu empfangen
  (vgl. Interviews mit Farrelly, Schmidt, Tafoya, Kutschera und Essen)
* Innere Simulation des Systems unter verschiedenen Vorannahmen
  (vgl. Interviews mit Watzlawick und Kutschera)
* Kreative Nutzung von blockierenden Gefühlen
  (vgl. Interview mit Schmidt)
* den inneren Dialog mit zirculär-reflexiven Fragen führen
  (vgl. Interviews mit Schmidt, Welter-Enderlin und Essen)

Diese Muster der systemischen Selbstreflexion und Selbstsupervision wurden in nachvollziehbaren Schritten dargestellt, um sie SD als Impulse anzubieten. Ziel ist es, mit Hilfe dieses Angebotes den SD selbst entdecken zu lassen mit welchen dieser Strategien er seine eigenen Ressourcen und latent schlummernden Strategien am besten aktivieren kann. Es geht also um das Finden von Meta-Strategien, die dem SD seine passenden Strategien entlocken können. Mit einem Minimum an äußeren Impulsen soll ein Optimum an Ressourcen des SD freigesetzt werden.

Aus den Beobachtungen und Interviews bezüglich effektiver, systemischer Supervisionen möchte ich nun folgende Meta-Struktur ableiten und zusammenfassend darstellen.

Metastruktur des systemischen Supervisionsprozesses

1) Die genaue Beobachtung des Prozesses und der Muster in der Darstellung des Supervisionsproblems ermöglichen Aufschlüsse darüber, welche Einschränkungen der Wahrnehmung (Sinneskanäle, Metaprogramme) und der Sprachverwendung in die Problemhypnose führen. Besonders Tilgung, Verzerrung und Generalisierung in der Sprache und einzelnen Sinneskanälen verhärten die „Problemrealität".

2) Hinterfragen, wer in welcher Weise an der Definition des Problems beteiligt ist und welche Rolle dabei der SD spielt, in welchen Kontext der SD mit dem System und der Supervision eingebettet ist und welches Ziel er verfolgt.

3) Falls sich noch keine sinnvollen Hypothesen über die Rolle des SD im System und seine Schwierigkeiten (Verzerrungsmechanismen) ergeben, empfiehlt es sich, das Problem kurz inszenieren zu lassen. Je nach vermutetem Informationsgewinn für den SD kann dies mit Trance, Skulptur oder Rollenspiel erfolgen.

Konkretes und sinnesspezifisches Feedback über mögliche Einschränkungen des SD durch Tilgung, Verzerrung und Generalisierung in Wahrnehmung und Sprachgebrauch kann in dieser Phase sinnvoll sein.

4) Der wesentlichste Schritt liegt jedoch im Aktivieren der Ressourcen und im Experimentieren, um neue Perspektiven zu gewinnen. Nach Erlangung eines kreativen und flexiblen Zustandes spielt der SD mit neuen Lösungsmöglichkeiten.

5) Im nächsten Schritt probiert der SD innerlich oder auch real die gefundenen Lösungen aus und testet, wie gut sie mit der Ökologie des gesamten Systems zusammenpassen.

Stimmen sie auch mit dem Ziel des SD überein, kann die Supervision beendet werden. Wenn nicht, ist zu überprüfen, bei welchem Schritt des ganzen Supervisionsprozesses weitere Klärung nötig ist.

6) Die Nachkontrolle bildet den Abschluß der Meta-Strategie und möglichen Ausgangspunkt für weiteres Erforschen und Entdecken.

Metastruktur systemischer Supervision

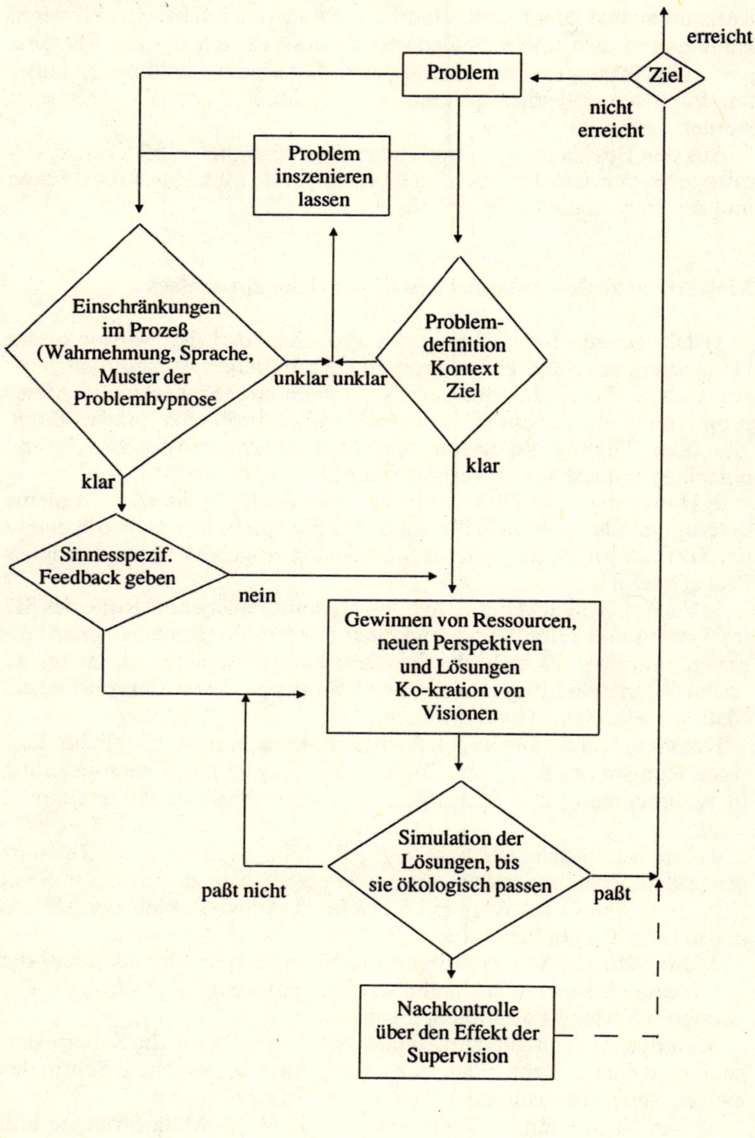

Dieses Ablaufschema stellt nur eine Möglichkeit dar, die Erfahrungen systemischer Supervisoren transparent zu machen und in einem Raster zu integrieren, der kontextsensibel möglichst viele Alternativen, Spielformen und methodische Kombination offen läßt.

III Anwendungsbeispiele in der Praxis

1.) Das zirkulär-reflexive Fragenkarussell

„Fragen heißt; hören auf das, was sich einem zuspricht“ M. Heidegger

Eine der dominierenden und beliebtesten Methoden systemischer Supervisoren ist das zirkuläre und reflexive Fragen. Diese Methode beruht auf der Beobachtung Gregory Batesons, daß das Wissen von äußeren Ereignissen immer durch die Wahrnehmung von Unterschieden bestimmt wird. Etwas vereinfacht ausgedrückt geht es beim zirkulären Fragen um Beziehungsfragen, die eine einseitig linear-kausale Sichtweise von Problemen aufweicht und die gegenseitige Vernetzung von Beziehungsinterpretationen aufzeigt. Dazu ein Beispiel:

Angenommen, ein Therapeut wird vom SV durch einige Fragen über die Wirkung seines Verhaltens so weit gebracht, daß er erkennt, daß nicht nur die passive Resistenz seiner Klientin ihn zu übersteigerter Aktivität und vergeblichem Bemühen führt, sondern umgekehrt auch seine fordernde Aktivität ihre Passivität provoziert. Vielleicht wird er ihre Reaktion leichter akzeptieren können und bei weiteren Sitzungen selbst passiver werden.

Die lineare Sichtweise des SD kann das Problem stabilisieren. Zirkuläre Fragen enthalten indirekt die Aufforderung, die Zusammenhänge in zirkulärer Weise zu sehen. Während sie eher dazu dienen, die bestehenden Muster zu explorieren und offenzulegen, haben die sogenannten reflexiven Fragen das Ziel, die gegebenen Vernetzungen neu zu konstruieren. (vgl. Tomm, 1988, S. 220). Reflexive Fragen beruhen auf der Annahme, daß die Beziehung zwischen SV und SD koevolutionär ist und die Aufgabe des SV darin besteht, innerhalb des Einstellungssystems des SD eine reflexive Aktivität auszulösen.[2] Die Fragen sind indirekte, subtile Aufforderungen zur Fokussierung der Aufmerksamkeit auf konstruktive Visionen. Diese neuen „Wirklichkeiten" sollen für die Lösung der vom SD eingebrachten Probleme nützlicher sein als die bisherigen Lösungsversuche.

Der vordergründige Nachteil reflexiver Fragen kann darin liegen, daß sie Unsicherheit und Konfusion bewirken können. Diesen Umstand möchte ich nun vorteilhaft nutzen und mit Hilfe einer Aneinanderreihung von reflexiven Fragen einen Zustand der Konfusion des bewußten Verstandes induzieren, während auf unbewußter Ebene selbstorganisierende, schöpferische Suchprozesse ausgelöst werden. Ohne Verwirrung ist Lernen 2. Ordnung nicht möglich (Bateson, 1981). Wir verlieren vorübergehend den Boden unter den Füßen, tappen im Dunkel bis sich im Lichte neue Konturen bilden. Diesen Prozeß möchte ich durch eine geeignete Tranceinduktion in Gang setzen. Es ist ein Prozeß, den gute Supervisoren internalisiert haben und der die Kapazität des Unbewußten nützt. Durch beständiges Aneinanderreihen der Fragen erfolgt eine Überladung der bewußten Informationsverarbeitungskapazität. (Gilligan, 1987) Milton Erickson meinte einmal: „If I have any doubts about my capacity to see the important things, I go into trance" (Erickson & Rossi, 1977).

Die Supervisandin (SD) im folgenden Ausschnitt aus einer Sitzung mit dem „Zirculären Fragekarussell" ist eine 40-jährige Beraterin, die seit 8 Monaten mit einem Paar in 4-wöchigen Abständen arbeitet. Während es die ersten 5 Sitzungen noch recht gut voran ging, stagniert der Prozeß seit den letzten Kontakten. Nach der letzten Sitzung „zermarterte" sie sich derart den Kopf, um die Gründe des Stagnierens zu finden, daß sie sogar Kopfweh bekam. Es war ihr nachher alles noch unklarer als vorher.

SV: Kleine Kinder können so richtig neugierig sein und Fragen über Fragen stellen, wobei sie manchmal gar nicht die Antworten abwarten – als wüßten sie tief in ihrem Inneren, daß Antworten ihre Zeit brauchen und sich oft von selbst ergeben –, und wichtige Antworten wachsen manchmal wie Äpfel, die dann vom Baum fallen, wenn die Zeit reif ist.

Manche Kinder lauschen am Abend vor dem Einschlafen einer Geschichte und dabei kommen ihnen oft viele Fragen, die sie sich stellen, während sie dabei weiter noch irgendwie zuhören und nebenbei schon die Geschichte auf ihre Weise fortspinnen. Und während sie noch zuhören, sich Fragen stellen und eigene Geschichten erfinden, werden sie müder und müder, so daß sie dabei tiefer und tiefer einschlafen. Woher nehmen sie das Vertrauen, irgendwann einmal die Antworten auf ihre vielen Fragen zu bekommen? Manchmal kommen die Antworten im Traum, manchmal unverhofft am Tag..... (Pause)

Wieweit möchtest du von den Kindern oder deinem Kind in dir lernen, dich auf viele Fragen, die deinen bewußten Verstand verwirren können, einzulassen, während dein Unbewußtes auf seine Weise die Fragen aufgreift und in Bildern und Gedanken weiterspinnt? Wie tief kannst du deiner intuitiven, unbewußten Weisheit vertrauen, daß sie von all den vielen Fragen, die dann laufend an dich gestellt werden, nur die aufnimmt, die deinen Bedürfnissen, deiner Neugier und deinen Lösungen entsprechen? Gib mir mit einem deiner Finger ein Zeichen, wenn dein Unbewußtes bereit ist, all die wesentlichen Fragen aufzugreifen, während dein bewußter Verstand sich vielleicht jetzt schon erlauben wird, mir nicht mehr zuzuhören.....

SD: (nach ca. 45 Sekunden hebt sich der linke Zeigefinger)

SV: Angenommen, du würdest dich selbst mit deinen Klienten, hinter dem Einwegspiegel beobachten, was würdest du der Therapeutin da draußen im Therapieraum als erstes sagen ... als zweites ... als drittes? Angenommen, du läßt einen guten, weisen, humorvollen Freund die Videobänder von den problematischen Stellen anschauen und der fällt an gewissen Stellen vor Lachen fast vom Stuhl – welche Stellen wären das und was würde er so witzig finden?

SD: (Ein leichtes Lächeln im Gesicht)

SV: Du brauchst weder bewußt zu antworten, noch bewußt zuzuhören. Denn dein Unbewußtes kann all die Fragen aufnehmen und weiterentwickeln, die wirklich von Bedeutung sind.... (Pause)

Angenommen, ein Bildhauer hätte eine Skulptur, ein Komponist ein Musikstück und ein Dramaturg ein Ballett oder Tanztheater oder ähnliches zu gestalten, nachdem sie dich bei deinen bisherigen Therapien beobachtet haben – welche Kunstwerke würden da entstehen?.... (Pause)

Wenn du diese Therapie nochmals beginnen würdest, was würdest du dann anders machen? Angenommen du würdest als Therapeutin von nun ab das Gegenteil von dem tun, was du bisher getan hast? Wie würde dies aussehen, sich anhören und anfühlen?... (Pause)

Und während sich ein Teil deines Bewußtseins noch mit vergangenen Fragen beschäftigen kann, wählt dein Unbewußtes ohne dein Zutun all die weiteren Fragen aus, die es ganz von selbst in seiner Weise beantworten will. Wie kommt es eigentlich, daß du sie noch nicht zum Teufel geschickt hast? Und was würde dir fehlen, wenn sie nicht mehr kommen würden? Was müßtest du tun, um eine möglichst miserable Therapie zu machen? Wenn du ein guter ehrlicher, aber recht brutal direkter Freund von denen wärst, was würdest du ihnen so richtig reinsagen? Was wäre wohl das Verrückteste und Unerwartenste, was du denen bieten könntest?... (Pause)

Kannst du dich an eine Situation erinnern, wo du vor einem ähnlichen Problem gestanden bist, es aber fertiggebracht hast, es zu meistern?....

Stelle dir vor, einige deiner therapeutischen Vorbilder und inneren Führer sitzen in einem Team und wollen dir mit Ideen helfen. Welche Ideen würde wer haben? Wenn sie miteinander diskutieren würden und sich auf eine gemeinsame Idee einigen würden, welche Idee wäre das?

Wenn du sie nun der Reihe nach auffordern würdest, mit diesem System weiterzuarbeiten, wie würde jeder die nächsten Schritte durchführen? Welche Stile und Ideen würden am ehesten zu dir und dem System passen? Woran würdest du erkennen, daß du selbst in einem optimalen, flexiblen, kreativen Ressourcenzustand bist und wie würdest du dann mit denen umgehen?

Gib deinem Unbewußten nun die Zeit und den Raum, den es wirklich braucht, um mit neuen Möglichkeiten und einem neuen Verständnis diesen Menschen zu begegnen. Welchen Unterschied wird es für deine Beziehung zu dir selbst und zu den anderen machen, wenn du einige dieser neuen Möglichkeiten aufgreifst? Wie sehr wirst du dich selbst und die anderen dabei annehmen können?

Und wenn du noch viel mehr als bis jetzt die Ressourcen und Werte aller verwenden würdest, woran würdest du merken, daß du in diese Richtung zu arbeiten beginnst?.... (Pause)

Wie tief kannst du all das genießen und mir dann nach dem Aufwachen ein wenig erzählen, wenn du möchtest und den Rest im Unbewußten belassen, wo es auf seine leichte und spielerische Art und Weise die Arbeit fortführen kann, indem es die vielen Teile dieses Puzzle so zusammensetzt, daß du genau dann, wenn du es brauchst das ganze Bild erkennst? Komm in deinem Tempo erfrischt zurück, sobald du dir sicher bist, daß du dich auf dein Unbewußtes verlassen kannst, alle wirklich wesentlichen Antworten zum richtigen Zeitpunkt geschenkt zu bekommen.....(Pause ca. 2 Minuten)

SD: Am stärksten war das für mich, wie der da vor lauter Lachen fast vom Sessel fällt. Ich hab mich dann plötzlich so wie ein Kasperl zwischen den beiden gesehen. Und dann kann ich mich noch erinnern, wie meine Vorbilder miteinander diskutiert haben. Da sind mir dann so zwei Dinge gekommen. Das eine war, daß ich die Frau einmal mehr konfrontieren sollte und das andere war, daß mir klar wurde, daß er sich seine Bedürfnisse eigentlich überhaupt nicht eingesteht. Er kam mir zwischendurch bei irgendeiner Frage so schön brav vor, so wie ein artiger Hund, der wartet bis er dran kommt. Ich glaube, daß ich das dadurch gefördert habe, daß ich sie oft mit ihren ausschweifenden

Herumreden nicht unterbrochen habe. Der wichtige Rat meiner Weisen war, daß ich das Herumreden unterbrechen soll und mehr nonverbale und spielerische Sachen ausprobieren werde.

SV: Hast du irgendwann einmal Anzeichen von Kopfweh bekommen?

SD: Nein, im Gegenteil, ich war sehr entspannt und ziemlich weg und kann mich an die meisten deiner Fragen gar nicht mehr erinnern.

2.) Aus der „Sackgasse" mit Hilfe von Submodalitäten

„Wie ist es, wenn man sieht, Don Juan?" „Um das zu wissen, mußt du sehen lernen. Ich kann es dir nicht sagen." (Castaneda, 1975, S. 34)

Wie oft haben Sie Sätze gehört wie: „Er hat eine glänzende Zukunft vor sich." „Das gehört zu seiner dunklen Vergangenheit". „Wo bleibt unsere Perspektive?" „Das ist eine heiße Sache". Diese Metaphern enthalten präzise Information über die Art der Wahrnehmung des Sprechers und auch den Schlüssel dazu, die Wahrnehmung zu beeinflussen. Dieser Schlüssel nennt sich Submodalitäten[3] und bezieht sich auf die Untereigenschaften der Wahrnehmung eines Sinnessystems. Wenn jemand meint, daß er eine „Sache nicht an sich heranlasse und vor sich herschiebe", dann benützt er Distanz unbewußt als Untereigenschaft der visuellen Vermeidungsstrategie. Entwickelt wurde das Konzept der Submodalitäten von Richard Bandler (1985), der damit zahlreiche Interventionsstrategien konzipierte.

In den vielen Interviews und Beobachtungen von SV wurde deutlich, daß entscheidende Komponenten systemischen Wahrnehmens einerseits im dominierenden Gebrauch des visuellen Sinnessystems liegen, andererseits aber bestimmte Submodalitäten eine wesentliche Rolle spielen. Trotz einer beachtlichen Variation der benützten Submodalitäten kristallisierten sich Bewegung, Geschwindigkeit und vor allem Distanz als wesentlichste Variablen heraus. Vor dem Fallbeispiel möchte ich die Schritte der Wahrnehmungsstrategie darstellen:

1) Beschreibung der Problemsituation im „Hier und Jetzt"
2) Wahrnehmung und Beschreibung einer „Ressourcensituation", in der systemischer „Durch-Über-und Weitblick" gegeben war
3) Vergleich der beiden Erfahrungen in bezug auf die Verwendung von Sinnessystemen und der Submodalitäten
4) „Hinüberfließen lassen" der Qualitäten von der „Ressourcensituation" in die Problemsituation
5) Verankerung der „Ressource" für zukünftige Sackgassen.
   Auch mit dieser Strategie sind noch viele Varianten und Erweiterungen denkbar. Im folgenden Beispiel aus einer Supervisionssitzung hatte der SD mit einer Familie das Problem, daß er sich

während der Sitzung immer wieder wie gelähmt fühlte und den Durchblick verlor.

SV: Hast du die Situation, wo du den Durchblick und Überblick verloren hast, was da im System und dir läuft, schon ausgewählt?

SD: Ja

SV: Bitte tue dann so, als wenn du jetzt voll in der Situation drinnen wärst und alles vor dir siehst, hörst, fühlst, riechst.

SD: Das ist recht unangenehm. Ja, die ganze Familie sitzt da nah vor mir. Alles ist starr. Ich sehe eigentlich alles recht diffus vor mir.

SV: Was hörst du dabei:

SD: Die Stimmen sind monoton. Es klingt wie in einem schalltoten Raum. Je länger das jetzt dauert, desto mehr rede ich mit mir selbst, was da überhaupt noch drinnen ist.

SV: Und was für Gefühl hast du, wenn die da so nah vor dir sitzen.

SD: So energielos bin ich.

SV: Woran merkst du das? Wie fühlt sich energielos an?

SD: Es ist bedrückend, so schwer fühlt es sich an. Ich kann nichts tun und bin gelähmt:

SV: Okay, bitte verändere deine Haltung. (der SD saß schon mit verspannten Gesichtsausdruck und vorgezogenen Schultern da)
Kannst du dich jetzt an eine Situation erinnern, wo du so richtig den Durchblick und Überblick gehabt hast, wo du rasch gemerkt hast, was da für Muster und Spiele ablaufen?

SV: Du blickst mit den Augen nach rechts oben. Heißt das die Szene läuft so ca. 3 m vor dir ab?

SD: Ja, ich fühle mich beweglich und ich kann atmen. Das ganze schaut transparent aus.

SV: Heißt das du siehst die Kontraste und Farben genau?

SD: Ja, mehr die Kontraste. Aber dadurch das es weiter weg ist, habe ich alle im Blickfeld. Es ist wie ein Breitwandfilm.

SV: Ist es zwei- oder dreidimensional?

SD: Es ist dreidimensional. Ja genau!

SV: Was nimmst du akustisch wahr?

SD: Da höre ich gut und gerne.

SV: Woran merkst du das?

SD: Es klingt wohltuend

SV: Und fühlt sich das ganze leichter und beweglicher an?

SD: Ja, vor allem ich fühle mich so.

SV: Gut, kannst du die Realität der ersten unangenehmen Situation mit den Qualitäten der Situation mit Durchblick, Überblick und Weitblick verändern? Gib die erste Situation in die gleiche Distanz, mache sie breiter und dreidimensional. Gib Bewegung und Leichtigkeit hinein.

SD: Ja, das schaut jetzt ganz anders aus

SV: Verstärke die Kontraste und höre die Stimmen wohlklingend. Wie erlebst du das jetzt?

SD: Ich sehe mich zwischendurch auch kurz selber.

SV: Siehst du dich, wie du mit den anderen kommunizierst und welche Muster und Spiele sich da ergeben?

SD: Ja, ich versuche da der Mutter eine Hilfe anzubieten, die für sie nicht akzeptabel ist

SV: Wenn du jetzt all die Qualitäten der ersten Erfahrung in der Situation zur Verfügung hast, was wird dann anders?

SD: Das wichtigste ist, daß ich in lockerer Bewegung bleibe und mir eine Distanz suche, die paßt.

SV: Was heißt das?

SD: Wenn die Distanz zu groß wird, dann erlebe ich es langweilig.

SV: Dann verändere es so, daß es interessant bleibt.

SD: Ja, jetzt ist es wieder besser, aber die Bewegung gehört auch dazu.

SV: Und der Klang der Stimmen. Okay. Was kann diese Veränderung der Wahrnehmung für die nächsten Stunden mit dieser Familie bedeuten?

SD: Daß ich mir den Rollstuhl als Sitz holen werde, um die nötige Distanz und Bewegung zu haben. Daß ich überhaupt gerade mit dieser Familie weniger reden werde, sondern spielerischer arbeiten werde.

SV: Woran würde das ein Außenstehender erkennen?

SD: Daß die Familie viel mehr beschäftigt ist, als ich es bin.

SV: Okay. Kannst du noch die Augen schließen und den linken Arm anheben.

SD: Ja

SV: Dein linker Arm wird nun so schnell oder langsam heruntergehen und loslassen, wie es Zeit braucht, daß du automatisch auf erste Anzeichen des Hineingeratens in eine Situation, wo du den Durchblick, Weitblick und Überblick verlierst, sofort mit all den Qualitäten der Distanzierung, Bewegung, Leichtigkeit, klaren Kontraste und wohlklingenden Stimmen reagierst und dein Unbewußtes dir immer flexibler und ganz von selbst diese Zustände ermöglicht, wenn du sie brauchst.

SV (geht langsam mit Arm herunter, was ca. 3 Minuten dauert)

Aus den vielfältigen Strategien der Supervisoren ließen sich noch etliche weitere Spielmöglichkeiten extrahieren. Die integrativen Möglichkeiten zwischen Systemtherapie, Hypnotherapie nach Milton Erickson und NLP sind noch lange nicht ausgeschöpft. Abschließend möchte ich noch drei wesentliche Muster systemischer Supervisoren hervorheben: Humor, rasches Wechseln von Perspektiven und metaphorische Verfremdung systemischer Prozesse. Besonders in den Interviews mit Frank Farrelly, Gunther Schmidt, Jeff Zeig und Stephen Lankton treten diese Strategien deutlich hervor. In den „Super-Comix-Visionen“ versuchte ich diese Muster zu verbinden. Der Ablauf läßt sich übersichtsmäßig in folgenden Schritten skizzieren

3.) Super-Comik-Visionen

1) Festlegung von verschiedenen „Standpunkten“ im Raum. Dabei werden die Plätze für den Therapeuten, die Klienten, einen außenstehenden Beobachter und einer „Kreativwerkstatt“ vom SV festgelegt.

2) Am Platz der „Kreativwerkstatt“ wird ein spielerisch, kreativer Zustand verankert. Der SD wird an diesem Platz in einen Trancezustand versetzt und an besonders kreative und närrische Momente im Leben erinnert. Entsprechende Vorbilder werden imaginiert und als Quellen zusätzlicher Inspiration an diesem Platz versammelt.

3) Am Platz des Therapeuten erfolgt ein Wiedererleben der Problemsituation, als ob sie im „Hier und Jetzt“ wäre. Die Rolle des Therapeuten wird nun clownhaft übertrieben.

4) Dasselbe erfolgt am Platz jedes der Klienten

5) Von der Position des Beobachters wird nun mit verschiedenen „Kameraeinstellungen“ des Films der Interaktion zwischen Therapeut und Klienten gespielt. Scharfe Nahaufnahmen wechseln mit Ferneinstellungen von verschiedenen Perspektiven und die Geschwindigkeit des Films wird vor dem inneren Auge zunehmend gesteigert. Dies erleichtert nach meiner Erfahrung das Erkennen sich wiederholender Muster.

6) Ab einer gewissen Geschwindigkeit läßt der SD den Film in einen metaphorischen Comix-Film überspringen.

7) Mit diesem „Comix-Film“ geht der SD nun wieder auf den Platz der Kreativwerkstatt und arrangiert, bzw. simuliert den Film solange, bis er zumindest zwei bis drei brauchbare neue Lösungsvisionen gefunden hat.

8) Die Lösungen werden nun aus der Position des Therapeuten und in der Rolle der Klienten durchlebt. Damit wird die ökologische Sinnhaftigkeit für das gesamte System getestet.

All diese Schritte sind je nach Kontext und aktuellem Prozeß beliebig variierbar und veränderbar. Das Wesentliche ist: sich spielerisch und so flexibel im erregenden Chaos menschlicher Systeme zu bewegen, daß wir bedeutsame Unterschiede entdecken, die im Handeln einen Unterschied machen.

Literatur

ANDERSON, T.: The reflecting Team: Dialogue and meta-dialogue in clinical work, Family Process, 26, 1987

BANDLER, R.: Using Your Brain – for a Change, Utah, 1985

BATESON, G.: Ökologie des Geistes, Frankfurt, 1981

BOSCOLO, L., CECCHIN, G., HOFFMANN, L., PENN, P.: Familientherapie-Systemtherapie; Das Mailänder Modell, Dortmund, 1988

CASTANEDA, C.: Eine andere Wirklichkeit; Neue Gespräche mit Don Juan, Frankfurt, 1975

CECCHIN, G.: Zum gegenwärtigen Stand von Hypothetisieren, Zirkularität und Neutralität: Eine Einladung zur Neugier, Familiendynamik 13, 1988

DE SHAZER, S.: Wege der erfolgreichen Kurzzeittherapie, Stuttgart, 1989

DILTS, R.: NLP in Training Groups, Ben Lomond, California, 1989

ERICKSON, M. & ROSSI, E.L.: Hypnotherapie; München, 1981

GAZZANIGA, M.: The bisected Brain, New York, 1970

GILLIGAN, S.: Therapeutic Trances; The Cooperation Principle in Ericksonian Hypnotherapy, New York, 1987

GOOLISHIAN, H.: Jenseits von „Jenseits von ...“, Zeitschr. für systemische Therapie, 5 (2), 106-111, 1987.

MATURANA, H. & VARELA, F.: Der Baum der Erkenntnis, München, 1987

MILLER, H.: Die Welt des Sexus, Reinbek, 1974

ORNSTEIN, R.: Multimind, Boston, 1986

PIERCE, B. & CRONEN, V.: Communication, Action and meaning: The creation of social realities, New York, 1980

PRIGOGINE, I. & STENGERS, I.: Dialog mit der Natur, München, 1981

ROSSI E. & CHEEK D.: Mind – body therapy, New York, 1988

SCHMIDT, G.: Von der Problemhypnose zur Lösungstrance, Vortrag am 1. Europäischen Milton Erickson Kongreß, 1989

SPERRY, R.: Hemispheric deconnection and unity in conscious awareness, American Psychologist, 23, 723-733, 1968

TOMM, K.: Das systemische Interview als Intervention: Teil II, Reflexive Fragen als Mittel zur Selbstheilung, in: System Familie, Forschung und Therapie, 1988

Anmerkungen

1 Ich danke insbesondere folgenden Experten, die ich bei Supervisionen beobachten und interviewen durfte: Groß Brigitte, Kleibel-Arbeithuber Juliane, Mernyi Margarethe, Peter Burkhardt, Revenstorff Dirk, Saurugg Alois, Schachtner Ulrich, Sommer Sigrid.

2 Der Begriff „reflexiv“ wurde dem Kommunikationsmodell des „Coordinated Management of Meaning“ (CMM) entliehen (Pearce & Cronen, 1980).

3 Die wichtigsten Submodalitäten sind im visuellen System: Farbe, Helligkeit, Entfernung, Größe, Kontrast, Position, Bewegung, Dissoziation (man sieht sich im Bild oder Film), Assoziation (man erlebt in der Erinnerung die Situation), Dimensionalität etc. Auditives System: Ort, Tonhöhe, Lautstärke, Tempo, Rhythmus, Dauer etc. Kinästehtisches System: Temperatur, Druck, Spannung, Gewicht etc.
Wichtige Geruchs- und Geschmacksqualitäten.

SPIELERISCHE MÖGLICHKEITEN FALLBEZOGENER SUPERVISION IN GRUPPEN

Ulrike Kranz

Supervision soll sowohl eine gründliche Reflexion als auch eine Erweiterung beruflicher Erlebens- und Handlungsqualitäten bewirken. Da der Supervisionsprozeß im wesentlichen von der Beziehung der Beteiligten lebt, können spielerische und kreative Medien darauf einen erlebnisaktivierenden und ausdrucksfördernden Einfluß nehmen.

Betreuer am Krankenbett von krebskranken Kindern und Jugendlichen empfinden oft so intensiv mit den Patienten mit, daß sie schon nach einigen Besuchen auf der Station in eine Position geraten, in der sie selbst unterstützende Hilfe von außen benötigen. Die Supervisionsgruppe hat das Ziel, den Supervisanden Entlastung, Reflexion und neue Möglichkeiten des Umganges mit den Kindern anzubieten. Die mit der Krisenverarbeitung verbundenen Themen von Leid, Tod, Trauer und existenzieller Angst führen nicht selten zu depressiv anmutenden und ermüdenden Verbalreflexionen. Gerade das Festhalten an abstrakten Betreuungszielen und das Zurückhalten von Gefühlen gegenüber den Patienten führt mitunter in endlose Schleifen von offenen Fragen. Hier können spielerische Elemente das vermiedene Thema auf den Punkt bringen. Anleitungen wie z.B.: „Auf eine Phantasiereise gehen, die Situation durch eine Zeichnung, Malerei oder Skulptur darzustellen, die Beziehung im Rollenspiel nachvollziehen, das Thema mittels eines Puppenkastens szenisch gestalten oder das Besprochene durch Bewegung im Raum ausdrücken" wirken belebend und bringen die systemischen Verknüpfungen und Regeln schneller und prägnanter in den Fokus der Aufmerksamkeit. Wichtig ist, daß die Supervisorin einerseits klare und konkrete Anleitungen gibt, andererseits aber die nötige Offenheit für den sich selbst entwickelnden Prozeß ermöglicht, z.B. die Anleitung: Versuchen Sie die Beziehung zwischen Betreuer und Patient durch die Zeichnung einer Brücke auszudrücken. Nachdem die einzelnen Zeichnungen in der Gruppe vorgestellt wurden, könnte die zweite Anleitung das Bild ergänzen: „Jeder kann jetzt auf den Zeichnungen der anderen das hinzufügen, was seiner Meinung nach fehlt." Anschließend können die hinzugefügten Elemente in den Zeichnungen besprochen werden. Sofort entsteht eine Fülle von Beziehungsphantasien, und Ressourcen des Supervisanden werden angeregt. Aus der alten „Beziehungsgeschichte" wird eine neue, kreativere Version konstruiert, die dem Supervisanden für zukünftige Kontakte alternative Möglichkeiten öffnet.

Das Scenospiel mit dem Ausgang: „Take it easy".

Hans, ein korrekt aussehender, junger Mann, der sein Medizinstudium sehr ernst nimmt, beginnt seine erste Betreuung voller Elan auf der onkologischen Station. Er gibt der Gruppe schon zu Beginn der Stunde zu verstehen, daß er einiges berichten möchte:

„... Es ist mir nämlich wichtig, daß ich keine Fehler mache. Es soll vor allem zwischen Bernd und mir ein geistiger Kontakt hergestellt werden. Ich habe schon versucht mit ihm philosophische Gespräche zu führen, aber wir haben nicht sehr viel gemeinsam. Bernd ist Tischlerlehrling und beschäftigt sich nicht gerne mit geistigen Dingen. Er liest zur Entspannung Mickey Mouse und hat sich dem Modellfliegen verschrieben. Wir haben uns über sein Zuhause unterhalten, aber da läßt er nichts durchblicken. Ich möchte schon eine gute Betreuung machen und so hab ich mir überlegt, was ich noch für Themen einbringen könnte. Derzeit geht es ihm sehr schlecht, weil er Chemotherapie hat und brechen muß. Aber irgendwie geht doch im Gespräch langsam der Stoff aus. Das Schlimmste ist das Widerkauen von Themen. Das darf auf keinen Fall passieren. Also so stell ich mir keine Betreuung vor, wenn immer die gleichen Themen kommen."

Die Reaktionen während der Mitteilungen von Hans in der Gruppe sind verschieden: Kratzen, Daumen drehen und eine Menge vernünftiger und „gescheiter" Vorschläge, die das bereits bestehende Interaktionssystem zwischen Hans und Bernd nur noch im Sinne eines „mehrdesselben" verfestigen. Zu diesem Zeitpunkt wird das Material des Szenotests[1] ins Spiel gebracht.

Die Teilnehmer bekommen die Aufgabe, nach ihrem momentanen Empfinden, unter den vielen Dingen wie Menschen, Tieren, Pflanzen, Bausteinen, Autos und anderen Gegenständen solche auszuwählen, die sie dem Patienten jetzt – in diesem Moment – schenken wollten. Auf der „Spielwiese" erscheinen die „verschiedensten Geschenke", welche die Teilnehmer in einer kleinen Geschichte szenisch aneinanderreihen.

Hans greift als erster zu einer Kuh. „Das wäre mein Anti-Geschenk für den Patienten." Er läßt die Kuh von einer Handfläche zur anderen achtlos hin und her gleiten. „Das ist das Symbol für das Wiederkauen von Themen, so wie es die Kühe machen; das möchte ich ihm auf keinen Fall schenken." Er will die Kuh zurücklegen. Ich fordere ihn auf, seine Idee ernstzunehmen und das Tier auf der Spielwiese zu plazieren. „Ich stell sie lieber außen an den Rand." Die Kuh blickt nun wiederkäuend über den Spielrand, mitten auf die leere Wiese. Hans ist unzufrieden. „Auf die Spielwiese stell ich lieber ein Auto als Symbol für geistige Emigration.

Ilse ist aufgebracht. Sie nimmt das Klo. „Da am Rand stell ich noch das Klo hin, damit die Kuh hineinspeien kann. Die Kuh speit jetzt ins Klo." René ergreift den Storch und fliegt mit ihm über die Spielwiese.

„Da kommt ein Vogel geflogen, es ist ein Storch. Aber nein, in Wirklichkeit ist es ein Reiher. Der Reiher reihert dazu.“ Alle lachen erleichtert.

Die Supervisorin legt drei Stücke einer Blumenwiese auf die Spielfläche: „Das ist mein Geschenk für Bernd, damit er hinaus in die Natur kommt, um auszuruhen und sie zu genießen.“ Barbara fügt hinzu: „Ach, da fehlt ja überhaupt der Patient dazu, der einmal ausspannen sollte und wieder in die Natur gehen müßte. Das würde ihm guttun. Am Waldrand sitzen und mit der Seele baumeln und träumen.“ Sie setzt eine Puppenfigur, einen kleinen Buben mit Spielhose, mitten auf die Wiese. Er wird behutsam hingelegt. „Aber jetzt ist der Bub ganz allein. Wo ist denn der Betreuer?“ Fritz sucht nach einer passenden Mann-Figur, aber er gibt sich mit keiner so richtig zufrieden. „Irgendwie paßt keine von denen. Aber nehmen wir diese.“ Er plaziert sie neben den Buben auf die Wiese. „Die schauen sich aber überhaupt nicht an. Die sind ja viel zu weit entfernt voneinander. Wie sollen die überhaupt miteinander reden?“, und Fragen aus der Gruppe. Die Figuren werden verschoben. „Jetzt paßt es schon besser!“

Nach einigen weiteren Plazierungen von Figuren betrachten die Teilnehmer das Szenarium und überlegen, welche Bedeutung die einzelnen Spielschritte für sie hatten. „Wiederkäuende Themen sollten keinen Platz haben, aber waren doch irgendwie da. Die Kuh war nach außen verbannt; jetzt ist sie neutralisiert.“ sagt Hans. „Ich glaube, es besteht keine Gefahr mehr, daß gleiche Themen kommen. Ich seh da viel mehr Möglichkeiten. Ich glaube, ich hab mir von unserer Beziehung zuviel erwartet. Ich wollte eine besonders gute Betreuung machen.

„Aber da ist auch noch das Auto“ meint Barbara zu Hans. „Das war für Dich das Symbol einer geistigen Emigration. Das klingt so hochgeistig, intellektuell. Für mich ist es das Ausbrechenwollen, zusammen fortfahren, mit den Gedanken woanders hin. Aber irgendwie normaler. Habt Ihr schon über Autos geredet?“ „Ich verstehe was Du meinst! Ja, er interessiert sich sehr für Autos. Zu dem Thema weiß ich aber selbst nicht viel – aber da könnte ich ja von ihm lernen.“ Habt Ihr schon über Mädchen geredet? Über Freundinnen, so richtig als Burschen unter sich?“ „Ja, das wäre ein Thema. An das hab ich noch gar nicht gedacht. Überhaupt, fällt mir ein, daß ich eigentlich auch einiges von mir erzählen könnte. Einfach so.“ sagt Hans. Vor allem brauch ich mich in der nächsten Stunde nicht mehr so anzustrengen etwas Besonderes zu sein und mit Bernd etwas Besonderes zu machen. Wenn ich darüber nachdenke. – „Nein, ich brauche nicht mehr nachzudenken – es ist jetzt einfacher geworden.“

Anmerkungen

1 Staabs, G.u.; Der Szenotest, Bern Stuttgart, Wien, 1978

V. INTERVIEWS ZU KRITERIEN EFFEKTIVER SYSTEMISCHER SUPERVISION

SUPERVISION ALS KOEVOLUTION

Maria Bosch

Maria Bosch arbeitete viele Jahre mit Virginia Satir zusammen, seit 1970 ist sie die maßgebliche Begründerin der entwicklungsorientierten Familientherapie im deutschsprachigen Raum und bildete auch zahlreiche Lehrtrainer und Supervisoren aus.

Brandau: Maria, Du hast lange Zeit bei Virginia Satir gelernt. Wie hast Du sie als Lehrerin und Supervisorin erlebt?

Bosch: Seit ich Virginia kannte, hat sie klargemacht, daß nur Menschen etwas Menschliches miteinander zu tun haben können und im selben Moment, wo Rollen dazukommen, eine Verzerrung des Kontakts stattfindet. Sie sah sich deshalb nur als Mensch. Mir selber wurde dieser Punkt im Laufe der Jahre immer deutlicher: daß Rollen eigentlich von vornherein alles mit einer Unterstellung festlegen. Die zentrale Frage für Virginia war: „Wie können wir zu dem werden, der wir wirklich sind und uns als Menschen begegnen?" Sobald das klar zum Ausdruck kommt, kann man wiederum mit den Rollen lockerer und spielerischer umgehen. Wenn ich z.B. ein offenes Therapieseminar mache, kann ich den Teilnehmern oft mehr geben und mit ihnen besser in Kontakt kommen als wenn das gleiche Seminar unter dem Motto der „Ausbildung" steht, denn dann tauchen viel stärker alle Eltern-Lehrer- und Schulprojektionen auf. Ich stelle immer wieder fest, daß für mich Elternprojektionen noch viel leichter auflösbar sind als Schulprojektionen. Ich denke, daß dies damit zu tun hat, daß Schulprojektionen mit schweren „Manko-Erlebnissen" zu tun haben. Darunter verstehe ich z.B., daß in der Schule oft etwas gefordert wird, was nicht zu dem paßt, was im Kind ist. Es erlebt, daß es etwas Falsches tut, gleichgültig wie „gut" es sich dabei fühlt. Oder es paßt sich dem Lehrer so an, daß es dessen Sprache spricht und die eigenen Gedanken, die eigene

Identität, aufgibt. Oder es ist nur mehr an den Noten orientiert. Diese Regeln haben auf die Persönlichkeitsentwicklung der Kinder destruktive Auswirkungen und sind auch heute noch kaum in Schulen diskutierbar. Sobald es später, also „Ausbildung" heißt, entsteht eine von Rollen und Rollenerwartungen geprägte Situation, die oft erst am Ende auflösbar wird.

Brandau: Kann man sagen, daß besonders bei Supervisionen diese Projektionen spürbar werden?

Bosch: Ganz extrem sogar. Je früher die Supervision in der Ausbildung einsetzt, desto extremer.

Brandau: Bevor wir diesen Aspekt weiter reflektieren, möchte ich noch einmal auf Virginia Satir zurückkommen.

Bosch: Virginia hatte verschiedenste Formen entwickelt, Therapeuten anzuleiten. Aber die Formen, die ich als Supervision im üblichen Gebrauch ansehen würde, habe ich bei ihr kaum erlebt. Sie hat erst einmal die Therapeuten mit sich selbst und mit ihr in einen wirklich tiefen Kontakt gebracht und dann Feedback gegeben. Wenn etwas bei jemand „schief" ging oder irgendwelche Konflikte aufbrachen, hat sie dies therapeutisch bearbeitet. Dabei hat sie dann manchmal die wesentlichen Prozesse erklärt.

Brandau: Also der wesentliche Teil war, daß sie die Therapeuten mit sich, ihrem Selbstwert und Ressourcen in Kontakt gebracht hat.

Bosch: Ja, das war wesentlich und sie meinte, daß ein guter Therapeut derjenige ist, der dem Klienten um mindestens eine Nasenlänge voraus ist. Wenn er zuviel voraus ist, kann er dem Klienten auch nicht helfen. Sie ließ aber die Therapeuten in ihren dreiwöchigen „Process Communities" in den letzten Jahren immer auch in Triaden – also zu dritt – arbeiten. Triaden sind ja die schwierigste systemische Konstellation. Deshalb gab es dort auch am häufigsten Konflikte, besonders bei den Therapeutentriaden. Sie interviewte Therapeuten, bzw. Triaden vor den Familien, Klienten oder Gruppenteilnehmern und bearbeitete deren Schwierigkeiten. Das war ähnlich einer Form, die ich öfters anwende, indem ich als Supervisor eine klar abgegrenzte Rolle als „consultant" übernehme und vor der Familie mit dem Therapeuten über den Therapieverlauf und die Prozesse spreche, jedoch nicht zur Familie spreche. Das muß aber vorher mit der Zustimmung aller abgesprochen sein.

Brandau: Hat Virginia selbst einmal mit anderen oder in einer Triade gearbeitet?

Bosch: Nein, sie hat meines Wissens immer allein gearbeitet. Ich habe sie diesbezüglich einmal gefragt, aber keine klare Antwort bekommen. Ich denke, daß dieser Punkt damit zu tun hat, daß sie die erste war und sich als Einzelarbeiter am wohlsten fühlte. Und das ist ein ganz wichtiger Punkt, der bei Supervisionen eine große Rolle spielt. Bei den vielen von mir ausgebildeten Trainern gab es ganz eindeutige Einzelarbeiter oder Individualisten und es gab Leute, die nur zu zweit gut arbeiteten. Natürlich kann das auch in Phasen abwechseln, sodaß jemand, der vorher im Team gut gearbeitet hat, auf einmal merkt, daß er es alleine machen möchte. Wenn man Supervision als Koevolution betrachtet, darf man diese Entwicklungsphasen nicht tabuisieren. So gibt es in der Fachwelt immer wieder Regeln, sich auf eine bestimmte Art als Therapeut zu verhalten, alles andere ist tabu.

Brandau: Wie hat die Kybernetik 2. Ordnung Deine Supervisionstätigkeit verändert?

Bosch: Den Unterschied würde ich vor allem darin sehen, daß ich mir noch verfeinertere Raster angeeignet habe, „wie ich – wann-mit wem-in welchem Kontext – arbeite". Den zweiten Unterschied würde ich darin sehen, daß ich noch genauer die Beziehung des Supervisanden zu mir abkläre. So frage ich mich genau, welche Wahrnehmungsmuster und Umgangsmuster er mit sich selbst hat und kläre, welche er von mir wünscht. Die Beantwortung dieser Fragen bestimmt weitgehend, wie sehr ich dem Supervisanden während der Supervision helfen kann – denn mancher läßt sich aufgrund seiner Raster kaum helfen, während er arbeitet. Ich kann es leichter akzeptieren, daß – egal, was ich an Botschaften sende – diese nicht ankommen. Da konzentriere ich mich dann auf die Vor- und Nachbereitung der Therapie, wenn wieder mehr Flexibilität vorhanden ist.

Brandau: Du beachtest also das Konzept von Maturana, daß die Informationen durch die innere Organisation, bzw. Muster des Informierten und nicht durch Qualität oder Quantität von Information bestimmt wird. Eine strukturelle Koppelung, um die Eigenprozesse des Therapeuten zu reorientieren, kann demnach aufgrund der mangelnden Plastizität der autonomen Systeme Supervisor-Therapeut verhindert werden.

Bosch: Deshalb handle ich mit vielen Therapeuten vorher aus, welche Sprache und Signale sie in welcher Abfolge verarbeiten können. Weiters mache ich heute öfters Pausen als früher, um eine gewisse Distanzierung und Entspannung zu ermöglichen.

Brandau: Haben die Ideen Maturanas auch eine grundlegendere Sichtveränderung für Dich gebracht?

Bosch: Im großen Stil nicht, weil Maturana mit einem großen Teil dessen, was ich von Virginia gelernt habe, konform geht. Und ich weiß auch, daß Satir Maturana sehr schätzte und meinte, daß seine Konzepte ihren Ansatz wissenschaftlich untermauern.[1] Im Vergleich zu früher reflektiere ich aber mehr in verschiedenen Formen und von verschiedenen Standpunkten aus über ein Problem. So bereite ich manchmal eine Live-Supervision drei bis vier Mal von sehr unterschiedlichen Standpunkten aus vor, um ein Maximum an unterschiedlicher Information zu bekommen. Ich bekomme etwa andere Ideen, wenn ich erschöpft bin als wenn ich mich „happy" fühle und wiederum andere Ideen, wenn ich mich in verschiedene Rollen hineinversetze. Aber ich frage auch die anderen Teilnehmer, z.B. einer Supervisionsgruppe, viel mehr nach anderen Perspektiven und Ideen und setze in den Vorbereitungen zur Supervision unterschiedliche Akzente. So lasse ich in Gruppen unterschiedlich lange Vorbereitungen machen und studiere die Unterschiede in den Wirkungen.

Brandau: In Deinem Modell der Supervision mit der Resonanzgruppe[2], das mich stark an das „Reflecting Team" erinnert, sollen die Teilnehmer dieser Gruppe auch möglichst unterschiedliche Standpunkte zu den Prozessen zwischen Therapeut und Familie einnehmen und nicht den Konsens anstreben. Die Familie und der Therapeut werden geradezu mit einem Informationsangebot überflutet, aus dem sie auswählen können. Das therapeutische System erhält so vom Supervisor und der Resonanzgruppe Impulse, die Ausgangspunkt für eine Neuorientierung des Systems „Therapeut-Familie" werden können. Verstehe ich es nun richtig, daß auf diese Weise Supervision als Koevolution verwirklicht wird? Wird also durch die neuen Perspektiven, Bewertungen und Informationen der Resonanzgruppe der blockierte ko-evolutive Entwicklungsstrom ins Fließen gebracht?

Bosch: Natürlich erhalten die Klienten etliche Angebote neuer Sichtweisen in diesem wechselnden Hin und Her zwischen eigener Auseinandersetzung aufgrund der Interventionen des Therapeuten und dem Ideenangebot der Resonanzgruppe. Und in diesem Prozeß können sie auswählen und so die Therapie aktiv mitgestalten. Aber auch in der Resonanzgruppe kommt es zu einer wechselseitigen Klärung und einem Austausch von Anregungen, was dann zu einer gleichzeitigen Weiterentwicklung aller führt.

Brandau: Könnten wir nun genauer auf dieses Modell der Resonanzgruppe eingehen?

Bosch: Vielleicht sollte ich zuerst kurz Aufbau und Ablauf angeben?

Die Supervisionsgruppe der Familientherapeuten oder Ausbildungsteilnehmer ist bei einer Life-Sitzung anwesend im Raum oder hinter der Einwegscheibe. Sie wählt 3-5 Mitglieder für die Resonanzgruppe, die während der Sitzung auf Wunsch 2-3 mal Feedback auf das therapeutische System bezogen an Familie und Therapeut(en) gibt, genannt „partizipierende Reflektion". Das bedeutet, daß sie besonders auf die Muster und die reziproke Beeinflussung zwischen Therapeut(en) und Klienten(-system) achtet und darüber spricht ohne zu einer Einigung in der Auffassung zu kommen. So können unterschiedliche Aspekte und Seiten gewürdigt werden. Der Therapeut arbeitet und spricht ausschließlich mit der Familie. Der Supervisor kann der Resonanzgruppe angehören. Die übrigen Gruppenmitglieder können auf Wunsch ein End-Feedback im Sinne persönlicher Mitteilungen („sharing") geben. Dieses Modell kann abgewandelt selbstverständlich auch in anderen Kontexten, etwa einer Teamsupervision angewandt werden.

Brandau: Und was sind die Bedingungen, die für die Effizienz dieses Modells nötig sind?

Bosch: Diese Form der Supervision geht am besten, wenn ein Therapieprozeß steckenblieb, überprüft oder gesichert werden soll. Manchmal sind es auch nur Konsultationen in einer indirekten Form, in denen die Familie einfach sehr deutlich ihre Situation gespiegelt bekommt, um dann allein zu ihren Kräften und Ressourcen zu kommen. Der Supervisor kann als Mitglied diese „Resonanzgruppe“ korrigierenden Einfluß auf die Gruppe nehmen, Auslassungen ergänzen, Gleichgewichte stören oder austarieren und den therapeutischen Prozeß sichern.

Brandau: Was gibst Du dieser Gruppe für Instruktionen?

Bosch: Ich wähle für diese Kleingruppe drei bis fünf Teilnehmer aus der Gesamtgruppe und mache klar, wer wann wen anreden kann. Diese Gruppe teilt im Verlauf der Familiensitzung zwei bis dreimal ihre Reflexionen der Familie und dem Therapeuten auf deren Wunsch hin mit. Der Therapeut arbeitet nur mit der Familie. Der Supervisor kann je nach Absprache entweder der Resonanzgruppe oder dem Rest der Gruppe angehören, die am Schluß noch Feedback geben kann. Wichtig ist, daß der Therapeut schon vorher das Einverständnis der Familie für diese Vorgangsweise eingeholt hat. Dann betone ich nochmals, daß nur zu den Beziehungen und Prozessen zwischen Familie und Therapeut Stellung genommen werden soll, bezogen auf aktuell Gesagtes und Beobachtetes, daß keine negativen, festlegenden und individuellen Formulierungen gemacht werden sollten und aufgrund der Systemdiagnose der „identifizierte Patient“ in seiner Position verstärkt werden dürfe.

Brandau: Welche Probleme ergeben sich mit diesem Modell?

Bosch: Da das Konzept gleichzeitig eine Supervisionsmethode und therapeutische Konsultation darstellt, ist es anspruchsvoll und setzt vor allem Vertrauen zwischen allen voraus. Der Supervisor ist in einer Steuerungsfunktion und die Beiträge der Resonanzgruppe können bei Familie und Therapeut in die falsche Kehle kommen. Weiters besteht bei unerfahrenen Ausbildungsteilnehmern die Gefahr, daß sie eine Rolle als Obertherapeut einnehmen. Deshalb setzt dieses Modell systemische Kenntnisse und eine gewisse Ausbildungserfahrung voraus.

Brandau: Neben der Resonanzgruppe sitzen ja auch die übrigen Teilnehmer im Falle einer Life-Supervision im Raum. Werden diese Teilnehmer außer der Aufforderung eines gewünschten abschließenden Feedbacks auch noch anders in den gesamten Prozeß einbezogen?

Bosch: Wenn die Gruppe im Raum sitzt, beziehe ich sie relativ selten ein. Ich erinnere mich da an eine Supervision mit einer Familie, deren Mitglieder behaupteten, daß sie etwas wollten, aber schon im Aussprechen jenes Satzes halb weggeschlafen sind. Selten hatte ich so energielose Menschen gesehen. Ich hatte auch keinen blassen Schimmer, was in dieser Familie wirklich lief. So empfahl ich dem verzweifelten Therapeuten, das allererste Kleinste, das überhaupt passierte, aufzugreifen, wenn wir alle nach der Zwischenbesprechung wieder in den Raum zurückkehren. Als wir eintraten, ermahnte die Mutter ganz leise den 15-jährigen Sohn, richtig zu sitzen und stieß ihn mit den Füßen fast unmerklich. Der Therapeut nahm dies auf. Je länger die Sitzung dauerte, je mehr lümmelten er und ich so im Stuhl wie dieser behinderte Sohn, bevor er ermahnt wurde. Die ganze Supervisionsgruppe nahm dagegen ähnlich steife Haltungen ein wie die Mitglieder der Familie. Ich versuchte mit allen mir möglichen Signalen die Gruppe zu animieren, auch lockerer zu sitzen, um mit diesem Kontrast die Energie der Familie zu beeinflussen. Doch die saßen da wie eine Eins mit geradem Rücken und ohne Bewegung. Nachdem die Frage der Sitzhaltungen ausführlich und mit hohem Engagement (!) der Familie besprochen war, fragte dennoch der 11-jährige Sohn am Ende der Sitzung den Vater ganz leise. „Papa, muß ich abends im Bett, wenn ich lese, auch korrekt und ordentlich sitzen?" Da hat sich der Vater dann plötzlich durchgerungen und „Nein" gesagt, was für alle eine richtige Erlösung war. Dieses Beispiel zeigt, welch starke hypnotische Wirkung von solchen Familien auf die Therapeuten ausstrahlt und wie schwer man manchmal gegen diese Energie ankommt.

Brandau: Inwiefern spielt jetzt da der Begriff der Energie eine Rolle?

Bosch: Ich fordere manchmal die ganze Gruppe auf, einem unsicheren Therapeuten oder einer Familie positive Energie zu schicken. Und nach meiner Erfahrung wirkt das – über welche Kanäle auch immer. Besonders Sitzhaltungen und Sitzordnungen haben da eine immense Wirkung. Ich glaube aber, daß in dieser Dimension noch viele Schätze liegen, die ich noch nicht nütze oder nicht genügend nütze.

Brandau: Nun zu den letzten Fragen. Wie reflektierst Du selbst Deine Arbeit als Therapeutin und Supervisorin?

Bosch: Ich lasse etwas Zeit verstreichen und schau mir das dann noch einmal an, denn in der Situation ist es anders als danach. Ich ruhe mich aus, laß es mir gut gehen und laß in der Entspannung Teile der Sitzungen kommen.

Brandau: Was genau kommt da? Bilder, Gedanken, Gefühle oder....?

Bosch: Es sind Bilder und Gefühle.

Brandau: Sind die Bilder bewegt, also Filme?

Bosch: Ja. Und dasselbe tue ich auch während der Supervision. Ich stoppe diese Filme, wenn etwas nicht gut läuft und schau nach Alternativen.

Brandau: Du stoppst also den Film. Machst Du dann die Bilder größer?

Bosch: Deutlicher auf jeden Fall. Aber meist wechsle ich auch die Perspektiven. Ich sehe dann fast gleichzeitig mich selber in Beziehung zu den anderen, also z.B. zum Therapeuten, wechsle dann zur Beziehung zwischen Therapeut und Familie, schlüpfe in die Schuhe der einzelnen Familienmitglieder und schaue alles von da aus an, stelle mir buchstäblich in mehreren Kontexten oder Altersphasen das Gesagte vor.

Brandau: Und was hörst Du dabei?

Bosch: Das ist sehr unterschiedlich – weil ich kein Akustiker bin. Wenn ich mir das jetzt auf Deine Frage hin vorstelle, ist der Hörkanal dabei. Aber ich weiß nicht, ob mir das nicht nur jetzt so vorkommt. Ich kann den Hörkanal hinzuziehen, wenn mir die kleinsten Diskrepanzen auffallen. Dann ziehe ich absichtlich viele verschiedene Raster hinzu.

Brandau: Was sind Raster?

Bosch: Raster sind Kriterien, Ausgangspunkte, Akzente, Bedeutungen, Ordnungsvorstellungen und dergleichen. Ein Raster kann sein, daß ich nochmals die Wörter des Therapeuten durchgehe. Oder ich erinnere, wie die Familie in den Raum gekommen ist und vergleiche das Gegenwärtige damit, oder – nachträglich – damit, wie sie den Raum verlassen hat. Oft sehe ich tausend Sachen gleichzeitig! Also ich habe wahrscheinlich in einer Sekunde 10 Bilder, die sich auf sehr verschiedenen Ebenen bewegen. Ich schau eigentlich ständig in bezug auf irgend etwas. So male ich mir immer die Konsequenzen der Supervision für die Familie und ihre Beziehung zum Therapeuten aus. Aus dem Abstand zu einer Sitzung kommt es öfters vor, daß ich den Therapeuten anrufe oder vorschlage bestimmte Stellen nochmals auf dem Video anzuschauen.

Brandau: Allerletzte Frage. Was sind die höchsten Werte, die für Deine Arbeit bestimmend sind?

Bosch: Mit Sicherheit Kontakt zu sich selbst und zu den eigenen Potentialen, aber auch Kontakt zu anderen, so daß diese beiden zusammen in einen Prozeß der Weiterentwicklung kommen.

Brandau: Also Koevolution?

Bosch: Ja

Brandau: Danke für das Gespräch.

Anmerkungen

1 *Fußnote von Dr. Bosch:* Diese Übereinstimmung kommt in meinem 1979 gehaltenen Vortrag „Die entwicklungs-orientierte Familientherapie" zum Ausdruck, abgedruckt im gleichnamigen Buch, Bosch, M.

2 Veröffentlicht in Pühl, Harald (Hrsg.): Handbuch der Supervision, Beratung und Reflexion in Ausbildung, Beruf und Organisation. 1990, Edition Marhold, Berlin.

SUPER-VISION; DER BLICK VOM RESSOURCEN-SYSTEM AUF DAS PROBLEMSYSTEM

Siegfried Essen

Siegfried Essen ist seit vielen Jahren als Lehrtrainer in Gestalt- und Familientherapie tätig und arbeitet als Supervisor sowohl im Bereich der Aus- und Fortbildung von Systemtherapeuten als auch mit Teams und in Institutionen. Sein besonderes Interesse gilt politischen und spirituellen Implikationen der systemischen Perspektive.

Brandau: Kannst Du mir bitte schildern, durch welche Kriterien sich besonders erfolgreiche Supervisionen auszeichnen?

Essen: Als erstes ist da so ein Gefühl, daß es ein fließendes Wechselspiel zwischen dem Inhalt der Supervision, dem therapeutischen System, den Selbsterfahrungsprozessen des Therapeuten und der Beziehung des Therapeuten zum Supervisor gibt.

Brandau: Was tust Du konkret, damit es zu so einem abwechselnden Fließen zwischen den einzelnen Beziehungsaspekten kommt?

Essen: Ich spreche das an, und unterbreche, wenn ich das Gefühl habe, daß es irgendwo ein Aha-Erlebnis gegeben hat, auch wenn es noch so klein ist. Ich frage mich auch immer wieder nach der Beziehung zwischen ihm und mir und nach den Prozessen, die der Supervisand erlebt oder erinnert hat. So frage ich z.B. den Therapeuten, wenn es um die Hilflosigkeit des Klienten geht, über seine eigene Hilflosigkeit. Er braucht dann nicht unbedingt darüber zu reden, sondern sich einfach nur einmal besinnen, was das mit ihm zu tun hat. Die Durcharbeitung in einem Selbsterfahrungsprozeß lasse ich oft nur angedeutet, weil es über den Rahmen der Supervision hinausgehen würde.

Brandau: Gibt es noch weitere Kriterien für erfolgreiche Supervision?

Essen: Ja, ich finde es auch wichtig, daß die Sinneskanäle wechseln und daß es kinästhetische Elemente gibt. Ich bin öfter unzufrieden, wenn nur geredet wird und Fühlen und Sehen vernachläßigt wird.

Brandau: Wenn du innerlich jetzt so einen Kontrast zwischen einer erfolgreichen und unbefriedigenden Supervision herstellst, z.B. indem Du sie bildlich gegenüberstellst, was sind die wichtigen Unterschiede?

Essen: Wenn ich zu lange rede oder reden lasse und nicht unterbreche, fängt es an, in meinem Kopf zu rotieren. Dann setze ich mich unter Druck, daß ich irgendwie den Überblick behalte und gute Lösungen produziere. Ich fühle mich dann verantwortlich. Bei der erfolgreichen Supervision erlebe ich mich nicht so sehr als Experte, sondern als Unterstützer und Begleiter. Der eigentliche Experte, der ja das System kennt, ist der Therapeut. Damit kann ich mich vom Streß entlasten und es läuft automatisch besser.

Brandau: Wenn Du wirklich genau auf beide Situationen hinschaust, fallen Dir da noch Unterschiede, z.B. in der Haltung auf?

Essen: Ja, da fällt mir auf, daß bei gut verlaufenden Supervisionen viel mehr Bewegung ist. Ich fühle mich lockerer, stehe öfter auf und erlaube mir mehr Bewegung, Spaß und Kreativität.

Brandau: Wenn Du die Supervisionen der letzten Zeit mit solchen vergleichst, die Du vor der Entwicklung der neueren Systemtheorie gemacht hast, welche Unterschiede wären da wesentlich?

Essen: Die Theorie, daß ich als Supervisor nicht der Experte bin, habe ich schon sehr lange und schon vor den Konzepten Maturanas, von Les Kadis, einem amerikanischen TA – Familientherapeuten bekommen. Sie hat mir sehr geholfen und mich viel lockerer gemacht. Ich habe früher sicher mehr einzeltherapeutische Aufarbeitung gemacht. Ich bin auch mehr in die Vergangenheit gegangen und habe zugelassen, daß viel mehr Ursache – Wirkungszusammenhänge geklärt wurden, und dann erst Veränderungsarbeit geleistet wurde. Heute fange ich meist mit Zielarbeit an, ich lasse den Zielrahmen für die Supervision so konkret wie möglich und auf allen Sinneskanälen fantasieren. Damit ist die Supervision oft schon fertig.

Brandau: Was tust Du, wenn Du bei einem Fall nicht weiterkommst?

Essen: Meine Lieblingsintervention ist es, auf irgendeine Weise zu unterbrechen. Entweder wechsle ich die Körperhaltung oder ich mache eine Pause oder ich stelle einfach eine ganz andere Frage. Es kann aber auch sein, daß ich auf Metakommunikation umschalte oder – in einer Gruppe – die anderen einbeziehe. Ich nutze aber auch eine Pause, in der ich mich frage, welche Funktion meine momentane Gefühlslage oder Reaktion im System hat oder was sie mit mir zu tun hat. Ich gehe von einer Reduplikationstheorie aus. Also, daß die Szene des therapeutischen Systems, die wir gerade behandeln, sich im Hier und Jetzt der Supervision wiederholt. Und so nutze ich auch mein Gefühl von Unzufriedenheit oder „Stecken“ und bringe es ein. Das Stecken des Therapeuten hat ja damit zu tun, daß er seinen affektiv-kognitiven Rahmen nicht wechseln kann. Wenn ich mich da zu sehr in seinen Rahmen hineinbegebe, indem er mich z.B. mit Hintergrundinformation überflutet, dann bin ich verraten und verkauft.

Brandau: Dann hat er Dich in seinen Rahmen eingefangen.

Essen: Ja, da muß ich gerade am Anfang sehr aufpassen, daß ich mich nicht zu sehr einlasse. Wenn er z.B. lang und breit zu reden anfängt dann schlage ich vor, eine Skulptur oder ähnliches zu machen.

Brandau: Mir fällt hier eine Parallele zum Konzept des Problemsystems auf, das ja als Prozeß von Kommunikationen aufgefaßt werden kann, die ein Problem konstruieren. Je länger man nun dem Supervisanden in seinen Problemverästelungen folgt, desto mehr konstituiert sich die Supervision zum Problemsystem. Erscheint es da nicht sinnvoll diesen Prozeß aufzulösen und den Blick auf die versteckten Ressourcen des therapeutischen Systems zu lenken? Findet nicht gerade da Dein Konzept des „Ressourcensystems“[1] seine Anwendung?

Essen: Danke für den Hinweis. Der eigentliche Supervisionsvorgang besteht ja wohl darin, – wenn er erfolgreich ist – die Ressourcen des Therapeuten als auch des Systems, mit dem er arbeitet, also alle möglichen positiven Kräfte und Sichtweisen des therapeutischen Systems wieder zu entdecken, sei es, daß man dem Therapeuten wieder Mut in die eigenen Kraftquellen und Fähigkeiten gibt, sei es, daß er entdeckt, wie seine Klienten voller Ressourcen stecken. Man konstruiert sozusagen das Problemsystem, das der Therapeut vorträgt, in ein Ressourcensystem um.

Brandau: Könnte man es als eine wesentliche Aufgabe eines systemischen Supervisors bezeichnen, daß er sich von den Problemsystemen des Therapeuten nicht einfangen und vernebeln läßt, sich aber dennoch in sie ein Stück hineinbegeben muß?

Essen: Man steigt mit dem Therapeuten in den Fluß, während der Therapeut behauptet, es sei eine Jauchegrube.....

Du kannst dir natürlich spielerisch probeweise auch eine Zeit lang die Nase zuhalten. Aber innerlich lächelst du darüber. Meist gibt es irgendeinen Wahrnehmungskanal, auf dem du das Gegenteil, das Ressourcensystem, entdecken kannst. Um im Bild zu bleiben: Du als Supervisor hast, wenn es gutgeht, von Anfang an die Augen aufgehabt und gesehen: Klares Wasser. Und nach einiger Zeit entdeckst du, daß der Therapeut die ganze Zeit die Augen geschlossen hatte. Du forderst ihn einfach auf: „Mach die Augen auf!“

Brandau: Manchmal erscheint mir, daß die Vorannahme eines latenten Ressourcensystems zwar sehr wünschenswert wäre, dennoch aber ein Illusion darstellt und auch ein Handeln im Sinne eines „als-ob“ eine lineare Falle bedeuten könnte. So kann manchmal allein das Akzeptieren des Problemsystems eine Auflösung dessen bewirken, ohne daß sich der Therapeut auf die Suche nach den Schätzen begibt oder die Klienten mit welchen Methoden auch immer dazu bewegt. Und manchmal, wenn auch selten, erscheint es einem im klinischen Bereich, daß solche Ressourcen fehlen, weit weg sind oder so unannehmbar erscheinen, daß man an diesem Konzept der humanistischen transpersonalen Psychologie zweifelt.

Essen: Das sind gleich zwei Fragen auf einmal. Zur ersten: Die Anweisung, ein latentes Ressourcensystem anzunehmen als Technik

BEGINN DER SUPERVISION ...

ENDE DER SUPERVISION
UND BEGINN DER SUPERVISION
FÜR DEN SUPERVISOR ...

oder Methodik wäre in der Tat eine lineare Falle. Vielleicht habe ich das in meinem Artikel etwas zu einfach dargestellt, ich kann mich jetzt nicht erinnern. Jedenfalls habe ich dort deswegen so großen Wert auf die philosophisch-religiöse Haltung gelegt, die dahinter stehen muß. Therapeut sein heißt, in dieser Haltung, in diesem Glauben verwurzelt zu sein und beruht nicht darauf, irgendwelche besonders wirksamen Methoden in der Hand zu haben. Natürlich sind Methoden wichtig, um diese Haltung zum Ausdruck bringen zu können. Und damit kommen wir auch schon zur 2. Frage: Gibt es Fälle, wo keine Ressourcen vorhanden sind? Die Theologen nennen das die Theodizee-Frage. Es ist die Frage nach dem Glauben angesichts von Aussichtslosigkeit, oder wie Paulus es ausdrückt: Von Hoffnung wider Hoffnung. Einer meiner Lehrer, Hilarion Petzold, hat einmal sinngemäß gesagt, daß man bei allem Reden über frühkindliche Traumatisierungen immer bedenken muß, daß jeder Mensch eine längere Phase der Geborgenheit im Mutterleib miterlebt hat, und diese Phase war früher als alle späteren nachgeburtlichen Traumatisierungen. Das ist nicht als Beweis gemeint, kann es ja auch nicht sein, es gibt ja bekanntermaßen auch im Mutterleib schon Traumatisierungen, aber ein Beispiel für genaues Hinsehen, das den Glauben an einen positiven Rahmen wieder herstellen kann. Manchmal muß man allerdings auch eine längere Zeit glauben ohne zu sehen. Ich lehre eine persönlichkeitsorientierte Familientherapie, die du ja auch in deiner Ausbildung genossen hast. Mit allen Für und Wider, ob man eine solche Haltung überhaupt lehren kann. Ich glaube aber, daß eine Therapeutenausbildung einen Raum geben sollte für eine Entwicklung zu einer solchen inneren Haltung, d.h., daß sie Anlässe und Gelegenheiten geben soll, wie z.B. die Rekonstruktion der eigenen Familie oder alle anderen Arten von Selbsterfahrung, in der der zukünftige Therapeut seine eigene innere Befreiung und die daraus folgende Gelassenheit entwickeln kann.

Brandau: Wie reflektierst Du selber Deine Arbeit als Therapeut, also wie betreibst Du Selbstsupervision?

Essen: Erst einmal unterbrechen und Pausen machen. Innerhalb dieser Pause mache ich dann nicht nur einen örtlichen und zeitlichen Rahmenwechsel, sondern auch im Kopf. So projeziere ich das Problemsystem an einen anderen Ort oder ich sehe die Klienten als Steine, die ich dann herumschiebe. Oder ich zeichne die auf und skizziere sie z.B. im Diagnosenschema von Minuchin.

Brandau: Und dadurch kommst Du schon auf Lösungen?

Essen: Ich leg mich dann manchmal auch hin und mache eine Fantasiereise, denn schon allein, wenn ich mich entspanne, wechsle ich den Rahmen, da mein „Stecken" zumeist damit einhergeht, daß ich mich verspanne. In der Entspannung laß ich die Familie verschwinden und schau, in welcher Form sie wiederkommt. Manchmal kommt da nicht gleich die Metapher, die alles löst, sondern z.B. taucht nochmal der Vater auf und ich merke jetzt in diesem gelasseneren Zustand, daß er mir jetzt statt Ärger Sorgen macht. Dann kommen Phantasien und Gedanken was hinter meinem anfänglichen Ärger steckt, und ich komme zum Beispiel auf ein Gefühl von Traurigkeit. Dann frage ich mich, was für Trauer könnte vielleicht auch dieser Vater haben. Dann fallen mir Interventionen ein.

Brandau: Du redest also viel mit Dir und hast dann keine Bilder mehr.

Essen: Ja ich glaube es ist so ein Wechsel zwischen innerem Dialog und Gefühlen und wenig Bilder.

Brandau: Aber dieser Prozeß erfolgt, nachdem Du dir anfänglich Bilder gemacht hast.

Essen: Ja, es beginnt mit Bildern oder einer Metapher.

Brandau: Hast Du dann irgendwelche Möglichkeiten, um Deine Ressourcen anzuzapfen?

Essen: Ich trete manchmal in Kontakt mit meinem inneren Führer, der immer rechts hinter mir steht und frage ihn. Der antwortet dann zumeist mit einer Geste und geht z.B. auf einen Klienten zu, obwohl es mir in diesem Moment von meinem Verständnis her nicht paßt und legt ihm die Hand auf die Schulter, obwohl der Klient gerade einen Wutanfall hat. Ich weiß nicht, was das Ganze soll, aber ich tue das, was mir dieses Wesen vorzeigt und im nachhinein paßt es genau.

Brandau: Kannst Du diese Quelle der Weisheit jederzeit aktivieren?

Essen: Jederzeit nicht. Denn das ist für mich ein Wesen, das nicht jederzeit verfügbar ist. Vielleicht ist es eine Repräsentation meines höheren Selbst oder auch nur eine Projektion. Es ist aber dann eher abrufbar, wenn ich eine Einstellung der Demut, Anerkennung und Dankbarkeit habe.

Brandau: Damit kämen wir zum letzten Fragenkomplex unseres Gesprächs. Welches sind für Dich die wichtigsten Werte und Glaubenshaltungen als Therapeut und Supervisor?

Essen: Der höchste Wert ist für mich die Freiheit oder Befreiung, die immer wieder in Aktionen erarbeitet werden muß. Denn Befreiung ist nicht etwas, was man haben kann, sondern etwas was man tun muß. Befreiung hat auch etwas mit Neuheit zu tun, denn sobald ich z.B. ein Aha-Erlebnis habe, habe ich eine Grenze überschritten und eine neue Wahlmöglichkeit erlebt.

Brandau: In Deinem Artikel „Vom Problemsystem zum Ressourcensystem" beziehst Du Dich auf den Wert der Neugier, den Ceccin als Motiv und als Ergebnis des zirkulären Fragens, bzw. systemischen Arbeitens überhaupt beschreibt. Du hast dann geschrieben, daß sich hinter diesem Begriff Liebe verbirgt, wobei Du dort das Wahrnehmen der zur Verwirklichung drängenden Ressourcen eines Problemsystems als Liebe definierst. Ist vielleicht diese Art der Liebe, die sich distanziert und nicht vom Problemsystem einfangen läßt, eher mit dem Begriff der Befreiung zu erfassen?

Essen: Das gefällt mir. Jedenfalls habe ich den Begriff Neugier bei Ceccin so verstanden. Neugier kann ja auch distanzlos sein, versuchen, in den anderen einzudringen bzw. Macht auszuüben, z.B. indem man den anderen in alternative Sichtweisen drängt. Manchmal lasse ich mich zur ungeduldigen Maßlosigkeit von Kurzzeittherapeuten verführen. Z.B. dazu, dem anderen durch raffinierte zirkuläre Fragen andere Sichtweisen zu suggerieren. Ich hänge dem anderen dann auch wieder einen Mantel eigenen Interesses um, nämlich den, möglichst schnell zu einem Erfolg zu kommen. Es ist ein feiner Unterschied zwischen diesem Interesse und dem spielerisch distanzierten zirkulären Fragen, das dem anderen Raum öffnet und Zeit läßt. Ich halte deshalb sehr viel von dem wachstumsorientierten Ansatz Virginia Satirs. Es geht ihr bei Therapie immer um organisches Wachstum. Wenn man z.B. eine Pflanze zu viel düngt oder zupft, dann geht sie ein, statt schneller zu wachsen. Arten, wie sie ihr Wachstum hindern können, kennen die Patienten selbst genug. Es geht darum, Raum für Wachstum zu eröffnen, d.h., wir sind wieder bei der Befreiung gelandet. Eine große Gefahr der heutigen Zeit ist immer wieder die Erfolgsorientierung an der Zeit, sprich: Kurzzeittherapie-Sucht. Alles muß schnell gehen. Bei erfolgreichen Kurzzeittherapieberichten wird meist nicht dazu gesagt oder geschrieben, was eine solche erfolgreiche Intervention im Alltagsleben des Klienten auslöst, und wie sich die Körper-Seele-Geist-Einheit entsprechend umorientiert hat im günstigsten Fall, d.h. auch, wieviel Zeit sie dafür gebraucht hat, um diese Zeit auch ohne den Therapeuten, der das ja nicht wissen kann, wird meist nicht mit eingerechnet. Was ich sagen will: Entwicklung braucht Zeit, ob mit oder ohne Therapeut.

Anmerkungen

1 Essen, S.: Vom Problemsystem zum Ressourcensystem, in: Brunner, E. & Kreutemayer, D. (Hg.), Die Therapeutenpersönlichkeit, Wildberg 1990

PROVOKATIVE SUPERVISION

Frank Farrelly

Seit über 30 Jahren betreibt Frank Farrelly mit psychisch schwerstkranken Patienten seine provokative Psychotherapie mit großem Erfolg. Er hatte sich von Carl Rogers, mit dem er eng befreundet war, konzeptuell gelöst und in der Arbeit mit Schizophrenen und anderen Schwerstkranken seine eigene Therapie entwickelt. Bandler und Grinder bezeichneten ihn als wandelndes Beispiel therapeutischer Wahlmöglichkeiten. In vielen alten und ursprünglichen Kulturen gab es geehrte Außenseiter, die Priester, Heiler, Narr und Zauberer waren. Wichtige Stammesentscheidungen und Gesetze wurden diesen „Supervisoren" vorgelegt. Wenn sie der Konfrontation mit dem „heilenden Priesternarren" standhielten, wurden sie letztlich akzeptiert, wenn nicht, wurden sie revidiert. Und das Erlebnis „Frank Farrelly" erinnert einen an diese Weisen, die mit der Gabe, ihr Lachen auch anderen Menschen zu übermitteln, heilen.

Brandau: Was ist das Charakteristische und Wesentliche an der Supervision in der Provokativen Therapie oder „Provokativen Supervision"?

Farrelly: Erst einmal bilde ich Supervisanden in Provokativer Therapie nur dann aus, wenn sie dies ausdrücklich wollen. Wenn sie sich in eine richtige Ausbildung einlassen, berücksichtige ich die Dimensionen, Denken, Fühlen und Tun. So lehre ich sie z.B. wie sie die Zwickmühlen der Patienten auflösen können. Nicht nur die Patienten kommen in eine Sackgasse, auch Therapeuten kommen da hinein. Provokative Supervision hilft den Therapeuten aus der Sackgasse heraus. Die Wege sind:

1) Erhöhen des Reaktionsrepertoires eines Therapeuten
2) Studieren von Büchern und vielen Videobändern und
3) Üben, Üben und noch einmal Üben. Ich helfe also dem Anfänger in der Supervision die Taktiken und Abwehrmechanismen des Patienten zu erkennen und viele Gegenstrategien zu entwickeln. Also frage ich ihn z.B. um mehrere humorvolle Möglichkeiten, mit denen er auf eine bestimmte Reaktion des Patienten reagieren könnte. Deshalb lasse ich viele kurze und schnelle Rollenspiele üben. Dabei ist es auch wichtig, daß der Therapeut lernt, seine eigene Rolle aufs Korn zu nehmen.

Brandau: Ich erinnere mich da an eine Stelle in Deinem Buch[1], wo ein Patient keinen Therapeuten wollte, der noch in Ausbildung stand. Diesem Supervisanden, der durch die Ablehnung irritiert war, wurden nun verschiedene Verhaltensalternativen vorgeschlagen. Die erste war, daß er dem Patienten ängstlich mitteilen sollte, daß die erfahrenen Therapeuten nichts von ihrer wertvollen Zeit an ihn verschenken wollen. Die zweite Möglichkeit war, daß er dem Patienten ärgerlich mitteilen sollte, wie unmöglich er es von seinem Supervisor finde, ihm einen solch schweren Fall vorzusetzen. Die dritte war, daß er den Patienten anflehen solle, daß auch er die Chance haben müsse, zu üben und die vierte Möglichkeit war, daß er dem Patienten mitteilt, daß er durchfallen werde, wenn er ihn nicht heilt.

Farrelly: Ja, wenn die Therapeuten mit humorvoller Offenheit ihre eigene Rolle auf die Schippe nehmen, nehmen sie oft den Klienten den Wind aus den Segeln.

Brandau: Besteht nicht die Gefahr, daß provokative Therapie bei manchen Lernenden statt respektvollem Humor Sarkasmus freisetzt?

Farrelly: Genau da ist auch Supervision wichtig. Nicht hilfreichen Sarkasmus und ein Humor, um die eigenen Bedürfnisse auf Kosten des Patienten zu befriedigen, stoppe ich rasch. Ziel ist es, daß der Therapeut mit wachsender Disziplin lernt, seine neuen Möglichkeiten zu gebrauchen.

Brandau: Wir machten im Seminar eine Reihe von Rollenspielen, um das therapeutische Reaktionsrepertoire zu erweitern. So bemühten wir uns in der Rolle des Therapeuten, dem Klienten nicht zu helfen, idiotische Lösungen für sein Problem anzubieten, den Klienten zu unterbrechen, zu fragen, was denn eigentlich am Problem falsch sei oder das Problem des Klienten als minimal und üblich oder in den schlimmsten Varianten auszumalen. Kann man dies als Regeln oder Muster der Provokativen Therapie auffassen?

Farrelly: Nein, das sind keine Regeln, sondern Übungen zum Denken, Fühlen und praktischen Tun. Es sind Übungen, um neue Ideen hervorzubringen und ist deshalb eher mit dem Prinzip des „brainstorming" verwandt.

Brandau: Wie verläuft nun Provokative Supervision?

Farrelly: Supervision besteht aus drei Komponenten:

1) Die strukturelle Komponente, d.h. ich sage den Supervisanden den Zeitplan, was sie tun dürfen und was nicht und wo sie sich mit mir treffen. Weiters gehört dazu auch die Form der Bewertung von Leistungen in drei Stufen.

2) Die erzieherische Komponente, das heißt, verschiedene Theorien und Forschungsergebnisse werden diskutiert, die Supervisanden werden mit Literatur und Videos versorgt, „Brainstormings" zu Problemen und viele Rollenspiele zur Erweiterung der Flexibilität finden statt.

3) Die therapeutische Komponente. Die große Diskussion ging immer darum, ob sich Supervision und Training nur auf die berufliche Ausbildung beschränkt oder auch Therapie ist. Meine Antwort ist: „Sowohl als auch!". Die therapeutische Komponente muß dabei sein, weil der lernende Thera-

peut das Werkzeug ist, um den Klienten zu helfen und nicht irgendeine Scheißtheorie. Psychotherapeutische Theorien helfen den Menschen nicht. Menschen helfen Menschen! Aber die Theorien helfen dem Profi aus der Sackgasse und helfen ihm neue Aspekte bei sogenannt hoffnungslosen klinischen Phänomenen zu finden und helfen dem Therapeuten die Phänomene zu organisieren. Wichtig ist aber auch die erzieherisch-bildende Komponente, denn sonst ist es bloß Therapie und keine Supervision. Ich supervidiere gewöhnlich zwei Trainees gleichzeitig. Triaden sind ja die labilste Gruppe, die man sich vorstellen kann, wegen der Koalitionen usw.. Ich wollte nicht viele Stunden Supervision machen, weil ich dazu zu bequem bin und so dachte ich mir ökonomischere Systeme aus wie auch Gruppensupervision. Meistens brachte einer einen Patienten und ein anderer mußte diesen interviewen. Der Patient ging dann auf die Station zurück oder konnte bleiben, wenn er wollte. Dann bekam der Supervisand Rückmeldungen, was anfangs für die armen Studenten sehr belastend war. Aber dann wollten sie es immer wieder und öfter machen. Diese Ausbildung nannten die Studenten „Frank Farrelly's boot camp" (etwa: Grundwehrdienst).

Als es noch keine Videobänder gab, verwendeten wir auch Tonbänder in der Supervision. Einmal hörten wir das Band einer jungen Therapeutin an, deren Patient irgendein Umgangswort für Penis gebrauchte. Sie war ein extrem hübsches Mädchen, so eine Anwärterin für den Titel der „Miß Amerika" und reagierte auf dieses Wort einfach nicht. Ich stoppte das Band und fragte sie, warum sie auf das, was der Klient sagte, nicht reagiert hätte. Sie fragte: „Was hat er gesagt?". Also spielte ich das Band zurück. Sie erklärte, daß sie nicht wüßte, was er damit meinte. Dann fragte ich: „Nun, was denkst du, was es heißt?" Sie errötete, wurde verlegen und ängstlich. Genau hier kommt nun die therapeutische Komponente der Supervision hinein, also das Umgehen mit ihrem Vermeidungsverhalten und der Angst. Sie bekam dann eine Hausaufgabe von mir gestellt. So mußte sie ein Glossar von umgangssprachlichen Bezeichnungen für Sexualorgane, Sexualfunktionen und Geschlechtsverkehr bringen. Sie sollte mindestens vier Dutzend Bezeichnungen mitbringen. Ich erklärte ihr, daß ich das mit anderen Supervisanden auch schon gemacht habe und der Rekord bei 67 Bezeichnungen läge. Sie kam dann mit 137 Ausdrücken, von denen nicht einmal ich alle kannte. Die Liste wurde dann photokopiert und alle verwendeten sie. Ich meine, daß wir die Sprache der Patienten sprechen müssen und sie auch deshalb zu lernen haben. Ein provokativer Therapeut beherrscht viele Sprachen, Worte und Dialekte und muß seine Kommunikationsstile ständig erweitern.

Brandau: Ich denke, Du hast viele Therapeuten von den verschiedensten therapeutischen Schulen supervidiert. Was sind die typischen sich wiederholenden Muster, die sie in Sackgassen führen?

Farrelly: Was mir sofort einfällt ist, daß viele glauben, ihre Schule sei die einzig seligmachende, egal ob das Psychoanalytiker, Verhaltenstherapeuten, NLP'ler oder was immer sind. Das ist ein besonders einschränkender Faktor. Ich finde, daß der klinische Bereich ein Mosaik ist und ich zeichne ein Mosaik aus all den Richtungen. Für Therapeuten ist es hilfreicher, wenn sie eine Reihe von Theorien haben, aus denen sie schöpfen können. Wir haben keine integrierte Feldtheorie menschlichen Verhaltens. So lehre ich meine Trainees, auf die innere und die äußere Welt und die Schnittstellen zwischen beiden zu achten, so daß sie sich flexibel hin- und herbewegen können und auch genügend Theorien zur Orientierung parat haben. Ein weiterer limitierender Faktor ist natürlich auch das System, in dem Therapeuten arbeiten. Du machst ja keine Therapie in einem Vakuum, sondern arbeitest in einer bestimmten politischen, ökonomischen, soziologischen und beruflichen Struktur. Ich denke da an die Gaunerei der etablierten „Psychoanalytischen Gesellschaft". Sie lassen die Leute dreimal in der Woche kommen. Wenn du Analytiker werden willst, benötigst du eben soviel Stunden an Eigentherapie und soviel Stunden an Seminaren. Dann suchst du dir fünf bis zehn Klienten und bist für den Rest des Lebens versorgt. Ich finde das lustig. Aber diese massiven Strukturen der Verflechtung von wirtschaftlichen, standespolitischen und Richtlinien der Krankenversicherung vielleicht auch noch, beschränken die Therapeuten sehr in ihrer Kreativität und Flexibilität.

Brandau: Würdest Du auch sagen, daß viele Therapeuten zu hilfreich sein wollen und die Potentiale des Klienten unterschätzen?

Farrelly: Therapien helfen dem Klienten, sich selbst zu helfen. Aber der Gedanke, daß die ganze Weisheit und Wahrheit vom Klienten kommt, hat auch seine Grenzen. Wenn die Klienten alle Weisheit in sich haben, brauchen sie uns nicht. Wir sind also Katalysatoren, und sie brauchen Hilfe. Indirekt oder direkt, explizit oder implizit, verbal oder nicht verbal, bewußt oder unbewußt, offen oder verdeckt vermitteln wir Wege. So ist es für einige Therapeuten ein limitierender Faktor, wenn sie sich scheuen einmal direktiver zu sein und immer glauben: „Ich kann es dir nicht sagen, was du tun sollst, denn es würde zwar dein Verhalten verändern und all deine Nächsten würden dich anders behandeln, aber es würde nicht das grundlegende Problem lösen, das du hattest, seit du im Uterus warst". Was ich damit sagen will, ist, daß Therapeuten einschränkende Glaubenssysteme haben. Auch der Glaube an die Hilflosigkeit und Zerbrechlichkeit der Klienten ist einschränkend, ebenso wie die Furcht vor den eigenen Gegenübertragungsreaktionen. So haben mir Therapeuten berichtet, daß sie nach Supervisionen oder Seminaren bei mir diese Reaktionen als sinnvoll und weiterführend erlebten, als sie den Patienten erzählten, was sie wirklich über sie dachten und fühlten. Das vornehme Zurückhalten dieser Gefühle blockiert Therapien häufiger als daß es hilft. Andere schränken sich wieder damit ein, daß sie den Klienten nie mißfallen wollen.

Brandau: Nun, zu einem anderen Fragenkomplex. Welche inneren Prozesse laufen ab, wenn Du mit Menschen therapeutisch arbeitest?

Farrelly: Wenn ein Klient auf mich zukommt, so laufen in mir gleichzeitig so an die 17 Farbfernseher. Es sind dreidimensionale farbige Hologramme. Einige dieser Eindrücke, mein physischer Eindruck des Klienten, die Art, wie er sein Problem bringt, die Klangfarbe seiner Stimme usw. verbinden sich mit eigenen Assoziationen, resultierend aus einer 33-jährigen Erfahrung im klinischen Bereich, d.h. einige dieser TV-Sets sind Assoziationen aus früheren Erfahrungen. Ich verwende sie in der Therapie und erwähne sie auch bisweilen den Klienten gegenüber: „Wissen sie, ich hatte da einen Fall, der ähnlich wie der ihre gelagert war und ...". Und das Spektrum meiner Erfahrung umfaßt Einzel-, Paar- und Gruppentherapie, stationäre und ambulante Settings, alle Berufsgruppen, alle Altersklassen, geistig Behinderte und Genies, von Sozialbedürftigen bis zu Multimillionären, von Ordensschwestern bis zu kriminellen Psychopathen, alle Schichten, ethnische Minderheiten und viele Nationalitäten.

Brandau: Siehst Du Dich selbst dissoziiert und hast Du auch noch andere Hilfen?

Farrelly: Ja, ich sehe auch mich. Ich sehe aber auch Bilder hinter und neben dem Klienten, finde schnell Begriffe für meine Erfahrung vom Klienten und seiner Situation, die ich dann wieder in Bildern ausmale. Manchmal höre, sehe und fühle ich auch meine unsichtbaren Kollegen. *(Farrelly neigt sich leicht nach rechts)*

Brandau: Hörst Du sie im rechten Ohr?

Farrelly: Ja, im rechten Ohr – warum gerade das rechte haben mir die Buddhisten erklärt, aber ich weiß es nicht mehr. Schneller als ich bewußt denken kann, entschlüpft es meinem Mund, so daß ich mich manchmal wundere und bewundernd denke: „Das ist wirklich treffend! Ich wünschte, ich hätte solche Ideen!" Dann sage ich aber zu mir. „Moment, ich sagte es doch!" Manchmal ist aber die einzige Urheberschaft, daß es aus meinem Mund kam, aber nicht von mir bewußt gedacht wurde. Es ist dissoziiert. Therapeuten sagen oft, sie versetzen ihre Klienten in Trance. Ich gehe mit meinen Klienten in Trance.

Brandau: Würdest Du diese unsichtbaren Kollegen, die ins rechte Ohr flüstern, als Deine Supervisoren bezeichnen?

Farrelly: Das betrifft eine alte Streitfrage im klinischen Bereich. Wirst Du für Supervision jemals zu „groß"? Man wird nie zu „groß" für eine Beratung. Selbst Jesus ließ sich im Garten beraten. Ich lasse mich beraten. Ich habe meine unsichtbaren Berater und ich unterhalte mich mit Leuten und beziehe immer neue Anregungen aus diesen Gesprächen. Ich habe aber den Supervisionsvorgang internalisiert. In der neunmonatigen Ausbildung, die ich gebe, gelingt es mir, auch die meisten Teilnehmer dazu zu bringen, den Supervisionsvorgang zu internalisieren. Sie entdecken ihr „Inneres" als unerschöpfliches Reservoir für Reaktionen und Ideen und benutzen diese Assoziationsströme. Viele waren nach der neunmonatigen Ausbildung so fortgeschritten, daß es Kollegen in ihren Arbeitsstellen beinahe schockierte. Diese Rückmeldungen und meine unsichtbaren Freunde sind meine wichtigsten Berater, die aus einem Einblenden in ein ständiges Rückmeldungsgeschehen erwachsen. Ich bin sehr empfänglich dafür, wie andere etwas empfangen. Therapeutische Hilfe liegt in den Augen, Ohren und im Geist des Klienten. Wenn sie dich als stützend erleben, dann bist du stützend. Ich schärfe es auch meinen Supervisanden immer wieder ein. „Geh in Trance damit und fürchte Dich nicht davor!" Es ist, als würde die Hauptgoldader gefunden werden (Motherload). Es heißt auch nicht: „Du sollst zweimal pro Woche Supervision nehmen." Nein! „Du sollst täglich auf diese Dinge achten!".

Brandau: Danke für das Gespräch!

Nun folgt das Protokoll einer provokativen Supervision mit Frank Farrelly, die während eines Seminares „Weiterführung in Provokativer Therapie" im Herbst 89 in München stattfand. Das Institut für Provokative Therapie in München stellte uns das Videoband zur Verfügung, das Wolfgang Schüers mit freundlicher Genehmigung von Frank Farrelly und Karl X (der Name wurde geändert) bearbeitet und kommentiert hat.

Erläuterungen zur Sitzung mit Frank Farrelly

Karl ist Psychotherapeut und in der Erwachsenenbildung tätig. Er führt Fortbildungen für die Mitarbeiter verschiedener Institutionen (Kliniken, Schulen, usw.) durch, bei denen er systemische und therapeutische Strategien zum Umgang mit den Kollegen und dem Klienten vermittelt. Das Problem, das er in dieser Sitzung anspricht, sind seine Ängste in der Öffentlichkeit zu sprechen, was ihn vor allem in den ersten 10 Minuten seiner Vorträge und Seminare blockiert.

Frank Farrelly wird in der Literatur als der Clown, der Chiffoneti, der heilige Narr, der Advokat des Teufels beschrieben. Seine Sitzungen sprühen vor Humor, Witz und Lebendigkeit, er ist ein Spieler. In seiner Arbeit bewegt er sich auf allen Ebenen der Kommunikation, wendet in überraschender Schnelligkeit alle Möglichkeiten von Gestik, Mimik, Tonfall und Modulation der Stimme, Berührung, Formen von Blickkontakt usw. an, die eine Sitzung mit ihm zu einem einmaligen Erlebnis werden lassen. Dies alles läßt sich in einem schriftlichen Gesprächsprotokoll nur äußerst eingeschränkt darstellen. Die kursiv gedruckten Verweise auf die nonverbalen Interventionen der Sitzung können nur einen geringen Teil davon wiedergeben. Trotz dieser Mängel haben wir uns entschlossen, diese Sitzung als hervorragendes Beispiel einer provokativen Supervision abzudrucken. Grundlegend zur Arbeit ist noch anzumerken, daß Frank Farrelly einen intensiven Rapport z.B. auch über Berührungen zu seinen Klienten herstellt. Nur so scheint es möglich, dem Feuerwerk seiner „verrückten Wahrheiten" zu begegnen. Aus dem vorliegenden Protokoll wird vor allem deutlich, wie Frank alle Aspekte des Problems so aktualisiert, übertreibt und schließlich ad absurdum führt, daß Karl's Sichtweise „verstört" wird. Er bringt Karl immer wieder dazu, eine bestimmte Einstellung zu verstärken oder darauf zu beharren, um sie schließlich so ungemütlich zu gestalten, daß Karl sie doch lieber aufgibt. Mit den dann auftauchenden Fluchtwegen verfährt er genauso, bis die ursprüngliche Sicht des Problemzusammenhanges nicht mehr greifbar erscheint.

Die gezielten Anspielungen auf Themen im Bereich der Sexualität, die manchem Lesern vielleicht eigenartig oder sogar obszön erscheinen mögen, haben (abgesehen von einer Interpretation aus psychoanalytischer Sicht) eine wichtige Bedeutung in seiner Arbeit und bilden ein bedeutsames energetisches Moment in seinen Interventionen.

Frank Farrelly's Arbeit löst starke internale Prozesse aus, in denen Karl anscheinend versucht, sich zu sammeln und Auswege zu finden. In diesen Passagen, die im Text mit *Pause* gekennzeichnet sind, haben beide intensiven Blickkontakt und schweigen für eine ganze Weile. Zu Beginn jeder Sitzung verpflichtet Frank die Zuschauer während der Sitzung nicht mit dem Nachbarn zu sprechen, bittet jemanden, auf die Zeit zu achten und nach 25 Minuten die Sitzung zu stoppen.

Sitzungsprotokoll

Farrelly: Karl...was ist das Problem??
Karl: Mein Problem ist, daß ich in den letzten Monaten in Kliniken eingeladen werde, wo ich..
F *unterbricht:* Wo du brav und adrett sein mußt...
K: Ich versuche denen dort zu zeigen, daß es noch andere Möglichkeiten gibt, mit Menschen umzugehen....
F: Ja..
K: Mit Menschen zu sprechen und ich bin aufgeregt, bevor ich dort hingehe und habe große Probleme in den ersten 10 Minuten dort zu reden...und..., ja, das ist mein Problem...
F: Nun gut, das kommt daher, daß du über nicht soviele Möglichkeiten zu handeln verfügst.....du bist einfach zweidimensional; es gibt eben solche Menschen...manche haben eine reiche Komplexität und andere sind.....
K *unterbricht schmunzelnd:* Sind wie ich....nun ich glaube das nicht, aber in diesen Situationen ist meine Komplexität reduziert...
F: Ja, weil du denkst, ich bin so, aber vielleicht mögen sie mich nicht...und wenn ich so wäre, würden sie vielleicht denken: „Ooooh mein Gott!" *Faßt sich an den Kopf.*
K: Ja, das ist richtig, ich denke darüber nach, wie ich sein sollte....
F: Ja, warum kommst du nicht einfach 10 Minuten zu spät? *(Gelächter der Zuhörer)*, erkläre ihnen einfach: „Ich bin in den ersten 10 Minuten einfach nicht gut..." (*großes Gelächter der Zuhörer*)
K *lacht:* Ja, das wäre nicht schlecht....
F: Ja, es ist eine Idee und besser, als wenn du einen Blödmann aus dir machst in den ersten 10 Minuten....ja vielleicht versteckst du dich einfach in der Toilette und sprichst zu dir selbst.....
„Wo ist dieser verrückte Karl?"...„Er ist in der Toilette und spricht zu sich selbst."
Gelächter der Zuhörer.
K: Ja, ich spreche sehr viel zu mir in den ersten 10 Minuten...
F: Ja, ich sollte dies und dies tun und wenn ich das und das sage, mmh vielleicht sollte ich lieber.....nun ja und vielleicht..ich könnte ja das tun, aaah das ist zu schwer, aber vielleicht sollte ich.....und so gehst du durch das alles durch in so vielen verschiedenen Arten und Weisen und so machst du immer noch einen Blödmann aus dir... möglicherweise langweilst du sie, du bist vielleicht ein uninteressanter Mann.... Bist du verheiratet?
K: Mmh.
F: Wie lange schon? *Berührt ihn leicht am Arm.*
K: Zwei Jahre, nee eineinhalb Jahre..
F: Und schläft deine Frau ein, während der ersten 10 Minuten beim..?

Neigt sich hinüber, zwinkert, spricht in kumpelhaftem Ton.
K: Nein, sie schläft nicht ein..*lächelt.*
F: Aaah, das tut sie nicht.. bist du ein Arzt?
K: Nein
F: Ein Psychologe?
K: Nein, ein Psychotherapeut.
F: Mmmh, also sprichst du zu ihr in einer stimulierenden Weise, bevor du, du weißt schon...
K: Nein. *Legt seine Hand vor sein Geschlecht.*
F: Nein?.....und bleibt sie wach? *Geste mit beiden Armen. (Gelächter in der Gruppe)*
K: Ja, natürlich bleibt sie wach...*bestimmt.*
F: Moment, was du als Psychologe machst, ist Lerntransfer, so solltest du vielleicht das, was du mit deiner Frau in den ersten 10 Minuten machst, bevor du......du weißt schon......mit diesen Leuten auf der Klinik machen.
K: Ja das wäre interessant
F: Ja das ist bloß eine Idee... eine bessere als die, mit denen du daherkommst......
Wenn du einfach anfangen würdest, auf der Bühne deine Kleider auszuziehen. *Spielt dies vor:*
„Hallo, mein Name ist Karl, und ich möchte ihre Aufmerksamkeit!"
(lautes tosendes Lachen in der Zuhörergruppe)
K: Mmmmh, nicht schlecht...
F: Ja, eine Möglichkeit ihre Aufmerksamkeit zu bekommen....Angst vor dem Auftritt nennen sie das... mmh, vielleicht brauchst du gar nicht all deine Kleider auszuziehen, mach einfach deinen Hosenstall auf und sage: „Aaaahh, das paßt wohl nicht hierher!" *Macht dies ausführlich vor.*
Ja, du wirst rot, aber...warum hörst du nicht einfach auf mit diesen Gruppen zu sprechen?
K: Nun, es ist meine Arbeit.
F: Werd doch Leichenwäscher, das wäre doch ein Job und du hättest nur eine Versammlung von einem und du weißt, daß er oder sie nicht aufstehen wird, um wegzugehen....
(großes Gelächter in der Gruppe)
K: Mmmmh.
F: Und du hast ein regelmäßiges Geschäft, denn die Sterberate ist konstant... *Karl schlägt die Beine übereinander, hält seinen linken Arm fest, schaut zu Boden, spricht leise.*
K: Das bringt mich dazu, jetzt mit mir selbst zu reden....
F: In welcher Art und Weise sprichst du mit dir selbst...?
Beide sprechen mit leiser Stimme, er lehnt sich zu ihm.
K: Ich suche einen Ausweg...so ungefähr wie an einer Wand stehen..
F: Und du schlägst deinen Kopf gegen die Wand?

K: Nein, ich stehe mit dem Rücken zur Wand.
F: Mmmh, mit dem Rücken zur Wand...ja.....und du stehst mit dem Rücken zur Wand und hast das Gefühl, das Publikum ist dabei dich anzugreifen und die Wand bricht zusammen..
(lautes Lachen im Publikum)
Karl rutscht auf seinem Sessel vor.
Pause
Frank berührt ihn an der Hand
Sie machten eine Studie, um herauszufinden, wovor sich die Leute am meisten fürchten...an zweiter Stelle war die Angst vor dem Tod und an dritter Stelle war die Angst vor Krebs und weißt du, was die erste Angst war????
In Öffentlichkeit sprechen... ja..!!!
Leute haben mehr Angst davor in der Öffentlichkeit zu sprechen, als vor dem Tod oder vor Krebs.
Pause
K: Mmmmh..
F: Ja, die Leute sagen: „Ich gehe auf die Bühne und da draußen sterbe ich." Sie benutzen solche Ausdrücke und wie oft sprichst du, wie oft die Woche, im Monat?
K: Zweimal die Woche.
F: So stirbst du also zweimal die Woche.
Pause
Jesus starb nur einmal, nach drei Stunden war es vorbei und du hast zwei Kreuzigungen pro Woche....!
(Gelächter der Gruppe)
Hör doch einfach auf, viele machen das: „Verdammt ich will nicht mehr in der Öffentlichkeit reden, das war ein Teil meiner Arbeit und jetzt höre ich auf und werde doch Leichenwäscher oder geh und putz Klos oder werde Müllmann, einfach irgendetwas, was nicht so stressig ist."
Nun..*Karl lacht und rutscht auf seinem Sessel hin und her*
K: Ja...
F: Statt der Scheiße, die du die ersten 10 Minuten durchhalten mußt, bringt es vielleicht mehr, Toiletten zu putzen!
K: Ja, in den ersten 10 Minuten könnte das konstruktiver sein...
F: Ja genau, *berührt ihn am Arm* anstatt daß du in der Toilette zu dir sprichst, putzt du sie einfach aus und du sagst ihnen: „Ich komme zehn Minuten später, weil ich muß dieses Klo ausputzen."....„Darf ich ihnen vorstellen? Karl der Toilettenreiniger!"
Pause
Und dann kommst du und sagst: „Hallo, ich freu mich euch zu sehen!" *Macht die Geste des Handreichens und des Zurückschreckens* Und alle wenden sich ab, nein danke. Jeder Job hat seine Nachteile! *Karl lacht und schlägt sich auf die Oberschenkel*

Wie alt bist du?
K: 35
F: Nun, vielleicht bist du einfach zu jung, um in der Öffentlichkeit zu reden.
K: Das glaube ich nicht.
F: Nun vielleicht bist du einfach zu schwach, du kannst den Streß nicht aushalten.
K: Nein...ich denke, ich möchte ja in der Öffentlichkeit reden.
F: Ja du willst schon, wenn es nur etwas leichter wäre. Wenn doch nur nicht diese blöden 10 Minuten wären.
Und was wäre, wenn du einfach auf die Bühne trittst und zu den Zuhörern sagst: „Raus, ich spreche jetzt zu zu dem leeren Auditorium und nach 10 Minuten kommt ihr rein.
(Gelächter in der Gruppe)
Ich möchte nicht mehr Toiletten putzen, wenn ich diese Rede halte.“ Erkläre es ihnen einfach.
Mit sehr leiser Stimme.
Hast du diese alten Männer gesehen, wie sie sprechen, selbstsicher fundiert, ohne Lampenfieber?
K: Ja, aber das ist doch langweilig..
F: Ja, aber das ist nun mal die Form, wie sie durchkommen und dann langweilen sie die ganze Zuhörerschaft, keiner hört mehr zu und sie wissen, daß ihnen keiner mehr zuhört und so überwinden sie ihre Auftrittsängste.
(großes Gelächter in der Gruppe)
Pause
Vielleicht kannst du lernen so langweilend zu sein, daß du alle Zuhörer für die ersten 10 Minuten in Schlaf versetzt und wenn du dann warm geworden bist, kannst du etwas lebendiger werden und die Zuhörer wieder aufwecken.
K: Mmmh, das wäre eine bessere Möglichkeit.
F: Ja, richtig. Bist du immer sehr langweilend oder bist du immer anregend? Wenn du es nicht weißt, frag doch einfach deine Frau!
K: Es ist nicht immer nur das eine, von beidem etwas.
F: Ja, aber du weißt, wenn du sie langweilst, dann.....
K *unterbricht schmunzelnd:* schläft sie ein glaubst du.
F: Ja, frag sie doch mal, wie du sie langweilst, was du tust, was sie langweilt und dann geh und tu das mit den Gruppen. Ist sie eine Psychotherapeutin? *Berührt ihn am Handgelenk*
K: Nein!
F: Gut die meisten P. langweilen ihre Partner, indem sie diagnostische Konferenzen über sie oder ihn abhalten, wie machst du das? Oder sprichst du über Psychodynamik?
K: Nein, sie würde sehr aggressiv werden.

F: Ja, das ist das Problem mit manchen Frauen, sie sind niemals verständnisvoll. *(großes Gelächter in der Gruppe)* Nun, wenn du das vielleicht einige Jahre tust, wird sie nicht mehr aggressiv werden, sondern sich langweilen: „Ach hau endlich ab mit dem alten Scheiß..."
(Macht eine wegwerfende Bewegung. Gelächter im Publikum)
Eine andere Möglichkeit ist, wenn du auf die Bühne trittst, daß du ein Gesicht machst, als wenn du zu Tode gelangweilt wärest und mit völlig gelangweilter Stimme sagst: „Iiiiicccch bbbbbiiiinnn ssseeeehhhhrrrrr ffrroohh,"
(*Er spielt das ausführlich vor*)
und mit halb geschlossenen Augen, mit möglichst monotoner Stimme, stocksteif stehend,
(*Er spielt das wieder vor – großes Getose im Publikum)*
und sie werden denken: „Oooh jee, das höre ich mir nicht an, ich mache lieber ein Nickerchen."
Hast du jemals solche Leute gesehen, die so reden? Ja, die fühlen sich genauso wie du dich fühlst.
(*Pause; Langer Blickkontakt; Karl rutscht auf seinem Sessel vor und zurück*)
Schau dir einfach an, wie die alten Füchse das machen. Sie sind nicht frisch und jung und aufregend, das ist lächerlich.
(*Langer Blickkontakt, Schweigen*)
Was erzählst du eigentlich diesen armen Menschen in deinen Gruppen? Wie würdest du dir gerne zuhören, zweimal die Woche, besonders in diesen ersten 10 Minuten?
Ja, das ist lächerlich, ich weiß!
K: Ich denke, ich würde merken, daß Karl sehr aufgeregt ist.
F: Ja, er macht sich in die Hose.
K: Nicht ganz so dramatisch, aber ich kann wahrnehmen, daß er aufgeregt ist.
F: Ja, er ist ängstlich, nervös.
(Zuckt mit den Schultern, spielt einen fahrigen Menschen.)
Was würdest du noch merken? Stell dir vor, du bist unter den Zuhörern und mußt das durchhalten, einen Typen wie dich während der ersten 10 Minuten.
K: Ich würde halt merken, daß er nervös ist, sich nicht konzentrieren kann.
F: Ja, unvollständige Sätze....kann nicht.....schaut so aus....als ob....
(*Spielt dies vor*)
K: Ich würde merken, daß er äußerlich so tut als ob, aber innerlich ist er ganz aufgeregt.
F: Ja, er schaut nett gekleidet und selbstsicher aus, aber er schwitzt wie ein Schwein, daß gerade abgestochen wird.
(Schreit und macht eine Geste, wie man ein Schwein absticht. Gelächter in der Gruppe)

K: Ja, was sollen wir mit dem tun?
F: Du könntest einfach aufstehen und ihn bitten zu gehen.
(*Berührt ihn an der Hand*)
Vielleicht bist du einfach zu jung diesen enormen Streß zu bewältigen. Streß ist vielleicht nicht gut für dich.
K: Manchmal ist Streß doch ganz schön.
F: Jaaa, um dich in Fahrt zu bringen, aber wenn du da stehst wie ein Stock und dein Herz rast.....und klopft....
Hast du jemals um einen Herzinfarkt gebetet? (*Spielt vor, wie jemandem mitten im ersten Satz der Kopf vornüber fällt:* „Darf ich Ihnen ein paar Möglichkeiten.........) Was glaubst du, wie schnell schlägt dein Herz in solchen Situationen?
K: Ich denke, mein Blutdruck wird bei 200 sein.
F: Weißt du, wie hoch dein Blutdruck beim Orgasmus ist?
K: So ähnlich.
F: Nun ein kleines bißchen mehr, 220. Geh doch einfach hinaus und sage: „Ich bin sehr nervös, weil ich merke, ich erreiche bald den Punkt, wo ich meinen Orgasmus nicht mehr zurückhalten kann." *(Tosendes Gelächter in der Gruppe)* Du kennst ja die Kurve, Anstieg, Punkt, wo du nicht mehr zurückhalten kannst ... und du kommst... in die Hose....das wäre doch eine gute Möglichkeit, über die ersten 10 Minuten zu kommen.
(Schallendes Gelächter in der Gruppe. Karl lacht und schlägt sich auf die Oberschenkel)
Du könntest dich hinter dem Rednerpult verstecken.
(*Macht dies vor und spielt dann auch verschiedene Zuhörer, die Karl zurufen.....*
Tosendes Gelächter in der Gruppe)
Und das ist einfach eine Möglichkeit, durch die ersten 10 Minuten zu kommen. Und dann krallst du einfach wieder hervor (*Zeigt wie jemand hinter dem Rednerpult hervorkommt*) und sagst: „Danke, das habe ich gebraucht!"
(Gelächter das nicht enden will in der Gruppe)
K: Ja, das ist eine großartige Idee.
(*Karl kratzt sich am Kopf.*)
F: Ja, du gehst einfach auf die Bühne und wichst dir einen: „Hallo, ich habe viel Spaß, viel mehr als ihr merken könnt."
Pause
Wenn du es diskreter möchtest, steckst du einfach deine Hände in die Tasche und spielst Taschenbillard: „Es macht mir viel Spaß, viel mehr Spaß, als ihr merkt...."
(*Spielt das ausführlich vor.*)
K: Ja, das ist großartig.
F: Ja, oder irgendetwas, um durch diesen verdammten ersten 10 Minuten zu kommen.....

Da war mal ein Mann, der hatte dasselbe Problem, der ging zu seinem Arzt und sagte: „Mein Gott, immer wenn ich da auf der Bühne stehe, mache ich mir in die Hose!“ „Nun,“ sagte der Arzt, „nehmen sie diese Tabletten eine halbe Stunde, bevor sie die Rede halten. Das ist ein Tranquillizer, damit kommt das in Ordnung. Rufen sie mich in zwei Wochen wieder an.“ Nach zwei Wochen rief der Mann wieder an:
„Und wie wars?“
„Oh es war recht gut.“
„Ja, haben sie die Tabletten genommen?“
„Ja!“
„Ja und?“
„Nun ich nahm die Pille wie sie sagten, ging auf die Bühne, hielt meine Rede und machte mir in die Hose, aber es war mir egal!“ *(Gelächter in der Gruppe. Karl lacht)*
Also, das nächste Mal gehst du auf die Bühne und kneifst deinen Schwanz, damit du dir nicht in die Hose machst. Sie werden fragen: „Was macht der Kerl da mit seiner Hand in der Hosentasche?“ „Frag lieber nicht!“
Kneif ihn fest, das kennst du doch, das ist die Squeezetechnik. Du mußt einfach nur eine Hand in der Tasche halten.
K: Eine? *(Kratzt sich am Kopf)*
F: Nun das kommt darauf an, vielleicht brauchst du auch beide. *(Macht wieder vor.)*
H: Stop, die Zeit ist um! *(Unterbrechung durch den Zeitnehmer)*
F: Gut. Karl hattest du irgendwelche Gefühle mir gegenüber während dieser Sitzung?
K: Ja, ich hatte verschiedene Gefühle, zunächst habe ich viel über mich lachen müssen, manchmal war ich verwirrt und suchte einen Ausweg, aber das wurde immer wieder gelöst durch das Lachen darüber. Lachen über die witzigen Vorschläge, die ich mir immer konkret vorgestellt habe.
F: Ja ja, ich sah dich immer: „Und hier ist der Meister des Taschenbillard!“ *(Gelächter in der Gruppe)*
Denk einfach dran, daß nächste Mal, wenn du eine Rede halten mußt: Hände in die Hosentaschen! *Spricht betont.*
K: (*lachend*) Ich glaube, es wird genug sein, die Situation hier zu erinnern.
F: O.k. reden wir mit den anderen *(zu den Zuhörern)*: Wenn ihr ängstlich seid, steckt eure Hände in die Hosentaschen, bevor ihr fragt.

Hier endet die eigentliche Sitzung und Frank Farrelly beginnt nun eine Diskussion mit der Gruppe.

Abschließender Kommentar

Vier Wochen nach der Sitzung riefen wir Karl an und fragten ihn nach den Auswirkungen dieser Arbeit mit Frank Farrelly. Er berichtete, daß er sich in seinen Vorträgen freier fühlt und nur ganz kurz vor Beginn eines Seminares eine heftige Anspannung spürt und dann plötzlich ganz ruhig ist. Seine inneren Dialoge während der Vorträge haben aufgehört; er entdeckt, daß er immer wieder mal eine Hand in der Hosentasche hat, was ihn sehr zum Lachen reizt.

„IN DIE ROLLE DES ANDEREN SCHLÜPFEN"

Stephen Lankton

Stephen Lankton war langjähriger Schüler Milton Ericksons und verbindet in seiner therapeutischen Arbeit Hypnotherapie mit systemischen Ansätzen.

Brandau: Nach welchen sinnesspezifischen Kriterien organisieren Sie Ihr systemtherapeutisches Verhalten?

Lankton: Ich achte vor allem visuell auf die nonverbalen Prozesse in der Familie. So gibt es Momente, wo ich bemerke, daß etwas Neues im System auftaucht und sich Dinge verändern. Meistens sehe ich dies anhand ideomotorischer Verhaltensweisen der Klienten. Wenn der Mann z.B. sagt: „Ja, das ist noch etwas anderes!", und die Frau für eine Sekunde mit ihrem Sessel nach hinten schaukelt, sage ich mir: „Aha, sie ist der Zeit voraus und weiß etwas, was ich noch nicht weiß und er mir vielleicht gleich sagen wird". Ich beachte auch sehr genau, wie mein Verhalten Veränderungen in der Sensumotorik der anderen auslöst, wenn sie auf mich achten oder wenn sie nicht auf mich achten. Wenn ich aber wissen möchte, wie es sich anfühlt, in einem bestimmten System zu leben, muß ich die Mitglieder fragen und mich mit ihren Erfahrungen ein Stück identifizieren. Diese Erfahrung erschließe ich aber zumeist aus dem, was nicht gesagt wird. Wenn die z.B. mit dem Kopf schnell nicken und in einer bestimmten Weise lächeln, so bekomme ich ein Gefühl dafür, wie dieses System wirkt. Was sie sagen, ist für mich nicht das Primäre.

Brandau: Wie reflektieren Sie Ihre therapeutische Arbeit in Systemen und welche inneren Prozesse spielen da eine Rolle?

Lankton: Da gibt es verschiedene Aspekte. Einer davon ist, daß ich manchmal keine Gedanken habe. Ich brauche immer wieder die Erfahrung, für eine Zeit lang ohne Gedanken zu sein. Das ist für mich eine erweiternde sensorische Dimension. Ich verwende aber auch ein akustisch-tonales Erkennungsmuster, das sich mir einprägt. So registriere ich z.B., daß eine Frau den Mann in einem Gespräch sechsmal unterbrach. Wenn ich diese tonal-akustische Erfahrung dann später erinnere, frage ich mich, ob es hierfür ein Muster gibt. Später, wenn ich dann innerlich wieder still bin, lasse ich das Muster von selbst aus dem Unbewußten heraus entstehen. Wenn es klar wird, mach ich dann mmmhh. (Summen als Ausdruck des AHA-Erlebnisses, Anm. des Verf.)

Brandau: Welche Rolle spielt in diesem Prozeß der innere Dialog?

Lankton: Nein, ich registriere die Gedanken nur, inventarisiere sie und kann später darauf zurückgreifen. Es überrascht mich oft selbst. Wenn die bewußten Gedankengänge nicht weiterführen, höre ich mich zu einem späteren Zeitpunkt, wo sich alles von selbst zu einer Antwort zusammenfügt. Am Ende habe ich dann ein Gefühl, daß das Ergebnis paßt.

Brandau: Welche Bedeutung kommt bei diesem Erkennungsprozeß systemischer Muster dem visuellen Sinnessystem zu?

Lankton: Die meisten Bilder, die ich habe, sind Erinnerungen. Sie sind meine Wegweiser, um mich an das zurückzuerinnern, was die Personen sagten. Ich verwende also die visuelle Erinnerung, um den roten Faden zu dem, was in der Sitzung passierte, aufzunehmen. Ich habe aber auch ein Gefühl dafür, was die Personen während der Sitzung erlebten. Da kommt mir meine Erfahrung mit dem Rollenspiel zugute:

Brandau: Versetzen Sie sich da körperlich in die Rolle des anderen?

Lankton: Ja, ich versetze mich kinästhetisch in die Körperhaltung der Klienten, spiegle auch den Tonfall der Stimme und die Atmung. Dadurch komme ich sehr schnell zu dem Punkt, den ich explorieren will. Dann kann ich, etwa ein bis zwei Sekunden später, wenn ich wieder ich selbst bin, darüber reflektieren, wie es sich anfühlte, warum ich etwas Bestimmtes gespürt habe, wieso die Person kein anderes Gefühl bekommen hat und ich frage mich auch, ob sie dieses Gefühl vermeidet, weil sie vielleicht Angst davor hat oder sie gar nicht weiß, daß es dieses Empfinden gibt. Ich fühle, als wäre ich diese Person im jeweiligen System und kann dadurch oft mehr Information bekommen, als mir die Klienten darüber geben könnten. Und das trifft auch auf die Supervision zu. So fragte ich mich erst neulich, warum mein Supervisand mit einer Klientin so kühl und gespannt agierte, anstatt locker zu sein. Die Klientin sagte, daß sie ihre Stimme freier und energievoller fließen lassen möchte. Er machte eine Trance mit ihr und ich fragte mich, warum er nicht auf sie eingeht. So versetzte ich mich in die Rolle des Therapeuten und erkannte sogleich, daß er den Experten spielt und damit den Kontakt zur Klientin verliert. Ich bearbeitete dann diese Expertenrolle mit dem Therapeuten anhand eines Rollenspiels und machte mit ihm einen Kontrakt, um seine Flexibilität in solchen Situationen zu erweitern.

Brandau: Also ist dieses in die „Rolle des anderen schlüpfen“ für effektive Supervision sehr wichtig. Ich möchte gerne noch wissen wie sich exzellente Supervisionen von weniger exzellenten unterscheiden.

Lankton: Ich trenne da nicht so stark. Manche Supervisionen waren wirklich gut, weil ich etwas Neues gelernt habe, manche waren wirklich gut, weil ich intuitiv etwas machte, was ich selbst nicht erwartete und manchmal war es gut, weil der Supervisand etwas wirklich begriffen hat, was für seine weitere Arbeit weitreichende Konsequenzen hatte.

Wenn sich da also etwas gemeinsam entwickelt und daraus ein neues Verständnis sowohl beim Supervisanden als auch bei mir ergibt, dann sind das erfreuliche Momente. Es gefällt mir überhaupt, wenn ich sehe, daß jemand etwas lernt. Als mein Sohn ein Jahr alt war, waren wir in einem leeren Restaurant, in dem ein Mann an einem Fußballtisch spielte. Mein Sohn saß mit seinem Fläschchen da und es sah aus der Entfernung so aus, als würde er sich nicht bewegen. Er schaute zu und trank. Ich blickte hinüber, machte einen Schnappschuß und entdeckte dabei, wie er mit seinen Fingern auf der Flasche mitspielte. Es inspiriert mich, wenn Menschen in den unterschiedlichst schwierigen Bedingungen, wie z.B. großen Schmerzen[1], Wege finden, etwas zu lernen. Ich dachte immer, daß Erickson das gerne an mir sah und natürlich auch bei den vielen Leuten, die er mochte. Das ist auch etwas, was ich an ihm mochte. Du konntest zu ihm gehen und sagen: „Weißt du, jetzt bin ich gerade daraufgekommen, wie sie den Draht litzen, bevor sie ihn isolieren!" Und er sagte dann: „Erzähl mir, wie man das macht!". Und er meinte es wirklich so, denn er interessierte sich für alles.

Brandau: Danke für das Interview!

Anmerkungen

1 Hier dürfte Lankton an Milton Erickson gedacht haben, der durch seine Polioerkrankung „gezwungen" war, durch autohypnotisches Bemühen Bewegungsabläufe wiederzuerlernen und Schmerzen zu bewältigen.

NLP UND DIE „STRUKTUREN DER MAGIE" IN SUPER-VISIONEN

Gundl Kutschera

Gundl Kutschera leitet in Heidelberg ein internationales NLP-Ausbildungsinstitut und hat langjährige Erfahrung als Ausbilderin und Supervisorin. Ihr besonderes Interesse gilt einer Verbindung von spirituellen Fragen und spielerischem Lernen des NLP.

Brandau: Wodurch unterscheiden sich für Dich exzellente Supervisionen von weniger effizienten?

Kutschera: Entscheidend für die Qualität einer Supervision ist, daß der Supervisand sowie der Supervisor rasch in einem „Ressourcezustand" z.B. Selbstvertrauen, Sicherheit, finden. Erst wenn beide in diesem Zustand sind, ist es erfolgversprechend, auf die Probleme des Klienten/des Teams/der Organisation einzugehen. Ein guter Ressourcezustand ist gegeben, wenn man

1. in *Resonanz* ist, z.B. in seiner Mitte ruht
2. ein erstrebenswertes *Ziel* gefunden hat
3. *sensorische Genauigkeit* hat, d.h. über Kriterien verfügt um sofort festzustellen, wann und wie man sich diesem Ziel nähert oder wann man sich entfernt, und wenn man
4. *Flexibilität* besitzt, um andere Interventionen zu gebrauchen, wenn man merkt, daß man sich dem Ziel nicht annähert. Es ist fast wie eine Maßschneiderei. Ein guter Schneider probiert Stoffe und Modelle solange, bis er etwas Passendes für den Kunden gefunden hat. Ein guter Supervisor kennt den Zusammenhang und die Wechselwirkung zwischen Verhalten und innerem Zustand. Verhaltensflexibilität ist erst möglich, wenn ein innerer Zustand von Sicherheit, Selbstvertrauen u.ä. vorhanden ist. Ein innerer Zustand ist abhängig von der Physiologie, sichtbar z.B. in der Körperhaltung und der inneren Repräsentation. Wenn man z.B. zu jemandem mit hängendem Kopf, herunterhängenden Schultern und flacher Atmung sagt, er solle sich in einer Problemsituation durchsetzen oder abgrenzen, so wird dies sehr schwer möglich sein und die Person wird unzufrieden zurückkommen. Lösungen für seine Problemsituation kann der Supervisand erst in einem „Ressourcezustand" finden. Dies ist mit oben genannter Physiologie nicht möglich.

Deshalb ist schlechte Supervision für mich die, die auf das Verhalten des Supervisanden, der nicht in einem ressourcenvollen Zustand ist, eingeht und Interventionsmöglichkeiten bespricht.

Brandau: Wie hilfst Du dem Supervisanden seinen „Ressourcezustand“ zu finden?

Kutschera: Zuerst lasse ich den Supervisanden seinen inneren Ressourcezustand benennen und helfe ihm dann diesbezügliche Erfahrungen, z.B. in der Vergangenheit zu finden. Erst wenn der Supervisand in seinem Ressourcezustand ist, gehe ich darauf ein, was Klient/Team/Organisation braucht.

Wenn ich den Supervisanden schon länger kenne, erinnere ich mich an Erfahrungen, die ich mit ihm in Supervision oder Training gemacht habe und suche mir die heraus, in denen er die jetzt benötigten Ressourcen gezeigt hat.

Brandau: Wie erinnerst Du dich an diese Situationen?

Kutschera: Wenn ich mich konzentriere, bin ich in einem bestimmten inneren Zustand und sehe hinter dem Supervisanden einen Film all dieser Ressourcesituationen ablaufen. Wenn ich z.B. Dir jetzt eine Supervision geben würde, dann würde ich aufgrund Deiner Problemschilderung und Deiner Physiologie Hypothesen haben, was Du brauchst. Diese Hypothese überprüfe ich mit Dir, indem ich Dich benennen lassen würde, was Du in dieser Problemsituation brauchst. Wenn Du z.B. in der geschilderten Situation Geborgenheit bräuchtest, könnte ich hinter Dir einen Film mit allen Situationen laufen sehen, in denen Du Dich in meiner Ausbildung geborgen fühltest und würde Dir helfen, Dich daran zu erinnern.

Brandau: Du erinnerst den Supervisanden also an eine Ressourcensituation, läßt ihn selbst die Verbindung zur Problemsituation herstellen und ankerst das mit seinem eigenen Begriff.

Kutschera: Ja, indem er sich an diese Ressource z.B. Geborgenheit erinnert, zeigt sich bereits eine Änderung in der Haltung und Physiologie, die ich ankere. Dann erst frage ich, was die Klienten/Team/Organisation brauchen. Eine meiner Hypothesen ist, daß der Supervisand oft dasselbe wie sein Klient braucht und deshalb ressourcelos ist. Meine nächste Frage ist: „Was ist Dein Ziel und wie willst Du er erreichen?“ Wenn der Supervisand in seinem gewünschten Ressourcezustand ist, bespreche ich mit ihm Interventionsmöglichkeiten. Mit meinen Fragen lasse ich alles offen, denn meine Annahmen müssen ja nicht richtig sein.

Brandau: Wie reflektierst Du Deine Arbeit und welche Strategie der Selbstsupervision hast Du?

Kutschera: Ich reflektiere über meine Arbeit beständig und im NLP gibt es dafür einige spezielle Interventionsmöglichkeiten. Der erste Schritt ist auch hier wieder das Erreichen eines „Ressourcezustandes“. Ich erreiche meine Flexibilität am leichtesten durch sogenannte „Simulationen“, in denen viele Lösungsmöglichkeiten für die unklare Situation vor meinem inneren Auge ablaufen. Diese „visuell-kinästhetische-Dissoziation“ erlaubt mir, mich selbst in der Situation kritisch zu reflektieren und Lösungsmöglichkeiten zu finden. Wenn z.B. in einer Situation etwas unklar ist und ich das hinterher reflektiere, dann sehe ich die Situation und schiebe sie weit weg. Dabei komme ich in einen speziellen Trancezustand der Zeitverzerrung. Mir kommen zwei Minuten wie zwei Stunden vor, in denen innere Filme mit Lösungsmöglichkeiten für die unklare Situation vor meinem inneren Auge ablaufen.

Brandau: Wie nimmst Du Dich in diesem Film wahr?

Kutschera: Ich bin dissoziiert und höre verschiedene Stimmen, die mir sagen, welche Ressourcen nötig wären.

Brandau: Du zeigst mit der Hand zum rechten Ohr. Kommen diese Stimmen also von rechts?

Kutschera: Ja, und vor mir laufen Beispiele von ähnlichen Ressource-Situationen, die ich schon erlebt habe. Was mir paßt, nehme ich als Möglichkeit und was nicht paßt, verschwindet sehr schnell wieder.

Brandau: Dabei hörst Du rechts hinter Dir Stimmen. Welche Qualität haben diese Stimmen? Ist es Deine Stimme?

Kutschera: Das ist nicht meine Stimme. Es sind humorvolle und neugierige Stimmen und viel Lachen. Das Lachen ist die wichtigste Qualität und verbindet sich mit einem Gefühl von Leichtigkeit. Es kommt mir vor wie die Aufforderung zu einem Spiel, so im Sinne von: „Gott sei Dank, jetzt ist wieder etwas Spannendes los."

Brandau: Wem gehören diese Stimmen?

Kutschera: Das sind innere Helfer, die ich kenne.

Brandau: Woran merkst Du, daß einige der Möglichkeiten aus den Filmsimulationen passen?

Kutschera: Diese Simulationen laufen mit irrsinniger Geschwindigkeit und wenn eine paßt, bekomme ich ein angenehmes Gefühl im Bereich des Solar plexus. Und dann geht's los.

Brandau: Was geht los?

Kutschera: Dann rede ich wieder mit den anderen und überprüfe, ob die gefundene Hypothese stimmt. Wenn sie für die Betroffenen nicht paßt, verwerfe ich sie wieder und suche neue Möglichkeiten.

Brandau: Mir fehlt jetzt noch die konkrete Vorstellung Deiner inneren Simulationen. Sind das also farbige Filme, mit denen Du Systemabläufe erfaßt und variierst?

Kutschera: Ja. Z.B. bei einer Familientherapiesitzung sehe ich mich und die Mitglieder der Familie, wobei ich mich auf die Person konzentriere, die am meisten leidet. Ich sehe bei jeder Person von den Energiezentren des Körpers Fäden fortlaufen, wobei rote Fäden für Spannung und blaue für Entspannung stehen. Bei der Person, wo sich am meisten rote Fäden zusammenballen, setze ich an. Natürlich sehe ich auch feine körperliche Hinweise wie Augenausdruck, Sitzhaltung, Symmetrie usw.

Brandau: Eine meiner Vermutungen ist, daß man Systemabläufe besser erkennt, wenn man die Abläufe schnell laufen läßt.

Kutschera: Ja, alle erfolgreichen Leute, die wir bisher untersucht haben, haben bei ihren kreativen Lösungen blitzschnelle innere Simulationen laufen. Du sicher auch. Aber das Spannende war jetzt für mich die Sache mit den Fäden. Das ist mir erst durch Deine Fragen bewußt geworden. Ich merke, daß ich diesen Wahrnehmungszugang nicht gerne offen zulassen will. Wobei gerade diese persönlichen Wahrnehmungszugänge das Hauptziel in meiner Masterausbildung sind und ich darüber viel und eingehend nachdenke und diskutiere.

Brandau: Inwiefern kann man Deine Arbeit als systemisch betrachten?

Kutschera: Ich arbeite immer mit dem ganzen System des Klienten. Auch in der Einzeltherapie sehe ich jede Person in ihrem System zu Hause. In Supervision lege ich besonderen Wert auf die Fähigkeit der Supervisanden, sich in alle beteiligten Personen einer Problemsituation hineinzuversetzen und zwischen den eigenen Gefühlen und denen der beteiligten Personen genau zu unterscheiden. Dadurch wird es möglich zu überprüfen, wie jede Veränderung einer Person das ganze System verändert und welche Änderung für das jeweilige System machbar und möglich ist. Im NLP nennen wir das Ökologieüberprüfung.

Brandau: Welche Rolle spielen Werte in Deiner Arbeit?

Kutschera: Werte setzen in meiner Arbeit den Rahmen, innerhalb dessen ich die NLP-Werkzeuge verwende. Meine Hypothese ist, daß sich Lebensqualität dann verbessert, wenn jeder seine eigenen Werte möglichst durchgängig im Arbeits- und Privatbereich lebt. Dann haben wir das Gefühl, daß das Leben einen Sinn hat. Z.B., wenn jemand „Geborgenheit" als höchsten Wert hat, wird es ihm in jeder Situation, in der sich die Beteiligten geborgen fühlen, gut gehen und wenn „Geborgenheit" nicht vorhanden ist, wird er eine Störung empfinden.

Werte haben für uns die stärkste Motivation, etwas zu tun oder nicht zu tun. Ob Ziele für uns reizvoll sind oder mühsam, hängt davon ab, ob unsere Werte im Ziel enthalten sind oder nicht.

Deshalb ist es für mich in der Supervision wichtig, daß die Supervisanden ihre eigenen Werte bewußt machen und sie möglichst durchgängig leben können. Tiefe innere Werte sind vielen Supervisanden unbewußt. Wir reden nicht gerne über Werte, die uns wirklich tief berühren, weil wir da sehr verletzlich sind. Das Herausarbeiten der inneren Werthierarchie ist für mich in Supervisionen ganz wesentlich und ich finde es bedenklich und gefährlich, wenn jemand z.B. Familientherapie macht, ohne zumindest seine Werte und seine positive Vision von Beziehung und Familie zu kennen. Ich glaube, daß man jemand nur dort hinführen kann, wovon man selbst tief überzeugt ist.

Brandau: Was machst Du, wenn die Werte offengelegt sind?

Kutschera: Jeder lebt seine Werte nach bestimmten Regeln (Beliefsystemen). Diese Regeln bestimmen, was eine Person als real und wirklich empfindet. Nach all dem, was wir bis jetzt wissen, scheinen Werte stabil zu sein, dagegen die Regeln, wie die Werte zu leben sind, veränderbar. Wenn eine Regel zu eng ist, kann sie erweitert werden. Z.B. können Ehepartner beide „Respekt" als höchsten Wert haben, aber die Regeln dazu können sehr unterschiedlich sein. Der Mann hat z.B. gelernt, daß „Respekt" dann vorhanden ist, wenn jeder seine Gefühle äußert, gegebenenfalls auch lautstark. Wogegen die Frau gelernt hat, daß man still ist und gegebenenfalls den Raum verläßt, wenn man nichts Positives sagen kann. Für ihn ist das Verlassen des Raumes die größte Respektlosigkeit und für sie das lautstarke Brüllen.

Bei Supervisionen lege ich Wert darauf, daß der Supervisand die Regeln und inneren Welten anderer akzeptieren und dabei seine eigenen stehen lassen kann, sich sogar über Unterschiede freuen und sie als Bereicherung schätzen kann.

Brandau: Wir haben bisher einiges über Deine Strategien und die Rolle der Werte und Glaubenssätze im Prozeß der Supervision behandelt. Seit einigen Jahren wurde das Konzept der sogenannten Metaprogramme im NLP populär. In der Kognitionspsychologie sprach man von „Kognitiven Stilen", „Coping-Mustern" und Persönlichkeitsmerkmalen. Diese uns unbewußten Sortierfilter der Wahrnehmung und Informationsverarbeitung beeinflussen stark den Prozeß der effektiven Supervision. Was ist Deine Meinung dazu?

Kutschera: Ich stimme Dir zu, daß Metaprogramme eine wesentliche Bereicherung im Supervisionsprozeß sind, weil sie uns ermöglichen, noch spezifischer und individueller auf die Probleme der Supervisanden einzugehen. Metaprogramme sind innere Mechanismen, nach denen wir Informationen sortieren und filtern. Beispielsweise ist ein wesentlicher unbewußter Sortierfilter, ob sich jemand auf etwas zu oder von etwas weg orientiert. Auf etwas zu heißt zielorientiert, von etwas weg heißt problemorientiert. Diese inneren Filter bedingen unterschiedliche Formen der Wahrnehmung und Informationsverarbeitung und mithin auch unterschiedliche Lösungsmöglichkeiten, bzw. Interventionen.

Brandau: Welche Bedeutung hat für Dich in diesem Zusammenhang der sogenannte „Chunk-Size-Filter", also die Gewohnheit, etwas besser zu verstehen, wenn man vom großen Bild zu den Details geht oder von den konkreten Details zum Gesamtbild vorgeht?

Kutschera: Gerade dieses „Chunken", Zerlegen der Informationen in Teile, beachte ich in Supervisionen sehr genau. Wenn z.B. ein Therapeut für sich nur Informationen für den großen Rahmen braucht und der Klient gewohnt ist, sich in kleinen Details mitzuteilen, kommunizieren sie auf verschiedenen Ebenen und werden leicht aneinander vorbeireden. Ein guter Supervisor sollte möglichst flexibel alle Metaprogramme anwenden können.

Brandau: Heißt das auch, daß man seine Präferenzen in den Metaprogrammen kennt, seine Grenzen erfährt und langsam erweitert?

Kutschera: Ja, ich brauche z.B. für mich zuerst den großen Rahmen, die großen „Chunks", wie Werte, um mich auf einer allgemeineren, umgreifenderen Ebene orientieren zu können, bevor ich auf Details eingehe. Ich habe aber gelernt, mich für kürzere Zeit in jemanden hineinzuversetzen, der kleine „Chunks", in Form detaillierter und lange im Konkreten verhafteter Informationen bevorzugt.

Brandau: Deshalb ist es für eine effektive Supervision nötig, die vielfältigen Metaprogramme, also Sortierfilter der Wahrnehmung des Therapeuten zu erkennen und Möglichkeiten der Erweiterung dieser Grenzen anzubieten.

Kutschera: Je flexibler sich ein Supervisor in den verschiedenen Bereichen der Metaprogramme bewegt, desto klarer kann er sein und desto leichter kann er im entsprechenden Moment unbrauchbare Hypothesen fallenlassen und durch andere ersetzen. Das erhält Neugier und spielerische Haltung für diese Arbeit.

Brandau: Danke für das Gespräch.

WAHRNEHMUNGSPROZESSE, STRATEGIEN UND GLAUBENSHALTUNGEN BEIM SYSTEMISCHEN SUPERVIDIEREN.

Gunther Schmidt

Gunther Schmidt war langjähriger Mitarbeiter von Prof. Helm Stierlin an der Abteilung Familientherapie der Psychosomatischen Klinik der Universität Heidelberg und Schüler von Milton Erickson. Er integriert in origineller Art und Weise seine systemische und hypnotherapeutische Erfahrung zu einem zukunftsweisenden therapeutischen Ansatz. Seit Jahren bildet er System- und Hypnotherapeuten aus, leitet gemeinsam mit Bernhard Trenkle des Milton-Erickson-Institut Heidelberg & Rottweil und betreibt mit besonderem Spaß systemische Supervision in verschiedensten Kontexten.

Brandau: Worin unterscheiden sich besonders erfolgreiche Supervisionen von weniger erfolgreichen und was sind dabei Deine Kriterien?

Schmidt: Da sind für mich verschiedene Kriterien zu berücksichtigen. Das erste ist, daß eine Supervision immer in einem bestimmten Kontext abläuft und eine erfolgreiche Supervision nach meinen Erfahrungen nur dann möglich ist, wenn man diese Kontextfaktoren berücksichtigt. Zum Beispiel: Der Leiter einer Beratungsstelle meint, man braucht für das gesamte Team eine Supervision. In diesem Team gibt es aber Berater mit unterschiedlichen Therapiekonzepten. Im Team gibt es seit einiger Zeit Spannungen, wobei die Frage, was das richtige Konzept ist, eine wichtige Rolle spielt. Wenn nun ein systemischer Supervisor von einem systemisch orientierten Leiter eingeladen wird, während die meisten anderen Berater analytisch oder gestalttherapeutisch orientiert sind, so kann er mit diesem Team keine erfolgreiche Supervision machen, wenn er die Beziehungsauswirkungen dieses Auftrages nicht klärt und auf der inhaltlichen Ebene zu arbeiten beginnt. Wenn ich einen Supervisionsauftrag annehme, dann mache ich erst einmal eine Sitzung, wo ich kläre, was die Teilnehmer für Erwartungen damit verbinden und vor allem, was sie darüber denken, daß gerade zum jetzigen Zeitpunkt von einem bestimmten Kollegen, bzw. dem Leiter Supervision organisiert wird. Es muß also die kontextuelle Bedeutung einer Supervision genau abgeklärt werden.

Besonders wenn Supervision in einem Team verdeckt als wechselseitiges Kontrollinstrument verstanden wird entsteht ein Streßkontext, in dem die Teilnehmer immer Angst haben müssen. Ich habe oft erlebt, daß über die Frage, Supervision zu machen, Beziehungsfragen im Team geklärt werden. Es ist dann auch kein Zufall, welche Fälle in die Supervision eingebracht werden, denn sie hängen nach meiner Erfahrung zumeist mit der Dynamik und Organisation des Teams zusammen. Ich wähle dann vorzugsweise den Fall aus, der das Teamproblem widerspiegelt und versuche dann auch die Muster und Lösungsüberlegungen auf die Teamsituation zu beziehen.

Brandau: Was tust Du, wenn in einer Supervision eine „Sackgasse" entstanden ist und Du „drinnen steckst"?

Schmidt: Ich spreche das auf der Beziehungsebene an und verlasse die Rolle eines Supervisors, der in einer Metaposition draußen oder drüber steht. Ich versuche es als gemeinsames Problem zu definieren und lade zum gemeinsamen Bilden von Hypothesen und Lösungsmöglichkeiten ein. Ich definiere die Sackgasse auch nicht als Versagen von irgendjemand, sondern als wichtige Information darüber, daß in diesem Moment in unserem Prozeß etwas fehlt, was gebraucht wird. Das „Steckenbleiben" hat also irgendwo seinen Sinn, weil etwas nicht berücksichtigt worden ist. Ich versuche dann, mit dem abgespaltenen Teil, der zur Sackgasse geführt hat, Kontakt aufzunehmen.

Brandau: Du begibst Dich also in eine partnerschaftliche Position und denkst laut über die verfahrene Situation nach.

Schmidt: Ja, ich geh aus der Position, die Supervisoren oft angeboten wird – „Komm doch von oben und guck, ob wir es richtig machen!" – heraus, weil ich oft das Gefühl habe, daß diese Position ein Teil des Problems ist. Angebote von Gleichrangigkeit sind dann für alle Beteiligten zumeist hilfreich, wobei das kongruente Öffentlichmachen meiner Gedanken und Gefühle wichtig ist.

Brandau: Wie reagierst Du, wenn an Deiner Arbeitsweise Kritik geäußert wird?

Schmidt: Wenn ich persönlich in schlechter Verfassung bin, dann schluck ich und dann trifft es mich auch. Aber in den letzten Jahren hab ich ganz gut gelernt, diesen ersten Schritt des Schluckens und des Beziehens auf mich zu transzendieren und mir zu sagen: „Aha, es ist doch wirklich gut, daß die wissen, was sie brauchen und ich hab das offensichtlich zu wenig berücksichtigt". Kritik wird so zu einem Informationsgeschenk, denn wenn sie kommt, habe ich etwas übersehen oder ich bin anderer Meinung. Ich geh nicht davon aus, daß der andere unrecht hat oder daß ich unrecht habe, sondern daß sich zwei Weltsichten gegenüberstehen.

Brandau: Ich möchte nun weiter nach Kriterien erfolgreicher systemischer Supervision fragen.

Schmidt: Also, das sind für mich immer Supervisionen, bei denen ich mehr mit dem Prozeß des Supervisanden, der den Fall einbringt, arbeite und mich nicht so sehr am Fall inhaltlich festklebe. Ich halte nicht viel von Supervisionen, bei denen man über das System spricht und Hypothesen bildet, was manchmal für den Anfang ganz hilfreich sein kann. Ich gehe davon aus, daß ein Supervisionsproblem Ausdruck des therapeutischen Systems ist, in dem der Therapeut als wichtiger Teilnehmer mitspielt. Was man in dem Spiel verändern kann, ist der Beitrag des Therapeuten. Und da gibt es für mich zwei Aspekte erfolgreicher Supervisionen. Der eine ist, wenn man vom „Gucken nach dem Problem" und was alles schief gelaufen ist, wegkommt und sich auf die Ressourcen konzentriert. Der andere ist, daß Therapeuten in Supervisionen Fälle präsentieren, bei denen sie nicht weiterkommen. Wenn es gelingt, das als wichtige Information zu entdecken und in etwas umzudeuten, was der Therapeut braucht, um wieder voll mit sich in Kontakt zu sein, dann „flutscht" es und hat meistens erfolgreiche Auswirkungen.

Brandau: Hast Du einen inneren Plan in welchen Schritten effektive Supervision abläuft?

Schmidt: Zuerst kläre ich einmal, was der Supervisand von der Sitzung erwartet, was er braucht und welche Fragen ihm wichtig sind. Wenn ich das Gefühl habe, daß noch etwas anderes berücksichtigt werden müßte, mache ich ein offenes Verhandlungsangebot. Ich mache zuerst einmal Vertragsarbeit, um uns auf ein Ziel zu einigen. Dann kläre ich den Kontext der Therapie, die Erwartungen der Klienten und eventuell den Überweisungsweg. Ich kläre auch, wie das System das Problem definiert und welche Bedeutung es für sie hat, was der Therapeut macht. Dann aber kommt sehr bald nach dieser inhaltlichen Abklärung der wesentliche Schritt dazu. Wie schildert mir der Therapeut das, was bevorzugt er und was läßt er aus? Welche Beziehungsmuster sind in der Art, wie er es schildert, enthalten? Da spielt nun der Prozeß zwischen ihm und mir eine große Rolle. So stellte ich erst neulich einem Supervisanden eine lösungsorientierte Frage wie „nehmen wir an, du machst diese Intervention, was würde deren Reaktion sein" und er erzählte mir eine lange Geschichte. Das ist für mich von unserem Beziehungsmuster her eine wichtige mögliche Information über seine Beziehung zum System. Ich dachte: „Aha, vermutlich wird sich zwischen ihm und den Klienten ein ähnliches Muster abspielen. Bevor die sich auf mögliche Lösungen hin orientieren, drehen sie lieber Schleifen in die Vergangenheit". Ich machte ihm diese Phantasie transparent und er konnte sie bestätigen. Ich beachte genau, wie Systeme den Therapeuten hypnotisieren und wie sich diese hypnotisieren lassen. Und dann versuche ich geeignete Ressourcen zu reaktivieren. Ich frage ihn dann: Nehmen wir an, Du würdest mit der Familie weiterarbeiten, welchen inneren Zustand könntest Du brauchen, damit Dir leichter Ideen kommen, um andere Möglichkeiten auszuprobieren? Was könnte Dich eher davon ablenken, daß Du in das Alte reinsackst? Sagen wir einmal, Du würdest dieses Gefühl ausdrücken, wer wäre da am meisten überrascht? Mit so ähnlichen zirkulären Fragen gehen wir dann zukünftige Möglichkeiten durch. Aber ein ganz zentraler Aspekt ist, daß ich auch schaue, welche Regeln im System Supervisor – Supervisanden ablaufen. Viele Supervisionen laufen so nach den Regeln: „Hier darf man nur einbringen, was problematisch ist" oder „Erfolge einbringen ist verpönt" und „Wenn ich einen Erfolg berichte, machen die anderen in der Supervisor-Gruppe den kaputt."

Brandau: Wie gestaltest Du den zeitlichen Ablauf und woran merkst Du, daß eine Supervision abgeschlossen werden kann?

Schmidt: Nehmen wir an, ich habe eine Teamsupervision und wir haben drei Stunden Zeit. Fünf Leute melden sich und wollen alle einen Fall bearbeiten. Da mache ich häufig zeitlich begrenzte Kurzsupervisionen, z.B. 30 Minuten fokussiert auf einen bestimmten Aspekt des Problems. Und wenn diese Zeit aus ist, breche ich auch wirklich ab. Supervisionen, die länger als eine Stunde dauern, halte ich meist nicht für sinnvoll, weil sie suggerieren, daß man alle Verästelungen berücksichtigen müßte, was aber zumeist am Punkt vorbeiläuft.

Brandau: Wenn Du mit einem Supervisionsproblem konfrontiert bist, ist es bei erfolgreichen Supervisionen so, daß Du intuitiv checkst was da läuft und sogleich konkrete Aktionen zur Bearbeitung vorschlägst oder reflektierst Du noch weitere systemische Gesichtspunkte?

Schmidt: Ich glaube, daß die erfolgreichen und effektiven Supervisionen eher die sind, bei denen ich nicht so schnell Vorschläge mache, obwohl ich oft viele Ideen habe. Wenn gewissermaßen der Gaul mit mir durchgeht, hab ich das Gefühl, daß es eher ineffektiv verläuft. Ich erkläre mir das damit, daß es eine implizite Abwertung der Leistung des Therapeuten bedeutet und er sich dadurch eher mickrig fühlt und denkt: „Warum bin ich selbst nicht auf diese Idee gekommen?"

Brandau: Welche Rolle spielt für Dich das Ausprobieren und Üben neuer Interventionsmöglichkeiten?

Schmidt: Das hängt von der Art ab, wie die Anliegen des Supervisanden eingebracht werden. Wenn jemand seine Fragen sehr verkopft und abstrakt einbringt, bevorzuge ich es eher, eine Skulptur zu bauen, ein Rollenspiel zu machen oder einen Bandausschnitt anzusehen. Manchmal lade ich ihn ein, die Rolle des Klienten zu übernehmen. Wenn sich jedoch jemand schon im intuitiven oder gefühlszentrierten Prozeß befindet, dann bevorzuge ich eher die kognitive Ebene, weil es ja um das Gewinnen neuer Information geht. Ich versuche immer das anzuregen, was Unterschiede macht und so Information bringt.

Brandau: Kannst Du dennoch eine bevorzugte Rangordnung systemischer Methoden anführen, die Du in Supervisionen verwendest? Ich denke da an Methoden wie zirkuläres Fragen, Skulpturarbeit, Rollenspiel, Reflecting Team, Metaphernarbeit, Brainstorming, Videofeedback usw..

BEGINN DER SUPERVISION ...
Bitte, nach Ihnen ...
Ääh ...
... Ende einer Supervision
Bitte ich will auch noch ...
-BRAGO-

Schmidt: Am häufigsten kommt sicher das zirkuläre Fragen vor. Metaphorische Beschreibungen, wie ich die Beziehung zwischen Therapeut und System erlebe, z.B. Daniel in der Löwengrube, kommen neben dem Brainstorming auch häufig vor. Die Häufigkeit von Skulpturarbeit und Rollenspiel hat in den letzten Jahren eher abgenommen, diese setze ich erst ein, wenn der Prozeß zu kognitiv läuft.

Brandau: Gibt es für Dich als Supervisor, Ausbildner und Therapeut wesentliche Glaubenssätze und Werte, die Deiner Arbeit zugrundeliegen. Und könnte man diese Werte vielleicht auch hierarchisch ordnen?

Schmidt: Interessante Frage. Das hab' ich mir noch nie so überlegt. Ich bin ganz sicher, daß ich sehr klare Wertorientierungen habe, aber ich muß erst mal überlegen, welche das sind. Daß jemand eine Supervisionsfrage einbringt, ist für mich ein Zeichen von Offenheit und Flexibilität und ich würdige dieses Angebot. Ich kann von dem, der etwas einbringt genau so viel lernen, wie er von mir. Das betrifft den Wert der Gleichrangigkeit, der sicher für mich zentral ist. Der Supervisor kann alle möglichen Informationen anbieten, die autonome Instanz, was annehmbar ist und nicht verwertbar, ist der Therapeut. Diesbezüglich orientiere ich mich an Maturanas Hypothese, daß es keine instruktiven Interaktionen gibt. Deshalb hat ein Supervisor letztlich auch nicht zu sagen, wo es lang geht, denn er betreut die Klienten nicht und hat sie auch nicht erlebt. Hat jemand ein Problem mit Klienten oder einem System, so fasse ich dieses nicht als Defizit sondern als verschachteltes Geschenk auf.

Brandau: Also, Gleichrangigkeit, Respekt vor der Autonomie und Orientierung an den Ressourcen wären da wesentliche Glaubenshaltungen. Gibt es aber Werte auf einer noch höheren Ebene, von denen sich z.B. die eben genannten ableiten lassen, also etwa spirituelle?

Schmidt: Das ist gerade in der Supervision eine interessante Frage. Ich denke, solche Werte leiten mich nicht so sehr explizit, aber sicher implizit. In diesem Zusammenhang fallen mir relativ viele merkwürdige Supervisionsfälle ein, wobei manchmal auch ich die Supervision erhalten habe. Da gebe ich also jemanden eine Supervision und sehe weder die Familie oder sonst wen. Auch der Supervisand sieht sie nicht. Seit etlichen Sitzungen dreht sich alles im Kreis und geht nichts weiter. Dann arbeiten wir in der Sitzung an irgendeinem wichtigen Prozeß und er fühlt sich von seiner Blockade gegenüber der Familie befreit. Dann hat er in geraumer Zeit, etwa in 14 Tagen, die nächste Therapie und berichtet mir, daß die zur Tür reinkommen und er beginnen will, das, was er in der Supervision entwickelt hat, umzusetzen. Doch es ist nicht mehr nötig, weil sich im System etwa zur selben Zeit der Supervisionssitzung genau das entwickelt hat, worüber wir in der Sitzung gearbeitet haben, um den therapeutischen Prozeß in Gang zu bringen. Man könnte sich das ja noch sinnlich erklären, daß im Moment der Kontaktaufnahme die Klienten intuitiv die Veränderung der Therapeuten mitbekommen und darauf reagieren. Aber diese Phänomäne passieren in etwa synchron zu Supervisionssitzung.

Brandau: Mir fallen da die holographischen Modelle ein, wonach unsere individuellen Gehirne Teilchen des kosmischen Hologramms sind und die Synchronizität oder Ereignisse durch den außersinnlichen Empfang der Informationen des Systems erfolgen. Oder Sheldrake mit seinen morphogenetischen Feldern hat ja auf Rattenexperimente hingewiesen, wo die Lerngeschwindigkeit von Ratten über Generationen hindurch durch genetische Paarungen verbessert wurde. Nur zeigten sich bei Ratten, die nicht genetische Nachkommen waren und ganz woanders lebten, ebenfalls signifikante Lernzuwächse.

Schmidt: Für mich zeigt es, daß es hier interaktionelle Phänomene gibt, die wir mit unseren wissenschaftlichen Begriffen nicht beschreiben können. Ich habe da vor einiger Zeit ein interessantes Buch von Lawrence Le Shan gelesen, einem Therapeuten, der viel mit Krebspatienten gearbeitet hat. Darin beschreibt er, wie er in so einem Gefühl von allgemeiner und bedingungsloser Liebe mit einer tiefen Verbindung zum Kosmos, sich auf einen Patienten fokussiert, dem es gerade schlecht geht. Er machte häufig die Erfahrung, daß sich das schon allein als sehr wirksam und hilfreich erwiesen hat.

Brandau: Was bedeutet das für Dich in Hinblick auf die Werte. Ließen sich die anderen Glaubenshaltungen durch diesen Wert umfassen?

Schmidt: Ja, das ist übergeordnet. Ohne diese Liebe läuft nichts Wesentliches und Tiefes. Ich glaube aber nicht, daß sie allein ausreicht.

Brandau: Magst Du also Deine Klienten in Therapien und Supervisionen?

Schmidt: Natürlich, denn wenn ich sie nicht mag, dann läuft nichts.

Brandau: Und wenn Du jemand nicht magst, teilst Du ihm dann das mit?

Schmidt: In den letzten Jahren kommt es relativ selten vor, einfach deswegen, weil ich von der Haltung ausgehe, daß der Klient für das, was er tut, gute Gründe hat. Und mit dieser Haltung ist es schwer, jemanden nicht zu mögen. Aber es kommt natürlich auch immer wieder vor. Und wenn es vorkommt, dann mach' ich es nicht immer transparent. Aber ich denke, es wäre besser, ich würde es explizit machen.

Brandau: Nun zum letzten Fragenkomplex. Wie reflektierst Du Deine eigene therapeutische Arbeit, also wie betreibst Du Selbstsupervision?

Schmidt: Zuerst schau' ich mir die Videobänder meiner Therapien an. Wenn ich das aus zeitlichen Gründen nicht mache, dann versuche ich oft, mich imaginativ aus einer distanzierten Beobachter-Position innerhalb der Familie oder des therapeutischen Systems zu betrachten. Ich mache also einen visuellen Dissoziationsprozeß und betrachte mich quasi hinter der Scheibe in meinen Interaktionen mit der Familie.

Brandau: Siehst und hörst Du Dich da ganz klar?

Schmidt: Mehr oder weniger klar, das ist nicht immer gleich. Ein wichtiger Aspekt ist dabei, daß ich meine Beobachtungen und Gefühle als wichtige Information über das System betrachte. Ich erinnere mich an einen Fall, wo das ganz deutlich war. Ich ging nach einer Familientherapie mit einer Mutter und zwei Töchtern nach Hause und dachte, daß es ein ganz gutes Gespräch war. Ich fühlte mich aber nachher zunehmend schlecht und dachte dann, daß ich ein totaler Versager wäre und den Beruf an den Nagel hängen sollte. Dann kamen mir sogar Selbstmordgedanken. Ich bezog da alles individuell auf mich, bis ich mich wieder an meine Erfahrung erinnerte und mir sagte: „Dieser Zustand hängt auch damit zusammen, in welcher Beziehungsposition ich mich im System befinde". Wenn ich so ein Gefühl von Versagen, Angst oder Ärger habe, dann nehme ich das als Information über das System, denn offensichtlich gibt es einen Teilnehmer am systemischen Spiel, der in meiner Position ist. Was heißt das über wichtige Regeln und Glaubenshaltungen im System und nicht nur über mich? Welche Gefühle können eine Botschaft für etwas sein, das ich berücksichtigen muß, damit es mir gut geht und auch darüber, was dort nicht ausgesprochen wird? Ich bringe dann diese Fragen in das System ein. Bei der Familie mit der Mutter und den zwei Töchtern stellte ich dann viele Fragen, ob sich jemand traurig, niedergeschlagen und wertlos fühlte. Und ich hörte wie eigentlich es meistens der Fall ist, daß es so war. In dieser Familie waren seit drei Generationen die Männer immer wieder auf merkwürdige Weise verschwunden, gestorben, bei Unfällen umgekommen, ausgestoßen worden, und hatten sich ausstoßen lassen. Offenbar hatte ich unbewußt in der Familientherapiesitzung die „Männerposition" in der Familie partiell übernommen und damit zusammenhängend eigene selbstdestruktive Muster aktiviert.

Brandau: So wichtig mir dieser Aspekt der Utilisation der Gefühle des Therapeuten erscheint, so offen ist für mich noch die Frage, wie Du Dich selber siehst und Dir zuschaust. Erkennst Du in diesem dissoziierten Zustand der Selbstbeobachtung besser die systemischen Abläufe in die man sich als Therapeut verwickelt? Hast Du vielleicht eine mehr oder weniger unbewußte Strategie systemischer wahrzunehmen?

Schmidt: Eine Technik ist sicher die, daß ich versuche, das Geschehen wie eine Choreographie zu sehen. Dazu schalte ich den Ton aus. Dann versuch ich genau zu sehen, welche Bewegungen es zwischen mir und den anderen gibt und wie ich zu diesen Bewegungen beitrage, also was meine Bewegungen auslösen. Wir tanzen miteinander auf einer Bühne. Wenn ich da so zuschaue, bekomme ich ein besonderes Verständnis dafür, wie der Wechselprozeß zwischen uns ist. Das läuft rein visuell.

Brandau: Die Metapher des Tanzes scheint unter Systemikern recht beliebt zu sein, auch Minuchin verwendet sie. Ich glaube Welter-Enderlin hat die Rolle des systemischen Therapeuten mit der eines Tänzers verglichen, der sich in den Tanz hineinbegibt und ihn auch wieder aus der Distanz betrachtet. Er lernt die Schrittfolgen und Wechsel kennen und kann neue Leitmotive einführen, um die Beteiligten für neue Schritte zu stimulieren, daß sie ihre schmerzhaften oder bizarren Tänze langsam aufgeben.

Schmidt: Ein zweiter Aspekt dabei ist, daß ich mir alle metaphorisch vorstelle. Ich versuch', die Augen zu defocussieren und sehe dann dich mit allen Mitbewegungen und dann kommen Bilder. Letzte Woche war ich mit der Familie einer bulimischen Patientin zusammen und ich sah sie so etwas defocussiert an. Sie saß immer noch da, aber hinter ihr sah ich eine dunkle Gestalt stehen. In normalen Familiensitzungen erlaube ich mir das eigentlich viel zu wenig, weil ich glaube, daß es die Leute irritieren könnte. Ich seh' aber mit diesem driftenden glasigen Blick, wo ich gerade an jemand vorbei und durch ihn durchschau', sehr viel mehr nonverbale Bewegungen und gleichzeitig kommen die Figuren. Diese Figuren bringe ich dann wieder ein. Nicht direkt, aber indirekt, indem ich die Klienten frage, wie denn ein Symptom als Person ausschauen würde, wie man z.B. den Herrn Zwang behandeln muß, damit er auf den Plan gerufen wird usw..

Brandau: Damit externalisierst Du ja auch das Symptom vom Symptomträger wie es Michael White und manche Schamanen machen.

Schmidt: Ja, aber ich lasse den Symptomträger nicht gegen das externalsierte metaphorische Symptomwesen kämpfen, sondern mache z.B. ein Reframing.

Brandau: Kehren wir abschließend nochmals zu Deinem Prozeß der Selbstreflexion zurück. Wie geht das weiter, nachdem du Dich von einer Metaposition siehst und der metaphorischen Choreographie zugeschaut hast?

Schmidt: Ich habe dann Kontakt in mehrere Richtungen. Ich erleb' das ähnlich wie ein Regierungsmodell. Mein Kopf ist eine auf dem Zaun sitzende Person, die in Kontakt mit verschiedenen anderen Wesen ist. Ich nehm von außen etwas wahr, aber mit einem Auge, das ich mehr als ein kinästhetisches Auge begreife *(greift zum linken Auge)* hör' ich in mich hinein, was die Basis sagt. Dann schau ich wieder auf die Person auf dem Zaun und sehe da so Türen, die dann zu sind, wenn ich den Kontakt zu mir verloren habe. Wenn ich hochgucke, rechts oben spielt sich das ab, dann sehe ich, daß die Türen z.B. offen sind und verschiedene Wesen heraustreten. Wenn ich auf einem Grandiositätstrip bin, dann ist auch eine Tür offen, aber ein grüner Drache schaut heraus. Ich kann zu diesen, sagen wir mal transpersonalen Kompetenzen, keinen direkten Kontakt aufnehmen. Je egozentrischer ich mich verhalte, desto weniger habe ich zu dieser Informationsquelle Zugang. Immer, wenn ich eine demütige Haltung einnehmen kann, die schon sehr selbstbewußt ist, aber gleichzeitig annehmen kann, daß ich gewissermaßen ein Gefäß bin, sind die Türen offen und werden diese Ressourcen zugänglich.

Brandau: Danke für das Gespräch.

CHRONIFIZIERUNG VON PROBLEMMUSTERN IN SUPERVISIONEN

Fritz Simon

Fritz Simon ist langjähriger Mitarbeiter von Prof. Helm Stierlin an der Abteilung für Familientherapie der Psychosomatischen Klinik der Universität Heidelberg. In zahlreichen Publikationen greift er in oft spielerischer und doch kritisch tiefgreifender Art und Weise wichtige Themen der Entwicklung systemischer Therapie auf. Da er auch über reichliche Erfahrung in systemischer Supervision verfügt, schätzte ich es sehr, ihn für das folgende Gespräch zu gewinnen.

Brandau: Wie hat sich Dein Supervisionsstil mit dem Aufkommen der Kybernetik 2. Ordnung verändert?

Simon: Er hat sich nicht verändert. Diese Unterscheidung von Kybernetik 1. und 2. Ordnung ist theoretisch höchst interessant, hat aber in praktischer Hinsicht bei mir und den Leuten, mit denen ich zusammenarbeite, wenig verändert. Ich habe nicht das Gefühl, daß diese Unterscheidung unsere Vorgangsweisen wesentlich beeinflußt hat. Denn man braucht die Kybernetik 2. Ordnung nicht, um zu schauen, wie Realitätskonstruktionen in Interaktions-Systemen wirken: Wie die Sichtweise, die jeder einzelne mitbringt, sein Verhalten bestimmt, und wie die Verhaltensweisen aller gemeinsam eine bestimmte Organisations- und Interaktionsstruktur kreieren.

Gute Supervisoren haben sich immer schon in das System einbezogen, das heißt, ihren Einfluß als Beobachter bei der Konstruktion der beobachteten Wirklichkeit zu berücksichtigen versucht.

Es unterscheidet aber nicht die Theorie den guten vom schlechten Supervisor, sondern die prinzipielle Einstellung. Die Kybernetik 2. Ordnung hat also denjenigen, die schon immer bereit waren, ihre Sichtweisen in Frage zu stellen, eine theoretische Begründung an die Hand gegeben, während diejenigen, die schon immer dachten, sie hätten irgendwie „objektiv" recht, sich auch nicht durch dieses Modell abhalten lassen werden.

Brandau: Während sich die Kybernetik 1. Ordnung auf die Frage konzentrierte, wie Systeme aufrechterhalten werden, verlagerte sich dann das Interesse auf die Frage, wie Systeme ihre Organisation verändern. Die Anwendung der Theorie, daß lebende Systeme in Koevolution zu höheren Komplexitätsgraden fortschreiten, diese koevolutionäre Sicht befreite ja von der Annahme, daß wir Therapeuten direkt die Veränderungen des Systems bewirken und ermutigte dazu, die jeweils vorhandenen Ressourcen des Systems zur Selbstorganisation anzuerkennen. Ich habe deshalb ein Bild von Supervision als Koevolution oder „Ko-operation" von Lösungsvisionen.

Simon: Das Koevolutionskonzept gefällt mir sehr gut, obwohl ich im Zusammenhang mit Supervision nicht darüber reflektiert habe. Ich habe es nie bewußt verwendet, aber ich denke, das kann man tun. Mir persönlich erscheint gerade, was den Sinn der Supervision angeht, ein anderer Punkt wichtiger; nämlich die Unterscheidung zwischen Innen- und Außenperspektive. Wenn ich in der Innenperspektive des Teilnehmers an einem Interaktionssystem bin, dann muß ich als Handelnder eine andere Wahrnehmung haben, als wenn ich von außen betrachte.

Brandau: Innerhalb einer Beziehung konstruiert jeder gewissermaßen ein Bild des anderen. Doch dieses Konstruieren ist ja selbst ein Teil des ganzen Regel- oder Bedeutungssystems, also des gesamten Bildes, wo man sieht, wie jeder das Bild des anderen „zeichnet", was aber erst in der Außenperspektive klar wird.

Simon: Ja, der Sinn der Supervision ist, daß man die Außenperspektive hinzufügt. Der Supervisor sieht von außen gewissermaßen die Verknüpfungen, wie die Verhaltensweisen des einen das Verhalten des anderen bewirken, wobei man präziser sagen muß: er sieht die Verknüpfung nicht, sondern er macht sie. Denn er macht solche Verknüpfungen, indem er auswählt und es als Supervisor für bedeutsam erklärt.

Brandau: Außenperspektive heißt aber nicht, daß das beobachtete System vom Beobachter getrennt werden kann und Objektivität ermöglicht.

Simon: Nein, aber Leute, die jeden Tag zusammen arbeiten, erschaffen ein Interaktionssystem, in dem sie agieren, und ich, als von außen dazukommender Beobachter, definiere mich als nicht dazugehörig. Die Gruppe ist das zu supervidierende System und durch mein Hinzukommen entsteht ein Supervisionssystem. Ich bin aber in meiner Position genauso draußen, wie ein Zuschauer beim Fußballspiel oder ein Besucher im Theater, der das Spiel auf der Bühne beobachtet und verfolgt.

Brandau: Aber es gibt doch Spiele, Theaterstücke und Systeme, die einen so richtig packen können und insofern einfangen und verwickeln. Da kann einem doch die Außenperspektive leicht verloren gehen.

Simon: Ja, aber es liegt erst einmal an mir, wie wichtig mir diese Außenperspektive ist. Also, wenn ich mir die Frage stelle, wie ich am besten in meiner Supervisionsgruppe Probleme chronifiziere, dann glaube ich, daß ich diese Chronifizierung umso besser leiste, je länger ich mich in die Gruppe hineinbegebe. Ich habe deshalb auch Bedenken gegen fest institutionalisierte Teamsupervisionen in regelmäßigen Zeitabständen. Genauso wie Therapie etwas nicht Normales ist, sollte sich auch Supervision auf Ausnahmesituationen beziehen. Und genauso wenig ich ein Anhänger von Langzeittherapien bin, genauso skeptisch bin ich gegenüber Langzeitsupervision.

Brandau: Also, wenn die Mitglieder eines Teams über gewisse Probleme nur mehr in Anwesenheit des Supervisors sprechen, oder sich überhaupt nur mehr in Supervisionen aussprechen können, wäre dies pathologisch.

Simon: Dann ist der Supervisor als dazugehöriges Mitglied eingebunden und kann kaum mehr eine Außenperspektive einnehmen. Ich hatte da eine Gruppe, die nur bei mir ihre Konflikte ausgetragen hat, und in der Zeit dazwischen war Friede, Freude und Eierkuchen. Jetzt ist es so, daß sich diese Supervision immer mehr zu einem Reflektieren darüber entwickelt hat, wie sie ihre Konflikte in der Zwischenzeit gelöst haben. Das wäre für mich ein Kriterium, daß ich wieder in die Position der Außenperspektive hineinwachse.

Brandau: Wie gehst Du methodisch vor, um in diese Position hineinzuwachsen?

Simon: Genauso wie in der systemischen Therapie. Ich stelle zirkuläre Fragen bis zum „Geht nicht mehr", vor allem zukunftsorientierte Fragen, wo es hingehen könnte, wenn sich die Probleme in Luft auflösen würden und wie man es erreichen könnte, daß sie wieder kommen usw..

Brandau: Wie könntest Du Teamkonflikte effektiver chronifizieren?

Simon: Wenn ich als derjenige einsteigen würde, der entscheidet, wie die Konflikte gelöst werden und so in die hierarchische Position des Chefs gehe. Ich gebe in meinen Teamsupervisionen (möglichst) keinerlei Botschaft darüber, wie man die Konflikte lösen sollte und was der richtige Weg ist. Stattdessen versuche ich, Möglichkeiten offenzulegen und die Folgen von Lösungen durchzuspielen. Angebote und sogenannte Notwendigkeiten, sich zu entscheiden, spiele ich an die Beteiligten zurück, denn sie müssen ja in ihrem Arbeitsteam Tag für Tag leben.

Brandau: Wäre es auch ein guter Ratschlag zum Chronifizieren von Problemen, wenn man zu Beginn keine klaren Kontrakte und Kontextklärungen durchführt?

Simon: Ja, das ist immer chronifizierend, wenn man keine Ziele festlegt und sich diese Ziele dann immer mehr ausweiten und vager werden. Aber auch wenn der Supervisor die Rolle eines Trösters, Kummerkastenonkels oder strafenden Chefs annimmt und einnimmt, besteht eine sehr gute Möglichkeit der Chronifizierung von Problemmustern im Supervisionsprozeß. Besonders wenn er auch die emotionale und individuelle Sicht verläßt, steigt die Chance von Chronifizierungen in der Supervision. Ich habe im Rahmen meiner psychoanalytischen Ausbildung verschiedene Supervisionsstile kennengelernt. Es gab da einen Supervisor, mit dem ich sehr gut klar kam. In der Kontrollanalyse stellte er mir nüchtern Fragen über die Beziehungen zu den Patienten, die ich behandelte. Er bot mir an, gemeinsam mit ihm in die Außenperspektive zu gehn und zu schauen, wie dieser Kollege, der ich war, und die Patienten miteinander interagieren.

Ich konnte da recht klar meine eigenen neurotischen Anteile erkennen, die ich den Patienten über die Couchlehne geschoben habe. Ich hatte aber auch andere Supervisoren, die ständig gefragt haben, wie es mir in der Supervision geht und wie ich mich fühle. Sie waren auch in Sorge, ob sie das ansprechen sollten, was ich für therapeutische Fehler gemacht habe. Während ich den ersten Supervisor, der für mich ein systemischer Analytiker war, sehr hilfreich fand, fand ich bei den anderen die permanente Vermischung der Kontexte Therapie und Supervision unerträglich.

Brandau: Also wäre es ein guter Chronifizierungsratschlag, den Unterschied zwischen den Kontexten Therapie und Supervision so zu verwischen, daß die Supervisanden zu Patienten und die Supervisoren zu Therapeuten werden. Das könnte man mit einer individuumszentrierten Gefühlstherapie garnieren.

Simon: Ja, ich denke im Moment, daß Supervision an sich schon etwas Chronifizierendes sein kann. Neulich habe ich nach langer Zeit eine ehemalige Patientin getroffen, die auf einer Station mit hohem psychotherapeutischen Anspruch war. Ich fragte sie, was bei ihren Aufenthalten hilfreich und nicht hilfreich war. Sie sagte: „Das Schlimmste war, daß wir immer draußen saßen und das ganze Personal saß immer zusammen und hat über uns geredet." Ich bin sehr für Supervision, aber es muß ein optimales Maß und ein angemessener Kontext gegeben sein. Bei fallbezogenen Supervisionen habe ich überhaupt keine Schwierigkeiten, Dauerverträge anzunehmen. Da interessiert mich auch nicht das Liebesleben des Therapeuten mit einer anderen Therapeutin, sondern ich begrenze meine Arbeit auf die Beziehung zwischen Therapeut und Klienten. Nur wenn dieses Liebesleben die Therapie tangiert, erweitere ich den Kontext.

Brandau: Bei manchen Problemen spielen aber mehrere Systeme eine Rolle. So kann das Problem gerade durch die Spannung zwischen zwei Institutionen eskalieren und die Konflikte werden dann nicht im Binnenraum des Systems, sondern an den Rändern manifest.

Simon: Dann muß es zweifellos berücksichtigt werden. Meine Frage ist aber dennoch: „Wer kann ungestraft weggelassen werden", und nicht: „Wen muß ich noch mit einbeziehen". Ich fange mit der kleinsten sinnvollen Einheit an und erweitere das Beobachtungsfeld erst dann, wenn mir wichtige Informationen zum Verständnis der Systemabläufe fehlen.

Brandau: So kann also ein unpräzises Ausweiten des Beobachtungsfeldes einen Supervisor auf unwesentliche Seitenpfade des Labyrinths verführen und insofern den Supervisionsprozeß chronifizieren.

Simon: Ich habe meine Schwierigkeiten mit ausufernden, kosmologisch anmutenden Systemmodellen, bei denen alles mit allem vernetzt wird. Was das Chronifizieren anbelangt, so glaube ich, daß man bei fallbezogenen Supervisionen viel weniger Möglichkeiten hat.

Brandau: Welche Unterschiede zwischen erfolgreichen und weniger effektiven Fallsupervisionen konntest Du beobachten?

Simon: Ich erinnere mich schon an zähe Situationen und denke, daß ich dann zu sehr diesselbe Sichtweise wie der Therapeut hatte. Wenn ich als Supervisor keine andere und neue Perspektive einbringen kann, ist Supervision ineffektiv. Das heißt natürlich nicht, daß ich immer etwas anderes sagen muß als der Therapeut, aber ich muß so eine Balance zwischen etwas Neuem und Bestätigung anbieten. Da es unwahrscheinlich ist, daß ein Problem von der Innen- und Außenperspektive gleich aussieht, macht Supervision gewöhnlich einen Unterschied, der einen Unterschied macht.

Brandau: Findest Du das analytische Konzept der Gegenübertragung auch in der systemischen Supervision brauchbar?

Simon: Es ist wichtig, als Therapeut darauf zu achten, wie es einem mit dem Klienten geht. Das liefert immer Informationen über einen selbst wie auch über den Klienten. Und hier kann der Supervisor wichtige Rückmeldungen geben, in welche Beziehungsmuster sich der Therapeut gerne einladen läßt. Wie verführen z.B. Klienten ihre Therapeuten dazu, Kontrolle und Verantwortung zu übernehmen. Nehmen sie ihre Patienten im Geiste nach Hause mit? Welche unmöglichen Aufträge hat der Therapeut übernommen? Wer seine Patienten nach Hause mit nimmt, übernimmt oft eine Verantwortung, der er aufgrund der Autonomie menschlicher Systeme nicht gerecht werden kann. Er kann seine Klienten nicht wie ein Automechaniker reparieren. Man hat keine Macht im Sinne einer einfachen Ursache-Wirkung-Beziehung. Wenn der Therapeut glaubt, er wäre allmächtig und hätte alle Verantwortung, wird er unweigerlich mit seiner Ohnmacht konfrontiert werden. Das

Gefühl des Ausgebranntseins erwischt besonders die überverantwortlichen Therapeuten. Das Problem der therapeutischen Verantwortung ist, daß man sie nur für das gewährleisten kann, was man steuern kann.

Brandau: Um hier einer Chronifizierung vorzubeugen, müßte der Supervisor immer wieder klären, wie sehr ein Therapeut sich Verantwortung auflastet und übernimmt, ob es seinen Klienten gut oder schlecht geht.

Simon: Es wäre allerdings falsch, wenn man zu dem Schluß käme, daß ein Therapeut keine Macht über seine Klienten hätte. Therapeuten können den Verhaltensspielraum ihrer Klienten einschränken, mit Sanktionen drohen und Entscheidungen beeinflussen. Sie haben also Einfluß auf ihre Klienten und hier liegt auch ihre Verantwortung.

Brandau: Dann müßte in einer Supervision immer wieder auch geklärt werden, auf welche Weise sie den Verhaltensspielraum ihrer Klienten erweitern und einengen.

Simon: In therapeutischen Prozessen gibt es nützlichere und weniger nützliche Verteilungen von Verantwortung zwischen Klient und Therapeut. Die Beachtung dieser Dimension in der Supervision kann einer Chronifizierung vorbeugen.

Brandau: In einem Deiner Artikel mit Gunthard Weber schreibst Du sinngemäß: „Wenn A dem B androhen kann, daß er ihm schaden kann, wenn sich B nicht auf eine bestimmte Weise verhält, so hat dies nichts mit instruktiver Interaktion zu tun, sondern mit destruktiver Interaktion. Macht entsteht immer dort, wo einer in der Lage ist, dem anderen Schaden zuzufügen." Wäre demnach nicht ein Supervisor ethisch verpflichtet zur „Schadensbegrenzung gegenüber dem Klienten" beizutragen und die „Macht" des Therapeuten über den Klienten kritisch zu reflektieren?

Simon: Richtig. Vor allem dort, wo der Therapeut nicht genügend berücksichtigt, daß er sich nicht nur in einer dyadischen Beziehung zu einem Patienten oder einem Paar, einer Familie befindet, sondern daß der institutionelle Kontext seine Rolle bestimmt. Sehr häufig ist er in der Position des sozialen Kontrolleurs, der mehr Macht hat, als der Therapie dienlich ist.

Brandau: Nun zum letzten Fragenkomplex: Wie reflektierst Du selbst Deine Arbeit als Therapeut? Welche inneren Prozesse gehen da vor sich, wenn Du Dich selbst supervidierst?

Simon: Ich erfinde mir einen Außenbeobachter und schau' quasi von draußen auf das, was ich mache. Ich schaue, was da für Interaktionsmuster zwischen mir und dem Klientensystem laufen, ich frage mich: „Wenn der Therapeut ein Fremder wäre und nicht ich, wie ist dann das, was sich zwischen ihm und den Klienten abspielt, zu beurteilen.

Brandau: Siehst und hörst Du Dich da mit den anderen oder redest Du mit Dir?

Simon: Manchmal sehe ich mich und höre mich auch reden. Ich glaube, daß ich mir die Erinnerung wachrufe, was ich und die Klienten an bestimmten wichtigen Stellen gesagt haben, was dabei nonverbal zu sehen war und wie ich mich gefühlt habe.

Brandau: Du beziehst in diesem Prozeß also auch Dein Gefühl ein?

Simon: Ja, das beziehe ich ein und ich versuche damit, die Innen- und Außenperspektive zueinander in Beziehung zu setzen. Also: Wie habe ich mich in der Innenperspektive als Therapeut gefühlt und wie sieht das von außen aus, wenn ich die Reaktionsmuster betrachte. Ich springe da besonders auf die Muster an. Ich habe zuerst das Gefühl und versuche dann von außen zu sehen, in welche Interaktionsmuster dieses Gefühl eingebettet ist. Aber es ist nicht so konkret, daß ich mich da plastisch wahrnehme. Neulich habe ich mich nach einer Supervision nicht wohl gefühlt. Ich schaute dann von draußen, was da gelaufen ist. Es fing damit an, daß der Therapeut eine Sichtweise hatte und ich eine andere. Ich versuchte ihm, meine Sicht zu erklären, weil es mir wichtig war, daß er sie versteht, aber er konnte oder wollte sie immer weniger annehmen. So fiel mir sofort dieses symmetrische Muster unseres Kampfes auf.

Brandau: Führst Du einen inneren Dialog, während Dir diese Muster auffallen?

Simon: Reden braucht viel zu viel Zeit und ich bin da viel schneller. So wie Schnelleser diagonal lesen, kürze ich das ab und um mir das zu erklären, brauche ich keine Worte. Es ist ein verbalisierungsfähiger Prozeß, den ich aber für mich nicht zu verbalisieren brauche.

Brandau: Letzte Frage: Welche Werte bestimmen Dein Handeln als Therapeut und Supervisor?

Simon: Die Erfahrung, daß lebende Systeme autonom sind, sodaß ich nicht der allmächtigen Phantasie aufsitze, ich wüßte, was für Klienten, Familien und Supervisanden gut und richtig sei.

Brandau: Danke für das Gespräch.

MIT DEN AUGEN DES ADLERS UND DER MAUS

Terry Tafoya

Terry Tafoya, „Kind des Adlers" ist ein Taos Pueblo/Warm Springs Indianer, der in einer traditionellen Familie von Heilern, spirituellen Führern und Leitern der Tanzrituale aufwuchs. Er ist vom Selbstverständnis und seiner traditionellen Ausbildung her in erster Linie Schamane. Da sein Stamm jedoch die Zeit der „Harmonisierung der Gegensätze" für gekommen hält, erhielt er auch eine westliche Ausbildung in Medizin, Psychologie und Psycholinguistik. Er ist Professor der Psychologie an der medizinischen Fakultät der Universität Washington, klinischer Supervisor an einer psychiatrischen Klinik und ausgebildeter indianischer Geschichtenerzähler.

Brandau: Da wir ja schon gestern einiges über mein Projekt gesprochen haben, möchte ich gleich mit einer zentralen Frage beginnen. Wie reflektierst Du selbst Deine Arbeit als Therapeut? Welche inneren Prozesse laufen da bei Dir ab?

Tafoya: Ich bin an unserer klinischen Abteilung für die Ausbildung und Supervision von Ärzten in Familientherapie zuständig. Diese beiden Funktionen als Therapeut und Supervisor bewirken, daß ich buchstäblich ein offenes Buch im Kopf habe. Die Seiten stehen die ganze Zeit wie eine aufgestellte Speisekarte da, also z.B. hier scheint ein Familiengeheimnis zu sein, da arbeite mit der Einstreutechnik, da erzähle ich eine Geschichte, usw. Ich wundere mich selber, wie viele Möglichkeiten oft dastehen. Alles, was die Klienten sagen, steht auf der einen Seite des Buches und der Kommentar steht am Rand der anderen Seite.

Brandau: Wo steht jetzt was?

Tafoya: Der innere Kommentar steht auf der rechten Seite und der Dialog auf der linken.

Brandau: Wie nimmst du den Dialog wahr?

Tafoya: Ich höre ihn und er wird geschrieben, aber ich lese ihn nicht! Mit anderen Worten, ich höre ihn, und er wird aufgezeichnet, sodaß ich alles, was gesagt wird, sehe, wie eine geschriebene Seite. Ich weiß, es steht da, aber ich lese nicht. Ich kann zurückschauen und es lesen, wenn ich muß. Wenn ich z.B. den Arztbericht später schreibe, so kann ich sehr genau Wort für Wort abrufen, was die Leute sagten.

Brandau: Aha, das steht links! Und rechts findet sich der Kommentar. Wie kommt das zustande?

Tafoya: Das ist wie bei einem Computer, wo das ständig ausgedruckt wird! Ich versuche die beste Vorgangsweise zu finden, um die Ärzte einer Gruppe zu lehren. Da sagt also der Kommentar rechts: „Du kannst Intervention A, B, C oder D machen. Jede der Interventionen ist zu diesem Zeitpunkt möglich. Dann wähle ich vielleicht Intervention B, weil dies den Ärzten eine neue Lernmöglichkeit bringt. Selbst wenn ich eine andere Alternative wählen hätte können, suche ich jene aus, welche die lehrreichste ist.

Brandau: Ja, aber wie kommst Du in diesem Prozeß zum Kommentar? Beim Wechseln von rechts nach links, ist da der Kommentar bereits fertig?

Tafoya: Er wird laufend simultan zur Therapie geschaffen. Es gibt keine Situation, in der ich das Gefühl habe, daß etwas von meinem bewußten Denken gesteuert wird, es ist einfach da! In Büchern über Virginia Satir und andere kam ich auf diese Idee. Es gibt ein Transkript der Therapie auf der linken Seite und einen Kommentar zu ihren Interventionen auf der rechten. So war es meine Strategie, zu überlegen, was diese in einem Buch wohl über mich schrieben! Ich habe den Eindruck, daß nicht ich, sondern irgendjemand das macht. Daher ist für mich die Therapie immer ein unterhaltsamer Spaß, weil ich soviel lerne! Ich habe keine Ahnung, was passieren wird, ich weiß nicht, was auf der rechten Seite auftauchen wird, aber ich weiß, wenn es da ist, daß ich die unterhaltsamste Version aussuchen kann.

Brandau: Es klingt so, als gäbe es da mehrere Helfer um Dich, die Dir diese Information geben!

Tafoya: Ja, ich habe allerdings nicht so sehr den Eindruck, daß es Menschen sind, es ist viel eher mit einem Computerprogramm oder einem anderen Buch vergleichbar. Ich glaube, daß jemand dieses Buch geschrieben hat, aber ich habe kein Gefühl von einer konkreten Persönlichkeit, es gibt keinen Geist, der zu mir spricht. Es ist ein Geschenk.

Brandau: Gibt es kritische Reflexionen über Dich in diesem Text?

Tafoya: Nein, das glaube ich nicht. Ich bekomme solche Stimmen nicht, weil alles mit der Utilisation verbunden ist, auch, wenn etwas daneben geht. Ich überlege mir dann einfach, wie ich es utilisieren kann! Das ist immer sehr aufregend für mich, weil es ungeheuer viele richtige Möglichkeiten gibt, sodaß ich nicht an falsche Möglichkeiten denke!

Brandau: Ich möchte nochmals zum „Buch des Wissens" zurückkehren. Bist Du in einem anderen Bewußtseinszustand, während Du das liest?

Tafoya: Ja, in einem dissozierten Zustand. Daher habe ich auch keine emotionalen Reaktionen. Wenn z.B. ein Patient mich anschreit oder sehr ärgerlich wird, fühle ich keine emotionale Reaktion, wie z.B. mich zu revanchieren. Wenn ich aber etwas bemerke, was sehr bewegend ist, so weine ich buchstäblich. Es ist also keine völlige Dissoziation vom emotionalen Zustand, aber es verzögert meine Reaktionszeit. Das ist alles etwas schwer formulierbar, denn niemand hat mich je zuvor solche Sachen gefragt!

Brandau: Gibt es Unterschiede in der Art dieser Kommentare? Sind sie manchmal kreativer und manchmal durchschnittlich normal. Gibt es Anzeichen für diese Unterschiede?

Tafoya: Es ist wie ein Fluß, d.h., solange die Therapie läuft, muß ich nicht die ganze Zeit auf den Kommentar achten, weil ich zuversichtlich bin, daß er da ist. Sonst wäre ich zu sehr damit beschäftigt, auf den Kommentar zu achten und könnte den Patienten nicht im Auge behalten.

Brandau: Das heißt, Du wechselst die Perspektiven.

Tafoya: Laß mich ein Beispiel erwähnen! Wenn Du im Auto fährst, so hast Du den Geschwindigkeitsmesser, der Dir die Geschwindigkeit angibt. Aber Du schaust nicht jede Sekunde auf den Tachometer, sondern nur hin und wieder. Damit wäre das vergleichbar. Es ist links drüben in meinem Gesichtsfeld und wenn ich schauen will, dann kann ich es, aber ich muß es nicht ständig im Auge behalten. Da kommt dann der kreative Teil hinzu, der manchesmal mehr, manchesmal weniger sagt. Wenn ich das Gefühl habe, in diesem Moment nicht sehr effizient in der Arbeit mit einem Klienten zu sein, schaue ich zum Kommentar hinüber.

Brandau: Wie nimmst Du das auf der physiologischen Ebene wahr?

Tafoya: Für mich läuft das ganz visuell orientiert ab! Jedoch hat mir nie zuvor jemand diese Frage gestellt und ich müßte genauer achtgeben bei meinen Therapiesitzungen. Ich glaube aber, daß ich eine kinästhetische Reaktion bekomme: „Das fühlt sich so an, als ginge es nicht sehr gut!" und das ist dann ein Hinweis für mich, den Kommentar visuell abzutasten, also zu schauen, was der Kommentar sagt und was ich tun soll!

Brandau: Ach ja, zuerst nimmst Du ein kinästhetisches Signal wahr und dann wechselst Du zum visuellen Kommentar?

Tafoya: Ich lese den Kommentar und sage mir: „Oh, das ist eine blendende Idee!", dann gehe ich zum Klienten zurück und sage: „Nun, haben sie schon daran gedacht?" Aber manchmal geht es so schnell mit der verbalen Reaktion, daß ich nicht auf den Kommentar schauen muß. Ich weiß, er ist da, und in dem Moment, wo ich etwas sehr Kluges oder Elegantes im Rahmen der Therapie sage, ist dies in Dialogform festgehalten. So ist es für mich nicht verloren. Das ist dann ein Moment, wenn ich fühle, etwas zur Therapie beigetragen zu haben!

Brandau: Wie erkennst Du die Regeln bzw. das Spiel im System?

Tafoya: Es gibt ein Buch mit einer Kurzgeschichte: „Merlin, der Zauberer". An einer Stelle hieß es: „Merlin schaute sich die Lage an, und es war wie ein Knäuel Fäden, die alle miteinander verknotet und ineinander verstrickt waren. Und er schaute es an, und bemerkte plötzlich, daß er entweder ziehen konnte und alles wieder in Ordnung käme, oder stoßen, und alles ins völlige Chaos bringen würde. Er stieß natürlich!"

So ergeht es mir oft in der Therapie. Ich achte darauf, daß alles in einer ausgewogenen Balance bleibt.

Wenn ich hier ein wenig anstoße, rührt sich eine Sache, aber wenn ich dort anstoße, bringe ich etwa 16 Dinge in Bewegung. So fühle ich mich immer als ein Teil des Systems.

Brandau: Siehst Du Dich im System agieren?

Tafoya: Ja, ich sehe mich im System und ich agiere da als Regisseur, der zu den Schauspielern z.B. sagt: „Nein, das wirkt nicht überzeugend genug, sagen sie es im Stehen und langsamer!" Ich arbeite oft mit den Klienten, als wären sie auf einer Bühne. Der Regisseur muß im Stück mitleben, aber auch von draußen, vom Zuschauerraum, das Spiel beobachten und kreativ mitgestalten können.

Brandau: Wie supervidierst Du Dich selbst?

Tafoya: Irgendjemand, in dessen Computerprogramm ich enthalten bin, ist mein Supervisor. Es gibt keinen Sinn für mich, zu versuchen das Programmieren zu übernehmen. Jemand da draußen, oder da droben, oder drüben, ich habe nicht danach gefragt, wer es ist, aber es ist eine Person, die sich außerhalb des Systems befindet. Wenn ich außerhalb sage, so meine ich einfach auf einem höheren Niveau, wie z.B. auf einem Balkon. Wenn sich dieses Wesen langweilt, ist das für mich als Regisseur ein Hinweis, das Geschehen auf der Bühne interessanter zu gestalten.

Brandau: Wie erlebst Du persönlich den Unterschied zwischen exzellenten und durchschnittlichen Supervisionen?

Tafoya: Ich habe nie in Begriffen, wie exzellent oder ähnlichem gedacht. Ich überlege immer: „Ist das langweilig oder nicht langweilig?" Wenn es langweilig wird, dann deswegen, weil in der Therapie nichts geschieht, daß die Dinge weiterbewegt. Es scheint keine Besserung der Situation zu geben. Das ist für mich dann das Zeichen, daß ich nicht gut bin, und an diesem Punkt suche ich nach einer neuen Perspektive oder Richtung. Je mehr Möglichkeiten Du innerhalb der Supervision auswählen kannst, desto besser wird die Supervision. Mittelmäßige Supervision wäre, wenn Du von einer Therapieschule kommst und sagst: „Das ist die einzige Möglichkeit, wie Du dieses Problem behandeln kannst!" Egal welcher Patient vor Dir sitzt, Du verwendest immer die gleiche Technik mit der gleichen Methodik.

Brandau: Und wie ist Dein Gefühl dabei? Ist es ein Gefühl, langweilig?

Tafoya: Ich glaube, daß ich unaufmerksam werde. Ich hatte z.B. eine Patientin hier in Deutschland, die mir sagte, daß ich zu oft unterbreche. Nun, der Grund für mein Unterbrechen war, daß sie immer wieder dasselbe sagte. Jedesmal, wenn sie begann sich zu wiederholen, unterbrach ich sie und begann etwas anderes zu sagen. So wird meine Kreativität aktiviert, wenn ich mich langweile, was sich darin zeigt, daß ich nicht mehr achtgebe, weil es so uninteressant ist. Das spüre ich in einem sehr starken kinästhetischen Signal *(T. faßt sich an die Brust).*

Brandau: In der Brust?

Tafoya: Ja, so muß es wohl sein, weil ich dort hinfühle zu meinem Herzchakra. Wenn nichts mein Herz berührt, dann gehe ich zurück und beginne etwas Neues.

Gregory Bateson, ein Gelehrter, fragt: „Was ist der Unterschied, der den Unterschied ausmacht?" Wenn keine Unterschiede zustande kommen, dann wird es für mich uninteressant. Dann werde ich kreativer, indem ich versuche, wiederum Unterschiede zu schaffen, um meine Aufmerksamkeit aufrechterhalten zu können.

Brandau: Was sind Deine höchsten geistigen Werte in der Arbeit als Systemtherapeut.

Tafoya: Das engl. Wort für „gesund" („healthy") stammt aus dem Anglosächsischen und heißt: („whole") Einheit, ganz. Dies wiederum steht in Beziehung zu dem engl. Wort für „heilig" (holy, sacred). Das heißt, Gesundheit und Ganzheit und Heiligkeit (health and wholeness and holyness) kommen von derselben Wurzel. Wenn ich mit kranken Patienten arbeite, vergleiche ich das mit einem Spinnennetz, das sich in alle Richtungen ausdehnt, denn alles ist untereinander verbunden mit Sternen, den Pflanzen, den Vögeln, buchstäblich mit allem, das Dich umgibt, natürlich auch den Menschen. Bei kranken oder verrückten Menschen sieht es so aus, als hätte jemand mit der Schere viele dieser Fäden des Netzes, die Dich mit allem Möglichen verbinden, weggeschnitten. Je verrückter, je kranker Du bist, desto mehr wurde weggeschnitten bis beinahe nichts mehr vorhanden ist, das Dich mit dem Rest der Welt verbindet. Der Heilungsprozeß bedeutet für mich hinzugehen und die Verbindungen des Erkrankten in die verschiedensten Richtungen wieder herzustellen.

Z.B. indem wir die Leute daran erinnern: „Ja, vielleicht bist Du traurig, aber wenn Du Dich nicht aus dieser Perspektive, sondern aus der Vogelperspektive betrachtest, dann kannst Du sehen, daß dieses Problem relativ unwichtig ist, in Relation zum riesigen Problem relativ unwichtig ist, in Relation zum riesigen kosmischen Schema der Dinge. Ich möchte aber auch nicht, daß Du nur diese Perspektive einnimmst, sondern auch mit unterschiedlichen Augen, z.B. mit denen der Maus, wo alles sehr nahe scheint, aber auch mit den Augen des Adlers schaust, um zu sehen, wie die Dinge sich in ein viel größeres Bild einfügen.[1] Das ist für mich ein hoher geistiger Wert.

Brandau: Hängt nicht Dein Stammname mit dem der Sicht des Adlers zusammen?

Tafoya: Ja, er heißt auch X'-aiyoma-yar – das geistige Auge des Adlers. Als ich vor einigen Jahren in Amsterdam interviewt wurde – daher liebe ich Interviews, weil ich sehr viel daraus lerne – sagte ich, daß eine Definition von Pathologie eine rigide, starre Sichtweise wäre. Gesund zu sein heißt, daß die Menschen die Flexibilität besitzen, mit verschiedenen Augen zu schauen, und Wahlmöglichkeiten zu haben.

Brandau: Darf ich noch einmal fragen: Was sind Deine höchsten Werte?

Tafoya: Lachen! Ich kann mir nicht vorstellen, nicht zu lachen. Ich habe hier in Deutschland im Heim einer Familie, wo sich auch die Praxis eines Therapeuten befindet, eine Therapiesitzung abgehalten.

Am ersten Tag nach der Sitzung kam die Tochter des Therapeuten zu uns und sagte: „Weißt Du, mein Zimmer ist gleich neben Deinem Therapieraum. Wie kommt es, daß bei Deiner Therapie die Patienten immer weinen, aber wenn Terry Therapie macht, lachen die Patienten immer?" Ein weiterer hoher Wert ist für mich Harmonie. Die Basis meiner indianischen Weltsicht ist die Funktion der Verschiedenartigkeit sowie der Verbundenheit von Mensch, Erde, Wasser und Luft und von der Verantwortung, die wir unseren Verwandten gegenüber haben, die da fliegen, schwimmen oder sich auf 4 Füßen bewegen. Für uns ist das Erreichen der Harmonie das letztendliche Ziel der Existenz. Harmonie kann jedoch nur durch das kontinuierliche Verhandensein von Unterschieden und deren Ausbalancierung hervorgebracht werden.

Brandau: Danke für das Gespräch.

Tafoya: Ich danke und viel Spaß bei der weiteren Arbeit.

Anmerkungen

1 Die Sichtweise des Adlers vermittelt den Überblick aus der Distanz (dissoziiert), mit den Augen der Maus wird die Welt mitfühlend und aus unmittelbarer Nähe wahrgenommen. Dem „Einblick" der Maus kann der fokussierte „Scharfblick" des Falken gegenübergestellt werden, der aus großen Höhen kleinste Details erblicken kann und auf den Punkt bringt. In der Weite der Prärie hingegen ist der etwas diffusere „Weitblick" des Büffels überlebenswichtig, da er das ganze „System" im Auge haben muß, um auch an der Peripherie bedeutsame Veränderungen wahrzunehmen.

SUPERVISION AM MENTAL RESEARCH INSTITUTE

Paul Watzlawick

Es erübrigt sich, Prof. Paul Watzlawick den Lesern vorzustellen. Mir gaben seine Bücher wichtige Impulse für mein therapeutisches Tun und beendeten schon vor ungefähr dreizehn Jahren endgültig eine Verwechslung von Erik H. Erikson und Milton H. Erickson.

Auf die erste Frage, in welchen Bereichen er Supervision machte, erzählte Prof. Watzlawick vorerst über seine Tätigkeit an der Stanford-Universität, wo er an der Abteilung für Psychiatrie und Verhaltenswissenschaften Supervision bei Ärzten, die in psychiatrischer Spezialausbildung stehen, durchführt. Dabei fiel ihm immer wieder auf, daß schon der erste Schritt des kurztherapeutischen Vorgehens[1], nämlich eine klare und konkrete Definition des Problems, vielen Supervisanden beachtliche Schwierigkeiten bereitet.

Watzlawick: Da ich hauptsächlich an der Stanford-Universität mit Supervision beschäftigt bin, habe ich den Eindruck, daß zu jedem beliebigen Zeitpunkt eine große Anzahl von Behandlungen läuft, in denen nicht einmal diese erste Frage geklärt worden ist. Wir wollen nämlich eine klare und konkrete Beschreibung des Problems und geben uns nicht mit Erklärungen oder Gefühlsschilderungen zufrieden. Eine Therapie, deren grundlegendes Problem nicht geklärt ist, wird eine vage und langandauernde Angelegenheit bleiben und auch kaum eine sinnvolle Nachuntersuchung ermöglichen.

Brandau: Zu welchem Ergebnis kommen Sie, wenn Sie in einer rückblickenden „Supervision" des Kurzzeittherapieprojekts am MRI eine kritische Bilanz ziehen?

Watzlawick: Wenn wir die Zeit und das Geld hätten, unsere schlimmsten Fehlschläge in diesem Projekt zu untersuchen, durch Abhören der Bänder und dergleichen mehr, dann glaube ich, würden wir herausfinden, daß der gemeinsame Nenner aller dieser Fehlschläge, gleichgültig, was sonst noch in einem spezifischen Fall schiefging, unsere Unfähigkeit war, zu einer Definition eines klaren Behandlungszieles zu kommen. Eine Behandlung, deren Ziel vage bleibt, bleibt auch ihrerseits vage. So beschreibt auch Alfred Adler Widerstand als Unfähigkeit des Patienten, sich auf ein Behandlungsziel zu einigen. Adler hat das schon gewußt und wir haben dafür in unseren Fehlschlägen weitgehend Bestätigung gefunden.

Brandau: Wie ist der übliche Ablauf einer Supervision?

Watzlawick: Die Supervision, die wir am Institut für Kollegen machen, die uns z.B. aus Übersee besuchen, erfolgt innerhalb der Gruppe des Kurztherapiezentrums, das seit 22 Jahren besteht. Da wird in freier Diskussion darauf verwiesen, warum wir in der eben abgehaltenen Sitzung gewisse Schritte unternahmen oder auch unterließen und was man anderes tun hätte können. Die Teilnehmer finden diese Reflexionen recht interessant, denn auf diese Weise bekommen sie auch ein besseres Gefühl für unser Vorgehen und können natürlich auch miterleben, daß wir oft verschiedener Meinung sind.

Brandau: Machen Sie auch Sitzungen ähnlich dem „reflecting team"? Können also die Klienten der Diskussion zuhören und Stellung dazu nehmen?

Watzlawick: Wenn die Therapiesitzung abgeschlossen ist und unsere Klienten weg sind, dann beginnt diese Besprechung. Wir haben für jede einstündige Sitzung eine halbe Stunde Besprechungszeit reserviert. Da planen wir auch die nächste Sitzung, soweit es möglich ist. Wir versuchen etwas zu tun, was man in der Betriebswissenschaft Szenarienplanung[2] nennt, also wir fragen uns, wie werden die Klienten wohl auf diese Sitzung reagiert haben. Da wir oft Verhaltensverschreibungen geben, versuchen wir die Wirkungen abzuschätzen und uns dementsprechend auf die nächste Sitzung vorzubereiten.

Brandau: Wie leicht oder schwer erlernen eigentlich Therapeuten den kurzzeittherapeutischen Ansatz, wenn sie bereits in anderen Richtungen und Schulen ausgebildet sind?

Watzlawick: Im Laufe der Jahre mußten wir immer wieder die merkwürdige Feststellung machen, daß gewisse unserer Kollegen sich sehr leicht an unserem Ansatz erwärmen können und in der Richtung zu arbeiten beginnen, während andere Kollegen, die oft lange Zeit bei uns sind, ganz einfach Schwierigkeiten haben, die Grundlagen unseres Konzeptes zu erfassen und anzuwenden. Das hängt vermutlich damit zusammen, daß sie ihrem bisherigen therapeutischen Ansatz mehr verpflichtet sind und daher größere Schwierigkeiten haben, aus diesem Rahmen herauszuspringen. Aber trotzdem sind die Unterschiede oft so groß, daß ich mich schon seit Jahren frage, wieso das so ist, ohne eine befriedigende Antwort zu finden. Einer der Gründe mag sein, daß Therapeuten, die kaum Schwierigkeiten haben, schon mehrere Ansätze kennen und bereits die Relativität aller dieser Weisheiten begriffen haben. Vielleicht haben sie deshalb weniger Schwierigkeiten, sich von einer zur anderen Anschauung flexibel umzustellen.

Brandau: Vielleicht spielen da auch Präferenzen und Aversionen für bestimmte Arbeitsweisen und Therapiekonzepte mit. Diese zum Teil unbewußten Motive, die meines Wissens kaum erforscht wurden, könnten auch zu einer wichtigen Frage in Supervisionen werden. In letzter Zeit beobachtete ich z.B. gegenüber den Ideen von Maturana bei verschiedenen Kollegen eine sehr unterschiedliche Akzeptanz. Inwiefern hat das Modell von Humberto Maturana auf die Therapeuten des MRI einen Einfluß gehabt?

Watzlawick: Maturanas Denken übte schon Einfluß aus, doch auf das praktische Vorgehen war der Impuls nicht so stark, als ich das gerne sehen würde. Aber es besteht für mich kein Zweifel, daß diese systemtheoretischen Erwägungen enorme praktische Bedeutung und Nützlichkeit haben. Also z.B. die Fragen, wie organisiert und entwickelt sich ein System und wie behält es seine Strukturen bei, wenn es sich einmal konstituiert hat. Da spielt zweifellos auch das Modell von Prigogine[3] eine wesentliche Rolle.

Brandau: Ich möchte nun zu einem etwas anderen Thema kommen. Vor dem Interview kam mir der etwas abwegige Gedanke von „Supervision als Anleitung zum Unglücklichsein". Hätten Sie ein paar Tips wie Supervisoren ihre Supervisanden möglichst „effektiv" unglücklich machen könnten?

Watzlawick: Ich möchte da auf das ganze Selbstverständliche hinweisen, nämlich darauf, daß die Art und Weise, wie man als Supervisor interveniert, also wie man versucht, beim Supervisanden eine andere Perspektive einzuführen, weitgehend bestimmen wird, ob sich dieser vernichtet fühlt oder das Gefühl hat: „Das ist interessant, jetzt habe ich etwas gelernt." Letztendlich hat niemand Kritik gern und wie man diese Kritik in Supervisionen vermeidet, ist weitgehend dasselbe, wie man auch in einer Therapiesitzung Kritik vermeidet. Ich bin seit Jahren davon abgekommen, zu versuchen, durch Kritik zu beeinflussen, weil ich von der Hypnose her komme und weiß, daß Negationen jeder Art – und auch Kritik ist eine Negation – unweigerlich nur negative Auswirkungen haben. Ich bin heute an dem Punkt, wo ich auch die kontraproduktivste Fehlhaltung nicht kritisiere, sondern sage: „Bitte, Sie haben sich wirklich schon sehr große Mühe gegeben um Ihr Problem zu lösen, vielleicht können wir zusammen noch etwas Zusätzliches finden."

Brandau: Manche Systeme könnten das Scheitern des Therapeuten oder Supervisors zur eigenen Stabilisierung brauchen. Wenn sich nun ein Therapeut in solchen Systemen mit „hilfreichen" Interventionen nach dem Rezept „mehr desselben" verausgabt und diese therapeutischen Lösungsversuche 1. Ordnung in einer Supervision unreflektiert verstärkt werden, wäre doch ein „unglückliches" Scheitern vorprogrammiert. Daraus ergibt sich für mich die Frage: Hat effektive Supervision primär mit Lösungen 2. Ordnung zu tun, also mit dem Erfinden von Lösungen, anderen Prämissen und neuen Visionen für die festgefahrenen therapeutischen Lösungsversuche?

Watzlawick: Nicht ausschließlich. Oft mag es die Aufgabe der Supervision sein, die bestmögliche Übermittlung ein und derselben Intervention zu besprechen, also die Wahl der für den betreffenden Klienten einleuchtendsten Formulierung – im Sinne der Ericksonschen Grundregel: „Lerne und verwende die Sprache des Klienten".

Brandau: Ist nicht allein schon die Festlegung auf ein Therapiemodell ein problemerzeugender Lösungsversuch, weil die theoretischen Vorannahmen, Glaubenssätze und Wahrnehmungsfilter Wirklichkeiten schaffen, z.B. selbsterfüllende Prophezeiungen, die Therapeuten und Supervisoren in ihrer Wahrnehmungsflexibilität und Kreativität der Interventionsmöglichkeiten einschränken.[4]

Watzlawick: Das ist zweifellos der Fall. Aber ich wüßte nicht, wie man dies letztlich vermeiden könnte. Wenn man aber nicht annimmt, daß man die allein seligmachende Therapie kennt, dann ist man gegen diese Gefahren in der Therapie und Supervision doch einigermaßen gefeit. Auch unser Ansatz ist nur ein Konzept und nicht vielleicht die „einzig wahre" Therapie.

Brandau: Danke für das Gespräch!

Anmerkungen

1 Diese Schritte sind 1. eine konkrete Problemdefinition, 2. Untersuchung der bisherigen Lösungsversuche, 3. klare Definition des Behandlungsziels und 4. Ausarbeitung bzw. Durchführung der Behandlungsstrategie.

2 Das Szenarium entwirft und untersucht mögliche „Wirklichkeiten", statt sich „der" Wirklichkeit hilflos auszuliefern. Vgl. Watzlawick: Münchhausens Zopf, Huber Verlag, 1988, S. 133.

3 Der Physiochemiker und Nobelpreisträger Ilya Prigogine entwickelte ein Modell, in dem für die Selbstorganisation und Evolution von Systemen ein hohes Maß an Fließgleichgewicht („Ordnung durch Fluktuation") notwendig erscheint.

4 Milton Erickson war fest davon überzeugt, daß eine Persönlichkeitstheorie den Psychotherapeuten nur einengen und unbeweglicher machen würde. Er blieb beharrlich atheoretisch und war nur den Gedanken der Beweglichkeit, Einzigartigkeit und Individualität verpflichtet. Vergl. J. Zeig: Meine Stimme begleitet sie überall hin, Klett Cotta, 1985, S. 23.

ZUR BEDEUTUNG DER KONTEXTSENSIBILITÄT IN DER SYSTEMISCHEN SUPERVISION

Rosmarie Welter Enderlin

Als erfahrene Ausbildnerin und Supervisorin in systemischer Therapie berührte Rosmarie Welter-Enderlin in diversen Fachartikeln immer wieder Fragen und Probleme der Supervision. Häufig beschäftigte sie sich auch mit grundsätzlichen epistemologischen Themen der Systemtherapie sowie mit den Fragen der Lebenswelten von Frauen und ihren Auswirkungen im Therapiebereich.

Brandau: Was sind für Sie die wesentlichen Kriterien effektiver systemischer Supervision?

Welter-Enderlin: Wichtig ist für mich sicherlich, daß die Supervisanden mit den Möglichkeiten, die sie aus ihrer Biographie mitbringen und auch aus dem, was sie gelernt haben, sich laufend weiterentwickeln und damit kreativ umgehen lernen. Wenn sie spielerisch und mit Einfällen arbeiten und sich nicht in Situationen verklemmen, so daß die Therapie sowohl für die Betroffenen als auch für die Therapeuten lustvoll oder intensiv ist, so daß neue Möglichkeiten des Sehens und Handelns entstehen, dann war die Supervision effektiv. Das Besondere in meiner Art, Supervision zu machen, betrifft den Umgang mit der eigenen Biographie. Ich gehe davon aus, daß Menschen nicht nur in ihrer beruflichen, sondern auch in ihrer persönlichen Biographie Speisekammern haben, wie Probleme benannt und gelöst werden können, so daß neue Handlungsmöglichkeiten entstehen und daß auch Vorräte verhanden sind, wie sie mit Metaphern und Geschichten umgehen. Ich glaube, daß ich als Supervisorin diese Dinge nicht eigentlich lehren muß, sondern daß ich den Supervisanden helfen muß, das wieder zu finden, was sie bereits haben.

Brandau: Also helfen, die Vorräte der Speisekammer auszupacken, die verstaubten Schätze am Dachboden zu entstauben und die vorhandenen Ressourcen utilisieren?

Welter-Enderlin: Ja

Brandau: Wenn Sie die letzten Jahre so Revue passieren lassen, haben sich die Schwerpunkte ihrer Tätigkeit als Supervisorin seit dem Aufkommen der sogenannten 2. kybernetischen Revolution verlagert?

Weltert-Enderlin: Überhaupt nicht, das muß ich, früher zum Teil mit schlechtem Gewissen, sagen, weil es gegen die offizielle Doktrin war. Ich habe immer so Supervision und Therapie gemacht, wie es diesen neueren Konzepten entspricht. Ein Kollege von mir sagte einmal: „Du schleichst dich so in's Dickicht wie ein Indianer mit der Nase am Boden und schlägst dir nicht mit der Machete den Weg". Ich habe mit diesen therapeutischen Dompteurmodellen schon immer meine Mühe gehabt, wahrscheinlich auch, weil ich kein Mann bin und weil ich diese ganze Expertenkultur eigentlich auch in meinem persönlichen Leben nie mochte. Der einzige Unterschied besteht darin, daß ich jetzt offiziell akzeptierte Theorien für etwas habe, was ich schon immer getan habe. Theorien, die leider wieder einmal mehr als Legitimation aus den Naturwissenschaften bezogen werden und ich denke, daß diese Legitimationsansprüche der Systemtherapie auch ein bißchen fragwürdig sind. Was man da mit der 2. Kybernetischen Revolution bezeichnet hat, ist im Grunde ein altes prozeßorientiertes Modell, das schon die Kognitive- und Gestalt-Psychologie groß geschrieben hat. Aber letztlich ist es mir egal, mit welchen Begründungen die Therapeuten dieses Menschenbild vertreten, denn wichtig ist mir das Menschenbild und nicht die technizistischen Erklärungen.

Brandau: Sie haben in einem Ihrer Artikel „Die Geister, die wir riefen..." (1988) besonders die Bedeutung des Kontextes für die systemtherapeutische Arbeit betont. So wurden verschiedene systemtherapeutische Modelle im Elfenbeinturm hochspezialisierter Institute im städtischen Bereich entwickelt, wo die Klienten überregional einige Mühen auf sich nahmen, um dort überhaupt behandelt zu werden. Weiters konnten sich diese Einrichtungen größere und frechere Risiken in der Behandlung leisten, die sich z.B. ein kirchlicher Eheberater in einer Gemeinde kaum leisten könnte. Sie zitieren dort den Satz: „Was in einem Kontext schwimmt, mag in einem anderen versinken". Wie entwickelten Sie überhaupt persönlich die Sensibilität für verschiedene Kontexte?

Welter-Enderlin: Ich habe den Vorteil, daß ich als Frau und mit meiner ursprünglichen Sozialisation als Sozialarbeiterin immer in vielfältigen Kontexten gelebt und gearbeitet habe. Deshalb hätte ich ohne Kontextsensibilität gar nicht überlebt. Das was ich vorher mit „der Nase am Boden ins Feld hinein gehen" bezeichnet habe, das ist nicht nur eine einfach erworbene Qualität, sondern immer schon eine Überlebensnotwendigkeit gewesen. Ich habe früher und z.T. heute noch versucht, mit Hausbesuchen und Fragen über den Kontext in dem Menschen leben, ein differenzierteres Bild ihrer Gesamtsituation zu bekommen. Glücklicherweise hat sich die Theorie jetzt so entwickelt, daß es als salonfähig gilt, wenn man kontextsensibel ist.

Brandau: Inwiefern spielt das jetzt in der Supervision eine Rolle?

Welter-Enderlin: In der Ausbildung, die wir anbieten, verbringen wir die erste Intensivwoche damit, daß wir die familiären und beruflichen Kontexte der Teilnehmer erzählen und darstellen lassen, was auch mit bildlichen und spielerischen Mitteln erfolgt. Einerseits wird der Situationskontext, in dem sie arbeiten mit der formellen und informellen Hierarchie, dem Menschenbild und dem Krankheitsverständnis exploriert, andererseits wird auch der Kontext, in dem sie derzeit leben und aus dem sie kommen, also die Herkunftsfamilie, das soziokulturelle Umfeld und die eigene Biographie als Kontext rekonstruiert. Auch meine Supervisionsanleitungen sind immer so formuliert, daß die Lebens- und Bedeutungswelt ausführlich beschrieben wird und daß das Problem immer mit den Kontexten der Familie und der Institution, in der das Symptom definiert wird, vernetzt wird. Ich ermutige die Supervisanden auch vermehrt dazu, ihre eigenen, therapeutischen Modelle zu stricken, indem sie die Besonderheiten ihres Kontextes herausarbeiten, also die institutionellen regionalen, historischen und soziologischen Besonderheiten.

Brandau: Sie schrieben auch, daß solche Theoriebildung von Praktikern gemeindenaher und regional verwurzelter Einrichtungen für den Fortschritt der systemischen Therapie wesentlich ist, also ein Wissen, das von der konkreten, praktischen Basis kommt und nicht abstrakt im Elfenbeinturm von Forschungsinstituten formuliert wird. So mußte ich selbst erleben, wie „Superinterventionen" von einem „Supertherapeuten" eines „Superinstitutes" auf der klinischen Station scheiterten, so daß ich dann immerhin eine „Supervision" in Anspruch nahm.

Welter-Enderlin: Ja, auch systemische Therapiemodelle sind nicht wie Nylonstrümpfe, die man beliebig dehnen kann. Ich denke, man hat auch lange übersehen, daß die systemische Therapie sehr abstrakt ist, also lediglich eine Epistemologie ist, so daß die Entwicklung kontextsensibler Modelle wesentlich wird, also daß man wieder mehr von der Landschaft her die Landkarten entwickelt. Denn sowohl die Schöpfer als auch die Benützer verschiedener systemtherapeutischer Modelle tendierten dazu, sie zu überdehnen, indem sie sie einfach von einem Kontext auf den anderen übertrugen.

Brandau: Die Rolle der Geschlechtszugehörigkeit von Therapeuten ist auch etwas, mit dem Sie sich eingehend beschäftigt haben. Würden Sie sagen, daß zwischen weiblichen und männlichen Therapeuten unterschiedliche „blinde Flecken" zu finden sind, die man in Supervisionen berücksichtigen müßte?

Welter-Enderlin: Kontextsensibilität ist nicht unbedingt eine weibliche Eigenschaft, mit der man auf die Welt kommt, sondern eine erworbene Fähigkeit, die zum Überleben wichtig ist. Aber dieses ständige sich „orientieren müssen" hat sicher auch etwas mit der relativ niedrigeren Stellung von Frauen in der Machthierarchie zu tun. Das kann dazu führen, auf eine Art mit Kontexten sensibel umzugehen, die Männer in der Weise nicht immer so selbstverständlich lernen. Ich denke, daß dieses Bild meines Kollegen kein Zufall ist, der von sich sagt, er gehe mehr geradlinig mit dem Buschmesser durch das Dickicht, während ich mich mehr am Boden dahintaste. Wahrscheinlich kommen wir am Schluß an denselben Ort, aber mir und offensichtlich meinen Klienten/innen entspricht eben mein Modell besser. Es scheint aber nicht zufällig, daß viele Männer lieber das geradlinige, selbstsichere Therapieren bevorzugen, wo sie auch mehr Direktivität einbringen.

Brandau: Erleben Sie als Supervisorin auch unterschiedliche „blinde Flecken" zwischen männlichen und weiblichen Therapeuten?

Welter-Enderlin: Also nicht unbedingt blinde Flecken, aber schon unterschiedliche Präferenzen. So sind Männer häufiger an der Landkarte interessiert, während Frauen mehr den Weg ertasten wollen. Ich will aber nicht sagen, daß das eine besser als das andere ist. Ich versuche, Frauen auch dazu zu bringen, sich mehr über Landkarten und Theorien zu informieren, und solche selber zu entwickeln, und bei Männern versuche ich mehr das Intuitive zu fördern, also nicht alles immer mit Landkarten bewältigen zu wollen, sondern auch einfach in die Landschaft hineinzugehen und den Weg auf andere Weise zu suchen.

Brandau: Nun, eine typisch männliche Frage. Haben Sie geplante Schritte in einer Supervision, die Sie immer berücksichtigen?

Welter-Enderlin: In einem prozeßorientierten Supervisions- oder Beratungsmodell wird eben nicht so vorgegangen, wie das bisher üblich war. Also zuerst die Analyse des Status Quo, den Soll-Zustand erkennen, Ziele finden und dann Strategien planen. Das entspricht dem Expertenbild und nicht meinem Menschenbild. Ich weiß nie, wohin ich mit einem System gehe, ob das nun ein Einzelner, ein Paar, eine Familie oder eine Unternehmung ist, und ich sage das allen auch sehr deutlich. Das gibt den Hilfesuchenden wie mir die Möglichkeit, ständig neu mit Versuch und Irrtum, also Feedbackprozessen, den Kurs zu bestimmen. Dadurch gibt es auch die Möglichkeit, auf Umwegen zu ganz wichtigen Informationen und Erfahrungen zu kommen.

Brandau: Was durch ein stures, lineares, rein zielorientiertes Programmieren kaum möglich wäre. Könnte man also den Begriff der Koevolution Ihrem Vorgehen zugrundelegen?

Welter-Enderlin: Ja, wobei das wieder so ein Wort ist, das ich nicht gebrauche. Es kommt aus der Biologie. Ich würde Prozeßorientierung sagen. Also Menschen ermutigen, Unsicherheit, Ungewißheit und Unschärfe im Vertrauen darauf zu tolerieren, daß je mehr sie diesem Nebel vertrauen, desto eher werden neue Konturen sichtbar. Das ist auch etwas, was ich vor allem in der Supervision stark vermittle. Also nicht sofort mit Munition oder Technizistik bereitstehen, sondern geschehen lassen und wissen, was geschieht, birgt Möglichkeiten.

Brandau: Haben Sie aber dennoch irgendwelche Präferenzen bezüglich der Methoden in der Supervision wie zirkuläres Fragen, Rollenspiel, Arbeit mit Metaphern, usw.?

Welter-Enderlin: Für mich ist Supervision immer ein Spiegelbild der Therapie. Ich arbeite in der Therapie und Supervision sehr gerne mit Metaphern. Was das zirkuläre Fragen angeht, mache ich das eher selten. Ich frage schon sehr viel, aber nicht unbedingt zirkulär, weil mir diese Unterscheidungsfragen auf die Dauer steril erscheinen. Häufig stelle ich jedoch zukunftsorientierte Fragen, auch in der Supervision. Also z.B. „angenommen du würdest mal so vorgehen, was wäre das Beste und was das Schlimmste, das passieren könnte?" Grundsätzlich frage ich mehr, als daß ich Information gebe. Rollenspiele mache ich in der Supervision auch viele.

Brandau: Sie haben einmal in einem Artikel[1] beschrieben, daß Sie den Supervisanden in die Rolle desjenigen Systemmitgliedes hineingehen lassen, mit dem er sich am schwersten tut.

Welter-Enderlin: Ja, es ist für mich immer wieder beeindruckend, wieviel durch solche Rollenspiele von den Problemen, die eine Therapeutin oder ein Therapeut in einem bestimmten Kontext hat, geklärt wird. Durch solche Rollenspiele wird für mich manches deutlicher als durch Video und andere Methoden.

Brandau: Sie besprechen auch in der Supervisionsgruppe, wie wichtig es manchmal ist, nicht ständig auf ein positives Echo seitens der Klienten angewiesen zu sein, denn die Verstörung eingespielter Verhaltensweisen löst bei den Klienten immer wieder auch unangenehme Gefühle aus. Sie meinten in diesem Zusammenhang, die Unterstützung des Therapeuten durch das Team und den Supervisor sei Voraussetzung, um manche schwierigen Fälle durchzuhalten, denn die Zufriedenheit des Klientensystems wäre ja sogar manchmal ein bedenkliches Zeugnis für den Fortschritt der Therapie. Sehen Sie das heute auch noch so?

Welter-Enderlin: Nur unter gewissen Umständen, wenn die Therapeutin oder der Therapeut aus lauter Angst, das, was „in der Luft liegt", nie ausspricht! Also zum Beispiel Machtmißbrauch oder Gewalt. Der Versuch, alles positiv deuten zu wollen, ist so inhuman wie der ausschließliche Fokus auf Defizite oder sogenannte Pathologie. Auch „böse" Verhaltensweisen können als Vorboten vom Wandel verstanden werden.

Brandau: Welche Unterschiede bestehen zwischen exzellenten Supervisionen und anderen, wenn Sie ihre Erfahrungen der letzten Zeit vergleichen?

Welter-Enderlin: Wenn in der Supervision ein Prozeß läuft, der bezüglich der Beiträge von allen in der Gruppe ungefähr gleichwertig balanciert ist. Wenn also alle so ungefähr denselben Stand an kreativen Beiträgen beisteuern, ist das für mich das Schönste. Und das geschieht nun manchmal und manchmal auch nicht, weil die Leute in unterschiedlicher Stimmung sind oder auch verschiedene Erfahrung und Wissen haben. Weniger gut finde ich Supervisionen, wenn ich zu direktiv und aktiv bin und dann einfach sehr schnell Ideen vermittle, womit ich meine Orientierung am Prozeß aufgebe. Auch das gibt es und manchmal paßt es auch, aber es ist anstrengend. Wenn zwei bis drei Life-Supervisionen in einer bestimmten Zeit abfolgen müssen, finde ich es auch verantwortungsvoll, wenn ich eingreife und manchmal direktiv bin. Dann mache ich auch fallweise nach Absprache mit dem Supervisanden selbst Interventionen.

Brandau: Sie arbeiten auch als Supervisorin von Teams, Institutionen und Unternehmungen. Was sind dabei Ihre besonderen Erfahrungen?

Welter-Enderlin: Ich mache Supervision von Unternehmens- und Organisationsberatern. Die nehmen sich unter zum Teil viel schwierigeren Umständen, als es Therapeuten haben, die Freiheit, mit ihrem Auftraggeber einen Kontrakt zu verhandeln, der sie in eine Position bringt, in der sie nicht als Experten auftreten müssen, sondern mit langem Atem einen gemeinsamen Prozeß entwickeln. Ich finde diese Arbeit viel härter als das, was viele Therapeuten und Therapeutinnen machen. Sie geben sich auch weniger schutzbedürftig als viele Therapeuten und sind oft aktiver und selbständiger. Das hat wohl damit zu tun, daß sie sich in einem rauheren Wind bewähren müssen. Dieser Wind weht viel schärfer als in den geschützten Nischen mancher sozialer Institutionen, wo die Starrheit der Verwaltung auch oft lähmt. Das fasziniert mich sehr.

Brandau: Wie reflektieren Sie selber Ihre Arbeit als Therapeutin und Supervisorin?

Welter-Enderlin: Ich erzähle vor allem meinem Mann, und manchmal einer Kollegin, unendliche Geschichten, weil sie selber Supervisionen machen. Sie erzählen mir ihre Geschichten und dadurch, daß wir dann diese Geschichten durch Fragen und Anfügen von neuen Perspektiven revidieren, ergibt das einen Reflexionsprozeß, der für mich oft bedeutsamer ist, als das Anschauen von Videobändern oder Ähnlichem.

Brandau: Und wie läuft das, wenn sie alleine reflektieren? Stellen Sie sich da selber Fragen, sehen sie sich im System oder hören sie sich?

Welter-Enderlin: Ich benutze alle diese Möglichkeiten um mir vorzustellen, wie es anders hätte sein können. Besonders das Gefühl spielt eine wichtige Rolle, also z.B. das Gefühl, daß ich jemanden sehr gestreßt habe, zuviel gefordert habe oder ungeduldig war. Dann überlege ich mir, wie ich anders reagieren hätte können, und stelle mir vor, wie ich das nächste Mal mit der Situation umgehen werde. Ich nehme über viele Kanäle wahr und verarbeite auch über viele Kanäle und manchmal mache ich mir auch eine Notiz, was ich gewissen Leuten in der nächsten Sitzung sagen werde, wie z.B.: „Ich habe über die letzte Supervision nachgedacht und mir ist aufgefallen, daß ich eigentlich nur Dinge gesagt habe, die du anders machen könntest und daß ich dir gar kein Feedback dafür gegeben habe, was du gut gemacht hast. Das möchte ich jetzt nachholen.“

Brandau: Letzte Frage. Was sind Ihre höchsten Werte in der Arbeit als Therapeut und Supervisor?

Welter-Enderlin: Für mich ist an der systemischen Denkweise immer wichtiger geworden, daß die sogenannte Realität durch Menschen in ihrer Sprache festgemacht wird, daß aber Menschen durch dieselben Mechanismen, nämlich durch Sprache, auch die Realität verflüssigen können, indem sie diese anders beschreiben und damit neue Möglichkeiten eröffnen. Das ist mein Menschenbild, meine Theorie und auch meine Praxis.

Brandau: Danke für das Gespräch!

Anmerkungen

1 R. Welter-Enderlin: Familienarbeit mit Drogenabhängigen; Behandlungs- und Supervisionskonzept; in: Zusammenhänge 3, Menschliche Systeme

SUPERVISION BEI MILTON ERICKSON

Jeffrey K. Zeig

Bei einem Fall, den Erickson an mich überwiesen hatte, hatte er schon mit vier Generationen dieser Großfamilie gearbeitet. Er hatte Großvater, Vater, die beiden Söhne und die Familie eines Sohnes gesehen. Diese Überweisung betraf die depressive Frau eines Sohnes. Erickson erzählte mir von dem Mißerfolgsmuster, das offensichtlich alle Männer dieser Familie betraf; der Ehemann sei rigide, unnahbar und in seinem emotionalen Ausdruck verkümmert; ein Teil der Depression der Frau sei auf die emotionale Distanz ihres Mannes zurückzuführen. Eine von vielen Supervisionsstunden drehte sich darum, daß die Frau ihr Geschäft verkaufen wollte. Ich fand, dies sei keine so gute Idee und fragte Erickson. Er sagte, ich solle ihr raten: „Halte dein Geschäft, denn damit gibst du deinen Kindern ein gutes Beispiel." Damit hatte Erickson vollkommen recht; obwohl er sie nur einmal vorher gesehen hatte, hatte er ihre Wertvorstellungen erkannt: eines der wichtigsten Dinge in ihrem Leben war, für ihre Kinder ein gutes Vorbild zu sein. Im weiteren Verlauf der Therapie half ich der Frau, war aber nicht so ganz zufrieden. So ging ich wieder zu Erickson und redete mit ihm darüber. Er antwortete mit einer Geschichte über die Seri-Indianer, die anfangs sehr arm gewesen waren; sie hatten nur primitive Werkzeuge. Nach einem ganzen Tag hatten sie vielleicht gerade zwei Fische für die Sippe gefangen. Nachts wanderten sie hinaus in die Wüste und schliefen unter dem Sternenhimmel. Ein Anthropologe, der Ericksons Freund wurde, besuchte die Seri-Indianer und weckte ihr Interesse, aus Eisenholz Figuren zu machen, denn in der Sonora-Wüste gibt es genug Eisenholz. Die Seri-Indianer fertigten nun Figuren von Tieren an, die ihnen begegneten. Sie benutzten keine Modelle, sondern arbeiteten nach der Erinnerung mit primitiven Werkzeugen, Meeressand als Sandpapier und Schuhcreme als Farbe. Diese Eisenholzfiguren wurden bald bekannt und die Seri-Indianer reich; sie konnten sich nun Fischernetze und Pritschenwagen kaufen. Erickson erzählte, daß sie nun ihre Fischernetze in den Ozean warfen und eine Menge Fische für die ganze Sippe fingen. Dann sprach Erickson: „Und dann nahmen sie ihre Pritschenwagen, fuhren in die Wüste und schliefen unter dem Sternenhimmel". Über diesen Rat, den Erickson mir bezüglich meiner Patientin gegeben hatte, mußte ich wieder erst nachdenken, um ihn begreifen zu können. Doch die Botschaft war klar: Auch wenn manche Leute ihre Lebensumstände verändern, so ändern sie doch nichts an ihren grundlegenden Einstellungen und Verhaltensweisen.[1]

So beschreibt Jeffrey Zeig eines seiner vielen Supervisionserlebnisse mit Milton Erickson. Die „Indianergeschichte“ Ericksons könnte auch als schönes Beispiel einer Utilisation (des Eisenholzes) seine unbewußte Wirkung haben.

Zeig ist Präsident der „Milton H. Erickson Foundation“ in Phoenix und Herausgeber etlicher Bücher über Erickson. 1985 organisierte er den sensationellen Kongreß „Evolution of Psychotherapy“ in Phoenix mit führenden Experten und Begründern der bekannten Psychotherapien. Anerkannt auch durch seine hervorragenden didaktischen Qualitäten als Lehrer und Supervisor für Hypnotherapie ist Jeffrey Zeig in aller Welt ein begehrter Seminarleiter und Kongreßvortragender.

Brandau: Welche wesentlichen Merkmale sind für effektive Supervision ausschlaggebend?

Zeig: Ein guter Therapeut unterscheidet sich von anderen dadurch, daß er in der Lage ist, Muster zu erkennen und zu verstehen. Das ist aber nicht immer einfach, weil Menschen dazu tendieren, Muster zu ignorieren. So nehmen wir den Lärm eines Autos nach einiger Zeit nicht mehr wahr, weil dieses Muster in den Hintergrund verschwindet. Die Muster im menschlichen Verhalten und Beziehungen scheinen ebenso in den Hintergrund zu verschwinden. Deshalb helfe ich den Studenten, die ich supervidiere, ihre Fähigkeiten, Muster zu erkennen und zu verstehen, optimal zu entwickeln.

Brandau: Hast Du bestimmte Vorgehensweisen, um das Erkennen systemischer Muster zu erleichtern oder zu optimieren?

Zeig: Ich fordere meine Studenten auf analog zu denken. Wenn diese Person z.B. ein Tier wäre, welches Tier wäre sie? Neulich kam eine Patientin zu mir und innerhalb der ersten drei Minuten sprach ich mit ihr, als wäre sie ein Hündchen. Das war sehr wichtig für sie, denn sie agierte in ihren Beziehungen wie ein Hündchen. Sie war verwundert, daß ich so schnell zu einem Bild kam, das tatsächlich einen Teil ihres Lebens ausmachte. Im weiteren Verlauf der Therapie sollte ein Weg gefunden werden, wie sie diese Rolle in ihren Beziehungen verändern könnte. Ich konnte auch sehen, daß sie sich in ihrer Beziehung zu mir wie ein Hündchen verhielt, und so versuchte ich analog zu assoziieren. Es ist aber nicht nur wichtig, wie sich der Klient zeigt, sondern auch wie das Problem metaphorisch aussieht. Wäre das Problem ein Tier, welches Tier wäre es? Wäre das Problem ein Auto, welches Auto wäre es, wäre es eine Farbe, welche Farbe wäre es? Nicht nur der Klient und das Problem sind wichtig, sondern auch das System, in dem der Klient lebt. Wenn seine Familie also z.B. ein Tier wäre, welches Tier wäre die Familie. Sobald ich eine passende Analogie finde, wird auch das Muster klarer für mich. So achte ich bei meinen Studenten und Supervisanden, daß sie in analogen Begriffen zu denken lernen.

Brandau: Verwendest Du auch das zirkuläre Fragen?

Zeig: Nein, das setze ich nicht ein. Die Therapeuten müssen aber außer der Fähigkeit, in Mustern zu denken, auch in der Lage sein, Zieldefinitionen vorzunehmen. Für die Studenten ist es eine der größten Schwierigkeiten, das Ziel im Kopf zu behalten und es im Sinne klarer verhaltenstheoretischer Begriffe zu definieren. So fordere ich sie nicht nur auf, die Muster zu verstehen, sondern auch darauf zu achten, wohin diese Muster führen. Eine Komponente der Supervision ist also die Mustererkennung, eine weitere die Zielorientierung. Wichtig ist aber auch, die Ressourcen des Klienten zu finden und zu begreifen, wie man diese Fäden aufnehmen und weiterentwickeln kann. Wenn es z.B. einen Funken Selbstbehauptung bei einem passiven Klienten gibt, wie kann man dieses Muster finden, in welche Richtung planst Du damit zu gehen und wie wirst Du diese Fähigkeit entwickeln? Es ist, als würdest Du in die Person hineinblicken und die Ressourcen sehen. So kann z.B. ein depressiver Klient einmal etwas aktiver oder aufmerksamer für seine Umwelt sein. Diesen kleinen Faden irgendwo im Herzen des Patienten zu finden und zu verstehen, wie man diese bereits vorhandenen Fäden weiterentwickeln kann, also wie man an ihn rankommt, wie man ihn identifiziert, wie man ihn rausbringt und wie man ihn entwickeln kann, ist Aufgabe des Therapeuten. Also Mustererkennung, Zielorientierung und der Entwicklungsprozeß von Ressourcen sind die Hauptschwerpunkte meiner Lehrsupervision.

Brandau: Welche Unterschiede bestehen zwischen excellenten Supervisionen und anderen?

Zeig: Als ich Erickson zum ersten Mal aufsuchte, um eine Supervision zu bekommen, war ich sehr aufgeregt. Supervision bei Erickson war sehr gründlich, lehrsam und es war Hypnose. Man konnte nicht so trennen in Erickson's Lehren, Supervision, Hypnose und seine Therapie, denn jeder dieser Prozesse hatte dasselbe Ziel. Das Ziel heißt: „Bringe die inhärenten, schlafenden Ressourcen zum Vorschein!" Was immer er auch machte, ob Supervision, Lehren, Hypnose oder Psychotherapie, es gab keinen Unterschied. Wenn er mich supervidierte, sah er nie von mir eine Hypnoseinduktion. Ich diskutierte Fälle mit ihm, aber nur kurz, denn er supervidierte, indem er vorwiegend Geschichten erzählte, um in mir neue Stärken zum Vorschein zu bringen und neue Wahrnehmungsmöglichkeiten anzubahnen. Seine Supervision mit mir ist im Buch „Experiencing Erickson" beschrieben, das eine Reihe von Fällen schildert und auch zeigt, wie er mich supervidierte. Etwas war jedoch sehr wichtig in meiner Begegnung mit Erickson. Er litt jeden Morgen große Schmerzen und ich war sehr aufgeregt und aufmerksam. Nachdem er mit mir drei bis vier Stunden sprach, war ich erschöpft, denn ich versuchte mit meinem Bewußtsein all das, was er tat, zu begreifen. Er hingegen, der am Morgen unter großen Schmerzen und geschwächt hereinkam, war am Ende dieser drei Stunden stark und lebendig! Denn er begab sich aus seinem Schmerzkörper heraus und war an mir oder jedem anderen Menschen, der zugegen war, sehr interessiert. Deshalb ist für mich das Kriterium für eine erfolgreiche Supervision oder Therapie, wenn der Supervisor, bzw. Therapeut dabei lebendig wird und sich am Ende der Sitzung besser fühlt.

Brandau: Wie reflektierst Du Deine Arbeit mit Klienten und welche kognitiven Strategien laufen da ab?

Zeig: Das ist schwierig zu beantworten. Es ist, als wäre ich ein Pilot. Wenn Du mich nach meinen internen Prozessen beim Steuern eines Flugzeuges fragst, kann ich nur antworten: „Ich mache es einfach!". Ich kann nur sagen, daß die Therapie dann am besten wird, wenn ich mir am wenigsten meiner eigenen Prozesse gewahr bin und aufmerksam bei der Person bin, mit der ich arbeite. Wenn ich mit jemand arbeite, dann passiert dies immer nach den Kriterien Muster-Zielorientierung-Prozeß und das meiste dabei passiert akustisch.

Brandau: Führst Du da auch innere Dialoge?

Zeig: Ja, das ist eine meiner Stärken.

Brandau: Was hältst Du vom epistemologischen Konzept Maturanas?

Zeig: Ich lernte Maturana in Chile kennen, als er zu einem meiner Seminare kam und wir dann ein gemeinsames Mittagessen hatten. Ich kenne ihn aber zu wenig.

Brandau: Läßt sich sein Konzept in Deine Arbeit integrieren?

Zeig: Ich bin sicher, daß Maturana dies bejahen würde. Ich bin aber nicht an Epistemologie interessiert und denke auch nicht in solchen Begriffen, weil ich sie für mich nicht brauchbar finde.

Brandau: Was ist Dein höchster Wert als Therapeut und Supervisor?

Zeig: Altruismus ist sicherlich sehr wichtig, besonders in der Therapie. Erickson war der altruistischste Mensch, dem ich je begegnete. Er bildete mich über sechs Jahre hindurch aus und verrechnete mir keinen Heller für die Zeit, die ich mit ihm verbrachte. So betrachte ich Altruismus als etwas Seltenes heutzutage und es sollte in jedem Studenten gepflegt werden.

Brandau: Danke für das Gespräch.

Anmerkungen

1 Jeffrey K. Zeig: Erfahrungen mit Milton H. Erickson; Eigentherapie, Supervision und Fallgeschichten, in: Hypnose und Hypnotherapie nach Milton H. Erickson, hrsg. von Burkhard Peter, Pfeiffer Verl., S.121

Autorenverzeichnis:

Anderson, Harlene, Ph.D.; Koleiterin des Galveston Family Institute in Galveston, Texas; Forschung und Weiterentwicklung der Systemtherapie gemeinsam mit Harry Goolishian, Ausbildung, Konsultation öffentlicher Einrichtungen, Arbeit mit Familien von Aids-Patienten.

Bosch, Maria, Dr.phil.; Begründerin der entwicklungsorientierten Familientherapie im deutschsprachigen Raum und Schülerin Virginia Satirs; Ausbildnerin vieler Lehrtherapeuten und Initiatorin dreier gemeinnütziger Vereine, gründete 1975 das Institut für Familientherapie in Weinheim und 1985 das Institut „Familientherapie Zentral" in Weinheim, wo sie auch Ausbildungen in systemischer Supervision durchführt; Mitinitiatorin des Institutes für Familientherapie und Systemberatung in Linz; Herausgeberin von „Die entwicklungsorientierte Familientherapie nach Virginia Satir" gemeinsam mit Wolfgang Ullrich.

Brandau, Hannes, Dr.phil. Psychologe, Professor für Sonderpädagogik an der Pädag. Akademie Graz-Eggenberg, Heilstättenlehrer und Systemtherapeut an der Psychosomatischen Station der Univ.-Kinderklinik Graz; Ausbildungen in Familientherapie, NLP, Hypnotherapie und körperzentrierten Verfahren; Supervisor und Ausbildner für systemische Beratung; Mitbegründer des Institutes für systemische Bewußtseinsentwicklung und Supervision in Graz; Autor des Buches „Miteinander geht's besser; Ein humorvoller und praktischer Leitfaden für friedfertige Schulpartner".

Buchinger, Kurt, Dr.phil.; Univ.-Doz. am Institut für Tiefenpsychologie und Psychotherpie der Universität Wien; Gründer und Leiter (gemeinsam mit Rudolf Wimmer) des Forschungs- und Organisationsberatungsinstituts „Observe" in Wien; Beratung von Institutionen; Teamsupervision und Gruppenanalyse; Buch über Teamsupervision in Vorbereitung.

Derra-Wippich, Ingrid, Dipl.-Psych.; Dozentin an der Weiterbildungsstätte für psychiatrische Fachkrankenpflege des PLK Weißenau; Ausbildnerin der Gesellschaft für „Wissenschaftliche Gesprächspsychotherapie" und der Gesellschaft für Hypnotherapie und Neurolinguistische Selbstorganisation (GHNS); Arbeit in freier Praxis und als Supervisorin; Ausbildungen in Gesprächstherapie, Hypnotherapie, NLP, Katathymen Bilderleben und Familientherapie; Ko-Autorin von „Frank Farrelly – Playing the devil's advocate/des Teufels Advokat spielen" gemeinsam mit Jürgen Wippich.

Essen, Siegfried, Dipl.-Psych.; Lehrtherapeut für Gestalttherapie am Fritz-Perls-Institut und im ÖAGG, sowie für Familientherapie im IF Weinheim und am IFS Linz; Supervisor von Teams und Institutionen; Individualpsychologische Lehranalyse, Ausbildung in Gestalt- und Bewegungstherapie bei Hilarion Petzold sowie in Familientherapie bei Virginia Satir.

Farrelly, Frank M.D.; ehem. Professor an der Universität Wisconsin; Leiter eines Institutes und einer Privatpraxis in Madison/Wisconsin; arbeitete viele Jahre am Mental Health Hospital in Madison mit chronisch Schizophrenen, Depressiven, Drogenabhängigen und kriminellen Psychopathen und entwickelte dort seinen erfolgreichen und unorthodoxen Therapieansatz. Autor des Buches der „Provokative Therapie" gemeinsam mit Jeffrey Brandsma, das in viele Sprachen übersetzt wurde.

Goolishian, Harold, Ph.D.; Direktor des Galveston Family Institute, Professor am Department of Family Practice, Baylor College of Medicine; systemische Konsultation, Therapie, Ausbildung und Supervision; Erforschung der Zusammenhänge von Sprache, Realitätskonstruktion und Therapie; Behandlung von Therapieversagern. Autor von „Language Systems as therapy: an envolving idea" gemeinsam mit Harlene Anderson.

Keeney, Bradford, Ph.D.; Professor und Direktor des „Scholary Studies, Graduate Program in Educational and Professional Psychology" des College von St. Thomas in St. Paul, Minnesota; 1983 Mitarbeiter des Ackerman-Institutes in New York; 1985 Direktor des „Family Therapy Research, Department of Human Development and Family Studies" an der Texas Tech University; 1987 Direktor des „Institute for Systematic Therapy, School of Social Sciences", Nova University in Plantation in Florida. Autor von „Ästhetik des Wandels", „Konstruieren therapeutischer Wirklichkeiten; Praxis und Theorie systemischer Therapie".

Klinglmair, Alfred, Dr.phil.; Psychologe und Therapeut in einer kommunalen Familienberatungsstelle; Supervision, Beratung und Coaching von und in sozialen und wirtschaftlichen Institutionen; Ausbildungen in Gruppendynamik, Gesprächspsychotherapie, Familientherapie und NLP.

Kersting, Heinz-Jürgen, Dr.päd.; Professor an der Fachhochschule Niederrhein; Mitbegründer des Institutes für Beratung und Supervision" in Aachen und Mitinitiator der „Aachener Supervisionstage"; Lehrtätigkeit in USA und Spanien; Forschung, Lehre und Publikationen über Geschichte, Theorie und Methodik der sozialen Arbeit; Herausgeber von „Diagnose und Intervention in Supervisionsprozessen" gemeinsam mit Lothar Krapohl und Gerhard Leuschner.

Kutschera, Gundl, Dr.rer.pol.; Leiterin eines internationalen NLP-Ausbildungsinstitutes in Heidelberg; Schülerin von Richard Bandler und John Grinder; ehem. Mitarbeiterin von Paul Innerhofer am Max-Planck-Institut für Psychiatrie in München.

Kranz, Ulrike, Dr.phil.; klinische Psychologin an der Univ.-Kinderklinik Graz; Supervision, Einzel- und Gruppenarbeit in freier Praxis; Ausbildungen in Verhaltenstherapie, Katathymes Bilderleben, Hypnose und Tanztherapie.

Krapohl, Lothar, Dr.päd.; Dozent und Supervisor an der Katholischen Fachhochschule NW, Abt. Aachen, Kursleiter der Supervisionsausbildung am „Institut für Beratung und Supervision" in Aachen; Mitinitiator der „Aachener Supervisionstage"; Lehrtätigkeit in Spanien und USA; Supervision und Organisationsberatung in der Sozialarbeit; Autor von „Erwachsenenbildung-Spontaneität und Planung".

Lankton, Stephen, M.S.W.; Familien- und Hypnotherapeut, Lehrauftrag am „Department of Psychology at the University of West Florida"; leitet weltweit Trainings und Seminare in „Ericksonian approaches to therapy"; Schüler von Milton Erickson; Autor der Bücher „Practical Magic: A Translation of Basic Neurolinguistic Programming into Clinical Psychotherapy", Herausgeber der „Ericksonian Monographs Series" und gemeinsam mit Carol Lankton „The Answer Within: A Clinical Framework for Ericksonian Hypnotherapy", „Enchantment and Intervention in Family Therapy", „Tales of Enchantment; Goal-oriented Metaphors for Adults and Children in Therapy".

Ludewig, Kurt, Dr.phil.; Klinischer Psychologe und Dozent an der Abteilung für Kinder- und Jugendpsychiatrie des Univ.-Krankenhauses Eppendorf in Hamburg; Direktor des Institutes für systemische Studien in Hamburg; Forschung, Weiterentwicklung und zahlreiche Publikationen über systemische Therapie.

Manocchio, Tony, Ph.D.; seit über 25 Jahren als strategischer Kurzzeittherapeut tätig; Supervisor und Berater von Organisationen und Institutionen in England, USA, Skandinavien und UDSSR; Ausbildungen in Psychoanalyse und Familientherapie bei Virginia Satir und Jay Haley, mit dem er befreundet ist; Ko-Autor von „The Time Game" mit Jimmy Duhl und von „Families Under Stress" mit Bill Petitt.

Merl, Harry, Dr.med.; Primarius und Leiter des Institutes für Psychotherapie im Wagner-Jauregg-Krankenhaus Linz; Univ.-Dozent für Psychotherapie an der Universität Graz; Psychiater, Psychoanalytiker, Familien- und Systemtherapeut, Ausbildner in systemischer Therapie und Supervision, systemische Supervision von Teams.

Merl, Christine, ehem. Diplom-Krankenschwester, Supervisorin für Teams in verschiedenen Istitutionen, Einzelsupervision, Ausbildnerin in systemischer Therapie.

Scheer, Peter, Dr.med,; Univ.-Dozent und Assistenzprofessor, Leiter der pädiatrischen Psychosomatik und Psychotherapie an der Univ.-Kinderklinik Graz; Ausbildung in Gruppendynamik, Organisationsberatung und Individualpsychologie; Herausgeber von „Das weite Land der Individualpsychologie" und „Arztbilder-Wissenschaftliche Überlegungen zum Selbst- und Fremdbild des Arztes".

Schigutt, Robert, Dr.med.; Facharzt für Psychiatrie und Neurologie, Arbeit in freier Praxis und bis vor kurzem in einem neurologischen Krankenhaus; Ausbildung in Psychoanalyse, Gestalttherapie und systemischer Familientherapie; Lehrtrainer für Familientherapie, Lehrbeauftragter für Supervision in der Sektion Gestalttherapie des ÖAGG.

Schmidbauer, Wolfgang, Dr.phil.; Therapeut, Schriftsteller, Lehranalytiker und Supervisor in München; Gastprofessor für Psychoanalyse an der Gesamthochschule für Kassel und Lehraufträge an verschiedenen Universitäten; Gründer eines Institutes für analytische Gruppendynamik; Ausbildung zum Psychoanalytiker; Autor von „Die hilflosen Helfer", „Die Angst vor Nähe", „Helfen als Beruf", „Supervision und Psychoanalyse" zusammen mit Harald Pühl, „Die Ohnmacht des Helden" und literarischer Texte wie „Eine Kindheit in Niederbayern" und „Ein Haus in der Toscana".

Schmidt, Gunther, Dr.med.; Ausbilder und Supervisor in systemischer Therapie und Hypotherapie; Supervisor von Teams und Institutionen; Co-Leiter des Milton-Erickson-Institutes Heidelberg/Rottweil; Schüler von Milton Erickson; von 1981 bis 1986 Mitarbeiter an der Abteilung Familientherapie der Psychosomatischen Klinik der Universität Heidelberg und Assistent von Prof. Dr. Helm Stierlin; Ko-autor von „Familiäre Wirklichkeiten" gemeinsam mit Helm Stierlin und Fritz Simon.

Schüers, Wolfgang; Heilpädagoge, Heilpraktiker und Psychotherapeut; seit 9 Jahren in Österreich als Lebens- und Sozialberater tätig, Leitung von Aus- und Weiterbildungen im psychosozialen Bereich; Supervision von Teams und Institutionen; Mitbegründer des Institutes für systemische Bewußtseinsentwicklung und Supervision in Graz; Grundlagen der Arbeit sind Gestalt- und Bewegungstherapie, Hypnotherapie, NLP und initiarische Therapie.

Simon, Fritz, Dr.med.; Univ.-Doz. für Psychosomatik an der Universität Heidelberg; Psychiater, Psychoanalytiker, Systemtherapeut und Supervisor; Autor von „Der Prozeß der Individuation", „Die Sprache der Familientherapie. Ein Vokabular" gemeinsam mit Helm Stierlin, „Unterschiede, die Unterschiede machen", „Meine Psychose, mein Fahrrad und ich. Zur Selbstorganisation der Verrücktheit", Hrsg. von „Lebende Systeme".

Tafoya, Terry, Ph.D.; Professor am Evergreen State College in Washington, Berater des Kinsey-Institutes für transkulturelle Sexualität, Hypnotherapeut, Familientherapeut und Supervisor an psychiatrischen Kliniken, ausgebildeter indianischer Geschichtenerzähler, lebt bei seinem Stamm der Taos Pueblo/Warm Springs Indianer.

Watzlawick, Paul, Dr.phil.; Forschungsbeauftragter am Mental Research Institute in Palo Alto/Kalifornien, seit 1967 auch Lehrauftrag an der Abteilung für Psychiatrie der Stanford Universität; 1957 bis 1960 Professor für Psychotherapie in El Salvador; Ausbildung zum Analytiker 1949 bis 1954; Zahlreiche Veröffentlichungen: u.a. „Menschliche Kommunikation" (mit Janet H. Beavin und Don D. Jackson), „Lösungen" (mit John H. Wekland und Richard Fisch), „Wie wirklich ist die Wirklichkeit", „Die Möglichkeit des Andersseins", Gebrauchsanweisung für Amerika", „Die erfundene Wirklichkeit" als Hrsg., „Anleitung zum Unglücklichsein", „Vom Schlechten des Guten oder Hekates Lösungen", „Münchhausens Zopf oder: Psychotherapie und „Wirklichkeit".

Welter-Enderlin, Rosmarie, Master of Social Work/Social Sciences; Paar- und Familientherapeutin, Leiterin des „Institutes für systemische Therapie und Ausbildung" in Meilen/Zürich; Lehrbeauftragte an der Psychologischen Abteilung der Universität Zürich; Supervisorin von Institutionen und Unternehmungen; Herausgeberin von „Der Familienmensch" (mit Duss von Werdt) und Autorin von „Chronische Krankheiten in der Familie: Krankheitsverständnis und Alltagsbewältigung".

Widauer, Hermann, Dr.phil.; Leiter des psychologischen Labors der Landesnervenklinik Salzburg; Leiter des Projekts: „Supervision an den Landeskrankenanstalten – Salzburg"; Psychotherapeut, Supervisor und

Lehrbeauftragter an der Universität Salzburg; Ausbildung zum Psychoanalytiker und „Group-worker".

Zeig, Jeffrey, Ph.D.; Klinischer Psychologe, Psychotherapeut und Präsident der „Milton Erickson Foundation in Phoenix"; Schüler von Milton Erickson; Herausgeber von „Meine Stimme begleitet Sie überallhin; Ein Lehrseminar mit Milton Erickson", „Experiencing Erickson", „Ericksonian Psychotherapy Vol. I, Vol. II", „The Evolution of Psychotherapy", „Ericksonian Approaches to Hypnosis and Psychotherapy und gemeinsam mit Stephen Lankton „Developing Ericksonian Therapy: State of the Art" und „Ericksonian Monographs".